ROYAL HORTICULTURAL SOCIETY

IDEEN & PROJEKTE
FÜR JEDEN GARTEN

ZIA ALLAWAY

LIA LEENDERTZ

LONDON, NEW YORK, MÜNCHEN,
MELBOURNE UND DELHI

Programmleitung Jonathan Metcalf
Cheflektorat Esther Ripley
Lektorat Zia Allaway
Projektbetreuung Caroline Reed
Redaktion Chauney Dunford, Becky Shackleton
Zusätzlicher Text Jenny Hendy
RHS (Redaktion) Rae Spencer-Jones
RHS (Herausgeber) Susannah Charlton
Bildredaktion Alison Donovan
Gestaltung Lucy Parissi, Francesca Gormley
Art Director Bryn Walls
Bildrecherche Jenny Baskaya, Lucy Claxton
Fotos Brian North, Peter Anderson
Herstellung Joanna Byrne, Imogen Boase
Umschlaggestaltung Duncan Turner

Für die deutsche Ausgabe:
Programmleitung Monika Schlitzer
Projektbetreuung Regina Franke, Manuela Stern
Herstellungsleitung Dorothee Whittaker
Herstellung/Covergestaltung Ines Tuszynski

Bibliografische Information Der Deutschen Bibliothek
Die Deutsche Bibliothek verzeichnet diese Publikation in der
Deutschen Nationalbibliografie; detaillierte bibliografische Daten sind im
Internet über http://dnb.ddb.de abrufbar.

Titel der englischen Originalausgabe:
How to grow practically everything

© Dorling Kindersley Limited, London, 2010
Ein Unternehmen der Penguin-Gruppe

© der deutschsprachigen Ausgabe by Dorling Kindersley Verlag GmbH, München, 2011
Alle deutschsprachigen Rechte vorbehalten

Übersetzung Scriptorium Köln:
Wolfgang Beuchelt, Brigitte Rüßmann
Lektorat Sabine Drobik

ISBN 978-3-8310-1778-2

Printed and bound in Singapore by Star Standard

Besuchen Sie uns im Internet
www.dorlingkindersley.de

HINWEIS
Die Informationen und Ratschläge in diesem Buch sind von den Autoren und vom Verlag sorgfältig erwogen und geprüft, dennoch kann eine Garantie nicht übernommen werden. Eine Haftung der Autoren bzw. des Verlags und seiner Beauftragten für Personen-, Sach- und Vermögensschäden ist ausgeschlossen.

Vorwort

Pflanzen selbst ziehen ist ganz einfach, wenn man weiß, wie. Die meisten Pflanzen sind genügsam und man braucht keine besonderen Fähigkeiten, um üppig gedeihende Blumen- und Gemüsebeete anzulegen oder die Terrasse mit Pflanzen wohnlich zu gestalten. Die detaillierten Anleitungen in diesem Buch helfen Ihnen bei allen Pflanzenfragen, von Blumenzwiebeln und pflegeleichten Strauchrabatten bis hin zu kleinen Obstgärten und gesunden Gemüsebeeten. Dazu kommt eine Vielzahl hilfreicher Tipps zu allen Gartenthemen. Wenn Sie nach einer Inspiration für einen bestimmten Standort suchen – Sie finden sie auf den Galerie-Seiten, wo wir verschiedene Möglichkeiten präsentieren.

Das Buch hat acht Kapitel: Im ersten stellen wir Pflanzen und Boden vor, was vor allem für Anfänger im Garten interessant sein dürfte. Die folgenden Kapitel bieten eine Fülle an Ideen für die verschiedenen Gartenbereiche, für Obst- und Gemüsebeete und für das Haus. Es gibt sogar ein Kapitel über Wasser- und Naturgärten. Blättern Sie nach Belieben durch die Seiten und entdecken Sie neue Projekte – mithilfe der Checklisten sehen Sie, wie viel Zeit ein Projekt in Anspruch nimmt und was Sie dafür benötigen. Am Ende finden Sie ein Kapitel über die Gartenpflege und die Bekämpfung von Schädlingen und Krankheiten. Dann haben Sie alles notwendige Wissen für eine perfekte Gartengestaltung.

ZIA ALLAWAY   LIA LEENDERTZ

Inhalt

GRUNDLAGEN	**8**
Wuchsformen und ihre Funktion	10
Wie Pflanzen wachsen	12
Der Boden; Licht oder Schatten?	14
Eine Frage des Stils	16
Die Pflanzung planen	18
Auf die Plätze ...	20
Grundausstattung	22
Jahresplaner	24
SCHÖNE BEETE	**26**
Eine neue Rabatte anlegen	28
Dekorative Einfassungen	32
Frühlingserwachen	34
Eine schattige Rabatte	36
Galerie: Frühlingsblumenzwiebeln	38
Ein Beet mit Zwiebelblumen	40
Pastelltöne	42
Saurer Boden	44
Feurige Rabatte	46

Galerie: Himmlische Düfte	48	Galerie: Prachtvolle Dahlien	88	Duftende Kübelpflanzen	124
Duft-Kombination	50	Urbaner Mix	90	Cottage-Romantik im Kübel	126
Grasrabatte	52	Moderner Rosengarten	92	Tropisches Flair	128
Familiengarten	54	Herbstimpressionen	94	Sommerlicher Hängekorb	130
Schattiger Steingarten	56	Galerie: Glänzende Beeren	96	Galerie: Pflanzen für sommerliche Körbe	132
Galerie: Blumen für trockenen Schatten	58	Einfacher Formschnitt	98	Recycling-Kübel	134
Tropenparadies	60	Winterrabatte	100	Sukkulenten: klein, aber zäh	136
Wurzelnackter Bambus	62			Miniaturrosen	138
Einjährige Rabatte	64	**KÄSTEN & KÜBEL**	**102**	Moderner Kübel-Mix	140
Cottage-Traum	66	Die richtigen Kübel	104	Galerie: Moderne Kübelpflanzen	142
Galerie: Pflanzen für Cottage-Gärten	68	Frühlingspotpourri	106	Ein Hauch von Asien	144
Prärie-Partner	70	Sommerblumen aus Samen	108	Formen in Grün	146
Schnitt- und Trockenblumen	72	Kübel bepflanzen	110	Herbststars	148
Strukturen	74	Galerie: Garantierter Erfolg	112	Ganzjährige Strauchbepflanzung	150
Kiesbeet	76	Goldlack im Kübel	114	Galerie: Sträucher für Kübel	152
Galerie: Mediterrane Pflanzen	78	Gras aus Samen	115	In die Höhe gebaut	154
Rabatten in Heckennähe	80	Starke Formen	116	Winterlicher Hängekorb	156
Pflegeleichte Rabatte	82	Kletterpflanzen in Kübeln	118	Ein Baum fürs Leben	158
Praktische Würfel	84	Setzlinge ziehen	120	Üppiges Blattwerk	160
Dahlienknollen; Tropische *Canna*	86	Galerie: Schattenliebende Kübelpflanzen	122	Winterlicher Blumenkasten	162

Galerie: Pflanzen für die Winterterrasse	164	Rasen säen; Kamillenrasen	208
Kühle Kombinationen	166	Bunter Teppich	210
Tischarrangement	168	Kletterpflanzen	212
Dachgarten	170	Galerie: Clematis für alle Jahreszeiten	214
Geflochtener Lorbeerbaum	172	Obelisk für Kletterpflanzen	216

STRUKTUR IM GARTEN 174

Der richtige Baum	176	Clematis pflanzen	219
Einen Baum pflanzen	178	Dekorativer Wein	220
Skulpturaler Farn	180	Rosenpergola	222
Mehrere Stämme	182	Galerie: Kletterpflanzen für Pergolen	224
Galerie: Bäume für kleine Gärten	184	Duftende Vorhänge	226
Goldener Bogen	186	Duft-Wicken ziehen	228
Bäume aus Samen ziehen	188	Schönes Holz	230
Blühende Schönheiten	190	Weidenhecke; Weidentunnel	232
Zwanglose Hecke	192	Wand voller Beeren	234
Galerie: Heckenpflanzen	194	Galerie: Attraktive Kätzchen	236
Geometrische Hecke	196	Wintermantel	238
Lavendelhecke; Lavendel schneiden	198	Schöne Hochstämme	240
Wand voller Geranien	200	Nadelgehölze	242
Grünes Schachbrett	202	Ganzjährig Farbe	244
Galerie: Pflanzen für Spalten	204		
Rollrasen legen	206		

OBST UND GEMÜSE 246

Eine Reihe Bohnen pflanzen	248	Kartoffeln ziehen	252
Nutzgarten in Kübeln	250	Ein Hochbeet anlegen	254
		Wurzelgemüse für Hochbeete	256
		Galerie: Hochbeet-Optionen	258
		Gemüse im Kübel	260
		Pflegeleichtes Blattgemüse	262
		Wintergemüse	264
		Ganzjährig gesunde Zutaten	266
		Galerie: Essbare Blüten	268
		Würzige Zwiebeln ziehen	270
		Tomaten aus dem Beutel	272
		Erbsen säen	274
		Kürbisgewächse ziehen	276
		Galerie: Kürbisse und Zucchini	278
		Scharfes von der Fensterbank	280
		Champignons züchten	281
		Zartes in der Hülle	282
		Kräuter und Salat im Kasten	284
		Salat in bunter Vielfalt	286
		Galerie: Blattsalate	288
		Erdbeeren im Topf	290
		Platz für Herbstbeeren	292
		Superfrüchte ziehen	294

Obst auf engstem Raum	296
Obst für große Kübel	298
Herrlich herbe Früchte	300
Asiatische Kräuter und Gewürze	302
Zitrusfrüchte ziehen	304
Nüsse im Garten	306
Ein Parterre anlegen	308
Galerie: Beliebte Küchenkräuter	310
Ernte im Hängekorb	312
Kräuterrondell	314
Mediterrane Früchte genießen	316
Obstbäume erziehen	318
Ein Obstgärtchen anlegen	320

NATURNAHER GARTEN 322

Biotop im Garten	324
Gartenteiche bepflanzen	327
Ein Teich für Fische	328
Ein Sumpfbeet anlegen	330
Galerie: Prächtige Sumpfpflanzen	332
Sumpfpflanzen im Kübel	334
Einen grünen Bachlauf anlegen	336
Ein Heim für Frösche	338
Miniatur-Monet	340
Galerie: Seerosen für kleine Teiche	342
Einen Sprudelbrunnen anlegen	344
Bäume für Wildtiere	346
Eine Blumenwiese säen	348
Ein Fest für Bienen	350
Galerie: Pflanzen für Insekten	352
Eine Mauer voller Leben	354
Ein Dach begrünen	356
Das Kompost-ABC	358
Herbstlaub sinnvoll nutzen	360
Ein Heim für Bienen und Vögel	362

ZIMMERPFLANZEN 364

Anmutige »Amaryllis«	366
Schöne Blumenarrangements	368
Blumenampel als Raumschmuck	370
Galerie: Spektakuläre Orchideen	372
Exotische Orchideen ziehen	374
Schöne Orchideentöpfe	376
Zwiebeln vortreiben	378
Einen grünen Blickfang schaffen	380
Galerie: Schattenliebende Pflanzen	382
Flowerpower im Haus	384
Badezimmer-Oase	386
Kakteen in der Schale	388
Galerie: Wüstenbewohner	390
Schöne Geschenke	392
Pflanzen zum Blühen bringen	394
Silberne Pracht	396
Galerie: Winterblüten	398

PFLEGE 400

Unkräuter bekämpfen	402
Düngen	404
Wässern	406
Frostschutz	408
Grundlegende Schnitttechniken	410
Sträucher schneiden	412
Clematis schneiden; Rosen schneiden	414
Pflanzen vermehren	416
Rasenpflege	422
Schädlingsbekämpfung	424
Pflanzenkrankheiten	430
Register	**434**
Nützliche Adressen	**446**

Grundlagen

Entdecken Sie die Welt der Pflanzen in Ihrem Garten und erfahren Sie, wie sie gedeihen und welche Pflege sie brauchen. In diesem Kapitel lernen Sie auch, wie Boden und Standort genutzt werden können, um Ihre Pflanzen optimal zu platzieren. Mit diesem Grundwissen kann der Spaß beginnen: Stellen Sie sich Ihr Werkzeug zusammen, entscheiden Sie sich für einen Stil, zeichnen Sie einen Pflanzplan und wählen Sie Pflanzen und Samen aus. Der Jahresplaner auf S. 24–25 sagt Ihnen, wann welche Arbeit anfällt.

Wuchsformen und ihre Funktion

Fehlt es Ihrem Garten an Farbe und Struktur? Oder könnte er etwas mehr Glanz oder Beständigkeit vertragen? Die verschiedenen Wuchsformen spielen im Garten ganz unterschiedliche Rollen. Wenn Sie verstehen, welche das sind, können Sie Ihren Garten das ganze Jahr über erstrahlen lassen.

❶ EINJÄHRIGE
Diese Pflanzen keimen, wachsen, blühen und sterben binnen eines Jahres. Sie sind bunt, schön und vergänglich, wobei einige sich selbst aussäen und wiederkommen.

❷ ZWEIJÄHRIGE
Der Lebenszyklus dieser Pflanzen erstreckt sich über zwei Jahre – im ersten wachsen sie, im zweiten blühen sie. Auch sie dienen als bunte Gartenpflanzen.

❸ STAUDEN
Stauden sind die tragenden Säulen des Blumengartens und blühen und gedeihen Jahr um Jahr. Die meisten ziehen im Winter ein und treiben dann im Frühjahr neue Blätter aus.

❹ GRÄSER
Einige Ziergräser sind immergrün, andere ziehen im Winter ein. Sie bringen Bewegung und Licht in den Garten und viele sind durch ihre Silhouette auch im Winter attraktiv.

❺ STRÄUCHER UND HECKEN
Diese laubwerfenden oder immergrünen Pflanzen sind das Rückgrat des Gartens. Die Zweige der Sträucher bilden eine dauerhafte Struktur und viele Arten tragen attraktive Blüten und Herbstbeeren.

❻ BÄUME
Bäume dienen als Sichtschutz und Raumteiler. Die immergrünen Arten bieten ganzjährig Farbe, laubwerfende sorgen dagegen für einen jahreszeitlichen Wandel und für ein interessantes Gerüst im Winter.

❼ KLETTERPFLANZEN
Kletterpflanzen mildern die oft harten Konturen von Balkonen, Mauern und Spalieren ab. Man kann sie aber auch an Gehölzen hinaufwachsen lassen. Viele tragen hübsche Blüten und manche duften betörend.

❽ WASSERPFLANZEN
Wenn Sie einen Teich haben, bietet sich eine bunte Vielfalt von Möglichkeiten – von Uferpflanzen mit schönem Laub über Arten mit Blüten, die in flachem Wasser gedeihen, bis hin zu spektakulären Seerosen.

Wie Pflanzen wachsen

Das Faszinierende an einem Garten ist, dass man der Natur bei der Arbeit zusehen kann: Sobald man eine Pflanze einsetzt, beginnt der Kreislauf von Wachstum und Vermehrung. Wenn man weiß, was Pflanzen zum Leben und Gedeihen brauchen, kann man ihnen optimale Bedingungen bieten.

Notwendigkeiten

Pflanzen brauchen Wasser, Luft und Licht, und jede Art hat unterschiedliche Ansprüche. Werden sie in dieser Hinsicht vernachlässigt, können sie nicht überleben.

LICHT
Pflanzen erzeugen bei der Fotosynthese Energie aus Sonnenlicht und sie überleben nur, wenn sie genügend davon bekommen. Die verschiedenen Pflanzen haben sich an die gegebenen Bedingungen angepasst und haben daher unterschiedlichste Bedürfnisse entwickelt. Man kann oft schon an ihrem Äußeren erkennen, was sie brauchen: Solche mit kleinen, pelzigen Blättern, wie Lavendel, brauchen einen sonnigen Platz, solche mit großen, dunkelgrünen Blättern fühlen sich im Schatten wohl. Achten Sie bei der Auswahl auf den Lichtbedarf und pflanzen Sie sie an den jeweils richtigen Standort. Junge Pflanzen sind besonders empfindlich und leiden, wenn Unkraut ihnen die Sonne nimmt. Sie müssen während des Wachstums möglichst frei stehen.

WASSER
Alle jungen Pflanzen benötigen regelmäßig Wasser, weil ihre kleinen Wurzeln noch nicht selbst nach entfernten Wasserquellen suchen können. Pflanzen bilden tiefe Wurzeln, wenn man sie gelegentlich, aber ausgiebig wässert: Rechnen Sie eine große Gießkanne Wasser pro Pflanze. Das Wasser sickert tief in den Boden und die Wurzeln folgen ihm.

BODEN
Pflanzen treiben ihre Wurzeln gerne in lockeren, feuchten, aber gut durchlässigen Boden. Arbeiten Sie daher vor dem Pflanzen ausreichend organisches Material, wie Stallmist oder Komposterde (S. 14–15), in den Boden ein und bringen Sie im Frühjahr eine dicke Schicht auf dem Boden aus. Regenwürmer sorgen dann dafür, dass alles verteilt und zerkleinert wird und erhöhen dadurch die Durchlässigkeit und Aufnahmefähigkeit des Bodens, sodass die Pflanzen ausreichend Nährstoffe und Wasser erhalten.

❶ Sonnenblumen lieben die Sonne und folgen ihrem Lauf über den Tag hinweg mit den Blüten. ❷ Die Ausscheidungen von Regenwürmern verkleben Bodenpartikel; dadurch wird die Bodenstruktur verbessert. ❸ Regelmäßiges Gießen fördert gesunde Wurzeln.

GRUNDLAGEN 13

Wie sich Pflanzen vermehren

Alle Pflanzen sind darauf programmiert, ihr eigenes Überleben und das der Folgegeneration zu sichern. Einige produzieren dazu Massen von Samen, während andere sich über Wurzelschösslinge und Ableger vermehren.

^ *Hungrige Wurzeln*
Die Wurzelspitzen sind mit winzigen Härchen besetzt, die im Wasser gelöste Nährstoffe aufnehmen. Sie dürfen nicht beschädigt werden.

GESCHLECHTLICHE FORTPFLANZUNG

Pflanzen mit bunten, nektarreichen Blüten locken Insekten an, die Pollen von einer Blüte zur anderen tragen. Dadurch wird die sexuelle Vermehrung in Gang gesetzt und die Verwandlung der Blüten in Früchte ausgelöst. Der Vorteil dieser Vermehrungsweise ist, dass sich jeder Nachkomme genetisch leicht von den anderen unterscheidet, dadurch erhöht sich für die Population die Chance, unter widrigen Bedingungen zu überleben.

VEGETATIVE FORTPFLANZUNG

Viele Kriech- und Kletterpflanzen bilden lange, oberirdische Triebe, die dort einwurzeln, wo sie den Boden berühren. Bei anderen breiten sich die Wurzeln und Rhizome aus und entwickeln neue Triebe. Nachteil der asexuellen Vermehrung ist, dass die genetisch recht einheitliche Population sich verändernde Bedingungen nicht so gut kompensieren kann. Deshalb entwickeln diese Pflanzen auch für alle Fälle zusätzlich Blüten.

NAHRUNG FÜRS LEBEN

Pflanzen nehmen über ihre Wurzeln die im Wasser gelösten Nährstoffe auf. Sie vergrößern im Lauf ihres Lebens ihre Wurzelmasse ständig und bilden ein großes unterirdisches Netzwerk, sodass, wenn ein Bereich austrocknet oder beschädigt wird, andere Wurzelbereiche die Versorgung mit Wasser und Nahrung und damit das Überleben der Pflanze sichern können. In der Natur passen sich die Pflanzen an das Nahrungsangebot an. In einem dicht besetzten Garten ist es an Ihnen, das Nährstoffangebot regelmäßig aufzufüllen.

Für Beete empfehlen sich organische Dünger wie Stallmist oder Komposterde, da sie ihre Nährstoffe langsam abgeben und die Pflanzen die ganze Saison hindurch versorgen, ohne nützliche Bodenorganismen zu schädigen. Wenn eine Pflanze an einem Mangel an Spurenelementen, wie Eisen oder Mangan, leidet, kann ein auf die Blattunterseite gesprühter Blattdünger sie schnell wieder gesunden lassen. Auf ihrer Unterseite können die Blätter den Dünger leichter aufnehmen.

❶ Insekten wie Bienen und Hummeln übertragen Pollen (Blütenstaub, männliche Keimzellen) von einer Pflanze zur anderen.   ❷ Die Pollenkörner befruchten die weiblichen Blütenteile und die Samenproduktion beginnt.   ❸ Die Triebe der Brombeere bilden bei Bodenkontakt Wurzeln und damit eine neue Pflanze.   ❹ Bambus treibt lange Rhizome, also unterirdische Sprossachsen, die aufsteigen und neue Pflanzen hervorbringen.

Der Boden

Es ist wichtig, dass Sie sich als Gärtner mit Ihrem Boden auskennen, denn der Bodentyp entscheidet darüber, was in Ihrem Garten gedeiht und was nicht. Sie können sich viel Mühe und Kummer ersparen, wenn Sie etwas Zeit aufbringen, um den Boden in Ihrem Garten kennenzulernen.

DEN BODEN TESTEN

Man teilt Bodenpartikel nach abnehmender Korngröße ein in Sand, Schluff und Ton. Sandkörner sind relativ groß und lassen das Wasser frei durchlaufen, während Tonpartikel winzig sind und das Wasser in ihren engen Zwischenräumen festhalten, außerdem speichern sie selbst Wasser. Deshalb sind Sandböden trocken und Tonböden wasserspeichernd. Die meisten Böden bestehen aus einer Mischung, wobei der Idealfall ein »Lehmboden« ist, der Sand, Schluff und Ton enthält. Lehm speichert ausreichend Wasser, um die Pflanzen zu ernähren, lässt aber überschüssige Feuchtigkeit ablaufen. Untersuchen Sie Ihren Boden, indem Sie die Erde zwischen den Fingern zerreiben.

SANDIGER BODEN

Sandiger Boden fühlt sich zwischen den Fingern grob an und lässt sich nicht in eine bestimmte Form pressen. Außerdem hat er meist eine eher helle Färbung. Der Vorteil eines solchen Bodens ist, dass er leicht, durchlässig und einfach zu bearbeiten ist. Mittelmeerpflanzen lieben ihn, weil er keine Staunässe zulässt. Allerdings neigen Sandböden auch zu Trockenheit und Nährstoffarmut, da die Nährstoffe vom Wasser ausgeschwemmt werden.

∨ *Formlos und grob*
Sandiger Boden fühlt sich in den Händen grobkörnig an und behält selbst in nassem Zustand keine Form.

TOP-TIPP: PH-WERT TESTEN

Ein einfacher pH-Test aus dem Gartencenter sagt Ihnen, wie sauer oder basisch Ihr Boden ist, und damit, welche Pflanzen sich hier wohlfühlen werden. Mischen Sie Ihre Bodenprobe mit der mitgelieferten Flüssigkeit. Warten Sie, bis sie ihre Farbe verändert, und ziehen Sie dann die Farbtabelle zurate.

TONBODEN

Tonboden (schwerer Boden) fühlt sich zwischen den Fingern weich und dicht an und lässt sich zu einer Kugel formen. Stark tonhaltige Erde reißt noch nicht einmal, wenn man sie zu einem Hufeisen formt. Sie ist schwer zu bearbeiten, da sie klebrig und im nassen Zustand praktisch nicht umzugraben ist. Dafür besitzt ein gut gepflegter tonhaltiger Boden eine hervorragende Speicherfähigkeit und ist reich an Nährstoffen. Hungrige Rosensträucher und Obstbäume lieben solche Böden.

∨ *Glatt und klebrig*
Toniger Boden fühlt sich geschmeidig an, wie das Material für Töpferwaren. Rollt man ihn in eine Form, behält er diese auch.

DEN BODEN VERBESSERN

Ungeachtet des Bodentyps lautet das Rezept immer gleich: viel organisches Material einarbeiten, z. B. Gartenkomposterde, gut abgelagerten Mist vom Bauernhof oder gebrauchten Pilzkompost. Das Material bindet Sandböden und lockert Tonböden auf, also immer drauf damit!

∧ *Stallmist oder Komposterde einarbeiten*
Regelmäßiges Einbringen von organischem Material hilft gegen fast alle Bodenprobleme.

SCHWERE BÖDEN AUFLOCKERN

Grober Sand oder Feinsplitt verbessert die Wasserdurchlässigkeit (Dränage) von tonhaltigen Böden. Arbeiten Sie ihn großflächig in den Boden ein, statt nur den Grund von Pflanzlöchern damit auszuschütten. Bei starkem Regen bilden sich sonst Sumpflöcher und die Wurzeln ertrinken.

∧ *Groben Sand oder Feinsplitt einarbeiten*
Um die Struktur schwerer Böden zu verbessern, bringen Sie großflächig eine Schicht Sand oder Splitt aus und arbeiten ihn in die Erde ein.

Licht oder Schatten?

Manche Pflanzen genießen den ganzen Tag die heiße Sonne, andere ziehen kühlen Schatten vor. Überprüfen Sie die Verhältnisse in Ihrem Garten, bevor Sie mit dem Pflanzen beginnen.

∧ *Einen Kompass nutzen*
Drehen Sie Ihren Kompass so, dass die rote Nadel auf Norden zeigt; dann können Sie die Ausrichtung Ihres Gartens bestimmen.

LICHTVERHÄLTNISSE

Das Verhältnis von Sonne und Schatten verändert sich im Tagesverlauf, und ein mittags sonnendurchfluteter Garten kann am Nachmittag im tiefen Schatten liegen. Achten Sie darauf, wie sich die Schatten an einem sonnigen Tag durch Ihren Garten bewegen. Dann können Sie Ihre Pflanz- und Sitzbereiche planen. Denken Sie daran, dass sich das Licht auch mit den Jahreszeiten verändert. Ein Garten kann im schwachen Winterlicht ganz anders wirken und Bereiche, die im Sommer den halben Tag Sonne haben, erhalten jetzt unter Umständen überhaupt kein Licht mehr.

Fotografieren Sie Ihren Garten zu verschiedenen Tageszeiten. Dieser nach Nordwesten liegende Garten wurde morgens, mittags und abends fotografiert.

❶ Die Terrasse hat morgens Halbschatten. ❷ Der große Garten liegt mittags größtenteils in der Sonne, da das Haus nicht hoch genug ist, um ihn zu beschatten. ❸ Abends hat die ganze Terrasse Sonne.

AUSRICHTUNG

Bestimmen Sie für jede ihrer Grundstücksgrenzen die Richtung, in der sie liegt. Südlich ausgerichtete Gartenbereiche haben den ganzen Tag Sonne, während nach Norden zeigende meistens im Schatten liegen. Ostlagen bieten Morgensonne und abendlichen Schatten und bei Westlagen ist es genau umgekehrt.

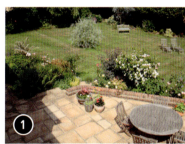
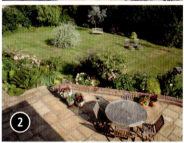

Eine Frage des Stils

Überlegen Sie sich bei der Planung Ihres Gartens, wie er am Ende aussehen soll. Wollen Sie einen eher formalen, ordentlichen Garten oder mögen Sie mehr eine naturnahe Anlage? Wählen Sie Ihren Stil und setzen Sie ihn mit den passenden Pflanzen und Materialien um.

WAS WOLLEN SIE ERREICHEN?
Bevor Sie sich für einen Stil entscheiden, holen Sie sich Inspiration. Besuchen Sie öffentliche Gärten und Gartenausstellungen mit der Kamera und fotografieren Sie, was Sie anspricht. Ziehen Sie auch Magazine und Bücher zurate und erstellen Sie sich damit eine Skizzensammlung. Wichtig ist auch, ob Ihr Garten der Entspannung dienen soll oder ob Sie Gemüse anbauen oder bunte Rabatten anlegen wollen.

< Ein Platz an der Sonne
Berücksichtigen Sie bei der Planung die Sonnen- und Schattenbereiche und platzieren Sie die Sitzplätze entsprechend. Hier ist der Sitzbereich eine sonnige, von bunten Sommerblumen umringte Terrasse. Die Farne in den Körben benötigen am Tag etwas Schatten und viel Feuchtigkeit, um sich hier wohlzufühlen, und die meisten Stauden ziehen im Winter ein.

INDIVIDUELLE ANPASSUNGEN
Es hilft, sich bei der Planung auf einen bestimmten Stil zu konzentrieren, aber Sie dürfen beim Entwurf Ihres Gartens auch Ihre individuellen Bedürfnisse nicht außer Acht lassen. So müssen Sie vielleicht Mülltonnen oder Fahrräder unterbringen oder wollen ein Gewächshaus oder einen Schuppen bauen. Auch der Zugang zur Garage sollte nicht unnötig erschwert werden. Bei der Anlage eines Essbereichs planen Sie die Fläche lieber großzügig, um Ihren Gästen ausreichend Platz zu bieten.

^ Fahrradskulptur
Hier wird das Platzproblem in einem kleinen Vorgarten durch diese cleveren Gestelle gelöst, die die Fahrräder nicht nur sicher halten, sondern auch eine ästhetische Wirkung haben.

^ Getarnte Tonnen
Die Mülltonnen sind meist hässlich und nehmen viel Raum ein. Hier verschwinden sie in einem kleinen Schrank, der ein mit Bubiköpfchen (Soleirolia soleirolii) bepflanztes Dach hat. So fügt er sich harmonischer in den Garten ein.

^ Hochbeete
Hochbeete erleichtern die Pflege von Obst und Gemüse. Außerdem können sie auch als Sitzplatz genutzt werden, wenn es mal voller wird.

Gartenstile

Auswahl und Anordnung haben einen großen Einfluss auf die Wirkung. So sorgen bunte Gruppen unterschiedlicher Pflanzen für eine informelle Atmosphäre, während eine reduzierte Palette einen modernen, urbanen Look kreiert.

WÄHLEN SIE EIN THEMA

Entwickeln Sie mit Ihren Lieblingspflanzen einen individuellen Stil. Große Blattpflanzen wirken tropisch. Sommerstauden passen in einen Cottage-Garten, während Sukkulenten und trockenheitsresistente Pflanzen sich gut in einem Steingarten machen.

❶ Yuccas und winterharte Bananen muten tropisch an. ❷ Eine lockere Ordnung passt zu einem Cottage-Garten. ❸ Das Tipi und die bunten Blumen sind ein Paradies für Kinder. ❹ Klare Linien stehen für einen modernen Stil. ❺ Ein kreisrunder Rasen und Grasrabatten zeigen den traditionellen Stil. ❻ Lassen Sie sich von diesem Wüstenbeet inspirieren und kultivieren Sie Kakteen in Ihrem Wintergarten.

Die Pflanzung planen

Welche Pflanzen Sie auswählen, hängt von Ihrem Geschmack und dem angestrebten Stil ab, aber es gibt einige allgemeingültige Grundregeln zur Platzierung und Gruppierung. Wenn Sie gerade einen Garten übernommen haben, warten Sie einige Zeit, ob Pflanzen erscheinen, die Sie vielleicht behalten wollen.

BESTANDSAUFNAHME

Machen Sie nicht nur eine Liste der Pflanzen, die Sie haben möchten, sondern auch der Pflanzen, die Sie bereits besitzen. Überlegen Sie gründlich, bevor Sie Bäume oder große Sträucher entfernen, da es sehr lange dauert, sie zu ersetzen, sollten Sie Ihre Meinung ändern. Eine Hecke kann den Garten vor Wind schützen und ein Baum kaschiert vielleicht eine unschöne Mauer oder das Fenster des Nachbarn. Zudem sind Gruppen von Stauden und Zwiebelpflanzen leichter zu versetzen und aufzuteilen.

Grüner Windschutz >
Die Sträucher schützen diese Terrasse vor Wind und bieten Schatten und Sichtschutz. Versuchen Sie, sich den Garten ohne die großen Pflanzen vorzustellen, oder schneiden Sie sie zunächst zurück, bevor Sie sie entfernen.

^ Stufen ins Paradies
Bei dieser schönen Anlage wurden zunächst die Sträucher gesetzt und dann die Stauden und Gräser. Pflanzen, die eine gute Dränage brauchen, sind zwischen die großen Felsen platziert.

^ Konkurrenz
Wenn Sie einen Baum in eine Rabatte setzen wollen, beachten Sie seinen Umfang, der über das Angebot an Licht und Wasser für die unter ihm stehenden Pflanzen entscheidet.

DIE GRUNDSTRUKTUR FESTLEGEN

Markieren Sie zunächst den Umriss eines Beets oder einer Rabatte mit ungiftiger Sprühfarbe, Sand oder einem Schlauch (S. 28) auf dem Boden und zeichnen Sie einen groben Plan im Maßstab 1:10 oder 1:20 auf Papier. Dann zeichnen Sie die Flächen für strukturgebende Pflanzen, wie Sträucher und Bäume, ein. Informieren Sie sich, wie groß diese Pflanzen werden, und zeichnen Sie Kreise in den Plan ein, die die Ausdehnung jeder einzelnen Pflanze darstellen. Sie können die Kreise natürlich auch direkt mit Sand oder Farbe auf den Boden malen.

Im nächsten Schritt planen Sie die Pflanzungen in der Nachbarschaft dieser Gehölze. Achten Sie darauf, dass Stauden genügend Abstand zu den Hauptstämmen von Bäumen und Sträuchern haben. Zwiebelblumen, die blühen, bevor das Laub im Frühjahr austreibt, dürfen ruhig etwas näher gesetzt werden.

PFLANZEN GRUPPIEREN

Bäume und Sträucher setzen als Solitäre eigenständige Akzente, Zwiebelblumen und Stauden wirken dagegen in Gruppen schöner. Zwiebeln setzt man am besten in Gruppen von zehn oder mehr, wenn man den Platz hat, zwischen später blühende Pflanzen. Stauden wirken am ehesten ab fünf Exemplaren. Ein naturnahes Bild entsteht durch ineinandergreifende Gruppenpflanzungen, während strengere Quadrate oder Rechtecke einen modernen Stil vermitteln. Sie können Ihrem Garten auch Rhythmus und Kontinuität verleihen, indem Sie sich wiederholende Gruppen im Garten verteilen, während kontrastierende Blattformen und Blütenfarben die Anlage vielschichtig und üppig machen.

Kreative Kontraste >
Die beherrschenden Farben dieser Rabatte sind zwar Grün und Rot, aber die goldenen Staudengruppen mit den kontrastierenden Blattformen wiegen die reduzierte Farbpalette mehr als auf.

FARBTHEMEN

Erfahrene Gartendesigner stellen verschiedene zueinander passende Farben zu harmonischen Bildern zusammen, und Sie können sich an ihren Methoden orientieren, um Ähnliches zu erreichen. Für eine Explosion lebhafter Töne kombinieren Sie leuchtendes Gelb mit sattem Violett, feurigem Rot und kräftigem Orange. Ruhiger wirken dagegen kühles Blau, Taubengrau, Rosa und Weiß. Sie können die beiden Farbthemen auch mischen, sollten aber ein allzu wildes Durcheinander vermeiden, das schnell ungekonnt und chaotisch wirkt. Eine Alternative ist die strenge Beschränkung auf eine oder zwei Farben, was dann sehr elegant wirken kann.

< ∧ Lebendig oder zurückhaltend
Rote Tulpen und gelber Goldlack schaffen zusammen mit blauen Vergissmeinnicht ein helles, anregendes Bild des nahen Frühlings (links). Am anderen Ende des Spektrums wirkt diese Kombination aus Gräsern, Margeriten, Bergenien und Euphorbien (oben) beruhigend.

Auf die Plätze ...

Jetzt, wo Sie die Lichtverhältnisse und den Boden Ihres Gartens kennen, haben Sie alle Informationen, die Sie zum Kauf der am besten für Sie geeigneten Pflanzen brauchen. Damit können Sie eine Liste Ihrer Favoriten erstellen.

Auswahl

Fahren Sie mit Ihrer Liste von Wunschpflanzen zum Gartencenter und halten Sie sich an diese Liste. Denken Sie daran: Stauden wirken am besten in kleinen Gruppen, während Sträucher Platz zum Wachsen brauchen.

DISZIPLIN
Wenn Sie die eine oder andere Ihrer Wunschpflanzen nicht bekommen können, schauen Sie sich nach Alternativen um, aber achten Sie sorgfältig auf die Angaben zu Höhe, Ausbreitung und Wachstumsbedingungen (links). Manchmal haben andere Arten der gleichen Gattung ganz andere Anforderungen als Ihre erste Wahl.

∧ Kleine Auswahl
Gartencenter haben oft ein riesiges Angebot, halten aber nur eine kleine Auswahl an Arten vorrätig. Mehr Auswahl und Service bieten häufig spezialisierte Gärtnereien.

AUGEN AUF
Achten Sie beim Kauf darauf, dass Sie nur die gesündesten Exemplare mit nach Hause nehmen. Untersuchen Sie Blätter und Stängel auf Anzeichen für Schädlingsbefall und Krankheiten und nehmen Sie keine Pflanze mit welken Blättern. Unkraut im Topf ist ein Zeichen für Vernachlässigung. Wachsen die Wurzeln bereits massiv aus den Dränagelöchern, ist die Pflanze schon zu lange im Topf. Achten Sie vor allem auf dicht beblätterte Triebe und kräftige Knospen.

∧ Klare Entscheidung
Von diesen beiden Kletterpflanzen ist die linke mit ihrem dichten Blattbesatz eindeutig die bessere Wahl.

< Wurzelprüfung
Schauen nur einige wenige Wurzeln aus den Dränagelöchern, hat die Pflanze ein gut entwickeltes Wurzelsystem und war noch nicht zu lange im Topf.

Lagerung

Am besten pflanzen Sie Ihre Neuerwerbungen innerhalb von ein oder zwei Tagen nach dem Kauf ein, aber bei sorgfältiger Lagerung sollten die Pflanzen sich auch halten, bis Sie mehr Zeit haben oder das Wetter sich bessert.

WIESO NICHT GLEICH PFLANZEN?
Pflanzen Sie nicht in staunassen oder gefrorenen Boden. Bei diesen Bedingungen würden die Wurzeln der Pflanzen verfaulen. Auch bei Trockenheit sollten Sie nicht pflanzen, weil man dabei kühle, feuchte Erde nach oben gräbt und auf diese Weise wertvolle Feuchtigkeit verliert. Lagern Sie Ihre neuen Pflanzen lieber geschützt und wässern Sie sie täglich, bis sich die Bedingungen bessern.

^ *Kühle Umgebung*
Lagern Sie neue Pflanzen im kühlen Schatten und wässern Sie sie täglich.

^ *Wurzelnackte Lagerung*
Können Sie wurzelnackte Pflanzen nicht sofort einsetzen, graben Sie die Wurzeln ein, um sie zu schützen und feucht zu halten.

Den Boden vorbereiten

Investieren Sie ruhig ein paar Stunden in die Bodenvorbereitung, denn auf lange Sicht spart man dadurch viel Zeit und Mühe. Jäten und Bodenverbesserung sind wichtige Arbeiten für den Herbst oder das zeitige Frühjahr.

ALLES UNKRAUT ENTFERNEN
Graben Sie zuerst alles Unkraut von Hand aus oder bekämpfen Sie aggressive Arten, wie Zaunwinde und Giersch (S. 402–403), mit Unkrautvernichter. Haben Sie wirklich hartnäckige Unkräuter, decken Sie den Boden für längere Zeit mit einem alten Teppich ab. Licht- und Feuchtigkeitsmangel und der fehlende Nachschub an Samen sollten selbst den robustesten Arten den Garaus machen.

TIEF UMGRABEN
Wenn Sie den Boden im ganzen Garten verbessern wollen, heben Sie einen spatenbreiten und -tiefen Graben quer über die Breite der Fläche aus. Kippen Sie die Erde am anderen Ende der Fläche ab und verteilen Sie Komposterde oder Stallmist im Graben. Heben Sie einen zweiten Graben daneben aus und füllen Sie den ersten mit der Erde auf. Geben Sie Mist in den neuen Graben und fahren Sie so fort. Das ist harte Arbeit, die sich aber lohnt.

^ *Gründlichkeit*
Entfernen Sie beim Unkrautjäten alle Wurzeln, damit die Pflanzen nicht neu austreiben können.

< *Fruchtbare Ideen*
Wenn Sie auf der ganzen Fläche gut abgelagerten Stallmist oder Gartenkomposterde untergraben, müssen Sie das später nicht bei jeder Einzelpflanzung machen.

Grundausstattung

Sie müssen für die Gartenarbeit anfangs kein Vermögen ausgeben, aber Sie brauchen einige wichtige Werkzeuge, um ordentlich arbeiten zu können. Denken Sie über die Anschaffung eines kleinen Gartenschuppens oder einer Kiste nach, um Ihr Werkzeug sauber und trocken aufbewahren zu können.

IHRE WERKZEUGSAMMLUNG
Die Grundausstattung sollte aus Gießkanne, Gabel, Spaten, Rechen, Schaufel und einer Handgabel bestehen. Diese Liste lässt sich beliebig ergänzen, während Ihre Ambitionen wachsen. Wenn Sie eine bestimmte Arbeit immer wieder ausführen, investieren Sie in ein möglichst hochwertiges Werkzeug, um sich die Arbeit zu erleichtern.

GRABEN, PFLANZEN UND ERNTEN
Spaten und Gabel dienen beide zur Bodenbearbeitung. Mit der Gabel gräbt man schweren Boden um, hebt Wurzelgemüse, setzt Kompost um und arbeitet organisches Material in den Boden ein. Spaten eignen sich zum Graben von Löchern und Gräben und zum Bewegen größerer Mengen Erde. Sie kommen besser mit leichten Böden zurecht, die durch die Zinken der Gabel rieseln. Wenn Ihnen der normale Spaten zu schwer ist, gibt es auch leichtere Modelle mit kleinem Blatt.

❶ Eine Grabgabel ist unerlässlich beim Umgraben schwerer Böden und Belüften von Rasen. ❷ Kaufen Sie sich einen leichten Korb, um Grüngut im Garten zu transportieren. ❸ Investieren Sie in Werkzeug mit passender Stiellänge, das vermeidet Rückenschmerzen. ❹ Schaufeln sind ideal zum Einpflanzen und zum Befüllen von Töpfen mit Erde. ❺ Greifen Sie beim Einpflanzen und Jäten zur Handgabel. ❻ Ein Gartenrechen hilft beim Einebnen und Glätten von Beeten. Um Moos aus dem Rasen zu rechen, nehmen Sie einen Laubbesen.

SCHNEIDEN UND STUTZEN
Welches Werkzeug Sie benötigen, hängt von der Stärke des zu entfernenden Materials ab. Es gibt leichte Scheren für Blüten und Feinarbeiten beim Formschnitt, Heckenscheren für bis zu bleistiftdicke Zweige und Astscheren und Sägen für dickere Äste. Wählen Sie immer das passende Werkzeug für die Aufgabe, da leichte Scheren durch zu starke Äste beschädigt werden können und z. B. eine Astsäge zu grob für kleine Zweige ist. Außerdem erleichtert das richtige Werkzeug die Arbeit ganz erheblich.

∧ *Ausschneiden mit der Schere*
Investieren Sie in eine gute Astschere mit langer Garantiezeit, wenn Sie Sträucher und Bäume schneiden müssen.

∧ *Stärkere Äste entfernen*
Stärkere Äste lassen sich mit einer Astsäge kürzen, deren gebogenes Blatt das Sägen erleichtert und auch in enge Winkel gelangt.

WÄSSERN

Im Sommer ist das Wässern die wichtigste Arbeit im Garten, dazu genügt oft eine einfache Gießkanne. Verwenden Sie für zarte Setzlinge oder neue Pflanzen eine aufgesetzte Brause. Praktischerweise passen Gießkannen mühelos unter den Hahn der meisten Regentonnen.

Wenn Sie einen größeren Garten oder viele Kübel haben, sollten Sie zum Schlauch greifen. Kaufen Sie einen verstellbaren Sprühkopf, damit Sie zwischen sanfter Beregnung und kräftigem Strahl wechseln können. Es gibt auch Gießstäbe zum Wässern von Blumenampeln.

∧ **Junge Pflanzen wässern**
Verwenden Sie einen Brauseaufsatz, um neu bepflanzte Flächen sanft zu beregnen.

∧ **Immer noch praktisch: Gießkanne**
Gönnen Sie neuen Pflanzungen und großen Gehölzen in Kübeln jeweils eine ganze Kanne.

∧ **Sauberer Schnitt (hier: Schuffelhacke)**
Schärfen Sie die Hacke, damit sie die Stängel einjähriger Unkräuter sauber durchtrennt.

∧ **Tief reichende Wurzeln**
Ein Pfahlwurzel-Jäter hebt tief reichende Wurzeln aus dem Boden.

UNKRAUT JÄTEN

Das nützlichste Jätwerkzeug ist die Hacke, die man über den Boden führt, um die Stängel des Unkrauts dicht über der Erde zu durchtrennen. Damit tötet man zwar einjährige Unkräuter, aber Stauden überleben und treiben im nächsten Jahr erneut aus. Unkräuter mit Pfahlwurzeln, wie Löwenzahn, bekämpft man besser mit einem Pfahlwurzel-Jäter, dessen lange, spitze Zinken tief in den Boden eindringen. Unkraut ohne Pfahlwurzel, wie Ampfer, jätet man am besten mit dem Spaten.

REINIGUNG UND PFLEGE

Reinigen Sie Ihr Werkzeug regelmäßig, damit es in gutem Zustand bleibt. Ölen Sie Scheren alle paar Monate und überprüfen Sie, ob die Schneiden straff sitzen und sauber schneiden. Reinigen Sie Spaten und Gabeln regelmäßig und ölen Sie Blätter und Zinken ein- oder zweimal im Jahr ein, damit sie nicht rosten. Reinigen Sie Ihre Schneidewerkzeuge vor dem Schneiden einer Pflanze mit Desinfektionsmittel, um die Verbreitung von Krankheiten, wie das Triebsterben beim Buchsbaum (S. 99), zu verhindern.

❶ Reinigen Sie Schneidewerkzeuge vor jeder Verwendung, damit keine Krankheiten übertragen werden.
❷ Reinigen und ölen Sie den Spaten am Ende der Saison ein.   ❸ Reinigen Sie Astsägen und ölen Sie sie ein.

Jahresplaner

Jede Jahreszeit bringt ihre eigenen Arbeiten im Garten, seien es langfristige Veränderungen, Vorbereitungen für die kommenden Monate oder tägliche Pflege. Wenn man sie zur richtigen Zeit und in der richtigen Reihenfolge erledigt, wird die Pflege des Gartens einfacher und befriedigender ... auch für die Pflanzen.

❶ Säen Sie Einjährige und Gemüse frühzeitig im Haus ein. ❷ Putzen Sie Blütenpflanzen im Frühjahr und Sommer regelmäßig aus, um eine reichliche Blüte zu erhalten. Lagern Sie Dahlienzwiebeln an einem frostfreien Ort ein. ❸ Überprüfen Sie regelmäßig Gemüse- und Obstpflanzen und ernten Sie zum richtigen Zeitpunkt. ❹ Rechen Sie totes Laub im Spätherbst vom Rasen, damit das Gras grün bleibt, und kompostieren Sie es.

Frühjahr

ZEITIGES FRÜHJAHR

- Ziergräser (S. 52–53), Prärie-Rabatten (S. 70–71) und herbstblühende Stauden (S. 94–95) zurückschneiden.
- Beete und Rabatten vorbereiten. Unkraut jäten und die Erde umgraben. Organisches Material einarbeiten (S. 15, 21).
- Spät blühende Sträucher und früh im Sommer blühende Clematis und Rosen (S. 412–415) zurückschneiden.
- Weiden entwipfeln und Hartriegel kappen (S. 230–231).
- Lavendelhecken zurückschneiden (S. 199).
- Langzeitdünger um Sträucher, Bäume und Stauden herum ausbringen (S. 404).
- Einjährige im Haus einsäen und vorziehen (S. 108–109, 64).
- Setzlinge im Haus umtopfen (S. 120–121).
- Etablierte Staudengruppen heben und teilen (S. 416).
- Winterharte Gräser einsäen (S. 52–53).
- Schneeglöckchen einpflanzen (S. 41).
- Frühlingsblühende Zwiebelblumen und Beetpflanzen regelmäßig ausputzen.
- Weihnachtsbäume umtopfen (S. 158–159).

MITTE BIS ENDE FRÜHJAHR

- Stauden (S. 28–31), sommerblühende Zwiebelblumen (S. 124–125) und Teichpflanzen (S. 326–327) einpflanzen.
- Thai-Kräuter einpflanzen (S. 302–302).
- Zimmerampeln bepflanzen (S. 370–371).
- Einjährige Sommerblumen im Haus einsäen (S. 108–109).
- Gemüse (S. 248–289) einsäen und Kartoffeln (S. 252) pflanzen.
- Eine Blumenwiese einsäen (S. 348–349).
- Mulch ausbringen (S. 405).
- Erstmals jäten (S. 23; S. 402–403).
- Früh blühende Sträucher und frühe Clematis schneiden (S. 412; S. 414).
- Krautige Stauden abstützen (S. 67).
- Erstmals Rasen mähen (S. 422–423).

GRUNDLAGEN

Sommer

FRÜHSOMMER
- Im Haus gesäte, nicht winterharte Setzlinge abhärten (S. 108–109).
- Sommerblumen und Sommergemüse einpflanzen.
- Kübel (S. 110–111) und Ampeln (S. 130–131) bepflanzen.
- Jungen Wuchs vor Schädlingen, wie Schnecken, schützen (S. 424–429).
- Zimmerpflanzen über den Sommer nach draußen stellen.
- Blühende Sträucher, wie Rosen, mit (Rosen-)Dünger versorgen, um die Blüte zu fördern (S. 404–405).
- Immergrüne Sträucher, Hainbuchen, Kirschen und Birnen nach der Blüte schneiden (S. 410–413).
- Kartoffeln nach der Blüte ernten (S. 252–253).
- Rote Bete (S. 256), Radieschen (S. 261), Spinat (S. 264) und Blattsalat (S. 286) alle zwei Wochen einsäen.
- Grünstecklinge schneiden (S. 420).

SPÄTSOMMER
- Frühkohl einsäen (S. 262).
- Lavendelhecken nach der Blüte schneiden (S. 199).
- Blauregen zurückschneiden, um die Ausbreitung zu begrenzen (S. 226).
- Halb reife Stecklinge schneiden (S. 421).
- Ein Insektenhotel für den Winter bauen (S. 354–355).

GANZER SOMMER
- Kübel und neue Pflanzungen regelmäßig wässern, vor allem bei Hitze (S. 406–407).
- Beete und Rabatten jäten.
- Den Rasen nach Bedarf mähen.
- Blütenpflanzen ausputzen, um die Blüte zu verlängern
- Hecken und Formgehölze schneiden.
- Kletterpflanzen an Rankhilfen ziehen.

Herbst

FRÜHHERBST
- Beete vorbereiten (S. 21, 249).
- Frühlingsblumenzwiebeln (außer Tulpen) in Beete (S. 40–41) und Rasen (S. 210–211) pflanzen.
- Hartholzstecklinge schneiden (S. 419).
- Duft-Wicken für eine frühe Blüte im nächsten Jahr einsäen (S. 228–229).
- Goldlack pflanzen (S. 114).
- Zimmerpflanzen auf Schädlinge und Krankheiten überprüfen und ins Haus bringen.
- Empfindlichere Exoten mit Gartenvlies vor Frost schützen (S. 181).
- Empfindlichere Stauden mit dichtem Stroh- oder Rindenmulch bedecken.
- Dahlienknollen und *Canna* ins Haus holen (S. 86–87).
- Rollrasen legen (S. 206–207), Rasen säen (S. 208).
- Etablierten Rasen mit Herbstdünger kräftigen (S. 422–423).
- Kamillenrasen anlegen (S. 209).
- Schutzecke für Kleintiere anlegen (S. 354–355).
- Hecken letztmalig schneiden.

SPÄTHERBST
- Sträucher (S. 37–37), Rosen (S. 92–93), Bäume (S. 178–179), Hecken (S. 192–197), Kletterpflanzen (S. 212–213) und Beerensträucher (S. 292–293) pflanzen.
- Tulpen pflanzen (S. 40–41).
- Dicke Bohnen einsäen (S. 283).
- Zwiebeln und Knoblauch pflanzen (S. 270–271).
- Bäume aus Samen ziehen (S. 188–189).
- Amarylliszwiebeln (S. 366–367) und vorgetriebene Hyazinthen und Narzissen im Haus pflanzen (S. 378–379).
- Spät blühende Sträucher zurückschneiden (S. 412).
- Totes Laub zusammenrechen und kompostieren (S. 360–361).

Winter

- Wurzelnackte Bäume und Hecken (S. 192–193) einpflanzen.
- Wurzelstecklinge nehmen (S. 418).
- Blauregen (S. 226–227) und die meisten Bäume, einschließlich Äpfel und Birnen (S. 410–411), zurückschneiden.
- Spät blühende Clematis zurückschneiden (S. 414).
- Bäume zu mehrstämmigen Solitären schneiden (S. 182).
- Wintergemüse ernten (S. 264–265).
- Kartoffeln im Spätwinter für das Frühjahr vorziehen (S. 252–253).
- Gemüse- und Blumenbeete planen.
- Blumen- und Gemüsesamen bestellen.
- Kübelpflanzen zum Schutz vor Wind und Kälte zusammenrücken.
- Terrakottakübel zum Schutz vor Frost in Luftpolsterfolie oder Sackleinen einschlagen (S. 409).
- Ein Hochbeet anlegen (S. 254–255).
- Neue Nistkästen aufhängen (S. 363).

GANZJÄHRIG
- Einen Komposter bauen, befüllen, umheben usw. (S. 358–359).
- Einen Rankobelisken bauen (S. 216–218).
- Ein Sumpfbeet anlegen (S. 330–331).
- Einen Teich ausheben (S. 324–325).
- Rasen- und Beeteinfassungen anlegen (S. 32–33).
- Einen Rosenbogen bauen (S. 222–223).
- Baumbänder überprüfen und bei Bedarf lockern (S. 179).
- Schädlinge und Krankheiten bekämpfen (S. 424–433).
- Totes und krankes Holz ausschneiden (S. 410).
- Alle Schneidewerkzeuge nach dem Gebrauch reinigen und desinfizieren (S. 23).

Schöne Beete

In diesem Kapitel erfahren Sie alles über die Anlage von Beeten und Rabatten – vom Umgraben des Bodens bis zur Pflanzung einer Gruppe von Gräsern oder leuchtender Winterpflanzen. Lernen Sie, Zwiebeln, Stauden und Sträucher zu pflanzen, und schaffen Sie sich Ihr eigenes Paradies. Verwenden Sie unsere Entwürfe oder nutzen Sie sie als Inspiration für eigene Kreationen. Hier findet sich für jeden etwas, vom traditionellen Bauerngarten bis zur modernen architektonischen Bepflanzung.

Eine neue Rabatte anlegen

Machen Sie sich über die Platzierung Gedanken, bevor Sie eine neue Rabatte umgraben. Fotografieren Sie Ihren Garten aus einem Fenster im ersten Stock oder von der Terrasse aus, um sich einen Überblick zu verschaffen. Beachten Sie auch den Lauf der Sonne und die Art der Pflanzen, die Sie setzen möchten. Viele sommerblühende Blumen brauchen direktes Sonnenlicht, während Blattpflanzen oft Schatten bevorzugen. Einige kommen mit beidem zurecht, informieren Sie sich also vor dem Kauf eingehend.

>> **SCHÖNE BEETE** 29

>> **WANN BEGINNEN?**
Frühherbst

AM SCHÖNSTEN
Sommer

ZEITAUFWAND
🕒 2 Tage

PFLANZEN & MATERIAL
Bandmaß
Gartenschlauch
Spaten (evtl. auch Kantenstecher)
Gabel
Rechen
Komposterde oder gut abgelagerter Stallmist
grober Sand oder Feinsplitt (für schwere Böden)
Langzeitdünger
Gießkanne

Hier verwendete Pflanzen:
Achillea
Crocosmia masoniorum
Verbena bonariensis

1 DIE FORM
Länge und Breite der Rabatte mit dem Bandmaß ausmessen und darauf achten, dass sie nicht zu schmal ist – sie sollte mindestens 1 m breit sein. Die Form kann ein geschwungener Streifen oder eine geometrische Form sein. Geschwungene Ränder mit dem Schlauch, gerade mit Pflöcken und Schnur markieren. Die Grasnarbe mit dem Kantenstecher oder dem Spaten sorgfältig entlang der Markierung abstechen.

2 DIE GRASNARBE ABHEBEN
Die Grasnarbe innerhalb der Markierung in Quadrate stechen, da sie so leichter zu entfernen ist. Die Quadrate sollten etwas schmaler sein als das Spatenblatt, um die Arbeit zu erleichtern. Den Spaten unter die Narbe schieben, um die Graswurzeln zu durchtrennen.

3 DEN BODEN VORBEREITEN
Die Grasnarbe abheben und umgedreht abseits ablegen (siehe Top-Tipp, rechts). Große Steine, Schutt und Unkraut entfernen und die Wurzeln mehrjähriger Arten, wie Löwenzahn, Ampfer und Zaunwinde, ausgraben. Dicke Bodenklumpen mit der Gabel zu einer gleichförmigen Struktur auflockern. Anschließend die Bodenart feststellen (S. 14–15).

TOP-TIPP: NARBE RECYCELN

Sie können die abgehobene Grasnarbe dazu verwenden, an anderer Stelle Rasen zu reparieren, oder Sie lassen den Haufen etwa ein Jahr lang verrotten. Das ergibt eine hervorragende Komposterde, die Sie im zeitigen Frühjahr zum Mulchen nutzen können, bevor die Stauden austreiben.

4 DEN BODEN VERBESSERN
Ungeachtet des Typs profitiert jeder Boden von einer Verbesserung mit Stallmist oder Gartenkomposterde. Man kann sie entweder in einzelnen Gräben (S. 21) verteilen oder eine ca. 8 cm dicke Schicht auf dem Boden ausbringen und rund 15 cm tief einarbeiten. Bei einem schweren Boden sollte man zusätzlich groben Sand oder Feinsplitt untermischen, um die Dränage zu verbessern. Den Boden glatt rechen.

Fortsetzung nächste Seite...

5 DIE PFLANZEN AUFSTELLEN

Nun wird es Zeit, die gekauften Pflanzen zu setzen. Sie müssen zum Standort, zum Bodentyp und zum gewünschten Stil passen (S. 14–17). Durchlässige, sonnige Standorte wie hier eignen sich gut für ein Präriethema. Die Pflanzen in den Töpfen auf der Fläche verteilen und das Arrangement überprüfen.

6 GUT WÄSSERN

Die hohen Pflanzen dürfen den niedrigeren nicht das Licht wegnehmen und Stauden sollten in Gruppen zu je mindestens drei Pflanzen stehen. Vor dem Einpflanzen gut mit der Gießkanne wässern oder besser in einen Eimer mit Wasser tauchen, bis keine Luftblasen mehr aufsteigen, und dann abtropfen lassen.

7 AUF DIE PFLANZTIEFE ACHTEN

Das Pflanzloch für jede Staude (Sträucher siehe S. 36) doppelt so breit wie der Topf und etwas tiefer ausheben. Den Topf probeweise ins Loch stellen, um zu sehen, ob die Pflanze später in der gewünschten Höhe im Boden sitzt. Als Richtmaß einen Pflanzstab über Loch und Topf legen.

8 AUSTOPFEN

Den Erdboden im Lochgrund mit der Gabel etwas auflockern. Die Seiten des Topfs rundum eindrücken, um den Ballen vom Topf zu lösen. Den Topf umdrehen, die Finger zwischen die Stiele schieben und die Pflanzerde festhalten, dann auf den Topfboden klopfen oder ihn drücken. Die Pflanze sollte sich nun lösen.

9 EINSETZEN

Fest an den Ballen gepresste Wurzeln sanft mit den Fingern lösen (siehe Top-Tipp, gegenüber). Die Pflanze einsetzen, die ausgehobene Erde mit Langzeitdünger mischen und das Loch damit verfüllen. Die Pflanze mit den Händen andrücken.

10 LETZTE HANDGRIFFE

Sobald die Rabatte fertig bepflanzt ist, die Pflanzen gründlich mit dem Gartenschlauch wässern. Dadurch setzt sich die lockere Erde und hilft den Pflanzen beim Anwachsen. Freiliegende Wurzeln mit Erde bedecken.

11 **PFLEGE DER PFLANZEN**
Die gesamte Rabatte mulchen (S. 405). Stauden brauchen etwa ein Jahr, um sich zu etablieren, und sollten im Herbst ein gesundes Wurzelsystem besitzen, wenn man sie im Frühjahr gepflanzt hat. Bis sie gut eingewachsen sind, müssen sie regelmäßig gewässert werden, bei Trockenheit sogar täglich. Zudem müssen sie jedes Frühjahr gedüngt und mit neuem Mulch versorgt werden.

TOP-TIPP: WURZELN LOCKERN

Beim Austopfen trifft man oft auf eng zwischen Erde und Topfwand gepackte Wurzeln. Sie sind so verdichtet, dass sich die Pflanze nur schlecht entwickeln kann. Lösen Sie die Wurzeln vorsichtig mit den Fingern vom Ballen, damit sie sich ungehindert in der umgebenden Erde ausbreiten können.

Pflanztiefe

Wie tief Sie eine Pflanze einsetzen, hat einen großen Einfluss auf ihren Wuchs. So sollten z. B. Sträucher (S. 36–37) und Stauden in der gleichen Tiefe wie zuvor im Topf eingepflanzt werden. Es gibt aber auch Ausnahmen, wie die unten genannten. Auch die meisten Bäume haben da eigene Ansprüche (S. 178–179).

ERHABEN
Einige Pflanzen gedeihen am besten, wenn sie leicht über den Boden hinausragen, z. B. Iris (rechts), deren Rhizome unter der Erde faulen würden, und andere, gegen feuchten Boden empfindliche Arten, wie *Verbascum, Sisyrinchium, Sedum* und andere Sukkulenten. Sie sollten etwa 2–3 cm über den Boden hinausragen, sodass die Rhizome unbedeckt sind. Bei anderen Arten kann ein Erdhügel das Wasser ablaufen lassen.

VERSENKT
Feuchtigkeitsliebende Pflanzen setzt man etwas tiefer in die Erde, sodass ihre Wurzeln weiter von der trockenen Oberfläche entfernt sind. Der Wurzelansatz von Funkien sollte 2 cm unter der Erde liegen, der von Salomonssiegel (*Polygonatum*) rund 10 cm tief.

Dekorative Einfassungen

Eine Einfassung dient sowohl ästhetischen als auch praktischen Zwecken. So markiert sie z. B. die Grenze eines Rasens und erleichtert gleichzeitig das Mähen. Dank der Fülle an Möglichkeiten kann man Einfassungen sehr dekorativ gestalten, sodass sie die Pflanzen, die sie umgeben, ideal ergänzen.

WANN BEGINNEN?
jederzeit
AM SCHÖNSTEN
ganzjährig

ZEITAUFWAND
5 Stunden

PFLANZEN & MATERIAL

Ziegel
Schnur und Pflöcke
scharfer Spaten
Feuchtmörtel
Trockenmörtel
Gummihammer
Wasserwaage
Kelle
Besen

1 RICHTSCHNUR SPANNEN
Einen Ziegel als Abstandsmaß am Hochbeet anlegen und die Flucht der Steine mit zwei Pflöcken und einer dazwischen gespannten Schnur abstecken. Die Grasnarbe mit einem scharfen Spaten abstechen.

2 RASEN ENTFERNEN
Die Grasnarbe tief genug abheben, sodass die Ziegel und zusätzlich eine 2,5 cm dicke Mörtelschicht Platz finden. Die Narbe zunächst in kleine Stücke teilen und dann mit dem Spaten auf eine Plane heben.

SCHÖNE BEETE 33

3 BODEN GLÄTTEN
Den Boden grob mit dem Spaten glatt streichen. Den Feuchtmörtel anrühren und eine 2,5 cm dicke Schicht in den Graben für die Ziegel geben.

4 ZIEGEL LEGEN
Die Ziegel leicht versenkt und mit etwas Abstand auf den Mörtel setzen. Mit der Wasserwaage prüfen, ob sie horizontal auf gleicher Höhe sitzen, dann mit dem Gummihammer festklopfen.

5 FUGEN VERFÜLLEN
Abschließend mithilfe der Kelle die Fugen zwischen den Ziegeln mit Trockenmörtel verfüllen. Überschüssigen Mörtel mit dem Besen abfegen.

Ideen

Die verschiedenen Materialien haben ganz unterschiedliche Wirkungen, von fein und elegant bis hin zu solide und robust. So bildet kunstvoll gebogenes Kupferrohr (oben) eine hübsche Einfassung, die die Farben der Pflanzen reflektiert.

❶ In einem informellen Garten dürfen die Pflanzen auf den Weg wachsen. ❷ Geometrische Formen im viktorianischen Stil passen zu formalen und Bauerngärten. ❸ Das weiche Grau des Schiefers ist eine perfekte Unterlage für grünes oder rötliches Blattwerk. ❹ Rundhölzer sind eine gute Wahl für Gärten mit Meeresthematik, vor allem in Verbindung mit Kiesmulch.

SCHÖNE BEETE 35

Frühlingserwachen

Öde, nackte Flächen unter Bäumen oder Sträuchern eignen sich perfekt für frühlingsblühende Stauden und Zwiebelblumen, die blühen, bevor das Laub ausschlägt und Schatten wirft. Nehmen Sie Waldpflanzen, wie Schneeglöckchen und Christrosen, für schattige Bereiche und sonneliebende Krokusse für den Rand der Rabatte.

WANN BEGINNEN?
Schneeglöckchen im Frühjahr, Zwiebeln und Stauden im Herbst

AM SCHÖNSTEN
zeitiges Frühjahr

ZEITAUFWAND
2 Stunden

PFLANZEN & MATERIAL
Schmale Kelle oder Zwiebelpflanzer
Spaten
Lauberde

1. Schneeglöckchen, *Galanthus nivalis*
2. Winterling, *Eranthis hyemalis*
3. *Crocus tommasinianus*
4. *Helleborus × hybridus* (violett)
5. *Helleborus × hybridus* (rosa)

1 BODENVORBEREITUNG
Waldpflanzen lieben feuchte, lockere Erde mit viel organischem Material, deshalb zunächst reichlich Lauberde (S. 360-361) ausbringen.

2 ZWIEBELN PFLANZEN
Die meisten Frühlingszwiebelblüher werden im Herbst gesetzt, Schneeglöckchen dagegen pflanzt man am besten »grün« – das heißt nach der Blüte, aber noch mit grünen Blättern.

3 NACH DER BLÜTE
Alle Pflanzen profitieren jetzt von einer Mulchschicht aus Lauberde. Die welken Blätter der Frühlingsblüher können Sie ruhig liegen lassen. Möchten Sie sie entfernen, warten Sie damit, bis die Blätter vollständig abgestorben sind.

Eine schattige Rabatte

Eine Rabatte im tiefen Schatten kann ein Gewinn für jeden Garten sein, wenn man die richtigen Pflanzen wählt: Einige der schönsten Sträucher gedeihen nur bei schwachem Licht. Es fehlt hier vielleicht an dramatischen Akzenten, aber diese Flächen besitzen dafür eine ganz eigene kühle Eleganz.

>> **WANN BEGINNEN?**
Herbst
AM SCHÖNSTEN
Frühjahr

ZEITAUFWAND
2 Stunden Vorbereitung
3 Stunden pflanzen

PFLANZEN & MATERIAL
Spaten
organisches Material, z. B. Lauberde, Komposterde

Sträucher, wie Kamelien oder Blut-Johannisbeere, *Ribes sanguineum*
Unterpflanzung, z. B. Bergenien, Tränendes Herz, Farne und Christrosen

1 VORBEREITUNG
Viele schattenliebende Pflanzen kommen in der Natur in Waldgebieten vor und brauchen einen kühlen, feuchten Boden mit viel Humus. Im Herbst muss alles Unkraut entfernt und die Erde mit reichlich Lauberde (S. 360–361) verbessert werden.

2 PFLANZLÖCHER
Sträucher im Herbst oder Frühjahr kaufen und den Standort unter Beachtung ihrer Ausdehnung sorgfältig planen. Die Sträucher kommen auf die Rückseite der Rabatte, die Unterpflanzung wird dazwischen und davor angelegt. Die Pflanzlöcher sollten doppelt so groß und etwas tiefer als die Töpfe sein.

3 PFLANZTIEFE
Etwas Lauberde in jeden Lochgrund geben und die Pflanze einsetzen. Mithilfe eines über das Loch gelegten Pflanzstabs sicherstellen, dass die Pflanze genauso tief sitzt wie ursprünglich im Topf.

4 ANGIESSEN
Die Löcher um die Pflanzen mit Erde und Lauberde füllen und angießen. Regelmäßig wässern, bis die Pflanze etabliert ist. Mit organischem Material um die Stämme herum mulchen.

TOP-TIPP: STRÄUCHER DÜNGEN

Sträucher müssen regelmäßig gedüngt werden. Am besten bringt man im Frühjahr einen Langzeitdünger um die Pflanzenbasis herum aus und wiederholt den Vorgang jedes Jahr, damit die Sträucher kraftvoll und gesund wachsen.

SCHÖNE BEETE 37

Kleine Auswahl

Schattentolerante, blühende Sträucher brauchen etwas Licht. Die Auswahl auf diesen Seiten gedeiht am besten im lichten Schatten in der Nähe von laubwerfenden Bäumen oder Spalieren.

❶ *Daphne laureola* subsp. *philippi*; ↕45 cm ↔60 cm ❷ *Rosa rugosa* 'Rubra'; ↕↔2 m
❸ *Paeonia delavayi* var. *lutea*; ↕2 m ↔1,2 m
❹ *Hydrangea aspera* Villosa-Gruppe; ↕↔3 m

< *Im Schatten*
Diese wunderschöne weiße Form der Blut-Johannisbeere (Ribes sanguineum) *und die rosa Kamelie sind mit goldblättrigem Tränendem Herz (*Dicentra spectabilis *'Gold Heart') und anderen Schattenliebhabern unterpflanzt.*

Frühlingsblumenzwiebeln

Zwiebelblumen für den Frühling erhellen den Garten vom tiefsten Winter bis in den Frühsommer hinein. Die Ersten sind immer die Schneeglöckchen, sie erscheinen oft schon, wenn noch Schnee liegt. Am Ende der Saison erstrahlen die Lauchblumen und verkünden mit ihren runden violetten Köpfen, die über den frühen Stauden schweben, den Sommeranfang. Pflanzen Sie Zwiebelblumen im Herbst und genießen Sie den folgenden Frühling.

SCHÖNE BEETE 39

❄❄❄ völlig winterhart   ❄❄ winterhart in milden Regionen/an geschützten Standorten   ❄ im Winter vor Frost schützen
☼ volle Sonne   ◐ Halbschatten   ● Schatten   ◊ durchlässiger Boden   ◉ feuchter Boden   ● nasser Boden

❶ *Allium hollandicum* 'Purple Sensation'; ↕1 m ↔10 cm ☼ ◊ ❄❄❄   ❷ Armenische Traubenhyazinthe, *Muscari armeniacum*; ↕20 cm ↔5 cm ☼ ◊ ◉ ❄❄❄   ❸ *Tulipa* 'Prinses Irene'; ↕35 cm ↔10 cm ☼ ◊ ❄❄❄   ❹ *Scilla siberica*; ↕20 cm ↔5 cm ☼ ◐ ◊ ◉ ❄❄❄   ❺ *Crocus corsicus*; ↕10 cm ↔5 cm ☼ ◊ ❄❄❄   ❻ *Narcissus* 'Canaliculatus'; ↕15 cm ↔5 cm ☼ ◐ ◊ ◉ ❄❄❄   ❼ *Narcissus* 'Tête-à-Tête'; ↕15 cm ↔5 cm ☼ ◐ ◊ ◉ ❄❄❄   ❽ *Hyacinthus orientalis* 'Blue Jacket'; ↕20 cm ↔8 cm ☼ ◐ ◊ ❄❄❄   ❾ Schachblume, *Fritillaria raddeana*; ↕60 cm ↔10 cm ☼ ◊ ❄❄❄   ❿ *Tulipa sprengeri*; ↕50 cm ↔10 cm ☼ ◊ ❄❄❄   ⓫ Kleines Schneeglöckchen, *Galanthus nivalis*; ↕10 cm ↔10 cm ◐ ◉ ❄❄❄

Ein Beet mit Zwiebelblumen

Die Vorboten des Frühlings verwandeln den schlafenden Garten in ein Meer aus Farben. Als Erste strecken die tapferen Schneeglöckchen im Spätwinter ihre Köpfe aus der Erde und am Ende des Frühjahrs erstrahlen die spektakulären Lauchpflanzen und schließen die Blütezeit ab. Setzen Sie Frühjahrsblumenzwiebeln im Herbst – Tulpen erst ganz zuletzt – und genießen Sie die Pracht im nächsten Jahr.

SCHÖNE BEETE

> **WANN BEGINNEN?**
> Mitte Herbst
> **AM SCHÖNSTEN**
> Anfang bis Ende Frühjahr

ZEITAUFWAND
30 Minuten fürs Pflanzen

PFLANZEN & MATERIAL
Spaten
Gabel
grober Sand oder Feinsplitt (für schwere Böden)
Pflanzkelle
Maschendraht
Auswahl an Blumenzwiebeln

1 VORBEREITUNG
Alle Blumenzwiebeln brauchen einen gut durchlässigen Boden, deshalb muss schwerer Boden zuerst mit grobem Sand oder Feinsplitt aufgelockert werden oder man zieht die Pflanzen in Töpfen vor (S. 106–107). Man kann sie einzeln oder in großen, natürlich wirkenden Gruppen setzen.

Wie tief?

Damit Zwiebeln sich etablieren, müssen sie in der Regel zwei- bis viermal so tief eingegraben werden wie sie dick sind. Liegen sie zu flach, blühen sie nicht, liegen sie zu tief, treiben sie nicht aus.

2 LOCH AUSHEBEN
Das Loch zwei- bis viermal so tief ausheben wie die Zwiebeln dick sind (siehe Galerie, rechts). Die Zwiebeln mit der Triebspitze nach oben einsetzen. Alle schimmeligen oder weichen Zwiebeln wegwerfen.

3 ZWIEBELN BEDECKEN
Das Loch mit Erde auffüllen, ohne dabei die Zwiebeln zu beschädigen, und mit den Händen andrücken. Mit Maschendraht vor grabenden Tieren schützen. Den Draht entfernen, sobald die ersten Triebe erscheinen.

❶ Tulpen liegen gerne tief im Boden, etwa in vierfacher Zwiebeldicke: 5 cm dicke Zwiebeln werden also 20 cm tief eingegraben. ❷ Narzissen werden in dreifacher Zwiebeldicke eingesetzt (5-cm-Zwiebeln in 15 cm Tiefe). ❸ Traubenhyazinthen (*Muscari*) werden in der dreifachen Zwiebeldicke eingesetzt (2-cm-Zwiebeln in 6 cm Tiefe). ❹ Laucharten werden ebenfalls in der dreifachen Zwiebeldicke eingegraben (3-cm-Zwiebeln in 9 cm Tiefe).

TOP-TIPP: SCHNEEGLÖCKCHEN PFLANZEN

Die winzigen Zwiebeln der Schneeglöckchen trocknen schnell aus und versagen oft, wenn sie im Herbst gesetzt werden. Kaufen Sie lieber im Frühjahr im Topf gezogene Pflanzen und setzen Sie sie so ein, dass der weiße Teil knapp bedeckt ist. Haben Sie schon große Gruppen, heben und teilen Sie sie im Frühjahr nach der Blüte (S. 416–417).

SCHÖNE BEETE 43

Pastelltöne

Viele Blütenpflanzen des Frühsommers zeigen zarte Pastelltöne, die sich leicht zu harmonischen Bildern kombinieren lassen. Leuchtende *Allium*-Arten setzen dabei dramatische Akzente.

WANN BEGINNEN?
Herbst und zeitiges Frühjahr
AM SCHÖNSTEN
Frühsommer

ZEITAUFWAND
5 Stunden

PFLANZEN & MATERIAL
grober Sand oder Feinsplitt (für schwere Böden)
Spaten
Zwiebelpflanzer oder Pflanzkelle

1. Fingerhut, *Digitalis purpurea* fo. *albiflora*
2. Zierlauch, *Allium hollandicum* 'Purple Sensation'
3. Gewöhnliche Akelei, *Aquilegia vulgaris* 'Nora Barlow'
4. Goldlack, *Erysimum* 'Bowles's Mauve'

1 BODENVORBEREITUNG
Viele dieser Pflanzen bevorzugen einen gut durchlässigen Boden und dürfen im Winter nicht in der Nässe stehen. Zu schwerer Boden muss mit Sand oder Splitt durchlässiger gemacht werden.

2 EINPFLANZEN
Den Zierlauch im Herbst pflanzen und mit Schildern markieren. Im Frühjahr Goldlack und Akelei in Gruppen um die Lauchblumen herum und den Fingerhut in den Hintergrund pflanzen.

3 PFLEGE
Lauch hat auffällige Fruchtstände, die lange attraktiv bleiben, Akelei kann nach der Blüte zurückgeschnitten werden, um neuen Wuchs zu fördern. Beide erscheinen jedes Jahr. Fingerhut sät sich selbst aus, aber Goldlack muss nach ein paar Jahren erneuert werden.

Saurer Boden

Wenn der Boden Ihres Gartens sauer ist (siehe Bodentest S. 14), können einige der schönsten Blumen und Sträucher, wie Fächer-Ahorn, Kamelie und Rhododendron, in Ihrem Garten gedeihen.

» WANN BEGINNEN?
Herbst oder zeitiges Frühjahr

AM SCHÖNSTEN
Frühjahr

ZEITAUFWAND
 2 Stunden

PFLANZEN & MATERIAL
 Komposterde oder gut abgelagerter Stallmist
Spaten
Spezialdünger für säureliebende Pflanzen (Langzeitdünger)

säureliebende Sträucher wie:
Fächer-Ahorn, *Acer palmatum*
Blumen-Hartriegel, *Cornus florida*
Stachelspitzige Azalee, *Rhododendron mucronulatum*

1 POSITIONIERUNG
Es eignet sich jeder Fächer-Ahorn oder Rhododendron, aber es gibt unterschiedliche Wuchsformen. Lassen Sie ausreichend Platz zwischen den Sträuchern, damit sie noch wachsen können.

2 BODENVERBESSERUNG
Wählen Sie einen vor Kälte und Wind geschützten Standort im Halbschatten. Pro Quadratmeter sollte man einen Eimer Stallmist in den Boden einarbeiten, die Pflanzen gut wässern und dann nach der Anleitung für Sträucher auf S. 36 einsetzen.

3 PFLEGE
Im Frühjahr muss ein Spezialdünger für säureliebende Pflanzen gegeben werden. Mulchen Sie jährlich (S. 405) und lichten Sie alle überschießenden Triebe im Frühjahr nach der Blüte aus.

Kübelpflanzen

Wenn man säureliebende Pflanzen in einem Garten mit alkalischem Boden haben möchte, pflanzt man sie in Kübel mit speziell für sie geeignetem Substrat.

DIE RICHTIGEN BEDINGUNGEN
Pflanzen Sie Sträucher, wie Kamelien, Azaleen und Rhododendren, in ein Hochbeet (S. 254–255) oder einen großen Kübel, den Sie mit Rhododendren- oder Azaleen-Erde befüllt haben und ersetzen Sie jedes Frühjahr die oberste Schicht durch frische Erde, vermischt mit Dünger für säureliebende Pflanzen.

^ **Starke Farben**
Azaleen zeigen eine Reihe feuriger Schattierungen, die perfekt zu schlichten weißen Kübeln passen. Wenn die Blätter gelb werden, fehlt es meist an Eisen im Boden. Düngen Sie mit einem Dünger für säureliebende Pflanzen.

SCHÖNE BEETE

Kleine Auswahl

Kombinieren Sie die hier gezeigten Frühjahrssträucher mit sommerblühenden blauen Hortensien, *Kalmia latifolia* oder duftender *Clethra*, um die Saison zu verlängern. Oder legen Sie einen Koniferen- und Heidegarten in saurem Boden an.

❶ *Enkianthus deflexus*; ↕↔3 m
❷ *Grevillea rosmarinifolia*; ↕1,8 m ↔2,5 m (in wintermilden Gegenden)
❸ *Cercis canadensis* 'Forest Pansy'; ↕↔10 m
❹ Schnee-Heide, *Erica carnea*; ↕15 cm ↔45 cm

< *Bunter Mix*
Diese üppige Mischung aus rosa Rhododendronblüten (Rhododendron mucronulatum), *dunkel violettroten Ahornblättern* (Acer palmatum *var.* dissectum *'Garnet') und eleganten roten Hartriegelzweigen* (Cornus) *ergibt eine hinreißende Kombination.*

SCHÖNE BEETE 47

Feurige Rabatte

Blüten in warmen Farbtönen wie feurigem Orange, Rot und Gelb lassen jeden Garten leuchten. An einem sonnigen Standort vor einem dunklen Hintergrund ist ihre Wirkung besonders hinreißend.

WANN BEGINNEN?
Spätherbst bis zeitiges Frühjahr
AM SCHÖNSTEN
Mitte bis Ende Sommer

ZEITAUFWAND
4 Stunden

PFLANZEN & MATERIAL
Komposterde
Langzeitdünger
Stäbe und Binder

1. *Clematis* × *diversifolia*
2. *Kniphofia* 'Bees' Sunset'
3. *Dahlia* 'David Howard'
4. Fiedergras, *Stipa tenuissima*
5. *Achillea* Summer-Pastels-Gruppe
6. *Helenium* 'Moerheim Beauty'
7. *Crocosmia* 'Lucifer'
8. *Dahlia* 'Bishop of Llandaff'

1 VORBEREITUNG
Zwischen Spätherbst und zeitigem Frühjahr alles Unkraut jäten und Komposterde einarbeiten (S. 29). Im Frühjahr Pflanzen kaufen.

2 PFLANZSCHEMA
Die Clematis vor die Mauer setzen (S. 219). Die anderen Pflanzen in Töpfen in Gruppen zu drei oder mehr anordnen, wobei *Dahlia*, *Kniphofia* und *Crocosmia* in den Hintergrund kommen.

3 PFLANZEN UND STÜTZEN
Wie bei den Stauden beschrieben einpflanzen (S. 30–31), dabei etwas Dünger in die Pflanzlöcher geben. Einen Stab neben jede Dahlie in den Boden stecken und die Stängel anbinden. Nach dem Setzen und während des ersten Jahrs in Trockenperioden gut wässern. Dahlienknollen frostfrei überwintern (S. 86).

Himmlische Düfte

Auch dem schönsten Garten fehlt ein wichtiges Element, wenn er keine duftenden Blüten hat. Manche Blütendüfte sind so intensiv, dass sie den ganzen Garten durchziehen, andere sind nur aus der Nähe wahrnehmbar. Am besten platzieren Sie duftende Pflanzen in der Nähe von Terrasse und Wegen. Die meisten blühen von Frühjahr bis Sommer, während Mahonie und Schleimbeere mit ihrem süßen Parfum auch den Winter verschönern.

SCHÖNE BEETE

❄❄❄ völlig winterhart ❄❄ winterhart in milden Regionen/an geschützten Standorten ❄ im Winter vor Frost schützen
☀ volle Sonne ◐ Halbschatten ● Schatten ◊ durchlässiger Boden ◐ feuchter Boden ● nasser Boden

❶ Pfeifenstrauch, *Philadelphus* 'Burfordensis'; ↕3 m ↔2 m ☀ ◐ ◊ ❄❄❄ ❷ *Daphne × burkwoodii* 'Somerset'; ↕1,5 m ↔1,5 m ☀ ◐ ◊ ❄❄ ❸ Goldlack, *Erysimum cheiri* 'Fire King'; ↕25 cm ↔20 cm ☀ ◊ ❄❄ ❹ Schwarzes Schmuckkörbchen, *Cosmos atrosanguineus*; ↕75 cm ↔45 cm ☀ ◊ ❄❄ ❺ *Mahonia × media*-Sorte; ↕5 m ↔4 m ☀ ◐ ◊ ❄❄❄ ❻ *Rosa* 'Escapade'; ↕75 cm ↔60 cm ☀ ◊ ❄❄❄ ❼ *Lavandula angustifolia* 'Munstead'; ↕45 cm ↔60 cm ☀ ◊ ❄❄❄ ❽ Nelke, *Dianthus* 'Bovey Belle'; ↕30 cm ↔30 cm ☀ ◊ ❄❄❄ ❾ *Rhododendron luteum*; ↕4 m ↔4 m ☀ ◐ ◐ ❄❄❄ ❿ Schleimbeere, *Sarcococca confusa*; ↕2 m ↔1 m ◐ ● ◐ ❄❄❄ ⓫ *Viburnum carlesii* 'Aurora'; ↕2 m ↔2 m ☀ ◐ ◊ ❄❄❄

SCHÖNE BEETE 51

Duft-Kombination

Ein guter Duft ist ein intensiver Sinneseindruck. Eine Fülle duftender Pflanzen lockt uns unweigerlich näher, um die verführerischen Blüten von Alten Rosen, Lilien, Lavendel und Nelken zu beschnuppern.

WANN BEGINNEN?
zeitiges Frühjahr

AM SCHÖNSTEN
Sommer

ZEITAUFWAND
3 Stunden

PFLANZEN & MATERIAL
Spaten
Komposterde
grober Sand (für schwere Böden)
Langzeitdünger
Kiesmulch

1. bronzeblättriger Fenchel
2. Oster-Lilien, *Lilium longiflorum*
3. Nelken, *Dianthus* 'Super Trooper'
4. silberblättriger Thymian
5. Schopf-Lavendel, *Lavandula stoechas*
6. *Rosa* 'Gertrude Jekyll'

1 STANDORT
Die meisten dieser Pflanzen bevorzugen einen durchlässigen Boden, schwere Böden müssen mit grobem Sand aufgelockert werden. Die Rose braucht viel Wasser und nährstoffreiche Erde (S. 93).

2 EINPFLANZEN
Zuerst die Rose pflanzen (Anleitung S. 93), dann eine Reihe Lavendel und Lilien, schließlich Thymian und Nelken an den vorderen Rand. Kiesmulch hält die Stängel trocken und verhindert Fäulnis.

3 PFLEGE
Das Beet muss im ersten Jahr und danach bei längerer Trockenheit gut gewässert werden. Jedes Frühjahr sollte man einen Langzeitdünger einarbeiten, um eine reiche Blüte zu erzielen, und regelmäßig abgeblühte Rosen- und Nelkenblüten ausputzen, um die Blüte zu verlängern.

Grasrabatte

Gräser verleihen dem Garten eine schöne Textur und wirken besonders in Gruppen gut. Die meisten sind pflegeleicht und bleiben lange attraktiv: Im Sommer tragen sie hübsche Blütenrispen und später im Jahr Fruchtstände, die oft noch im Winter für Struktur sorgen.

>> **WANN BEGINNEN?**
Herbst oder zeitiges Frühjahr
AM SCHÖNSTEN
Sommer bis Frühherbst

ZEITAUFWAND
 2½ Stunden

PFLANZEN & MATERIAL
 Spaten, Komposterde
grober Sand (für schwere Böden)
Kiesmulch

1. Pampasgras, *Cortaderia selloana* 'Aureolineata'
2. *Cortaderia selloana* 'Pumila'
3. Alpen-Raugras, *Stipa calamagrostis*
4. Glänzendes Raugras, *Stipa splendens*
5. Silber-Chinaschilf, *Miscanthus sinensis* 'Malepartus'

1 VORBEREITUNG
Wählen Sie einen offenen und sonnigen Standort aus. Gräser sind in Bezug auf den Boden meist tolerant, aber es lohnt sich immer, vor dem Pflanzen Komposterde einzuarbeiten. Schwerer Boden sollte mit grobem Sand durchlässiger gemacht werden.

2 ANORDNUNG
Chinaschilf und Pampasgras sind die höchsten Gräser und sollten im Hintergrund der Rabatte stehen, sodass Platz für die Raugräser im Vordergrund bleibt. Die größeren Gräser brauchen 1,2 m Abstand voneinander, die kleineren 75 cm, um sich ausbreiten zu können.

3 PFLANZUNG UND PFLEGE
Die Gräser genauso tief einsetzen wie in den Verkaufstöpfen und mit Kies mulchen, um Unkraut zu unterdrücken. Die Pflanzen im ersten Jahr regelmäßig wässern, bis sie etabliert sind. Die vertrockneten Blütenstände überwintern lassen und im zeitigen Frühjahr dann die Horste fast bis zum Boden abschneiden, um den neuen Wuchs zu fördern.

Rascheln und Wogen >
Wenn sich Blüten und Blätter dieser prachtvollen Gräser im Wind wiegen, kommt viel Bewegung in den Garten. Die hohen Gräser erreichen etwa 1,8 m, während die kleineren Raugräser im Vordergrund rund 1 m hoch werden.

SCHÖNE BEETE

Kleine Auswahl

Die Auswahl an geeigneten Gräsern ist groß, die meisten brauchen aber einen gut durchlässigen Boden und Sonne. Wählen Sie für kleinere Flächen am besten kompakte Sorten – Ihr Gartencenter und spezialisierte Gärtnereien beraten Sie gerne.

❶ *Helictotrichon sempervirens*; ↕1 m ↔1 m
❷ *Miscanthus sinensis* 'Morning Light'; ↕1,5m ↔1 m   ❸ *Miscanthus sinensis* 'Zebrinus'; ↕2,5 m ↔1,2 m   ❹ *Pennisetum alopecuroides*; ↕75 cm ↔1 m

Familiengarten

Es ist manchmal ganz schön schwierig, bei der Anlage eines Gartens allen gerecht zu werden. Kinder brauchen einen Platz zum Spielen und die Erwachsenen einen Sitzbereich zum Erholen.

SPIEL UND NATUR

Studien haben gezeigt, dass Kinder und Erwachsene mental und körperlich vom Aufenthalt in einer natürlichen Umgebung profitieren. Es mag zwar verlockend sein, einfach ein Plastikspielgerät zu kaufen und mitten auf den Rasen zu setzen, aber es bringt Ihren Kindern nichts. Umgeben Sie den Spielbereich lieber mit Pflanzen, die ihnen gefallen und solchen, die Schmetterlinge anlocken (S. 352–353). Kinder wechseln ihre Interessen am laufenden Band und entdecken immer wieder Neues für sich. Bieten Sie ihnen also Abwechslung, indem Sie keine fest installierten Spielzeuge kaufen, sondern öfter mal wechseln. Zelte sind hervorragend für alle Altersgruppen geeignet, beanspruchen wenig Platz und lassen reichlich Raum für fantasievolles Spiel.

Mit Obst und Gemüse können Sie das Interesse der Kinder am Garten wecken. Indem sie Samen säen und ihre eigenen Pflanzen großziehen, können sie tolle Erfolgserlebnisse haben. Sandkästen aus Plastik werden oft schnell langweilig und stehen dann herum, aber ein Sandkasten aus einem Hochbeet lässt sich schnell in einen kleinen Gemüsegarten umwandeln, perfekt für kleine Hände und ihre erste Ernte.

^ *Grüne Daumen*
Kinder genießen die Verantwortung für eigene Projekte. Ermutigen Sie sie doch, ihr eigenes Obst und Gemüse anzubauen und dadurch etwas über die Natur zu lernen.

TOP-TIPP: SCHAUKEL

Sie können eine einfache Schaukel aus einem dicken Seil bauen, das Sie sicher an einen stabilen Ast knoten. Befestigen Sie daran einen alten Reifen und setzen Sie sich selbst hinein, um sicherzustellen, dass er auch hält. Sie können auch mehrere Knoten als Kletterhilfe ins Seil machen. Lassen Sie Ihre Kinder sicherheitshalber nie unbeaufsichtigt mit solchen Geräten spielen.

^ *Spiel auf erhöhtem Niveau*
Dieser Sandkasten besteht aus einem mit Holz eingefassten Hochbeet, das man kaufen oder selber anfertigen kann (S. 254–255). Wenn die Kinder das Interesse am Sandkasten verlieren, können Sie Sonnenblumen, essbare Blumen, wie Kapuzinerkresse, und Gemüse anpflanzen.

^ *Schwung im Spiel*
Spielgeräte müssen nicht teuer im Laden gekauft werden. Ein Seil und ein alter Reifen können völlig ausreichen. Achten Sie nur darauf, dass Ihr Kind schon genug Kraft hat, um sich sicher festzuhalten.

Wasser und Wildtiere

Wenn Ihre Kinder schwimmen können und alt genug sind, um die Gefahren des Wassers einschätzen zu können, kann ein Teich die perfekte Ergänzung für den Garten sein. Teiche sind leicht anzulegen (S. 324–327) und locken bald unterschiedlichste Tiere in den Garten.

AUF NUMMER SICHER

Kleine Kinder können schon in wenige Zentimeter tiefem Wasser ertrinken. Warten Sie lieber, bis Ihre Kinder alt genug sind, um die Gefahren eines Teichs zu erkennen. Haben Sie ältere und jüngere Kinder, befestigen Sie ein passendes stabiles Metallgitter über der Wasseroberfläche, das ein fallendes Kind auffangen kann.

NATURPARADIES

Sobald der Teich installiert ist, werden sich Vögel und Kleintiere einfinden, um zu trinken und zu baden, und einige werden auf Dauer einziehen. Deshalb sollten die Ränder abgeflacht sein, damit hineingefallene Tiere sich retten können, und die Bepflanzung sollte Schutz für Nester bieten. Teiche jeder Größe locken Frösche und Kröten an und im Frühling ist das Wasser bald voller Laich. Andere interessante Besucher sind Wasserkäfer, Wasserläufer, Wasserschnecken, Molche und Libellen.

^ Feuchtes Heim
Bieten Sie Wildtieren, wie Vögeln, Kleinsäugern, Fröschen und Kröten, mit einer Uferbepflanzung Schutz.

< Metamorphosen
Achten Sie auf Libellenlarven, die aus dem Wasser klettern und ihre Haut abstreifen, um sich als Libelle in die Luft zu erheben.

Platz für vier Pfoten

Den Garten mit seinen Haustieren zu teilen, kann viel Spaß bereiten, aber man muss dafür die Bedürfnisse von Menschen und Tieren aufeinander abstimmen und einen schönen Platz für alle schaffen.

RAUM FÜR TIERE

Kleintiere, wie Meerschweinchen und Kaninchen, fühlen sich auf der Wiese am wohlsten. Wenn Sie das Gehege alle paar Tage versetzen, sparen Sie sich vielleicht sogar den Rasenmäher.

Frei im Garten laufende Hunde können ohne Erziehung zu einem Problem werden. Reservieren Sie einen ruhigen Bereich hinter einem Schuppen für eine Hundetoilette. Nach einigen Wochen Training mit Belohnungen wird der Hund die Toilette annehmen. Auch Hochbeete und niedrige Hecken um Rabatten halten Hunde zuverlässig von den Lieblingsblumen fern.

Katzen lassen sich nicht so leicht erziehen, vor allem in Bezug auf ihre Toilettengewohnheiten. Gewöhnen Sie sie an eine Katzentoilette und halten Sie sie mit kurzen Stöcken im Boden vom Scharren an unerwünschten Stellen ab. Katzen mögen nackten Boden und nutzen solche Stellen gerne.

< Hundespiele
Ausgelassene Hunde können einen Garten ganz schön verwüsten, pflanzen Sie Ihre Lieblingsblumen also lieber ins Hochbeet und beschweren Sie Kübel, damit sie nicht so leicht umkippen können.

Katzentraum >
Katzen lieben den Duft von Katzenminze (Nepeta) und wälzen sich gerne darin. Machen Sie ihnen eine Freude mit diesen hübschen Pflanzen.

Schattiger Steingarten

Verwandeln Sie eine langweilige Ecke in einen üppigen Steingarten. Viele schattenliebende Pflanzen, wie Farne, Efeu und Veilchen, lieben solch einen kühlen Standort mit gut durchlässigem Boden.

>> **WANN BEGINNEN?**
Herbst
AM SCHÖNSTEN
Frühjahr

ZEITAUFWAND
 6 Stunden

PFLANZEN & MATERIAL
 Mutterboden (außer an Böschungen)
attraktive große Steine

Kriechender Günsel, *Ajuga reptans*
Kriechender Phlox, *Phlox stolonifera*
Hundszahn, *Erythronium*
winterharte Farne
Funkien, *Hosta*
Efeu, *Hedera*
Veilchen, *Viola*

1 VORBEREITUNG
Auf einer ebenen Fläche im Herbst eine Böschung mit Mutterboden anlegen, damit sie sich setzen kann. Eine vorhandene Böschung gründlich jäten. Die Durchlässigkeit mit Sand verbessern.

2 STEINE PLATZIEREN
Steine auf der Böschung verteilen, die Größeren im unteren Bereich, die kleineren darüber. Die Steine zu einem Drittel versenken und so anwinkeln, dass Regenwasser ablaufen kann.

3 PFLANZEN POSITIONIEREN
Im Frühjahr schattenliebende Pflanzen kaufen und noch im Topf im Steingarten verteilen, um die richtige Position zu finden. Anschließend die endgültigen Pflanzstellen festlegen.

4 PFLANZEN UND MULCHEN
Die Pflanzen zwischen die Steine setzen und gut angießen. Rindenmulch ausbringen, um Feuchtigkeit zu halten und Unkraut zu unterdrücken. Im ersten Jahr regelmäßig wässern.

Starke Farne

Farne sind perfekt für schattige Flächen. Sie wachsen in der winzigsten Spalte, solange sie genug Feuchtigkeit und ein Minimum an Licht bekommen. Senken imitieren die Art, wie Farne in eingebrochenem Gelände siedeln und im Halbdunkel glänzen. Sie können sie auch unter einer Bank pflanzen, wo sonst kaum etwas wächst. Für eine trockene Stelle unter einem Baum oder an einer Mauer nehmen Sie Wurmfarn (*Dryopteris filix-mas*) oder Hirschzungenfarn (*Asplenium scolopendrium*). Der Königsfarn (*Osmunda regalis*) eignet sich für feuchte Bereiche und macht sich gut in der Nähe von Wasserflächen.

^ Kühler Ausblick
Farne mögen Schatten. Pflanzen Sie sie an schwierigen Stellen, wie unter Gartenmöbeln.

< Überlebenskünstler
Farne eignen sich perfekt für diese drahtbedeckten Kästen, die für Autostellplätze konzipiert sind.

Blumen für trockenen Schatten

Schattige, trockene Bereiche, z. B. unter Bäumen, sind schwierig zu bepflanzen. Sonneliebende Pflanzen werden hier große Probleme haben und verzweifelt nach Licht suchen. Es gibt aber auch robuste Kandidaten, die hier nicht nur zurechtkommen, sondern sogar gut gedeihen. Heben Sie tiefe Löcher aus, arbeiten Sie viel Komposterde oder Stallmist in den Boden ein und wässern Sie die Pflanzen gut, bis sie etabliert sind.

SCHÖNE BEETE 59

✻✻✻ völlig winterhart   ✻✻ winterhart in milden Regionen/an geschützten Standorten   ✻ im Winter vor Frost schützen
☼ volle Sonne   ◐ Halbschatten   ● Schatten   ◊ durchlässiger Boden   ♦ feuchter Boden   ⬤ nasser Boden

❶ *Kerria japonica* 'Golden Guinea'; ↕2 m ↔2,4 m ☼ ◐ ◊ ✻✻✻   ❷ Taubnessel, *Lamium maculatum* 'White Nancy'; ↕15 cm ↔1 m ◐ ● ◊ ♦ ✻✻✻   ❸ Lungenkraut, *Pulmonaria* 'Lewis Palmer'; ↕35 cm ↔45 cm ◐ ● ♦ ✻✻✻   ❹ *Saxifraga stolonifera* 'Tricolor'; ↕30 cm ↔30 cm ☼ ◐ ♦ ✻✻   ❺ *Brunnera macrophylla* 'Dawson's White'; ↕45 cm ↔60 cm ◐ ● ◊ ♦ ✻✻✻   ❻ *Viburnum davidii*; ↕1,5 m ↔1,5 m ☼ ◐ ◊ ♦ ✻✻   ❼ *Cyclamen coum* Pewter-Gruppe; ↕8 cm ↔10 cm ◐ ● ◊ ✻✻✻   ❽ Himmelsleiter, *Polemonium caeruleum*; ↕60 cm ↔30 cm ☼ ◐ ◊ ♦ ✻✻✻   ❾ *Euonymus fortunei* 'Emerald 'n' Gold'; ↕60 cm ↔90 cm ◐ ♦ ✻✻✻   ❿ *Aquilegia vulgaris* 'Nivea'; ↕90 cm ↔45 cm ☼ ◐ ◊ ♦ ✻✻✻   ⓫ Falsche Alraunenwurzel, *Tellima grandiflora*; ↕80 cm ↔30 cm ☼ ◐ ◊ ♦ ✻✻✻

SCHÖNE BEETE 61

Tropenparadies

Sie müssen nicht in die Tropen auswandern, um eine üppig-grüne Zuflucht vor dem Alltagsstress zu finden. Wählen Sie für diesen Stil am besten skulpturale Pflanzen mit auffälligen grünen Blättern.

WANN BEGINNEN?
Frühjahr

AM SCHÖNSTEN
Sommer

ZEITAUFWAND
4 Stunden

PFLANZEN & MATERIAL
Spaten
Komposterde
Rindenmulch
1. Wollmispel, *Eriobotrya japonica*
2. Neuseelandflachs, *Phormium cookianum* subsp. *hookeri* 'Tricolor'
3. Schildfarn, *Polystichum setiferum*
4. Kalla, *Zantedeschia aethiopica*
5. Faser-Banane, *Musa basjoo*

1 STANDORTWAHL
Alle diese Pflanzen benötigen Sonne, tolerieren aber auch lichten Schatten. Sie müssen außerdem vor starkem Wind geschützt werden.

2 VORBEREITUNG
Die Rabatte jäten und Komposterde einarbeiten. Die Pflanzen terrassenförmig wie im Dschungel anordnen, dann einpflanzen (die Banane evtl. im Kübel) und gut angießen (S. 30–31). Mit Rindenmulch einen Waldboden nachahmen.

3 PFLEGE
Außer *Musa basjoo* sind alle diese Pflanzen winterhart. Sie müssen aber im Winter mit Stroh und Maschendraht geschützt werden (S. 408). In milden Regionen genügt auch ein Gartenvlies.

Wurzelnackter Bambus

Wurzelnackte Bambuspflanzen sind wesentlich preiswerter als solche im Topf und empfehlen sich für die Pflanzung eines Sichtschutzes, weil man hierfür relativ viele Exemplare braucht. Pflanzen Sie sie so bald wie möglich ein, damit die Wurzeln nicht austrocknen, und genießen Sie das exotische Flair.

SCHÖNE BEETE

WANN BEGINNEN?
Herbst
AM SCHÖNSTEN
Sommer

ZEITAUFWAND
 1–2 Stunden

PFLANZEN & MATERIAL
wurzelnackter Bambus
Plastikbeutel
Gartenmoos
Komposterde oder gut abgelagerter Stallmist
Spaten
Rhizomsperre

< *Eleganter Sichtschutz*
Bambus bietet einen perfekten Sichtschutz, um unschöne Stellen zu kaschieren oder die Blicke des Nachbarn abzuhalten. Er ist immergrün und braucht wenig Platz, seine Rhizome müssen allerdings in Schach gehalten werden

1 WURZELN FEUCHT HALTEN
Die nicht durch Erde geschützten Wurzeln trocknen sehr schnell aus und müssen feucht gehalten werden, indem man sie in einen mit Gartenmoos gefüllten Plastikbeutel steckt und das Moos bis zum Einpflanzen feucht hält.

2 ORGANISCHER DÜNGER
Ein Loch größer als der Wurzelballen ausheben und den Grund auflockern. Eine Lage organisches Material, wie Komposterde oder gut abgelagerten Stallmist, hineingeben und untermischen. Die ausgehobene Erde mit weiterem organischem Material vermischen.

3 BAMBUS EINSETZEN
Die Pflanze auspacken, die Wurzeln vorsichtig auflockern und den Bambus in das Loch setzen. Beim Pflanzen darauf achten, dass er auf der gleichen Höhe wie bei der Anzucht sitzt: Erdreste am Stamm zeigen an, bis wohin er in der Erde gestanden hat.

4 PFLANZEN UND WÄSSERN
Den Bambus aufrecht halten, den Aushub ins Loch füllen und fest andrücken, um zu vermeiden, dass sich Lufttaschen zwischen den Wurzeln bilden. Das Pflanzloch mit Erde auffüllen, alles gut andrücken und anschließend wässern.

5 PFLEGE
Die unmittelbare Umgebung der sich etablierenden Pflanze unkrautfrei halten. In Trockenzeiten regelmäßig wässern, damit die Wurzeln nicht austrocknen. Etablierte Gruppen alle zwei Jahre im zeitigen Frühjahr ausdünnen, bevor sie austreiben. Tote oder schwache Stämme bis zum Boden abschneiden.

TOP-TIPP: BAMBUS KONTROLLIEREN

Einige Bambus-Arten breiten sich über unterirdische Rhizome intensiv im gesamten Garten aus, sobald sie etabliert sind, und müssen mithilfe einer Rhizomsperre aus nicht verrottendem Material, wie Plastik oder Schiefer, im Zaum gehalten werden. Versenken Sie die Sperre in einer Furche rund um den Wurzelballen und verfüllen Sie die Furche wieder.

Einjährige Rabatte

Einjährige Gartenblumen machen sich nicht nur in Töpfen und Kästen gut, sondern können auch direkt in eine Sommerrabatte gesetzt werden, um auf schöne Weise ansonsten leere Flächen zu füllen.

Sonnenblumen

Von mannsgroßen Riesen bis zu kniehohen Zwergen begeistern Sonnenblumen im Garten Groß und Klein.

> **WANN SÄEN?**
> Frühjahr
> **AM SCHÖNSTEN**
> Mitte bis Ende Sommer

ZEITAUFWAND
40 Minuten

PFLANZEN & MATERIAL
Sonnenblumensamen
7-cm-Töpfe
Aussaaterde
Stützstäbe
Blumenbast

1 EINSÄEN
Im Frühjahr die Samen im Haus an einem hellen, warmen Ort einsäen. Pro Topf einen Samen verwenden. Kokosfasertöpfe (oben) können später direkt in den Boden gesetzt werden.

2 REGELMÄSSIG WÄSSERN
Die Setzlinge regelmäßig gießen und bis Mitte des Frühjahrs im Haus oder Gewächshaus halten. Dann tagsüber ins Freie (erst im Halbschatten) stellen und nachts ins Haus holen, um sie abzuhärten.

3 JUNGPFLANZEN STÜTZEN
Eine geeignete Fläche vorbereiten und die Sonnenblumen nach den letzten Frösten in den Garten pflanzen. Da die jungen Stängel leicht knicken, müssen sie mit Bast an Stützstäbe gebunden werden. Die Pflanzen den ganzen Sommer hindurch wässern und düngen.

Kleine Auswahl

Einjährige gibt es in einer riesigen Auswahl an Formen, Größen und Düften. Viele von ihnen vertragen allerdings keinen Frost.

Cosmos hat fiedrige Blätter und hübsche Blüten, die auf hohen, dünnen Stängeln stehen. Im Gegensatz dazu breitet sich *Iberis* als hübscher Bodendecker aus. Das silbrige Blattwerk von *Senecio* ist ein schöner Hintergrund für die Blüten und die niedrige *Gazania* bringt leuchtende Farbe in den sonnigen Garten.

❶ *Cosmos bipinnatus*; ↕1 m ↔ 45 cm
❷ *Senecio cineraria*; ↕↔ 60 cm ❸ *Gazania*; ↕20 cm ↔ 25 cm ❹ Doldige Schleifenblume, *Iberis umbellata*; ↕30 cm ↔ 23 cm

< *Topf voll Gold*
Nicht alle Sonnenblumen sind Riesen. Die kürzeren Sorten 'Teddy Bear' und 'Dwarf Yellow Spray' stehen in diesem farbenfrohen Beet neben Pelargonien, Salbei (Salvia farinacea 'Strata'), Nasturtium *und* Schwarzäugiger Susanne (Thunbergia alata).

Cottage-Traum

Die sanften Farben und vielfältigen Texturen eines Cottage-Gartens lassen sich in immer neuen zwanglosen und traumhaften Kombinationen zusammenstellen. Hier eine klassische, sonneliebende Rabatte mit bunten Blüten und majestätischem Rittersporn, von der so mancher Gärtner träumt.

WANN BEGINNEN?
Herbst

AM SCHÖNSTEN
Mitte Sommer

ZEITAUFWAND
5 Stunden

PFLANZEN & MATERIAL
Spaten
Komposterde oder Stallmist
grober Sand (für schwere Böden)

1. *Delphinium* Black-Knight-Gruppe
2. *Anchusa azurea*
3. *Alstroemeria-ligtu*-Hybriden
4. *Achillea filipendulina* 'Gold Plate'
5. *Salvia sclarea* var. *turkestanica*
6. *Verbascum olympicum*

1. VORBEREITUNG
Die Rabatte im Herbst jäten. Komposterde oder gut abgelagerten Stallmist einarbeiten. Idealerweise sollte die Erde eine Spatenlänge tief umgegraben und mit dem Material durchsetzt werden (S. 21). Auf schweren Böden eine Schicht groben Sand oder Feinsplitt ausbringen und untergraben, um die Durchlässigkeit zu verbessern.

2. PFLANZEN ANORDNEN
Die Blumen im Frühjahr kaufen und auf der Rabatte so verteilen, dass sie ein harmonisches und ausgewogenes Bild abgeben. Beim klassischen Arrangement kommen die höheren Pflanzen in den Hintergrund und die niedrigeren davor, aber man kann auch hohe, luftige Arten, wie *Achillea* oder *Verbena bonariensis*, nach vorne rücken.

3. PFLEGE
Einige Pflanzen müssen während des Wachstums gestützt werden (rechts) und brauchen im ersten Jahr regelmäßig Wasser, um sich zu etablieren. Diese krautigen Stauden ziehen zwar im Winter ein, sollten aber nach Möglichkeit bis zum Frühjahr stehen gelassen werden. Dann kann man sie bis zum Boden zurückschneiden, um die Rabatte aufzuräumen und Raum für neuen Wuchs zu schaffen. Dies ist auch die richtige Zeit, einen Universaldünger und einen Mulch aus organischem Material auszubringen.

TOP-TIPP: STÜTZEN

Viele Stauden, wie Rittersporn und Schafgarbe, sind kopflastig und müssen gestützt werden. Wenn Sie sie früh in der Saison abstützen, werden die Stäbe vom darumwachsenden Blattwerk verdeckt, sodass sie nicht mehr auffallen. Später abgestützte Pflanzen, die bereits gekippt sind, wirken immer wie notdürftig aufgerichtet.

^ Haltung bewahren
Stützen Sie hohe Pflanzen, wie Rittersporn (links oben), mit kurzen Stäben. Büschelartig wachsende Pflanzen überwuchern im Frühjahr eingesetzte dünne Stäbe (rechts oben). Ähnlich nützlich sind Stützgestelle (oben).

Pflanzen für Cottage-Gärten

Es gibt viele geeignete Pflanzen für den Cottage-Garten, aber in der Regel passen die schlichteren, nicht so hochgezüchteten Arten am besten in eine solche Anlage. Pflanzen wie Anemone, Kratzdistel und Hundskamille machen sich gut in informellen, lockeren Arrangements, während die höheren Lupinen und Stockrosen für Struktur sorgen. Cottage-Gärten stehen auch bei Bienen und anderen Nektarsammlern hoch im Kurs.

SCHÖNE BEETE

❄❄❄ völlig winterhart ❄❄ winterhart in milden Regionen/an geschützten Standorten ❄ im Winter vor Frost schützen
☀ volle Sonne ◐ Halbschatten ● Schatten ○ durchlässiger Boden ◐ feuchter Boden ● nasser Boden

❶ Chinesischer Eisenhut, *Aconitum carmichaelii* Arendsii-Gruppe; ↕1,2 m ↔30 cm ☀◐○◐ ❄❄❄
❷ Färber-Hundskamille, *Anthemis tinctoria* 'E.C. Buxton'; ↕60 cm ↔90 cm ☀○ ❄❄❄ ❸ *Aquilegia formosa*; ↕60 cm ↔45 cm ☀◐○◐ ❄❄❄ ❹ *Coreopsis verticillata* 'Moonbeam'; ↕50 cm ↔60 cm ☀◐○◐ ❄❄❄ ❺ *Cirsium rivulare* 'Atropurpureum'; ↕1,2 m ↔60 cm ☀◐○◐ ❄❄❄ ❻ Tränendes Herz, *Dicentra spectabilis* 'Alba'; ↕1,2 m ↔45 cm ◐○◐ ❄❄❄ ❼ *Anemone hupehensis* 'Hadspen Abundance'; ↕60 cm ↔40 cm ☀◐○◐ ❄❄❄ ❽ Wiesen-Storchschnabel, *Geranium pratense* 'Mrs. Kendall Clark'; ↕60 cm ↔60 cm ☀◐○◐ ❄❄❄ ❾ Lupine, *Lupinus* 'Inverewe Red'; ↕90 cm ↔60 cm ☀◐○◐ ❄❄❄ ❿ Stockrose, *Alcea rosea* Chater's-Double-Gruppe; ↕2,4 m ↔60 cm ☀○ ❄❄❄
⓫ *Astrantia major*; ↕60 cm ↔45 cm ☀◐○◐ ❄❄❄

^ Herbststimmung
Diese Pflanzung sieht im Herbst hinreißend aus, wenn die Blütenstände der spät blühenden Stauden in Kupfer- und Bronzetönen leuchten.

^ Winterliche Formen
Weil die Pflanzen stabil gebaut sind, bleiben ihre Stängel auch den Winter über dekorativ und können zudem Wildtiere ernähren.

>> **SCHÖNE BEETE** 71

Prärie-Partner

Ein Präriegarten ist wie ein Meer von Gräsern und Blumen. Der von dem Gartendesigner Piet Oudolf populär gemachte Stil vereint weite Grasflächen mit Stauden, die eine starke Winterpräsenz besitzen. Häufig sind diese Beete im Herbst und Winter am schönsten, wenn die meisten anderen Staudenbeete ihren Reiz längst verloren haben.

>> **WANN BEGINNEN?**
Frühjahr oder Herbst
AM SCHÖNSTEN
Spätsommer bis Anfang Winter

ZEITAUFWAND
4 Stunden

PFLANZEN & MATERIAL
etwas Komposterde
grober Sand oder Feinsplitt (für schwere Böden)

1. *Deschampsia cespitosa*
2. *Sedum spectabile*
3. *Echinacea purpurea* 'Rubinstern'
4. *Lythrum virgatum*
5. *Eupatorium*

1 VORBEREITUNG
Der Boden wird vor dem Bepflanzen gründlich umgegraben. Die Pflanzen eines Präriegartens lieben feuchten, aber gut durchlässigen Boden, deshalb muss schwerer Boden mit grobem Sand oder Feinsplitt aufgelockert werden. Den Boden nur wenig düngen, sonst werden die Pflanzen zu hoch und fallen um.

2 ARRANGEMENT
Beim Präriestil findet man oft ineinandergreifende Pflanzengruppen, die jeweils aus nur einer Art oder einem Pflanzentyp bestehen. Hierfür benötigt man viele Pflanzen, die man aus Kostengründen am besten jung kauft. In kleinen Gärten verwendet man entsprechend weniger unterschiedliche Arten. Attraktiv wirken hier vor allem tropfenförmige Flächen, die ineinandergreifen.

3 RÜCKSCHNITT IM FRÜHJAHR
Die wogende Atmosphäre eines Präriegartens ist besonders im Herbst faszinierend. Ein solches Beet soll aber auch den ganzen Winter hindurch attraktiv bleiben, deshalb schneidet man die meisten Pflanzen im Herbst nicht zurück, sondern wartet damit bis zum Frühjahr, wenn die neuen Triebe erscheinen. Vernachlässigt wirkende Flächen können aber auch früher gesäubert werden.

Schnitt- und Trockenblumen

Was uns am eigenen Garten viel Freude bereitet, ist die Fülle an Blumen, die man auch pflücken und dekorativ im Haus verteilen kann. Einige eignen sich besonders gut als Schnittblumen für die Vase, andere bringen während der dunklen Wintermonate als Trockenblumen ein wenig Farbe ins Haus.

Schnittblumen

Viele Pflanzen können regelmäßig geschnitten werden, ohne dass der Garten leidet. Sie bilden einfach neue Blüten. Legen Sie sich ein Beet mit diesen Arten an.

SCHNITTBLUMEN

Allium
Alstroemeria
Antirrhinum
Chrysanthemum
Cleome
Centaurea (Kornblume)
Cosmos
Dahlie
Duft-Wicke
Fingerhut
Lathyrus
Osterglocke
Pfingstrose (oben)
Rudbeckia
Sonnenblume
Tulpe
Zinnia

>> **WANN BEGINNEN?**
Herbst oder Frühjahr

AM SCHÖNSTEN
Frühjahr bis Spätsommer

ZEITAUFWAND
5 Stunden fürs Säen und Pflücken
2 Stunden fürs Pflanzen

PFLANZEN & MATERIAL
Samen von Einjährigen
Blumenzwiebeln
Stauden
Spaten
Komposterde oder gut abgelagerter Stallmist
Gießkanne

1 FLÄCHEN ANLEGEN
Das Beet jäten und Komposterde oder Stallmist einarbeiten. Im Herbst Zwiebeln setzen und ihre Position markieren (S. 40–41). Im Frühjahr große Flächen von Stauden und Einjährigen pflanzen (S. 30–31 und 108–110), sodass regelmäßig geerntet werden kann, ohne dass unschöne Lücken entstehen.

2 PFLÜCKEN UND MISCHEN
Die Fläche in der Nacht vor dem Pflücken gründlich wässern. Dadurch sind die Stängel prall und die Blüten halten sich länger. Am besten schneidet man früh am Morgen und stellt die Stängel sofort in einen großen Eimer mit Wasser. Die Stängel immer über einem Blatt abschneiden.

Trockenblumen

Einige Blumen bewahren ihre Farbe und ihren Duft nach dem Schneiden und Trocknen und sind das ganze Jahr hindurch attraktiv. Auch Samenkapseln sind hübsch, sollten aber nicht vollständig abgeerntet werden, um die Fortpflanzung zu sichern.

WANN BEGINNEN?
Sommer bis Herbst
AM SCHÖNSTEN
ganzjährig

ZEITAUFWAND
etwa 2 Wochen zum Trocknen

PFLANZEN & MATERIAL
Blumen zum Trocknen
Gummibänder
Nadeln oder Reißzwecken
Haken oder Büroklammern
Schnur

1 PFLANZEN UND SÄEN
Viele Stauden eignen sich als Trockenblumen, aber auch manche kurzlebigen Pflanzen sind schön. Die Einjährigen im Frühjahr im Haus einsäen und nach dem letzten Frost auspflanzen (S. 108–110). Winterharte Einjährige im Herbst oder Frühjahr direkt einsäen. Wie gewohnt wässern, düngen und ausputzen.

2 SCHNEIDEN
Die Blumen bei trockenem Wetter schneiden, damit nicht zu viel Feuchtigkeit an Blättern und Blüten haftet. Die meisten Blüten trocknen besser, wenn sie noch nicht völlig geöffnet sind. Rosen schneiden, sobald sich die Knospen öffnen, Lavendel, sobald die ersten Blütenblättchen erscheinen.

3 LUFTTROCKNEN
Jeweils einige Stängel mit Gummiband oder Schnur zusammenbinden und mit Haken oder Klammern an gespannten Leinen oder einem Bambusstab aufhängen (unten). Die Leinen oder Stäbe mit den Pflanzen an einem kühlen, luftigen Ort aufhängen. Die Blumen am besten im Dunkeln trocknen, da starkes Sonnenlicht die Farben ausbleicht.

TROCKENBLUMEN

Schafgarbe, *Achillea* (oben)
Kornblume, *Centaurea*
Kugeldistel, *Echinops*
Hasenschwanzgras, *Lagurus*
Schwarzkümmel, *Nigella*

Zittergras, *Briza*
Lavendel
Edeldistel, *Eryngium*
Strandflieder, *Limonium* (oben)
Strohblume, *Xerochrysum* (unten)

SCHÖNE BEETE 75

Strukturen

Eine auffällige Pflanzung wie diese sollte als moderne Interpretation betrachtet werden. Die Stauden halten sich länger als die Einjährigen und der geometrische Effekt verändert sich dadurch mit der Zeit.

» WANN BEGINNEN?
Herbst oder Frühjahr

AM SCHÖNSTEN
Frühsommer

ZEITAUFWAND
2 Stunden

PFLANZEN & MATERIAL
Sand oder Schnur
Komposterde

1. *Iris chrysographes* 'Black Knight'
2. *Salvia × sylvestris* 'Mainacht'
3. *Heuchera* 'Beauty Colour'
4. Mexikanisches Federgras, *Stipa tenuissima*
5. *Persicaria microcephala* 'Red Dragon'
6. *Angelica archangelica*

1 MARKIEREN
Einen sonnigen Standort wählen und den Boden mit Komposterde verbessern, dann die geometrische Anpflanzung mithilfe von Sand oder Schnur markieren. Die Pflanzen mit genügend Zwischenraum verteilen.

2 EINPFLANZEN
Die hohen *Persicaria* nach hinten setzen und *Heuchera* und *Salvia* davor zu einem Teppich anordnen. Akzentpflanzen, wie *Angelica*, als Auflockerung dazwischen platzieren.

3 PFLEGE
Die Pflanzen müssen alle paar Jahre gehoben und geteilt oder umgepflanzt werden, um das Muster zu erhalten. Man kann hier auch mit unterschiedlichen Pflanzenreihen experimentieren.

Kiesbeet

Trockenheitsresistente Pflanzen aus wasserarmen, felsigen Gegenden wirken in einem Kiesgarten am besten. So ein Beet für einen sonnigen, heißen Standort ist leicht anzulegen und kann Farben und Texturen in Bereiche bringen, in denen andere Pflanzen Mühe haben, zu überleben.

WANN BEGINNEN?
Frühjahr

AM SCHÖNSTEN
Sommer

ZEITAUFWAND
6 Stunden

PFLANZEN & MATERIAL
trockenheitsresistente Pflanzen
grober Sand oder Feinsplitt (zur Dränage)
Gartenfolie
Schere
verzinkte Heringe
Gießkanne
Gartenkies
Findlinge

1 VORBEREITUNG
Die Fläche jäten und umgraben. Der Boden muss wasserdurchlässig sein, damit die Pflanzen sich wohlfühlen, deshalb muss grober Sand oder Feinsplitt eingearbeitet werden, damit das Wasser auch bei Regen abfließen kann.

2 FOLIE LEGEN
Gartenfolie lässt das Regenwasser zu den Wurzeln durchsickern, verhindert aber das Wachstum von Unkraut. Die gesamte Rabatte damit abdecken und die Ränder rundum mit verzinkten Heringen am Boden fixieren.

3 EINSCHNEIDEN
Die Pflanzen auf der Folie nach Gefallen zu einem ansprechenden Arrangement verteilen. Für jede Pflanze ein Kreuz in die Folie schneiden und die Ecken zurückschlagen.

4 EINPFLANZEN
Löcher ausheben und die Pflanzen so tief wie in ihren Töpfen in den Boden setzen. Ein wenig Dünger in die Löcher geben und verschließen. Die Folie um die Stängel legen.

5 KIES VERTEILEN
Sobald alle Pflanzen angegossen sind, eine 5 cm dicke Schicht Gartenkies und die Findlinge verteilen. Diese Schicht muss vermutlich hin und wieder erneuert werden, um attraktiv zu bleiben. Im ersten Jahr bei Trockenheit wässern.

Selbstaussäender Kiesgarten

Bei diesem Kiesgarten kommt man ohne Gartenfolie aus. Die Pflanzen dürfen sich selbst aussäen und auf natürliche Weise entwickeln. Allerdings muss die Fläche zu Beginn gründlich von sämtlichen Unkräutern befreit werden.

SELBSTAUSSAAT FÖRDERN
Sowohl Unkraut als auch Zierpflanzen gedeihen in einem Kiesbeet, deshalb ist es wichtig, sie unterscheiden zu können. Manchmal müssen Sie Unkraut größer werden lassen, als es Ihnen lieb ist, um es erkennen zu können. Gehen Sie auch beim Ausputzen gelassen ans Werk. Wenn die Blüten entfernt werden, sobald sie zu welken beginnen, haben die Samen keine Chance, sich zu entwickeln.

❶ *Eryngium giganteum*; ↕90 cm ↔30 cm
❷ *Meconopsis cambrica*; ↕45 cm ↔25 cm
❸ *Nigella damascena* Persian-Jewel-Gruppe; ↕40 cm ↔23 cm   ❹ Fingerhut, *Digitalis purpurea*; ↕1,5 m ↔60 cm

> **KLEINE AUSWAHL**
>
> *Alchemilla mollis*
> *Alyssum*
> *Aquilegia*
> *Eschscholzia*
> Mutterkraut
> *Nasturtium*
> Klatsch-Mohn
> Löwenmaul
> *Stipa tenuissima*
> *Verbena bonariensis*

Mediterrane Pflanzen

Viele der Pflanzen, die wir aus dem Urlaub kennen, gedeihen auch bei uns, vor allem auf durchlässigen, sandigen Böden. Wecken Sie schöne Erinnerungen, indem Sie Arten mit kraftvollen Formen und silbrigem Laub pflanzen und dazwischen z. B. die leuchtenden Blüten des Hibiskus verteilen. Nutzen Sie Pflanzen mit duftendem Blattwerk, wie die Zistrose, die ihren würzigen Duft verströmt, sobald die Sonne sie erwärmt.

SCHÖNE BEETE 79

✼✼✼ völlig winterhart   ✼✼ winterhart in milden Regionen/an geschützten Standorten   ✼ im Winter vor Frost schützen
☼ volle Sonne   ◐ Halbschatten   ● Schatten   ◊ durchlässiger Boden   ◌ feuchter Boden   ● nasser Boden

❶ Zistrose, *Cistus × dansereaui* 'Decumbens'; ↕40 cm ↔60 cm ☼ ◊ ✼✼✼   ❷ Gewöhnlicher Natternkopf, *Echium vulgare* 'Blue Bedder'; ↕50 cm ↔30 cm ☼ ◊ ✼✼   ❸ *Phormium* 'Sundowner'; ↕2 m ↔2 m ☼ ◊ ✼   ❹ Edeldistel, *Eryngium × tripartitum*; ↕80 cm ↔50 cm ☼ ◊ ✼✼✼   ❺ Walzen-Wolfsmilch, *Euphorbia myrsinites*; ↕10 cm ↔30 cm ☼ ◊ ✼✼✼   ❻ *Eriobotrya japonica*; ↕8 m ↔8 m ☼ ◊ ✼✼   ❼ Oleander, *Nerium oleander*; ↕3 m ↔2 m ☼ ◊ ✼   ❽ Wilde Artischocke, *Cynara cardunculus*; ↕1,5 m ↔1,2 m ☼ ◊ ✼✼✼   ❾ *Anthemis punctata* subsp. *cupaniana*; ↕30 cm ↔90 cm ☼ ◊ ✼✼   ❿ *Hibiscus syriacus* 'Boule de Feu'; ↕3 m ↔2 m ☼ ◊ ✼✼✼   ⓫ *Lavandula angustifolia* 'Nana Alba'; ↕30 cm ↔30 cm ☼ ◊ ✼✼✼

Rabatten in Heckenähe

Hecken sind ein schöner Hintergrund für Beete und Rabatten und bieten Wildtieren ein Zuhause, sie bringen aber auch Probleme mit sich. Die Erde ist hier meist trocken und die Hecke wirft einen Schatten, aber bei sorgfältiger Auswahl können Blumen und Hecken gemeinsam gedeihen.

SONNIGER STANDORT

In Gärten mit Südexposition spenden Hecken Schatten für Pflanzen, die den ganzen Tag in der prallen Sonne stehen würden. Damit aber beide gedeihen, brauchen sie ausreichend Wasser. Arbeiten Sie beim Pflanzen (S. 192–197) reichlich Komposterde in den Boden ein, bevor Sie mit dem Setzen beginnen, und mulchen Sie die Hecke jedes Jahr mit organischem Material, um sie gesund zu erhalten. Nehmen Sie für die Beete trockenheitsresistente Pflanzen, da die etablierte Hecke viel Wasser aus dem Boden saugt. Halten Sie etwa 45 cm Abstand zur Hecke und verbessern Sie auch hier den Boden, damit er mehr Feuchtigkeit halten kann.

^ > Sonnenanbeter
Hier sorgen Cirsium rivulare *und* Geum rivale *vor einer gemischten laubwerfenden Hecke für eine luftige Wirkung (oben). Lavendel (*Lavandula*) toleriert die Trockenheit vor der kompakten Eibenhecke und entfaltet im Sommer ein elegantes Band aus blaulila Blütenständen (rechts).*

SCHATTIGE STANDORTE

Die Auswahl an Pflanzen für Beete im dichten Schatten vor einer Hecke ist begrenzt, da nur wenige Arten mit extremer Trockenheit und Dunkelheit zurechtkommen. Setzen Sie die Hecke so, dass sie die Beete davor nicht ganztägig beschattet. Steht die Hecke bereits, nehmen Sie Pflanzen, die mit solchen schwierigen Bedingungen leben können (S. 58–59).

Für Flächen, die einen Teil des Tages Sonne bekommen, ist die Auswahl deutlich größer, aber der Feuchtigkeitshaushalt ist immer noch ein Problem und erfordert viel organisches Material im Boden. Legen Sie außerdem einen Sickerschlauch (einen perforierten Schlauch) um das Beet. In diesen feuchteren Bedingungen gedeihen viele Waldpflanzen, wie *Geranium phaeum*, Fingerhut (*Digitalis*), Tränendes Herz (*Dicentra*) und Japanische Herbst-Anemone (*Anemone × hybrida*).

< Blumenbild
*Die Hecke liefert hier den dunklen Hintergrund für die hellen Fingerhüte und Rosen, die etwas Schatten tolerieren, und die einjährigen Tabakpflanzen (*Nicotiana*).* Alchemilla mollis *im Vordergrund fühlt sich nahezu überall wohl.*

DESIGNER-TRICKS

Wenn es der Platz erlaubt, ermöglicht ein breiter Abstand zwischen Hecke und Rabatte viel mehr Auswahl und weniger Pflegeaufwand, da die Pflanzen nicht so viel gewässert werden müssen. Legen Sie Rollrasen oder einen Weg zwischen Hecke und Rabatte an. Ein anderer Trick ist die Nutzung eines von Efeu oder einer anderen immergrünen Kletterpflanze überwucherten Holz- oder Maschendrahtzauns. Diese besonders für kleine Gärten geeignete, dünne Hecke zieht auch Wasser, aber wesentlich weniger als eine ausgewachsene Hecke.

∧ > *Einfache Lösungen*
Diese »Hecke« (oben) ist ein von Efeu bewachsener Maschendrahtzaun, der als dünne Kulisse für die leuchtenden Stauden im Vordergrund dient. In größeren Gärten (rechts) ermöglicht ein 1 m breiter Abstand zwischen Hecke und Rabatten bessere Bedingungen für die Stauden.

Kleine Auswahl

Für die Pflanzung vor Hecken sind Schatten tolerierende Arten gut geeignet, es sei denn, die Rabatte hat Südlage und ganztägig Sonne.

KONTRASTIERENDE FARBEN UND TEXTUREN

Wählen Sie Ihre Pflanzen sehr sorgfältig aus und nehmen Sie solche, deren Blätter eine andere Farbe haben als die Hecke, damit sie nicht im Hintergrund untergehen. Weiße und pastellfarbene Blüten passen am besten zu dunkler Eibe (*Taxus*), großblättrige Arten machen sich gut vor Hainbuchen- (*Carpinus*) oder Buchenhecken (*Fagus*), die mehr Textur besitzen. Dunkles Laub liefert in Kombination mit Liguster (*Ligustrum ovalifolium* 'Aureum') oder Heckenkirsche (*Lonicera nitida* 'Baggesen's Gold') einen schönen Kontrast. Hier einige geeignete Kandidaten für Rabatten vor Hecken:

❶ *Bergenia × schmidtii*; ↕30 cm ↔ 60 cm ❷ *Hypericum calycinum*; ↕60 cm ↔ unbegrenzt ❸ *Maianthemum racemosum*; ↕90 cm ↔ 60 cm ❹ *Epimedium × versicolor*; ↕↔30 cm ❺ *Campanula poscharskyana*; ↕15 cm ↔ 60 cm ❻ *Tricyrtis formosana*; ↕80 cm ↔ 45 cm

Pflegeleichte Rabatte

Diese bunte Mischung kombiniert satte Farben und kontrastierende Blüten und Blätter zu einer schönen Sommerrabatte. Sie eignet sich für durchlässigen Boden und Sonne und muss selten gewässert werden.

>> **WANN BEGINNEN?**
zeitiges Frühjahr
AM SCHÖNSTEN
Sommer

ZEITAUFWAND
 1 Stunde

PFLANZEN & MATERIAL
 Spaten
Komposterde
grober Sand oder Feinsplitt (für schwere Böden)
Kiesmulch, Langzeitdünger

1. Montbretie, *Crocosmia* 'Bressingham Blaze'
2. *Heliopsis helianthoides* 'Loraine Sunshine'
3. *Lavandula angustifolia* 'Blue Cushion'
4. *Sedum telephium* (Atropurpureum-Gruppe) 'Bressingham Purple'

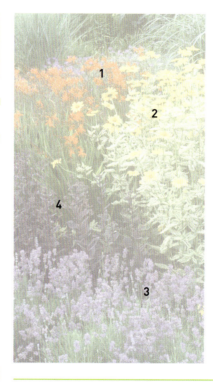

1. VORBEREITUNG
Einen sonnigen, offenen Standort wählen und eine Woche vor dem Pflanzen eine 8 cm dicke Schicht Komposterde ausbringen und 15 cm tief einarbeiten. Schwerer Boden muss zudem mit Sand oder Splitt aufgelockert werden.

2. STAUDEN PFLANZEN
Crocosmia in den Hintergrund pflanzen und *Heliopsis* und *Sedum* davor setzen (S. 30–31). Darauf achten, dass die Stängel nicht mit Erde bedeckt werden, damit sie nicht faulen.

3. LAVENDEL PFLANZEN
Eine Reihe Lavendel in den Vordergrund setzen und darauf achten, dass die Stängel frei von Erde bleiben. Kiesmulch ausbringen. Die Pflanzen im ersten Jahr regelmäßig wässern, bis sie etabliert sind, und jedes Frühjahr düngen.

Pflegeleichte Sträucher

Diese Sträucher bieten sich für eine unkomplizierte Rabatte an einer warmen Stelle an. Sie sind genügsam und tolerieren Trockenperioden. Schneiden Sie sie einfach einmal im Jahr in Form und entfernen Sie tote, kranke und beschädigte Triebe.

❶ *Brachyglottis* (Dunedin-Gruppe) 'Sunshine' (immergrün, bevorzugt Sonne); ↕1,5 m ↔ 2 m ❷ *Choisya* × *dewitteana* 'Aztec Pearl' (immergrün, bevorzugt Sonne); ↕2,5 m ↔ 2,5 m ❸ *Mahonia* × *wagneri*-Sorte (immergrün, bevorzugt Schatten); ↕80 cm ↔ 1 m
❹ *Viburnum sieboldii* (laubwerfend, bevorzugt Sonne oder Halbschatten); ↕4 m ↔ 4 m

Praktische Würfel

Die ursprünglich beim Bau verwendeten Schüttkörbe werden »Gabione« genannt und zunehmend im modernen Gartenbau eingesetzt. Dieser faszinierende Schaugarten befindet sich in wintermildem Klima. Kaufen Sie für Ihre Region ähnliche, aber winterharte Pflanzen, Gabione sind im Gartencenter erhältlich.

WANN BEGINNEN?
Herbst

AM SCHÖNSTEN
Sommer

ZEITAUFWAND
3–4 Tage

PFLANZEN & MATERIAL
Gabione, Steine als Füllung
Holzkiste oder Schaumstoff-Block
Wasserwaage
stabile Nylonstrümpfe
Komposterde
Langzeitdünger

1. *Gunnera manicata*
2. *Astilboides tabularis*
3. *Hosta undulata* var. *albomarginata*
4. Bubiköpfchen, *Soleirolia soleirolii*
5. Himalaya-Birke, *Betula utilis* var. *jacquemontii*

Statt *Soleirolia* können Sie z. B. auch *Sedum acre* verwenden (winterhart).

< *Modulgarten*
Die Gabione in diesem modernen Design sind einfach übereinandergestapelt, um dem Garten eine Topografie zu geben.

1 GABIONE VERTEILEN
Dieser Garten wurde mit übereinandergestapelten Gabionen gestaltet, die ihm Struktur verleihen. Sie werden einfach mit Steinen gefüllt und mithilfe der Wasserwaage oberkantebündig verteilt. Zwischen den Körben bleibt Platz für Pflanzen. Man kann weitere Gabione nach Wunsch füllen und so aufbauen, dass Treppen und Sitzflächen entstehen. Mit ein paar leeren Gabionen lässt sich eine architektonische Spannung aufbauen.

2 BEPFLANZTE GABIONE
Für die begrünten Körbe eine Holzkiste oder einen Schaumstoff-Block in einen Gabion setzen. Feste Nylonstrümpfe mit feuchter Komposterde füllen, zubinden und um die Kiste oder den Schwamm herum legen. Kleine Bubiköpfchen kaufen, Löcher in die Strümpfe schneiden und die Pflanzen hineinsetzen. Regelmäßig wässern. Die Pflanzen werden den Gabion bald ausfüllen.

3 BEETE BEPFLANZEN
Die Lücken zwischen den Gabionen mit Gartenerde auffüllen. Gartenkomposterde oder gut abgelagerten Stallmist einarbeiten, um die Wassereinlagerung für die feuchtigkeitsliebenden Pflanzen zu verbessern (ein Sumpfbeet anlegen, siehe S. 330–331). Die Birken im Spätherbst setzen (S. 178–179) und die übrigen Arten im zeitigen Frühjahr pflanzen. Im ersten Jahr und später während Trockenperioden gut wässern. Bei Bedarf düngen.

Füllstoffe

Sie können fast alles in die Gabione füllen, von leeren Flaschen bis zu Holzresten. Wenn Sie einen neuen Garten anlegen, nutzen Sie Ziegel und Steine aus dem Aushub.

Geeignete Füllungen: ❶ Leere Bier- oder Weinflaschen ❷ Ziegel und Randsteine ❸ Hier bilden Lagen von kleinen Holzscheiten, Kieselsteinen und Schieferplatten ein attraktives Muster.

Dahlienknollen

Diese einst bei modernen Gärtnern verpönten farbenfrohen Schmuckstücke haben so etwas wie ein Comeback erlebt und gelten heute als unverzichtbare Zutat für eine Sommerrabatte und als Lebensspender für müde Herbstgärten. Außerdem liefern sie attraktive Blüten für die Vase.

WANN BEGINNEN?
spätes Frühjahr

AM SCHÖNSTEN
Mitte Sommer bis Herbst

ZEITAUFWAND
30 Minuten

PFLANZEN & MATERIAL
Dahlienknollen
Komposterde
Schneckenzaun oder Schneckenpellets
Stützstäbe und Bast
Holzkisten
Pflanzerde
Pflanzenschilder

1 KNOLLEN PFLANZEN

Nach dem letzten Frost ein 30 cm tiefes Loch ausheben und eine Schicht Komposterde hineingeben. Eine Knolle mit der Triebspitze nach oben und daneben einen Stab hineinstecken und das Pflanzloch mit Pflanzerde auffüllen.

Tropische *Canna*

Canna bringen tropische Farbenpracht in den spätsommerlichen Garten, sind aber nicht winterhart – nur in sehr mildem Klima können sie im Freien überwintern.

2 TRIEBSPITZEN AUSKNEIFEN
Die Jungpflanzen vor Schnecken schützen. Wenn sie 30 cm hoch sind, den Mitteltrieb auskneifen, um buschigen Wuchs und viele Blüten zu fördern.

3 FROSTSCHUTZ
Sobald der erste Frost die Blätter schwärzt, das Laub abschneiden und die Knollen ausgraben. An einem luftigen und frostfreien Ort lagern, damit die Stängel vollständig austrocknen können.

4 LAGERN
Die trockenen Knollen abbürsten, deutlich beschriften und in Kisten oder große Töpfe mit trockener Pflanzerde setzen. An einem kühlen, trockenen und frostfreien Ort lagern und im folgenden Frühjahr wieder auspflanzen.

1 POSITIONIERUNG
Blumenrohre brauchen einen heißen, sonnigen Standort, idealerweise in geschützter Südausrichtung. Außerdem dürfen sie nicht von ihren Nachbarn überschattet werden oder mit ihnen um Feuchtigkeit konkurrieren müssen.

2 BODENVERBESSERUNG
Canna sind hungrig und durstig, daher reichlich Komposterde oder Stallmist in den Boden einarbeiten. Zum Pflanzen ein etwa 20 cm tiefes Loch ausheben und ein Rhizom horizontal hineinlegen. Eingraben, gut wässern und eine Lage Mulch ausbringen.

3 ÜBERWINTERUNG
Wenn der Frost im Herbst die Blätter schwärzt, die Stängel herunterschneiden. In mildem Klima die Rhizome mit Stroh und Maschendraht abdecken. In kühleren Regionen aufnehmen und in trockener Erde an einem kühlen, trockenen und frostfreien Ort lagern.

» WANN BEGINNEN?
spätes Frühjahr
AM SCHÖNSTEN
Mitte Sommer bis Herbst

ZEITAUFWAND
 30 Minuten

PFLANZEN & MATERIAL
Canna-Rhizome
Komposterde oder gut abgelagerter Stallmist
Mulch
Stroh
Maschendraht oder Holzkiste

Prachtvolle Dahlien

Diese Lieblinge der Gartendesigner sind zwischen Mitte und Ende des Sommers die unbestrittenen Glamour-Stars im Garten und bringen Glanz und Farbenpracht, wenn andere Blumen gerade aufgeben. Die Auswahl umfasst ungefüllte Blüten, Pompons, sternförmige Kaktusarten und zarte Blütenkrausen in satten Farben. Sie können mit ihnen Beete und Rabatten aufhellen und hinreißende Arrangements in großen Kübeln oder Töpfen anlegen.

❋❋❋ völlig winterhart ❋❋ winterhart in milden Regionen/an geschützten Standorten ❋ im Winter vor Frost schützen
☼ volle Sonne ◐ Halbschatten ● Schatten ◊ durchlässiger Boden ◐ feuchter Boden ◆ nasser Boden

❶ 'Gay Princess'; ↕1,5 m ↔75 cm ☼ ◊ ❋ ❷ 'Arabian Night'; ↕1,2 m ↔ 60 cm ☼ ◊ ❋ ❸ 'Easter Sunday'; ↕1 m ↔ 60 cm ☼ ◊ ❋ ❹ 'Kathryn's Cupid'; ↕1,2 m ↔ 60 cm ☼ ◊ ❋ ❺ 'Ragged Robin'; ↕1 m ↔ 45 cm ☼ ◊ ❋ ❻ 'Yellow Hammer'; ↕60 cm ↔ 45 cm ☼ ◊ ❋ ❼ 'Preston Park'; ↕45 cm ↔ 45 cm ☼ ◊ ❋ ❽ 'Moonfire'; ↕1 m ↔ 60 cm ☼ ◊ ❋ ❾ 'Pink Giraffe'; ↕75 cm ↔ 60 cm ☼ ◊ ❋ ❿ 'Polar Sight'; ↕1,2 m ↔ 60 cm ☼ ◊ ❋ ⓫ 'Zorro'; ↕1,2 m ↔ 60 cm ☼ ◊ ❋

Urbaner Mix

Nur weil Sie in der Stadt leben, müssen Sie nicht auf Kräuter und Gemüse verzichten. Hier hat der Gartendesigner mit einem Mix aus essbaren und dekorativen Gewächsen einen schicken, modernen Look geschaffen. Die Buchshecken und der Kirschbaum geben dem Garten eine feste Struktur.

WANN BEGINNEN?
Herbst bis Frühjahr

AM SCHÖNSTEN
Sommer

ZEITAUFWAND
2–3 Tage

PFLANZEN & MATERIAL
Pflanzerde
Gartenerde
Komposterde oder gut abgelagerter Stallmist
grober Sand oder Splitt (für schwere Böden)

1. Echte Feige, *Ficus carica*
2. Buchs, *Buxus sempervirens*
3. Basilikum, Chilischoten und Blattsalate
4. Majoran
5. Petersilie
6. Taglilie, *Hemerocallis*
7. *Rosa* 'Rose of Picardy'
8. Süß-Kirsche, *Prunus avium*
9. Strauchtomaten

1 VORBEREITUNG

Die Anlage lässt sich durch die Unterteilung in vier rechteckige Beete leicht an den eigenen Garten anpassen. Kräuter, Feige, Gemüse und Rose bevorzugen einen sonnigen Standort, Petersilie und Taglilie eher den lichten Schatten unter dem Baum. Boden mit Komposterde oder Stallmist anreichern und schwere Böden mit Sand oder Splitt auflockern (S. 14–15), da diese Pflanzen alle feuchten, aber durchlässigen Boden mögen.

2 PFLANZEN

Im Frühherbst zunächst Buchsbaumhecken, Rosen und Kirsche pflanzen, die das Rückgrat der Anlage darstellen (Sträucher S. 36, Rosen S. 93, Bäume S. 178–179). Die Feige im zeitigen Frühjahr nahe am Haus pflanzen (S. 316). Den Buchs in Kastenform schneiden. Im späten Frühjahr Kräuter, Salate und Tomaten in Reihen in die Sonne pflanzen und Petersilie und Taglilien direkt unter die Baumkrone setzen. Hier sind sie näher am Baum als es eigentlich empfehlenswert ist, weil es sich hier um einen Schaugarten handelt.

3 PFLEGE

Den Baum in den ersten zwei Jahren regelmäßig wässern und die Fläche unter der Krone unkrautfrei halten. Die Tomaten müssen gestützt und angebunden werden (S. 272–273). Alle Pflanzen bei Trockenheit und im Sommer regelmäßig wässern. Im Herbst Sorten von Weißkohl, Grünkohl, Brokkoli und Lauch kaufen, die im zeitigen Frühjahr erntereif sind und die Sommerfrüchte Tomaten, Chilis und Basilikum ersetzen können.

Moderner Rosengarten

Pflanzen Sie eine moderne Rabatte mit einer attraktiven Laub- und Blütenmischung aus krankheitsresistenten Rosensorten, wie 'Winchester Cathedral' (unten), und hübschen Stauden. Dieses in Weiß gehaltene Schema ist pflegeleicht, folgen Sie einfach den Anleitungen hier und auf S. 30–31.

SCHÖNE BEETE

>> **WANN BEGINNEN?**
Herbst oder zeitiges Frühjahr
AM SCHÖNSTEN
Anfang bis Mitte Sommer

ZEITAUFWAND
🕒 3 Stunden

PFLANZEN & MATERIAL
- Spaten
  Arbeitshandschuhe
  Bambusstab
  Komposterde oder gut abgelagerter Stallmist

Rosendünger (Langzeitdünger)
Mykorrhizapilze

1. *Veronica spicata* 'Alba'
2. *Rosa* 'Winchester Cathedral' ('Auscat')
3. Weiße Veilchen, *Viola*
4. *Trifolium repens* 'Purpurascens Quadrifolium'
5. winterharte weiße Geranien
6. *Alchemilla mollis*
7. *Actaea simplex* 'Brunette'

1 VORBEREITUNG
Einen Eimer Komposterde oder gut abgelagerten Stallmist in die Rabatte einarbeiten und den Boden umgraben. Ein Loch etwas tiefer und doppelt so breit wie der Rosentopf ausheben.

2 PFLANZTIEFE PRÜFEN
Die Rose mit ihrem Topf ins Loch stellen und mithilfe des über das Loch gelegten Bambusstabs so tief ausrichten, dass die Veredelungsstelle (eine Verdickung an der Stammbasis) später etwa 5 cm unter der Erdoberfläche liegt. Die Rose wieder herausnehmen und etwas Rosendünger ins Loch geben.

3 MYKORRHIZAPILZE EINBRINGEN
Die Rose wässern und abtropfen lassen. Mykorrhizapilze nach Anleitung auf der Packung ins Loch geben. Die Wurzeln müssen nach dem Pflanzen Kontakt mit dem Pilzgranulat haben, damit es bei der Entwicklung des Wurzelsystems helfen kann. Die Rose mit Handschuhen aus dem Topf lösen und einpflanzen.

4 ERDE EINFÜLLEN
Die ausgehobene Erde in das Loch füllen und mit den Händen andrücken, um Lufteinschlüsse zu vermeiden. Die Rose gut angießen und eine 5 cm dicke Schicht Komposterde ausbringen, ohne dass sie die Triebe berührt. Im ersten Jahr regelmäßig wässern und jedes Frühjahr mit Rosendünger düngen.

SCHÖNE BEETE 95

Herbstimpressionen

Viele Gärten verblassen mit den fallenden Temperaturen, aber Gräser, späte Blüten und Pflanzen mit starken Silhouetten können im Herbst ihre Pracht entfalten und sehen auch im Winter noch gut aus.

WANN BEGINNEN?
Herbst

AM SCHÖNSTEN
Herbst

ZEITAUFWAND
6 Stunden

PFLANZEN & MATERIAL
Komposterde oder gut abgelagerter Stallmist
Spaten
Gießkanne

1. Aster × frikartii
2. Sedum 'Herbstfreude'
3. Achillea 'Walther Funcke'
4. Miscanthus sinensis
5. Federgras, Stipa tenuissima

1 VORBEREITUNG
Im Herbst die Fläche sorgfältig von allen Unkräutern säubern und gründlich umgraben. Dabei reichlich Komposterde oder gut abgelagerten Stallmist in die Erde einarbeiten (S. 21).

2 BEPFLANZEN
Im Frühjahr Pflanzen kaufen und einsetzen (S. 28–29). Hohe Gräser, wie *Miscanthus*, kommen in den Hintergrund, *Sedum* und *Aster* in den Vordergrund und lockere Flächen mit *Achillea* füllen die Mitte dazwischen.

3 PFLEGE
Die Pflanzen gründlich angießen und mit Komposterde mulchen. Im Frühjahr müssen Astern und *Achillea* ggf. gestützt werden (S. 67). Die Fruchtstände im Winter stehen lassen und die Pflanzen im Frühjahr bis zum Boden abschneiden.

Glänzende Beeren

Pflanzen mit schönem Herbstlaub sind meist relativ groß. Aber es gibt viele Sträucher und Stauden mit bunten, glänzenden Herbstbeeren, die selbst in den kleinsten Garten passen. Setzen Sie ein paar dieser Schönheiten und das Auge hat auch nach der Pracht des Sommers viel Freude. Einige tragen ihre Früchte bis in den Winter hinein und versorgen Vögel und andere Tiere in mageren Zeiten mit willkommener Nahrung.

SCHÖNE BEETE 97

❊❊❊ völlig winterhart ❊❊ winterhart in milden Regionen/an geschützten Standorten ❊ im Winter vor Frost schützen
☀ volle Sonne ◐ Halbschatten ● Schatten ○ durchlässiger Boden ◊ feuchter Boden ● nasser Boden

❶ Flachstieliger Spindelstrauch, *Euonymus planipes*; ↕2 m ↔2 m ☀ ◐ ◊ ❊❊❊   ❷ *Clerodendrum trichotomum* var. *fargesii*; ↕5 m ↔5 m ☀ ◐ ◊ ❊❊   ❸ *Gaultheria mucronata* 'Wintertime'; ↕80 cm ↔1,2 m ☀ ◊ ❊❊❊   ❹ *Viburnum tinus*; ↕2 m ↔2 m ☀ ◐ ● ◊ ❊❊   ❺ *Gaultheria tasmanica*; ↕7 cm ↔25 cm ☀ ◊ ❊❊   ❻ *Ophiopogon planiscapus* 'Nigrescens'; ↕20 cm ↔30 cm ☀ ◐ ◊ ❊❊   ❼ Seidenhaariger Hartriegel, *Cornus amomum* 'Blue Cloud'; ↕3 m ↔4 m ☀ ◐ ◊ ❊❊❊   ❽ Purpur-Schönfrucht, *Callicarpa dichotoma*; ↕1,2 m ↔1,2 m ☀ ◊ ❊❊   ❾ Balearen-Pfingstrose, *Paeonia cambessedesii*; ↕45 cm ↔45 cm ☀ ◊ ❊❊   ❿ *Leycesteria formosa*; ↕1,8 m ↔1,8 m ☀ ◐ ◊ ❊❊

Einfacher Formschnitt

Formschnitt verleiht jedem Garten Struktur und Geometrie und bietet einen Blickpunkt, sei es im Kübel oder in der Rabatte. Sie benötigen lediglich einige einfache Werkzeuge, Geduld und ein gutes Auge, um einen etwas zu groß gewordenen Solitär in die gewünschte Form zu bringen.

>> **WANN BEGINNEN?**
Frühsommer
AM SCHÖNSTEN
ganzjährig

ZEITAUFWAND
1 Stunde

PFLANZEN & MATERIAL
1 Buchsbaum, *Buxus sempervirens*
Desinfektionsmittel
Handheckenschere

1 GESUNDE PFLANZE WÄHLEN
Bei der Auswahl einer geeigneten Pflanze auf ein Exemplar mit dichtem, gesundem Wuchs, unbeschädigtem Laub und kräftigem Hauptstamm achten.

2 NACH AUGENMASS SCHNEIDEN
Von oben blickend den Hauptstamm finden, der die Spitze des Kegels bilden wird. Den Umriss mit der Schere rundum grob zuschneiden.

3 RUNDUM SCHNEIDEN
Beim Schneiden nicht in »Abschnitten« arbeiten, sondern die Pflanze unablässig umrunden und immer wieder Abstand nehmen, um die Form zu prüfen und gegebenenfalls zu korrigieren.

4 VON OBEN BETRACHTEN
Kurz vor dem Abschluss von oben auf die Spitze schauen, um zu sehen, ob die Silhouette gerade geworden ist. Die Form von allen Seiten prüfen und bei Bedarf nacharbeiten.

5 REGELMÄSSIGE PFLEGE
Etablierte Exemplare sollten etwa zweimal im Jahr Mitte Sommer und Anfang Herbst geschnitten werden. Nie in praller Sonne schneiden, damit das freigeschnittene Laub nicht verbrennt.

SCHÖNE BEETE 99

Werkzeug

Formschnitt ist einfacher, wenn man das geeignete Werkzeug hat und die Klingen immer scharf und sauber sind. Sie können zwar auch eine Gartenschere verwenden, aber eine Heckenschere (links außen) bietet bessere Kontrolle. Für feine Schnitte gibt es Spezialscheren wie z. B. Buchsscheren (unten).

TOP-TIPP: SAUBERER SCHNITT

Triebsterben ist eine ernste Erkrankung bei *Buxus sempervirens*, der gerne für Formschnitt verwendet wird. Schützen Sie Ihre Pflanzen, indem Sie Ihre Scheren nach jedem Formschnitt mit Desinfektionsmittel reinigen.

< *Blickfänge*
Die Buchskegel geben dieser gemischten Rabatte Struktur und ein vertikales Element.

Winterrabatte

Blüten sind im winterlichen Garten eher selten, aber es gibt neben den Immergrünen mit ihrem leuchtenden Laub auch Pflanzen, die die dunkle Jahreszeit mit ihren dekorativen Ästen und Zweigen erhellen.

WANN BEGINNEN?
Frühjahr und Spätherbst (Bäume)

AM SCHÖNSTEN
Winter

ZEITAUFWAND
 6 Stunden

PFLANZEN & MATERIAL
 Spaten
Komposterde oder gut abgelagerter Stallmist
Langzeitdünger

1. *Salix alba* var. *vitellina* 'Britzensis'
2. *Cornus sericea* 'Flaviramea'
3. *Cornus alba* 'Sibirica'
4. Zwergkoniferen
5. *Erica carnea*, Schnee-Heide
6. panaschierter Efeu

 **STRUKTUR**
Wegen ihrer bunten Rinde gezogene *Cornus* und *Salix* können auf Kopfhöhe entwipfelt werden, sodass sie als Halbstamm stehen, oder man kappt sie so, dass sie über dem Boden neu austreiben (S. 230–231). Die höheren Halbstämme in den Hintergrund pflanzen, Boden mit Komposterde anreichern.

AUFFÜLLEN
Die Rabatte um die strukturgebenden Sträucher herum mit verschiedenfarbiger Heide, Zwergkoniferen und Efeu auffüllen. Ihre Aufgabe ist es, die Farbe der unbelaubten Zweige und Äste hervorzuheben.

PFLEGE
Die Pflanzen im ersten Jahr regelmäßig wässern. Alle Pflanzen einmal im Jahr auslichten, um die Wirkung im Winter zu verstärken. *Cornus* und *Salix* alle paar Jahre im Frühjahr schneiden (S. 230–231) und düngen.

Kästen & Kübel

Sie können spannende Arrangements mit leicht zu ziehenden Sommerblumensamen, preiswerten Setzlingen und auch Sträuchern und Bäumen schaffen, die Ihrer Terrasse eine vertikale Dimension verleihen. Denken Sie aber daran, dass Kübelpflanzen vor allem im Sommer regelmäßig gewässert und gedüngt werden müssen, um gedeihen zu können. Beachten Sie beim Kauf von Kübeln die Vor- und Nachteile der verschiedenen Materialien und Formen, damit sie auch zu Ihrem Stil und Ihren Pflanzen passen.

Die richtigen Kübel

Man kann nahezu jedes Gefäß bepflanzen, solange es Löcher für die Dränage hat und eine Wachstumssaison übersteht. Achten Sie aber auf jeden Fall darauf, dass es zu Ihrem Stil und Ihren Pflanzen passt.

DIE GRÖSSE ZÄHLT
Bedenken Sie bei der Auswahl, dass große Kübel mehr Erde und Wasser fassen und dadurch langsamer austrocknen als kleine. Wenn Sie sich also nur zweimal die Woche um Ihre Kübel kümmern können, nehmen Sie keine kleinen Terrakottatöpfe, die im Sommer zweimal täglich Wasser brauchen. Achten Sie auch auf die Form. Wenn Sie einen Strauch in eine bauchige Vase mit schmalem Hals pflanzen, wachsen die Wurzeln in das Gefäß ein und Sie müssen es zum Umtopfen sehr wahrscheinlich zertrümmern.

∨ *Rustikaler Kräutergarten*
Diese Gruppe unterschiedlicher Metallkübel passt gut zu einem Cottage-Garten.

∨ > *Schicke Kombinationen*
Diese stacheligen Sukkulenten in ihren verzinkten Töpfen sind ein echter Blickfang (unten), während die drei schlichten Terrakottatöpfe mit den geradezu architektonisch wirkenden Palmen eine elegante Gruppe bilden (rechts).

GRUPPEN
Wollen Sie ein attraktives Arrangement aus mehreren Kübeln schaffen, achten Sie darauf, dass sie in Form, Größe und Material zueinander passen. Am einfachsten wählt man Töpfe aus dem gleichen Material. Sie können mehrere identische Kübel zu einem modernen Bild kombinieren oder mit unterschiedlichen Formen und Größen ein lockeres, aber trotzdem harmonisches Arrangement schaffen.

Materialien

Pflanzkübel gibt es in vielen Formen und Farben, von buntem Plastik über Ton bis zu rustikalem Holz. Auch wenn eine Variante gut zu Ihrem Stil passt, bedenken Sie, dass das Material einen großen Einfluss auf Haltbarkeit und Pflege des Gefäßes hat.

TERRAKOTTA

Die vielseitigen und relativ preiswerten Terrakottatöpfe gibt es in den verschiedensten Formen, Größen und Farben. Terrakotta ist porös und lässt Luft an die Wurzeln, aber es zieht auch Wasser aus der Erde und trocknet sie dadurch aus. Außerdem sind Terrakottatöpfe frostanfällig (S. 409), wenn sie nicht bei hohen Temperaturen gebrannt wurden, was sie wiederum teuer macht.

HOLZ UND KORB

Achten Sie beim Kauf von Holzkübeln auf das Logo des Forest Stewardship Council (FSC), das anzeigt, dass das Holz aus nachhaltiger Forstwirtschaft stammt. Holz ist zwar frostsicher, porös und gut isolierend für die Wurzel, verrottet aber und muss daher mit einem Holzschutzmittel haltbar gemacht werden. Körbe wirken ebenfalls natürlich, sind aber noch weniger haltbar und verrotten innerhalb weniger Jahre.

METALL

Metall ist dank seiner Vielseitigkeit sehr beliebt. Metallkübel gibt es in einer großen Vielfalt von Formen und Stilen, von rustikalen Pflanzeimern für den Cottage-Garten bis hin zu modernen verzinkten oder pulverbeschichteten Kübeln für minimalistische Arrangements. Bedenken Sie, dass dünnes Metall den Wurzeln wenig Schutz bietet und sie starken Temperaturschwankungen aussetzt. Zudem rosten Stahlkübel und hinterlassen dann Ränder auf hellen Böden. Auch verzinkte und beschichtete Kübel rosten, wenn ihre Oberfläche beschädigt wird.

STEIN UND BETON

Kübel aus Stein oder Beton sind stabil, frostsicher, isolierend und äußerst haltbar und sie eignen sich perfekt für Pflanzen. Beide Stoffe sind weniger porös als Terrakotta und lassen die Erde nicht so schnell austrocknen, sind aber sehr schwer. Das macht sie zwar sehr stabil und empfiehlt sie für kopflastige Pflanzen, wie Bäume, erschwert aber auch das Versetzen. Betonkübel sind eher preiswert, während Steinkübel relativ teuer sind. Wenn Sie die Optik von Stein haben möchten, ohne den hohen Preis zu zahlen, wählen Sie Kübel aus Kunststein.

KUNSTSTOFF

Verschiedene Kunststoffmaterialien wie Polypropylen, Glasfaserverbundwerkstoffe (Fiberglas) und Kunstharze werden zu Kästen und Kübeln in allen denkbaren Größen, Formen und Farben verarbeitet, von Naturtönen bis hin zu schreienden Neonfarben. Kunststoffkübel sind frostsicher und bruchsicher und eignen sich damit hervorragend für Haushalte mit Kindern und Haustieren.

106 KÄSTEN & KÜBEL

Frühlingspotpourri

Töpfe voller Frühlingzwiebelblumen heben nach einem langen Winter die Stimmung, erfordern aber ein wenig vorausschauende Planung. Kaufen Sie Blumenzwiebeln, sobald die Temperaturen im Herbst fallen, und achten Sie auf die Angaben zur Blütezeit, damit das Blumenarrangement perfekt wird.

WANN BEGINNEN?
Mitte Herbst

AM SCHÖNSTEN
Anfang bis Ende Frühjahr

ZEITAUFWAND
 1½ Stunden

PFLANZEN & MATERIAL
 großer frostsicherer Kübel
Tonscherben
Blumenerde
Gartenkies

Blumenzwiebeln, z. B.:
Tulpen
Narzissen
Traubenhyazinthen, *Muscari*

1 VORBEREITUNG
Tonscherben oder Styroporstücke über die Dränagelöcher des Kübels legen und mit einer 5 cm hohen Schicht Gartenkies bedecken.

2 IN SCHICHTEN PFLANZEN

Den Kies mit hochwertiger Blumenerde bedecken, aber ausreichend Platz für die Zwiebeln lassen (S. 41). Die Narzissenzwiebeln mit der Spitze nach oben auf der Erde verteilen und so mit Erde bedecken, dass die Spitzen gerade noch herausschauen.

3 ZWIEBELN BEDECKEN

Nun die Tulpen zwischen die Narzissen setzen und mit Erde bedecken. Abschließend die kleinen *Muscari*-Zwiebeln auf der obersten Erdschicht verstreuen und mit Erde bedecken, sodass etwa 5 cm Abstand bis zum Topfrand bleiben, um das Gießen zu erleichtern. Die Erde leicht andrücken.

4 LETZTE HANDGRIFFE

Die Erde mit Kies bedecken und gut angießen. Den Topf an einem geschützten Ort auf Füße stellen (unten), um die Dränage zu verbessern und Fäulnis der Zwiebel zu verhindern. In die Sonne stellen, sobald die Zwiebeln austreiben.

Gleichzeitige Blüte

Für ein solches Arrangement brauchen Sie Zwiebeln, die alle zur gleichen Zeit blühen und Mitte des Frühjahrs ein lang anhaltendes prachtvolles Bild abgeben. In größeren Kübeln können Sie auch über mehrere Monate vom zeitigen Frühjahr bis zum Frühsommer nacheinander blühende Blumen setzen, die Sie regelmäßig ausputzen.

TULPEN UND NARZISSEN SYNCHRONISIEREN

Die verschiedenen Tulpen und Narzissen haben unterschiedliche Blütezeiten. Frühe Narzissen blühen im Spätwinter, späte Tulpen Anfang des Sommers. Um die Blüte zu synchronisieren, wählen Sie aus den folgenden Zwiebeln aus, die alle gleichzeitig zur Mitte des Frühjahrs über mehrere Wochen hinweg blühen.

TULPEN
'Abba' (tomatenrot)
'Abu Hassan' (rotbraun)
'Apricot Beauty' (lachsfarben)
Emperor-Serie (verschiedene Farben)
'Mistress' (tiefrosa)
'Monte Carlo' (schwefelgelb)
'Negrita' (violett)
'Prinses Irene' (orange)
'Ruby Red' (scharlachrot)

NARZISSEN
'Geranium' (weiß und orange)
'Lemon Beauty' (zitronengelb und weiß)
'Lemon Drops' (weiß, zitronengelber Kelch)
'Mount Hood' (weiß)
'Red Devon' (gelb, roter Kelch)
'Salome' (weiß, rosa Kelch)
'St. Patrick's Day' (zitronengelb)
'Sweetness' (goldgelb)
'Thalia' (weiß)

❶ *Tulipa* 'Madame Lefeber'; ↕30 cm ❷ *Tulipa* 'Diana'; ↕35 cm
❸ *Tulipa* 'Oriental Splendour'; ↕30 cm ❹ *Narcissus* 'Tahiti'; ↕45 cm ❺ *Narcissus* 'Dove Wings'; ↕30 cm ❻ *Narcissus* 'Bartley'; ↕40 cm

Sommerblumen aus Samen

Blumen aus Samen zu ziehen macht Spaß und ist preiswert – vor allem, wenn man viele Töpfe füllen muss. Für dieses Arrangement nimmt man Samen von Tagetes, Zweizahn, Brunnenkresse und einjährigen Dahlien, die alle schnell keimen und vom Sommer bis zum ersten Nachtfrost prachtvoll blühen.

Samen säen

Setzen Sie die Samen im Haus in Saatschalen, gehen Sie dabei wie auf der Samentüte angegeben vor.

>> **WANN BEGINNEN?**
zeitiges Frühjahr

AM SCHÖNSTEN
Sommer

ZEITAUFWAND
einige Stunden über mehrere Wochen

PFLANZEN & MATERIAL
Samentüten
Aussaaterde
saubere Saatschalen
Multitopf-Anzuchtplatte
verschiedene Töpfe
Tonscherben
Langzeitdünger
Blumenerde
Gießkanne mit Brause

1 VORBEREITUNG
Einige Saatschalen bis 2 cm unter den Rand mit Aussaaterde füllen. Die Erde mit jeweils einer zweiten Schale sanft glätten und andrücken.

2 EINSÄEN
Die Erde mit der Gießkanne wässern und abtropfen lassen. Einige Samen in die Hand nehmen und gleichmäßig auf der Oberfläche verteilen. Die Samen mit gesiebter Erde bedecken, dabei auf der Packung nachsehen, wie hoch sie bedeckt sein müssen.

3 ABDECKEN UND FEUCHT HALTEN
Die Schale beschriften und mit Deckel oder Klarsichtfolie abdecken. An einen hellen Ort stellen und die Temperaturempfehlung auf der Samenpackung beachten. Feucht halten und aufdecken, sobald die ersten Triebe zu sehen sind.

Große Samen

Große Samen, wie die von Brunnenkresse (*Tropaeolum*), werden in 8-cm-Töpfen gezogen und müssen nicht umgetopft werden.

1 ERDE EINFÜLLEN
Aussaaterde in Töpfe füllen und leicht mit den Fingern oder dem Boden eines zweiten Topfs andrücken. Mit einem Bleistift oder einem Pikierholz drei 2 cm tiefe Löcher machen.

2 EINSÄEN
In jedes Loch einen Samen geben und die Erde leicht andrücken. Die Töpfe beschriften, wässern und auf ein Tablett stellen, bis die Samen gekeimt sind.

Sämlinge umtopfen

Die Sämlinge täglich überprüfen und feucht halten. Am besten stellt man die Schalen dazu in eine große, halb mit Wasser gefüllte Wanne (ohne Dränagelöcher). Lassen Sie sie im Wasser stehen, bis die Erde durchfeuchtet und die Oberfläche feucht ist, und heben Sie sie dann heraus. Topfen Sie die Sämlinge wie hier gezeigt um, sobald sie ein paar Blättchen getrieben haben.

1 SÄMLINGE PIKIEREN
Multitopf-Anzuchtplatten halb hoch mit hochwertiger Blumenerde füllen. Die Sämlinge vorsichtig an den Blättchen fassen und die Wurzeln mit dem Pikierholz aus der Erde heben.

2 UMTOPFEN
In die Mitte jedes Töpfchens einen Sämling setzen und Wurzeln und Stängelansatz mit Erde bedecken. Die Erde mit den Fingern andrücken, damit der Sämling nicht umkippen kann.

3 ANGIESSEN
Schritte 1 und 2 für jeden Sämling wiederholen und die Pflänzchen gut wässern. Die Sämlinge hell stellen und auf die Temperatur achten. Einige Wochen vor dem letzten Frost tagsüber ins Freie stellen und abends hereinholen, um sie abzuhärten.

Kübel bepflanzen

Setzen Sie Ihre Sämlinge im Frühjahr in Kübel, Blumenkästen oder Ampeln (S. 130–131), sobald die Frostgefahr vorüber ist. Die hier gezeigten Pflanzen aus sechs Samenpackungen reichen für fünf Kübel, drei Kästen und eine Hängeampel. Wählen Sie die Kübel passend zu Ihrem Gartenstil.

1 TONTÖPFE WÄSSERN
Terrakottatöpfe vor dem Bepflanzen in Wasser tauchen. Terrakotta ist porös und das Wässern verhindert, dass der Ton Feuchtigkeit aus der Blumenerde zieht, sobald der Topf einmal bepflanzt ist.

2 DRÄNAGE
Eine Lage Tonscherben in den Boden jedes Topfs geben, damit das Wasser gut ablaufen kann. Das untere Drittel großer Kübel mit großen Styroporstücken (z. B. von alten Pflanzentabletts aus dem Gartencenter) auffüllen, um weniger Erde hineingeben zu müssen.

3 DÜNGEN
Die Pflanzbehälter bis etwa 5 cm unter den Rand mit Blumenerde füllen. Die Erde mit Langzeitdünger für Kübelpflanzen mischen. Man kann auch Wasserspeicher-Granulat (S. 406) untermischen, das die Erde länger feucht hält, sodass man die Pflanzen nicht so häufig gießen muss.

4 AUSTOPFEN
Die jungen Pflanzen wässern und abtropfen lassen. Dann Boden und Wände der Töpfchen sanft drücken, um die Wurzeln zu lösen, und die Pflanzen herausnehmen. Mit 10 cm Abstand auf die Erde setzen.

5 EINPFLANZEN
Hier sind die Dahlien die größten Pflanzen und kommen in den Hintergrund, während die kleinen Tagetes vorne stehen und die übrigen Blumen dazwischen verteilt werden. Einpflanzen, leicht andrücken und gut wässern.

TOP-TIPP: PFLEGE
Stellen Sie die fertig bepflanzten Kübel an einen sonnigen Ort und wässern Sie regelmäßig. Schneiden Sie welke Blüten regelmäßig mit der Blumenschere aus, um die Blütezeit zu verlängern. Jungpflanzen sind ein beliebtes Futter für Schnecken, die Sie am besten mit Schneckenkorn, Nematoden oder einem Kupferband um die Töpfe bekämpfen (S. 426–427). Ein dekorativer Mulch (S. 405) verhindert das Austrocknen der Erde und unterstreicht die Wirkung des Arrangements.

Üppige Blüte aus Samen gezogen >
Samen sind meist preiswert und das Angebot an Sorten ist bei Samen viel größer als bei reifen Pflanzen.

Garantierter Erfolg

Es gibt einjährige Pflanzen, deren Aussaat nahezu narrensicher ist und einen Garten voller leuchtender Sommerblüten garantiert. Farbenfrohe Arten sind Ringelblumen, Tagetes, Kornblumen und Schwarzkümmel; sie können direkt in den Boden oder Kübel gesät werden, bessere Resultate erzielt man aber, wenn man sie im Haus vorzieht und später auspflanzt.

KÄSTEN & KÜBEL 113

❊❊❊ völlig winterhart   ❊❊ winterhart in milden Regionen/an geschützten Standorten   ❊ im Winter vor Frost schützen
☼ volle Sonne   ◐ Halbschatten   ● Schatten   ◊ durchlässiger Boden   ◉ feuchter Boden   ● nasser Boden

❶ Garten-Ringelblume, *Calendula officinalis*; ↕50 cm ↔45 cm ☼ ◐ ◊ ❊❊❊ ❷ *Cosmos bipinnatus* 'Sonata White'; ↕1,5 m ↔45 cm ☼ ◊ ◉ ❊ ❸ Kornblume, *Centaurea cyanus*; ↕75 cm ↔15 cm ☼ ◊ ❊❊❊ ❹ Tabak, *Nicotiana* 'Lime Green'; ↕50 cm ↔20 cm ☼ ◐ ◉ ❺ *Zinnia elegans* 'Peppermint Stick'; ↕60 cm ↔40 cm ☼ ◊ ❻ Klatsch-Mohn, *Papaver rhoeas* Shirley-Gruppe; ↕90 cm ↔30 cm ☼ ◊ ❊❊❊ ❼ Schwarzkümmel, *Nigella damascena* Persian-Jewel-Serie; ↕40 cm ↔20 cm ☼ ◊ ❊❊❊ ❽ Garten-Fuchsschwanz, *Amaranthus caudatus*; ↕1,2 m ↔60 cm ☼ ◉ ❊ ❾ *Callistephus chinensis* 'Pompon'; ↕60 cm ↔45 cm ☼ ◊ ◉ ❊ ❿ Kalifornischer Kappenmohn, *Eschscholzia californica*; ↕30 cm ↔15 cm ☼ ◊ ❊❊❊

Goldlack im Kübel

Goldlack ist zweijährig, im ersten Jahr produziert er Blätter, im zweiten treibt er Blüten. Kaufen und setzen Sie die Pflanzen im Herbst, damit Sie im folgenden Frühjahr die duftenden Blüten genießen können. Es gibt die Pflanzen in vielen strahlenden Farben und sie passen gut zu Veilchen und Gräsern.

WANN BEGINNEN?
Herbst

AM SCHÖNSTEN
Frühjahr

ZEITAUFWAND
30 Minuten

PFLANZEN & MATERIAL
Goldlack, *Erysimum cheiri* (bei uns nicht wurzelnackt erhältlich, daher Topfpflanzen)
im Winter blühende Veilchen (z. B. 'Ice Babies'®-Sorten)
Fiedergras, *Stipa tenuissima*
frostsichere Kübel
Eimer
Tonscherben
Blumenerde

1 VORBEREITUNG
Wenn man Goldlack selbst aus Samen zieht, muss man sich in Geduld fassen, denn die Blüten erscheinen erst im zweiten Jahr. Kaufen Sie daher lieber junge Pflänzchen. Stellen Sie sie vor dem Auspflanzen in einen Eimer Wasser, damit die Wurzeln gut durchfeuchtet sind.

2 BEPFLANZEN
Tonscherben in den Kübel geben und den Kübel bis 5 cm unter den Rand mit Erde füllen. *Stipa* in den Hintergrund und Veilchen nach vorne setzen (der Goldlack wurde hier als wurzelnackte Pflanze gekauft).

3 PFLANZEN UND WÄSSERN
Den Goldlack zwischen Gras und Veilchen setzen und aufrecht halten. Andrücken und gut wässern. Den Kübel an einen sonnigen Ort stellen. Bei Trockenheit wässern und regelmäßig ausputzen.

Gras aus Samen

Die äußerst beliebten und vielseitigen einjährigen Gräser sind leicht aus Samen zu ziehen und können sowohl für naturnahe Wiesen als auch für Kübel verwendet werden. Auf leichten, gut durchlässigen Böden und in direkter Sonne säen sie sich gerne selbst aus und kosten in Zukunft kein Geld mehr.

1 EINSÄEN
Eine Multitopf-Anzuchtplatte bis 1 cm unter den Rand mit Aussaaterde füllen. Die Erde leicht andrücken und etwa drei bis vier Samen in jeden Multitopf geben, damit in jedem Topf ein dichtes kleines Grasbüschel heranwachsen kann.

2 ABDECKEN
Eine dünne Schicht Vermiculit über die Samen streuen, die die Erde feucht hält, aber trotzdem Licht durchlässt. Das Tablett wässern; dafür eine Kanne mit einer feinen Brause verwenden. Je nach Grasart brauchen die Samen bis zu drei Wochen zum Keimen.

3 VOR SONNE SCHÜTZEN
Die frisch eingesäten Tabletts in den Halbschatten stellen und nicht austrocknen lassen. Wenn die Triebe erscheinen, die Tabletts in die Sonne stellen. Die Pflanzen in Töpfe mit Universalerde setzen (S. 110) und ins Freie stellen, sobald die Pflanzen mehrere kräftige Blättchen haben. Im Spätsommer Samen der eigenen Ziergräser für das nächste Frühjahr sammeln.

WANN BEGINNEN?
zeitiges Frühjahr

AM SCHÖNSTEN
Sommer bis Herbst

ZEITAUFWAND
30 Minuten fürs Säen, 1 Stunde fürs Pflanzen

PFLANZEN & MATERIAL
Multitopf-Anzuchtplatte
Aussaaterde
Vermiculit
Gießkanne
kleine Plastiktöpfe
Universalerde

Samen, z. B.:
Kolbenhirse, *Setaria italica*
Hasenschwanzgras, *Lagurus ovatus*
Zittergras, *Briza maxima* (oben)
Mohrenhirse, *Sorghum nigrum*

Starke Formen

Pflanzen mit lanzenförmigen Blättern haben eine starke optische Wirkung. Ob Sie nun eine subtropische Atmosphäre erzeugen oder nur Akzente setzen möchten, diese erstaunlich umkomplizierten Pflanzen eignen sich hervorragend als architektonische Elemente im Garten und auf der Terrasse.

< ∧ **Bunte Keulenlilien**
Panaschierte und violette Keulenlilien setzen im Kübel starke Akzente, sind aber nicht so winterhart wie Sorten mit einfachen, reingrünen Blättern.

Cordyline

Der deutsche Name der *Cordyline* ist Keulenlilie. Die buntblättrigen Sorten machen sich hervorragend in Kübeln, aber wenn Sie einen besonders großen Solitär brauchen, greifen Sie zu *Cordyline australis*.

PFLANZUNG UND PFLEGE

Setzen Sie Keulenlilien im Kübel in normale Blumenerde und düngen Sie jedes Frühjahr mit einem Langzeitdünger. Stellen Sie die Pflanzen an einen sonnigen oder halbschattigen Platz. Die unteren Blätter werden mit den Jahren gelb, Sie können sie abschneiden oder von selbst abfallen lassen. Nur in frostfreiem Klima können die Pflanzen draußen bleiben, schützen Sie dann die Blätter bei niedrigen Temperaturen durch Zusammenbinden.

Yuccas

Die schönsten Yuccas haben panaschierte, aber auch gefährlich spitze Blätter und sollten außer Reichweite von Kindern stehen.

PFLANZUNG UND PFLEGE

Yuccas überstehen den Winter in milden Klimaten auch im Freien, bevorzugen aber geschützte Gärten mit durchlässigem Boden und volle Sonne. Sie sind sehr trockenheitsresistent und gedeihen auch in Kübeln. Sie brauchen nur wenig Pflege, was angesichts ihrer spitzen Blätter sehr willkommen ist.

Architektonische Aussage >
Die Yucca passt mit ihren geschwungenen Blättern gut in den Kübel und wirkt äußerst dekorativ.

Phormium

Die hinreißenden Neuseelandflachse gibt es in einer großen Vielfalt an Farben und Formen, von winzigen Topfpflanzen bis hin zu riesigen strauchartigen Solitären.

PFLANZUNG UND PFLEGE

Neuseelandflachse sind pflegeleicht und gedeihen auf allen Böden. Sie bevorzugen volle Sonne, tolerieren aber auch etwas Schatten. Weil sie nur bedingt winterhart sind, werden sie nicht direkt in den Boden gepflanzt, sondern in Kübeln gezogen.

❶ *P. tenax* 'Variegatum'; ↕↔1,5 m
❷ *P. cookianum* subsp. *hookeri* 'Tricolor'; ↕↔1,5 m ❸ *P.* 'Sundowner'; ↕↔2 m
❹ *P.* 'Bronze Baby'; ↕↔80 cm

< *Flexibler Flachs*
Die Zwergform 'Jester' wird nur 90 cm hoch und breit und eignet sich hervorragend für Kübel.

Kletterpflanzen in Kübeln

Viele kompakte Kletterpflanzen, wie Jasmin und einige Clematissorten, lassen sich gut in Kübeln kultivieren und verschönern so Bereiche, wie Terrassen und Durchgänge, in denen es keine offenen Erdflächen gibt. Alles, was Sie brauchen, sind ein passender Kübel, eine Rankhilfe, Wasser und Dünger.

KÄSTEN & KÜBEL 119

WANN BEGINNEN?
Frühjahr
AM SCHÖNSTEN
Sommer

ZEITAUFWAND
 1½ Stunden

PFLANZEN & MATERIAL
- Clematis oder andere Kletterpflanze
- großer frostsicherer Kübel
- Tonscherben
- Blumenerde
- Rankhilfe
- Schnur
- Gartenkies als Mulch
- Gießkanne

1. VORBEREITUNG
Tonscherben auf dem Kübelboden verteilen, um die Dränage zu verbessern, und mit einer Schicht Erde bedecken. Die Rankhilfe an den hinteren Rand des Kübels stellen und mit etwas Erde stabilisieren, damit sie nicht umkippt. Darauf achten, dass die Wurzeln genügend Platz haben, um sich auszubreiten.

2. ZUM SPALIER NEIGEN
Weitere Erde in den Kübel geben. Die Pflanze darauf setzen, sodass sie später genauso hoch in der Erde steht, wie in ihrem ursprünglichen Topf (für Clematis siehe S. 219). Leicht in Richtung Rankhilfe geneigt einpflanzen. Zwischen Erde und Kübelrand sollten 5 cm Platz bleiben, um das Gießen zu erleichtern.

3. ANBINDEN
Alle Stützstäbe, an denen die Pflanze gezogen wurde, entfernen. Die Haupttriebe locker am Spalier anbinden. Wenn nötig auch neue Triebe weiter oben anbinden.

4. ANGIESSEN
Gut wässern und eine Lage Kies auf der Erde verteilen, um die Verdunstung zu verringern. Der Mulch kühlt zudem die Wurzeln und lässt Kübel und Pflanze attraktiver aussehen.

TOP-TIPP: DIE RICHTIGE CLEMATIS

Viele Clematis sind von Natur aus kompakt und blühen schon jung. Damit die Pflanze kompakt bleibt, schneiden Sie die Triebe der sommerblühenden Arten, wie *Clematis florida*, im Spätwinter zurück. Vor dem späten Frühjahr blühende Arten, wie *C. alpina* und *C. macropetala*, bleiben ungeschnitten, weil sie am vorjährigen Holz blühen (S. 218–219).

^ > Qual der Wahl
Sie können komplementär gefärbte Sorten in einem Kübel kombinieren (oben) oder auf ein üppig blühendes Einzelexemplar setzen (rechts).

KOMPAKTE SORTEN:
'Arabella'
'Barbara Jackman'
'Bees' Jubilee'
'Comtesse de Bouchaud'
'Daniel Deronda'
C. florida var. *flore-pleno*
C. florida var. *sieboldiana*
'H.F. Young'
'Ice Blue' (ganz links, weiß)
'Kingfisher' (ganz li., lila)
'Miss Bateman'
'Niobe'
'Ooh La La' (links)
'Perle d'Azur'
'Prince Charles'
'Royalty'

Setzlinge ziehen

Wenn man nicht selbst Pflanzen aus Samen ziehen will, sind Setzlinge ideal. Es sind gut entwickelte Sämlinge, die man nach dem Kauf einmal umtopft und dann einige Zeit pflegt, bis sie ausgepflanzt werden können. Online-Händler bieten meist eine riesige Auswahl an Setzlingen von Gartenblumen und nicht winterharten Stauden an, die in der Regel deutlich billiger sind als die ausgewachsenen Pflanzen.

WANN BEGINNEN?
Frühjahr

AM SCHÖNSTEN
Ende Frühjahr bis Herbst

ZEITAUFWAND
1½ Stunden

PFLANZEN & MATERIAL

Setzlinge (hier wurden Begonien gepflanzt)
Pikierholz oder Bleistift
Blumenerde
Multitopf-Anzuchtplatte oder kleine 8-cm-Töpfe
Gießkanne

1 KAUF
Beim Kauf ist es wichtig, dass die Setzlinge so schnell wie möglich eingepflanzt werden, deshalb sollte man beim Online- oder Versandkauf auf eine schnelle Lieferung achten. Viele Anbieter verkaufen Setzlinge in verschiedenen Reifestadien, wobei die jüngsten Pflanzen meist auch die preiswertesten sind.

2 AUSTOPFEN
Die Setzlinge gründlich wässern, sobald sie eingetroffen sind. Multitopf-Anzuchtplatten oder kleine Plastiktöpfe für Setzlinge und Jungpflanzen mit hochwertiger Blumenerde befüllen. Die jungen Pflänzchen vorsichtig mit dem Pikierholz oder Bleistift aus den Liefertöpfen lösen.

3 EINPFLANZEN
In die Erde in jedem Multitopf mit Finger oder Bleistift ein Loch bohren und je einen Setzling hineinsetzen. Die Erde sanft mit den Fingern um die Pflanze andrücken, ohne sie zu quetschen oder die Wurzeln zu verletzen.

4 FEUCHT HALTEN
Die Setzlinge mittels einer Gießkanne mit feiner Brause wässern und kühl, hell und frostfrei stellen. Regelmäßig gießen, abhärten (S. 109) und in Töpfe oder Beete auspflanzen, sobald der letzte Frost vorüber ist.

KÄSTEN & KÜBEL 121

Kleine Auswahl

Die meisten beliebten Gartenblumen, wie Pelargonien, Fleißige Lieschen, Begonien, Lobelien, Löwenmäulchen, Dahlien und Fuchsien, sind als Setzlinge erhältlich, wobei viele Händler und Gärtnereien auch neuere und ungewöhnliche Sorten im Angebot haben.

❶ *Nicotiana* 'Nicki'; ‡45 cm
❷ *Nemesia strumosa* 'KLM'; ‡25 cm
❸ *Gazania* Chansonette-Serie; ‡30 cm
❹ *Pelargonium* Horizon-Serie; ‡40 cm

< *Pracht im Schatten*
Dieser wunderschöne Kübel für den Halbschatten ist bepflanzt mit Begonia *'Illumination Rose' und duftenden blauen Heliotropen, (alle aus Setzlingen gezogen) sowie mit* Fuchsia *'Genii' und hängenden* Lysimachia nummularia *'Aurea' (Pfennigkraut).*

Schattenliebende Kübelpflanzen

Ein schattiger Garten schließt eine sommerliche Blütenpracht nicht aus, denn es gibt viele Pflanzen, die kühlere Bedingungen bevorzugen. So erhellen blühende Begonien, Fuchsien, Veilchen und Fleißige Lieschen jede schattige Terrasse, und auch Blattpflanzen wirken im Schatten besonders attraktiv, wo die Sonne ihre Farben nicht ausbleichen kann: Funkien, Farne, Goldnesseln und Purpurglöckchen sorgen hier für eine reiche Textur.

❄❄❄ völlig winterhart ❄❄ winterhart in milden Regionen/an geschützten Standorten ❄ im Winter vor Frost schützen
☼ volle Sonne ◐ Halbschatten ● Schatten ◊ durchlässiger Boden ◦ feuchter Boden ● nasser Boden

❶ *Fuchsia* 'Autumnale'; ↕30 cm ↔40 cm ☼ ◐ ◊ ● ❄ ❷ *Heuchera* 'Plum Pudding'; ↕40 cm ↔40 cm ☼ ◐ ◊ ● ❄❄❄ ❸ Begonie; bis zu ↕40 cm ↔40 cm ☼ ◐ ◊ ● ❄ ❹ Echte Goldnessel, *Lamium galeobdolon*; ↕60 cm ↔1 m ☼ ◐ ◊ ● ❄❄❄ ❺ *Viola* Princess-Serie; ↕15 cm ↔20 cm ☼ ◦ ❄❄❄ ❻ Efeu, *Hedera helix* 'Little Diamond'; ↕30 cm ↔30 cm ☼ ◊ ◦ ❄❄❄ ❼ *Hosta sieboldiana*; ↕1 m ↔1,2 m ☼ ◐ ◊ ◦ ❄❄❄ ❽ Fleißiges Lieschen, *Impatiens walleriana*; bis zu ↕35 cm ↔35 cm ☼ ◐ ◊ ❄ ❾ *Carex oshimensis* 'Evergold'; ↕30 cm ↔35 cm ☼ ◐ ◊ ◦ ❄❄❄ ❿ *Primula* Gold-laced-Gruppe; ↕25 cm ↔30 cm ☼ ◦ ❄❄❄ ⓫ Gewöhnlicher Wurmfarn, *Dryopteris filix-mas*; ↕90 cm ↔90 cm ◐ ◦ ❄❄❄

Duftende Kübelpflanzen

Als Inbegriff des Hochsommers begrüßen uns traumhaft duftende Lilien neben der Haus- oder Gartentür mit ihrem Parfüm – auch wenn man etwas Abstand halten sollte, da die Pollen hartnäckig an der Kleidung haften. Am preiswertesten zieht man jedes Frühjahr neue Pflanzen aus Zwiebeln.

WANN BEGINNEN?
Frühjahr

AM SCHÖNSTEN
Sommer

ZEITAUFWAND
30 Minuten

PFLANZEN & MATERIAL
Lilienzwiebeln (siehe auch Top-Tipp, rechts)
hoher Kübel
Tonscherben
Blumenerde
grober Sand oder Feinsplitt
Tomatendünger

TOP-TIPP: DUFTENDE LILIEN

Diese Arten duften besonders stark:

Lilium auratum
L. candidum
L. hansonii (rechts unten)
L. regale, weiß
L. speciosum var. *rubrum* (links unten)
Orienthybriden, wie 'Star Gazer' (links), 'Tiger Woods' und 'Arabian Red'

1 VORBEREITUNG
Im Frühjahr frische Lilienzwiebeln und einen hohen Kübel kaufen. Die meisten Lilien werden 15–20 cm tief gepflanzt. Die Dränagelöcher mit Tonscherben abdecken und eine Schicht Blumenerde einfüllen.

2 EINPFLANZEN
Eine 3 cm dicke Schicht groben Sand oder Feinsplitt auf der Erde verteilen und die Zwiebeln auf der Seite liegend darauf verteilen. Dadurch kann das Wasser aus den Schuppen der Zwiebeln ablaufen und die Zwiebeln faulen nicht.

3 AUFFÜLLEN
Die Zwiebeln bedecken und den Kübel bis 5 cm unter den Rand mit einer Mischung aus Erde und Splitt zu gleichen Teilen füllen. Auf Füßen an einen geschützten Ort stellen und in die Sonne rücken, sobald die ersten Triebe erscheinen.

4 PFLEGE
Im Sommer alle zwei Tage wässern und alle 14 Tage mit Tomatendünger versorgen. An einem geschützten Standort überwintern und im Frühjahr die oberste 5 cm starke Schicht Erde erneuern. Der schlimmste Schädling ist das Lilienhähnchen (S. 424). Die leuchtend roten Käfer müssen umgehend abgesammelt werden.

Elegantes Arrangement

Die reinweißen Lilien über einer Wolke von *Diascia*, eingefasst von zweifarbigen Gräsern, sind ein prachtvoller Schmuck für jedes Fenster. Hier wurde *Lilium* 'Reinesse' gepflanzt, sie ist zwar duftlos, kann aber problemlos durch eine duftende Sorte, wie 'Muscadet', ersetzt werden.

ZEITAUFWAND
 1 Stunde

PFLANZEN & MATERIAL

Lilium 'Reinesse'
Diascia, weiß
Carex-morrowii-Sorte
hoher weißer Balkonkasten
Tonscherben
Blumenerde
grober Sand oder Feinsplitt
Tomatendünger

1 VORBEREITUNG
Mit der Bohrmaschine bei Bedarf einige Dränagelöcher in den Kasten bohren. Im zeitigen Frühjahr eine Lage Tonscherben in den Kasten legen und mit Erde bedecken. Die Zwiebeln wie gegenüber gezeigt einpflanzen. Die zarten *Diascia* in den Vordergrund und die gestreifte *Carex* an beide Enden setzen. Man kann die Lilien im Sommer auch kurzfristig blühend kaufen und zusammen mit reifen *Diascia* und *Carex* einpflanzen.

2 PFLEGE
Die Pflanzen alle zwei Wochen mit Tomatendünger versorgen und zwischen spätem Frühjahr und Ende des Sommers regelmäßig wässern. Die Lilien blühen im Sommer einige Wochen lang und können dann in den Garten in durchlässigen Boden gepflanzt werden. *Diascia* blüht den ganzen Sommer hindurch, überlebt aber nur in mildem Klima auch den Winter im Freien. *Carex* ist dagegen winterhart.

TOP-TIPP: *DIASCIA* AUSPUTZEN

Entfernen Sie regelmäßig abgeblühte *Diascia*-Blüten, dadurch produzieren die Pflanzen keine Samen und verwenden stattdessen alle Energie auf die Blüte.

Cottage-Romantik im Kübel

Selbst wenn Sie keinen Garten mit tiefen Rabatten besitzen, können Sie romantische Blumen im Kübel genießen. Krautige Stauden und einjährige Kletterpflanzen gedeihen gut im Topf und lassen sich so zwischen bestehende Pflanzungen platzieren, um dem Arrangement Höhe und Farbe zu verleihen.

Obelisk mit Prunkwinde

Die einjährige *Ipomoea* lässt sich im Frühjahr leicht aus Samen ziehen. Sie klettert rasch an einer Rankhilfe empor, die sie mit trompetenförmigen Blüten überzieht.

WANN BEGINNEN?
Frühjahr

AM SCHÖNSTEN
Mitte bis Ende Sommer

ZEITAUFWAND
2 Stunden

PFLANZEN & MATERIAL
Prunkwinde, *Ipomoea* (Sämlinge)
großer Kübel
Tonscherben
Blumenerde
Langzeitdünger
lange Bambusstäbe
Gartenbast oder Schnur

1 VORBEREITUNG
Tonscherben in den Kübel legen, Blumenerde einfüllen und Langzeitdünger untermischen.

2 RANKHILFE
Die Stäbe am Topfrand einsetzen und an der Spitze zusammenbinden. Dann die Stäbe etwas tiefer mit einem Ring aus Bast verbinden. In Abständen weitere Bastringe hinzufügen.

3 PFLANZEN
Ein oder zwei Töpfe der im Frühjahr eingesäten Sämlinge (S. 108–109) aussuchen. Vorsichtig teilen und je einen Sämling am Fuß jedes Stabs pflanzen. Die Erde andrücken und gut wässern.

4 PFLEGE
Die kleinen Pflanzen beginnen schnell zu klettern und sollten anfangs angebunden werden. Den Sommer hindurch gut wässern und regelmäßig welke Blüten entfernen.

Pastelltöne

Kompakt gezüchtete Sorten von Wildstauden gedeihen gut in der Schale und sind eine natürlich wirkende Alternative zu empfindlichen Gartenblumen.

» WANN BEGINNEN?
Frühjahr

AM SCHÖNSTEN
Sommer

ZEITAUFWAND
 1 Stunde

PFLANZEN & MATERIAL

Pflanzschale
Tonscherben
Blumenerde
Langzeitdünger

Carex 'Ice Dance'
Delphinium grandiflorum
Stachys officinalis 'Hummelo'
Veronica spicata 'Rosenrot'

1 VORBEREITUNG
Die Dränagelöcher der Schale mit Tonscherben bedecken und die Schale halb mit Erde füllen. *Delphinium* im Hintergrund platzieren und die übrigen, niedrigeren Pflanzen davor setzen. Weitere Erde einfüllen und mit Langzeitdünger vermischen. Gut wässern.

2 PFLEGE
Im zeitigen Frühjahr alle abgestorbenen Triebe entfernen, um Platz für frischen Wuchs zu schaffen. Gleichzeitig die oberste Erdschicht entfernen und durch eine Mischung aus Erde und Dünger ersetzen. Die Pflanzen müssen auch regelmäßig geteilt werden (rechts). Mit der richtigen Pflege blüht diese Schale ein ums andere Jahr.

TOP-TIPP: STAUDEN UMTOPFEN UND TEILEN

Im Garten müssen krautige Stauden alle paar Jahre gehoben, geteilt und umgepflanzt werden, um gesund zu bleiben. Im Kübel muss man das mindestens alle zwei Jahre tun. Nehmen Sie die Pflanze aus dem Topf und teilen Sie sie mit den Fingern. Entsorgen Sie alle schwachen Büschel und topfen Sie die gesündesten mit frischer Erde und Dünger neu ein.

Tropisches Flair

Die spektakulären, aber nicht winterharten Zierbananen eignen sich perfekt für die Terrasse, wo sie Schatten spenden und als Hintergrund für andere Exoten dienen. Denken Sie aber beim Kauf daran, dass sie im Winter ins Haus geholt werden muss.

WANN BEGINNEN?
spätes Frühjahr

AM SCHÖNSTEN
Frühsommer bis Frühherbst

ZEITAUFWAND
1 Stunde

PFLANZEN & MATERIAL
großer Kübel
Tonscherben
Universalerde

1. Zierbanane, *Ensete ventricosum* 'Maurelii'
2. *Asparagus densiflorus* 'Myersii'
3. *Clerodendrum thomsoniae*
4. *Medinilla magnifica*

1 PFLANZEN
Ensete sind große Stauden, die im Sommer schnell wachsen. Sie lieben Sonne und benötigen Schutz vor starkem Wind, der ihre Blätter beschädigen kann. Tonscherben in einen großen Kübel legen und die Zierbanane mit Universalerde einpflanzen.

2 PFLEGE
Für einen starken und üppigen Wuchs benötigen die Pflanzen regelmäßig Wasser und einmal die Woche Flüssigdünger. Die Banane kann mit Farnen, hängenden Gartenblumen und Exoten mit attraktivem Blattwerk unterpflanzt werden.

3 ÜBERWINTERN
Damit die Zierbanane den Winter überlebt, muss der Kübel vor dem ersten Frost ins Haus gebracht werden. Ein Blumenroller (rechts) erleichtert den Transport. Alte Blätter entfernen und die Pflanze bei mindestens 7 °C überwintern. In den kälteren Monaten nicht wässern, aber im Frühjahr wieder mit dem Gießen beginnen.

Begleiter

Eine schöne Ergänzung zur Zierbanane sind Töpfe mit blühenden Exoten, die Farben und Duft in den Mix bringen. Die sommerblühenden Pflanzen brauchen viel Sonne und können den Winter im beheizten Wintergarten verbringen.

Wenn Sie diese farbenfrohen Exoten auf der warmen Terrasse ziehen, blühen sie den gesamten Sommer hindurch. In einem großen Topf oder Kübel erreichen sie folgende Dimensionen:

❶ Ruhmeskrone, *Gloriosa superba* (Kletterpflanze); ↕2 m ❷ *Brugmansia aurea*; ↕2 m ↔1 m ❸ *Lantana camara*; ↕↔1 m ❹ *Hibiscus rosa-sinensis*; ↕↔1 m

Sommerlicher Hängekorb

Wolken aus Blüten und Laub verleihen Terrassen und Balkonen einen exotischen Touch. Bepflanzen Sie einen großen Korb und hängen Sie ihn in Kopfhöhe auf, um Farben, Formen und Texturen zur Geltung zu bringen. Wässern Sie genügend und putzen Sie täglich aus, um die Blüte zu verlängern.

>> **WANN BEGINNEN?**
spätes Frühjahr
AM SCHÖNSTEN
Anfang bis Ende Sommer

ZEITAUFWAND
 2 Stunden

PFLANZEN & MATERIAL
 stabiler Wandarm
Bleistift
Bohrmaschine mit Steinbohrer
Wasserwaage
Dübel und Schlossschrauben
Schraubenschlüssel
großer Blumenkorb mit Auskleidung
Schere
Blumenerde, etwas Gartenkies
Langzeitdünger

Hier verwendete Pflanzen:
hängend wachsende blaue Lobelie
Dichondra argentea 'Silver Falls'
Lotus berthelotii
Diascia 'Flying Colours Coral'
Verbena 'Peaches 'n' Cream'
Verbena 'Derby'

1 ANZEICHNEN
Am attraktivsten wirken immer große Hängeampeln. Sie nehmen viel Erde und Wasser auf und trocknen dadurch nicht so schnell aus. Große Körbe müssen allerdings auch an stabilen Armen aufgehängt werden. Den Arm an die Wand halten und mit der Wasserwaage senkrecht ausrichten. Die Positionen der Schrauben (möglichst in den Fugen, siehe Schritt 2) mit dem Bleistift anzeichnen.

2 BOHREN
Den Arm weglegen und die Schraublöcher mit Bohrmaschine und Steinbohrer bohren. Dies geht einfacher, wenn man in die Fugen zwischen den Ziegeln bohrt als in die Ziegel selbst. Jedes Loch mit einem Dübel versehen.

3 ANSCHRAUBEN
Den Arm an der Wand mit den Löchern ausrichten. Eine Unterlegscheibe und eine Schraube einsetzen und mit dem Schraubenschlüssel oder einer Ratsche festziehen. Die zweite Schraube genauso eindrehen. Beide Schrauben fest anziehen, damit der Arm sicher an der Wand hält.

4 AUSLEGEN
Den Korb mit einer passenden Einlage auskleiden. Das untere Drittel mit einer Kunststofffolie (z. B. Müllbeutel) auslegen, die mit Dränagelöchern versehen ist. Eine Schicht Kies einfüllen und mit Erde bedecken. Dann die Einlage rundum in regelmäßigen Abständen dicht über der Folie kreuzförmig einschneiden.

5 PFLANZEN EINFÄDELN
Alle Pflanzen gründlich wässern und die Lobelien aus ihren Verkaufstöpfen lösen. Die Blätter zum Schutz mit etwas Folie umwickeln und die Pflanzen von innen durch die Einschnitte fädeln.

6 BEPFLANZEN
Die Lobelien mit Erde bedecken und dann den restlichen Korb bepflanzen. In der Mitte mit der höchsten *Verbena* beginnen und die hängenden *Dichondra* und *Lotus* um den Rand herum anordnen.

7 LETZTE HANDGRIFFE
Die Zwischenräume mit Erde und etwas Dünger auffüllen. Gut angießen und mit einer Schicht Kies mulchen, um die Feuchtigkeit zu halten. Täglich wässern (auch nach Regen) und welke Blüten regelmäßig entfernen.

Pflanzen für sommerliche Körbe

Im Frühjahr sind die Gartencenter voller Pflanzen für Balkonkästen und Hängekörbe, die uns den ganzen Sommer hindurch mit Blüten verwöhnen sollen. Übervolle Körbe können aber schnell übertrieben und schwer wirken. Lockern Sie daher Ihre Arrangements mit hübschen Blattpflanzen auf, wie beispielsweise einer rotblättrigen Buntnessel, silberlaubigem Blau-Schwingel oder panaschierten Gunderman-Sorten.

KÄSTEN & KÜBEL

❈❈❈ völlig winterhart   ❈❈ winterhart in milden Regionen/an geschützten Standorten   ❈ im Winter vor Frost schützen
☼ volle Sonne   ☼ Halbschatten   ☀ Schatten   ◌ durchlässiger Boden   ◐ feuchter Boden   ● nasser Boden

❶ *Osteospermum*-Sorte; ↕40 cm ↔ 60 cm ☼ ◌ ❈   ❷ *Ageratum houstonianum* 'Hawaii White'; ↕15 cm ↔ 15 cm ☼ ◌ ◐ ❈   ❸ Buntnessel, *Plectranthus scutellarioides*; ↕20 cm ↔ 20 cm ☼ ☼ ◌ ◐ ❈   ❹ Blau-Schwingel, *Festuca glauca*; ↕30 cm ↔ 25 cm ☼ ◌ ❈❈❈   ❺ Fleißiges Lieschen, *Impatiens walleriana* Super-Elfin-Serie; ↕60 cm ↔ 60 cm ☼ ☼ ◌ ◐ ❈   ❻ Gewöhnlicher Gundermann, *Glechoma hederacea* 'Variegata'; ↕15 cm ↔ 2 m ☼ ☼ ◌ ◐ ❈❈❈   ❼ Blaues Gänseblümchen, *Brachyscome* 'Blue Mist'; ↕35 cm ↔ 45 cm ☼ ◌ ❈   ❽ *Petunia* Shockwave Series Pink; ↕25 cm ↔ 60 cm ☼ ◌ ❈   ❾ *Convolvulus cneorum*; ↕60 cm ↔ 90 cm ☼ ◌ ❈❈   ❿ *Nemesia strumosa* 'KLM'; ↕30 cm ↔ 15 cm ☼ ◌ ◐ ❈

Recycling-Kübel

Aus alten Haushaltsgegenständen, wie Töpfen, Kesseln und Sieben, lassen sich leicht Pflanzkübel fertigen. Hier wurden Konservendosen in schicke Töpfe für Gräser und Sommerblumen umgewandelt. Für größere Arrangements können Sie Dosen aus dem Gastronomiebedarf verwenden.

WANN BEGINNEN?
Frühjahr
AM SCHÖNSTEN
Sommer bis Frühherbst

ZEITAUFWAND
 30 Minuten

PFLANZEN & MATERIAL
alte Konservendosen
Handschuhe
Bohrmaschine mit Metallbohrer
Tonscherben oder Styroporstücke
Blumenerde

Brachyscome, lila
Calibrachoa 'Million Bells Purple'
Festuca glauca 'Elijah Blue'
Festuca glauca 'Golden Toupee'

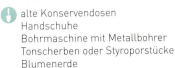

1 DRÄNAGELÖCHER BOHREN
Die Etiketten der Dosen mit heißem Seifenwasser lösen. Die Hände mit Handschuhen schützen und Dränagelöcher in die Dosen bohren.

2 EINPFLANZEN
Tonscherben in die Dosen legen und Gräser und Blumen einpflanzen, sodass 2 cm Abstand zwischen der Oberfläche der Erde und Dosenrand bleiben. Die Pflanzen gut angießen.

Recycling-Ideen

Auf Gartenausstellungen und in Schaugärten finden Sie zahllose Ideen für Töpfe aus recycelten Alltagsgegenständen, und auf Flohmärkten gibt es reichlich Material, wie z. B. alte Handtaschen oder Brotdosen.

SCHICKER SPERRMÜLL
Große Pflanzkübel sind meist teuer, aber auf Wertstoffhöfen findet man auch so manches kostenlos. Alte Ölfässer eignen sich perfekt für Bäume und Sträucher (oben), ausgediente Reifen können mit Gras bepflanzt als Trittflächen dienen (unten) oder gestapelt große Kübel ergeben.

∧ *Kreative Idee*
Ausgediente Schubkarren sind hervorragende Kübel für Sommerblumen, wie Ringelblumen. Bohren Sie Löcher in den Boden der Karre, damit das Wasser ablaufen kann.

Sukkulenten: klein, aber zäh

Alpinpflanzen bieten viel Gelegenheit zur Kreativität. Sie tolerieren Trockenheit und niedrige Wintertemperaturen, gedeihen auf magerem Boden und wachsen in Spalten und Fugen, die für andere Pflanzen zu eng sind. Sie brauchen nur gute Dränage und Schutz vor starkem Winterregen.

See & Berg

Kleine, mit Hauswurz bepflanzte Schneckenhäuser sind ein interessanter Gartenschmuck. Die fleischigen Rosetten haben eine ornamentale Textur und manche zeigen ein schönes Netzmuster.

WANN BEGINNEN?
Frühjahr

AM SCHÖNSTEN
Frühjahr bis Herbst

ZEITAUFWAND
 30 Minuten

PFLANZEN & MATERIAL
 Hauswurz, *Sempervivum*
Blumenerde
Gartensand
Löffel
Schale zum Mischen
große Meeresschneckenhäuser

1 MISCHEN
Zunächst die Schneckenhäuser mit heißem Seifenwasser auswaschen oder in einer Desinfektionslösung für Babyflaschen einweichen. In einer Schale Sand und Erde zu gleichen Teilen mischen.

2 BEFÜLLEN
Substratmix mit einem Löffel in die Schneckenhäuser füllen und andrücken. Die Pflanzen in ihren Töpfen für 15 Minuten in eine Schale mit Wasser stellen, um sie gründlich zu wässern, und anschließend abtropfen lassen.

3 BEPFLANZEN
Die Hauswurz aus den Töpfen lösen und vorsichtig in die Schneckenhäuser pflanzen. Weitere Erde mit dem Löffelstiel zwischen die Pflanzen füllen und die Wurzeln bedecken. Gut wässern und so aufstellen, dass Regen ablaufen kann.

Kannenbaum

Schmücken Sie einen Baum oder Strauch mit kleinen Gießkannen voller Fetthenne. An einem sonnigen Standort werden sich die Pflanzen im Sommer mit winzigen gelben Blüten überziehen.

ZEITAUFWAND
🕐 30 Minuten

PFLANZEN & MATERIAL
Sedum spathulifolium 'Purpureum'
Bohrmaschine und Metallbohrer
lehmhaltige Blumenerde
kleine Gießkannen
Gartenkies
Gartensand
starker Bast oder Schnur

1 DRÄNAGE
Mit Bohrmaschine und Metallbohrer mehrere Dränagelöcher in die Böden der Kannen bohren. Die Löcher mit Kies bedecken, einen Mix aus Erde und Sand daraufgeben und die Pflanzen wässern (Schritt 1 & 2, gegenüber).

2 BEPFLANZEN
Die Fetthenne aus den Töpfen lösen und in die Kannen pflanzen. Dabei viel Erde und Sand um sie herum füllen. Die Pflanzen gut angießen und die Kannen am Griff mit Bast oder Schnur in einen Baum oder Strauch binden.

Schiefertrog

Dieser Trog stellt eine sonnige Geröllhalde im Gebirge nach. Bepflanzen Sie ihn vor Ort, da er sehr schwer wird, und kaufen Sie die Pflanzen bei spezialisierten Gärtnereien ein.

ZEITAUFWAND
 1½ Stunden

PFLANZEN & MATERIAL
Steintrog (z. B. aus Sandstein)
Tonscherben
Gartenkies
Blumenerde
Gartensand
Schieferstücke

Delosperma harazianum
Draba hispanica
Erigeron compositus var. *discoideus*
Limonium bellidifolium
Polemonium viscosum
Saxifraga juniperifolia
Silene acaulis
Townsendia jonesii

1 VORBEREITUNG
Die Dränagelöcher im Boden des Trogs mit Tonscherben abdecken, dann eine 5 cm hohe Schicht Kies einfüllen. Mit einer gut durchlässigen Mischung aus Blumenerde und Sand (Schritt 1, gegenüber) bis 5 cm unter den Rand des Trogs auffüllen.

2 BEPFLANZEN
Schieferstücke in die Erdoberfläche drücken, um sie zu stabilisieren, und Platz für die Pflanzen lassen. Die Pflanzen wässern (Schritt 2, gegenüber) und in die Zwischenräume setzen, sodass ihre Wurzeln mit Sand und Erde bedeckt sind. Gründlich gießen.

Miniaturrosen

Moderne Miniaturrosen blühen über mehrere Monate und erlauben damit auch auf begrenztem Raum Freude an Farbe und Duft. Nicht alle Sorten gedeihen allerdings in der Enge, achten Sie also auf eine entsprechende Kennzeichnung und stellen Sie Ihre Kübel möglichst an einen sonnigen Standort.

WANN BEGINNEN?
Herbst oder zeitiges Frühjahr
AM SCHÖNSTEN
Anfang bis Mitte Sommer

ZEITAUFWAND
 30 Minuten

PFLANZEN & MATERIAL
- großer, mindestens 45 cm hoher Kübel
- Tonscherben
- Gartenkies
- Blumenerde
- gut abgelagerter Stallmist
- Rosendünger (Langzeitdünger)
- Mykorrhizapilze
- Minirose, z. B. *Rosa* 'Regensberg'
- Gartenblumen, z. B. *Sutera cordata* (Syn. *Bacopa*)

1 VORBEREITUNG
Den Kübel vor Ort bepflanzen, da er später schwer und kaum zu bewegen ist. Eine Lage Tonscherben oder Styroporstücke in den Kübel geben und mit einer Schicht Kies für eine bessere Dränage bedecken. Dann etwas Blumenerde, die mit Stallmist im Verhältnis 10 : 1 vermischt wurde, daraufgeben.

2 PFLANZTIEFE
Die Rose im Topf in den Kübel stellen und die Füllhöhe so anpassen, dass die Veredelungsstelle der Rose (eine Verdickung an der Stammbasis) später 5 cm unter der Erde liegt. Rose herausnehmen. Rosendünger und Mykorrhizapilze unter die Erde mischen, die Rose aus ihrem Topf lösen und in den Kübel setzen.

3 EINJÄHRIGE PFLANZEN
Mit Handschuhen den Erde-Mist-Mix um den Wurzelballen verteilen und sanft mit den Händen andrücken. Zwischen Erdoberfläche und Kübelrand 5 cm Abstand lassen, um das Gießen zu erleichtern. Nach dem letzten Frost im Frühjahr hängende Gartenblumen, wie *Sutera*, um den Rand herum pflanzen, die für zusätzliche Farbe sorgen.

4 LETZTE HANDGRIFFE
Die Pflanzen gut angießen und bei Bedarf hinterher etwas zusätzliche Erde zugeben, wenn die Wurzeln frei liegen. Ein Mulch aus gut verrottetem Mist hilft dabei, die Feuchtigkeit in der Erde zu halten. Den Kübel in der Wachstumssaison feucht halten und im Winter auf Füße stellen, damit überschüssiges Wasser leichter ablaufen kann.

TOP-TIPP: ROSEN DÜNGEN

Im Frühjahr die oberste Erdschicht abheben und frische, nach Anleitung des Herstellers mit einem Langzeit-Rosendünger vermischte Erde daraufgeben. Im Sommer können Sie auch Flüssigdünger verwenden, aber stoppen Sie vor dem Spätsommer, damit kein empfindlicher Wuchs entsteht, der nachher im Winterfrost erfriert.

Moderner Kübel-Mix

Dieses moderne Arrangement setzt ganz auf die Farbe Grün und betont mit subtilen Abstufungen die schönen Formen und Texturen der Pflanzen. Der schlanke Kübel balanciert die hohe, stachelige Keulenlilie und die hängenden Farnwedel aus, die ananasartigen Blüten geben zudem einen exotischen Touch.

WANN BEGINNEN?
spätes Frühjahr

AM SCHÖNSTEN
Frühsommer bis Frühherbst

ZEITAUFWAND
 1½ Stunden

PFLANZEN & MATERIAL
 großer, mindestens 45 cm hoher Kübel
Tonscherben
Universalerde
Langzeitdünger

1. Keulenlilie,
   Cordyline australis
2. Tabak,
   Nicotiana 'Lime Green'
3. Gewöhnlicher Frauenhaarfarn,
   Adiantum capillus-veneris
4. Gerandete Schopflilie,
   Eucomis bicolor

1 VORBEREITUNG
Den leeren Terrakottakübel in Wasser tauchen oder begießen (siehe S. 110), damit das poröse Material durchfeuchtet wird, und eine dünne Lage Tonscherben einlegen. Den Kübel halb mit Erde füllen und etwas Langzeitdünger hinzugeben. Die Pflanzen gut wässern und aus ihren Töpfen lösen.

2 BEPFLANZEN
Die Keulenlilie in den Hintergrund und die Schopflilien mit Abstand zueinander davor setzen. Die Tabakpflanzen dazwischen und die Farne am Rand verteilen. Etwa 5 cm Abstand zwischen Erdoberfläche und Topfrand lassen, um das Gießen zu erleichtern.

3 PFLEGE IM SOMMER
Den Kübel an einen sonnigen Ort stellen, aber vor der Mittagssonne schützen, die den Farn verbrennen kann. Im Sommer jeden zweiten Tag wässern. Den Tabak regelmäßig ausputzen und unschöne Blätter ausschneiden.

4 PFLEGE IM WINTER
Diese Pflanzen sind nur zum Teil winterhart, deshalb den Topf, wenn Frost vorausgesagt ist, ins Haus holen. Der Tabak ist einjährig und muss ohnehin jedes Jahr ersetzt werden.

Kühles Grün

Die folgenden Pflanzen passen gut zueinander. Mit Ausnahme des *Aeonium* können alle im Winter an einer geschützten Stelle im Freien bleiben.

❶ *Phormium tenax* 'Variegatum'; ↕1 m ↔60 cm (im Kübel) ❷ *Heuchera* panaschierte Sorte; ↕40 cm ↔30 cm
❸ *Aeonium arboreum*; ↕↔60 cm (Höhe der Pflanze im Kübel)

Moderne Kübelpflanzen

Die schicken und auffälligen modernen Kübel verwandeln eine Terrasse in einen Laufsteg für Pflanzen. Wählen Sie starke Formen und moderne Materialien, aber verzichten Sie auf eine Mischung von Farben und Stilen, die den Effekt zunichtemachen würde. Wenden Sie die Tricks der großen Gartenarchitekten an, indem Sie große identische Kübel in eine Reihe stellen oder sie in Dreiergruppen kombinieren.

KÄSTEN & KÜBEL

❶ Diese schlichten Aluminiumkübel sind mit sauber geschnittenen *Cryptomeria* und goldenem Zwergwacholder bepflanzt. ❷ Rostiges Metall ist der letzte Schrei und stellt hier das Liebesgras (*Eragrostis curvula* 'Totnes Burgundy') perfekt heraus. ❸ Der schwarze Edelstahlkübel ist ein schöner Kontrast zu den duftigen Sommerblüten. ❹ Aus Zementplatten handgefertigt sind diese modularen Kübel, die mit einem metallic-bronzefarbenen Sprühlack und einer wasserdichten Versiegelung überzogen wurden und mit einer eleganten Gruppe aus Buchskugeln und Tagetes bepflanzt sind. ❺ Dieses Trio aus glasierten Steingutkübeln ist ein zurückhaltendes Zuhause für die kräftigen Blattpflanzen. ❻ Hier steht ein Metallkübel auf einer Fußplatte, die mit Kies bedeckt den Eindruck erweckt, der Kübel balanciere schwerelos auf der Spitze. ❼ Die hohen Tonkübel eignen sich perfekt für eine Naturstein- oder Holzterrasse und sind so gebrannt, dass sie frostsicher sind. ❽ Beschichtetes Kupfer wiederholt die metallischen Farbtöne der *Canna* und stellt gleichzeitig die Farne schön heraus.

Ein Hauch von Asien

Elegante Bambushalme in Kübeln, sorgfältig arrangierte Kieselsteine und hölzerne Handläufe verleihen diesem Garten seine asiatische Note. Dazu gesellen sich bonsaiartige Zwergbambusse in attraktiven Schalen.

>> **WANN BEGINNEN?**
Herbst oder Frühjahr
AM SCHÖNSTEN
ganzjährig

ZEITAUFWAND
3 Stunden

PFLANZEN & MATERIAL
passende Kübel
Tonscherben
Universalerde
Langzeitdünger

1. *Phyllostachys bambusoides* 'Holochrysa' (nur bedingt winterhart)
2. *Pleioblastus variegatus*
3. *Indocalamus tessellatus*
4. *Pleioblastus variegatus* 'Tsuboii'
5. *Fargesia murielae*

1 AUSWAHL
Niedrig wachsender Bambus eignet sich am besten für Kübel und es gibt eine große Auswahl mit bunten Stämmen oder gestreiften Blättern. In Gruppen wirken die Pflanzen wie ein Miniatur-Dschungel.

2 EINPFLANZEN
Tonscherben in einen Kübel legen und mit einer Schicht Erde bedecken. Den Bambus wässern, aus dem Topf lösen und in die Mitte des Kübels setzen. Mit Erde und etwas Dünger auffüllen. Die Erde andrücken und wässern. Bambus ist durstig und braucht häufig Wasser. Da er sehr schnell wächst, muss er alle drei oder vier Jahre geteilt und mit frischer Erde umgetopft werden (S. 416).

Formen in Grün

Formschnitt verleiht jeder Terrasse Stil, aber geschnittene Sträucher sind recht teuer. Versuchen Sie es doch einmal selbst: Setzen Sie Ihren Buchs in einen großen Kübel, entscheiden Sie sich für eine Form, wie etwa die elegante Spirale (unten), vielleicht sogar mit Kugelspitze (rechts), und legen Sie los!

KÄSTEN & KÜBEL 147

> **WANN BEGINNEN?**
> Frühsommer
>
> **AM SCHÖNSTEN**
> ganzjährig
>
> **ZEITAUFWAND**
> 3 Stunden
>
> **PFLANZEN & MATERIAL**
> großer Buchsbaum,
>   *Buxus sempervirens*
> Buchsschere
> Gartenschere
> Draht
> großer Kübel
> Spezial-Blumenerde für Buchs

< In Form gebracht
Formen, wie Pyramiden und Spiralen, sind leicht anzufertigen. Hat man einmal die Grundlagen gemeistert, kann man sich an eigenen Entwürfen versuchen.

1 UMRISS SCHNEIDEN
Um die Voraussetzungen für ein gutes Wachstum zu schaffen, den Buchs in einen großen Kübel mit spezieller Buchserde pflanzen. Für eine Spirale mit Kugelspitze den oberen Teil für die Kugel vorerst noch ungeschnitten lassen und den unteren Teil der Pflanze zunächst in eine grobe Kegelform schneiden (S. 98–99).

2 IN FORM BRINGEN
Den Umriss entweder nach Augenmaß schneiden oder als Hilfsmittel eine lockere Drahtspirale verwenden, die um den Baum gelegt wird, dazwischen bis zum Hauptstamm schneiden. Für holzige Äste die Gartenschere nehmen. Nichts überstürzen und die Form immer wieder überprüfen.

TOP-TIPP: KUGELSCHABLONE

Für die Kugelschablone einen dicken Draht um ein rundes, stabiles Objekt von der ungefähren Größe der endgültigen Kugelspitze winden. Ideal ist ein Farbeimer. Die Drahtenden verdrillen, damit die Schablone die Form behält.

3 KANTEN ABRUNDEN
Sobald die grobe Form stimmt, mit der Feinarbeit beginnen. Die Kanten mit der Schere nach und nach abrunden, sodass der Eindruck eines sich um den Stamm windenden Schlauchs entsteht. Damit die Proportionen stimmen, sollte der Schlauch an der Basis dicker sein als zur Spitze hin. Den Fortschritt immer wieder überprüfen und die Form Stück für Stück herausarbeiten.

4 DIE KUGELSPITZE
Die Spirale entweder so lassen oder mit einer Kugelspitze versehen. Dies geht am besten mit einer Drahtschablone (Top-Tipp, rechts). Die Schablone um die Kugel drehen, damit sie auch wirklich rund wird. Fehlschnitte nachwachsen lassen und dann erneut bearbeiten.

Herbststars

Terrassenbepflanzungen müssen nicht beendet werden, wenn der Sommer geht. Es gibt viele Pflanzen, die die Lücken mit farbenfrohem Blattwerk und Blüten füllen, während die Tage kürzer werden.

 WANN BEGINNEN?
Spätsommer oder Herbst
AM SCHÖNSTEN
Herbst

ZEITAUFWAND
 4 Stunden

PFLANZEN & MATERIAL
 Kübel
Tonscherben oder Styroporstücke
Blumenerde

1. *Salvia officinalis* 'Tricolor'
2. *Lamium galeobdolon*
3. *Carex conica* 'Snowline'
4. *Sedum* 'Lemon Coral'
5. *Aster dumosus*, violette Hybride
6. *Heuchera* 'Amber Waves'

1 VORBEREITUNG
Tonscherben in die Kübel legen. Hohe Kübel, wie die hier gezeigten, sollten zur Hälfte mit Styroporstücken (S. 110) und dann bis 10 cm unter den Rand mit Erde gefüllt werden.

2 BEPFLANZEN
Im Herbst wachsen die Pflanzen nicht sehr stark, man braucht also nicht wie im Sommer Platz für die Ausbreitung zu lassen, sondern kann die Pflanzen relativ eng zusammen setzen.

3 PFLEGE
Dicht bepflanzte Kübel können selbst bei regnerischem Wetter schnell austrocknen und brauchen regelmäßig Wasser. Die Pflanzen benötigen keinen Dünger, da sie zum Winter hin ihr Wachstum ohnehin einstellen.

Ganzjährige Strauchbepflanzung

Kübel eignen sich nicht nur für Sommerblumen. Herbst- und Winterarrangements halten sich oft lang und erhellen die kalten, dunklen Monate beim Blick aus der warmen Küche oder dem Wohnzimmer. Achten Sie darauf, dass die Kübel frostsicher sind. Sie sind zwar teurer, sollten aber auch eine Garantie des Herstellers haben und viele Jahre lang halten.

KÄSTEN & KÜBEL

>> **WANN BEGINNEN?**
Frühherbst

AM SCHÖNSTEN
ganzjährig

ZEITAUFWAND
1½ Stunden

PFLANZEN & MATERIAL
großer frostsicherer Kübel (mindestens 45 cm hoch und breit)
Tonscherben oder Styroporstücke
lehmhaltige Blumenerde
Mulch (z. B. Kies)
Langzeitdünger

Skimmia japonica 'Rubella'
Juniperus 'Grey Owl'
Osmanthus heterophyllus 'Goshiki'
Erica arborea var. *alpina* 'Albert's Gold'
(*Skimmia japonica* und *Osmanthus heterophyllus* müssen im Winter vor scharfem Frost geschützt werden.)

1 VORBEREITUNG
Tonscherben oder Styroporstücke in den Kübel legen und mit einer Schicht lehmhaltiger Blumenerde bedecken. Die Pflanzen in ihren Töpfen auf der Erde verteilen und darauf achten, dass sie später etwa 5 cm unter dem Kübelrand sitzen, wenn sie eingepflanzt sind. Den Kübel rund um die Töpfe mit Erde auffüllen.

2 AUFFÜLLEN
Feuchte Erde bis zu den Topfrändern auffüllen und andrücken – hier ist nur einer zu sehen, aber die Methode funktioniert auch mit mehreren Töpfen. Die Töpfe vorsichtig aus der Erde ziehen, sodass die Löcher erhalten bleiben.

3 AUSTOPFEN
Die Pflanzen in eine Wanne mit Wasser stellen, um den Wurzelballen gut durchfeuchten zu lassen, dann aus ihren Plastiktöpfen lösen und verfilzte Wurzeln vorsichtig mit den Fingern lockern (S. 31). Die Pflanzen in ihre Löcher im Kübel setzen, die Lücken mit Erde füllen und die Erde mit den Fingern andrücken.

4 MULCHEN
Eine Schicht Kies, Schieferstücke oder einen anderen dekorativen Mulch ausbringen. Die Pflanzen gut angießen und den Kübel auf Füße stellen, damit Regenwasser ablaufen kann. Die Kübel so stellen, dass sie vom Haus aus zu sehen sind, und im Herbst und Winter wässern, wenn sich die Erde trocken anfühlt.

TOP-TIPP: JÄHRLICHE PFLEGE

Die Kübel müssen im Frühjahr und Sommer regelmäßig gewässert werden. Heben Sie in jedem Frühjahr die oberste Mulch- und Erdschicht ab und ersetzen Sie sie durch frische, mit Langzeitdünger vermischte Erde. Gießen Sie sie unmittelbar danach und erneuern Sie den Mulch. Pflanzen Sie verfilzte Sträucher in den Garten aus oder topfen Sie sie in größere Kübel um.

Sträucher für Kübel

Sträucher wirken im Kübel mit ihren dekorativen Blättern, ihren skulpturalen Formen und ihren Blüten besonders schön und sind pflegeleicht, solange man Strauch und Kübel sorgfältig auswählt. Ein großer Kübel erlaubt eine größere Anzahl von Sträuchern und muss seltener gewässert werden als ein kleiner. Die hier gezeigten Pflanzen können mehrere Jahre im Kübel stehen, wenn man jedes Jahr die oberste Erdschicht erneuert und düngt.

KÄSTEN & KÜBEL 153

✿✿✿ völlig winterhart   ✿✿ winterhart in milden Regionen/an geschützten Standorten   ✿ im Winter vor Frost schützen
☼ volle Sonne   ☼ Halbschatten   ☀ Schatten   ◊ durchlässiger Boden   ◐ feuchter Boden   ● nasser Boden

❶ *Rhododendron* 'Hydon Dawn'; ↕1 m ↔1 m ☼ ☀ (saurer Boden) ◐ ✿✿✿   ❷ Apenninen-Sonnenröschen, *Helianthemum apenninum*; ↕40 cm ↔60 cm ☼ ◊ ✿✿✿   ❸ *Pieris japonica* 'Flamingo'; ↕1,2 m ↔1 m ☼ ☀ (saurer Boden) ◐ ✿✿✿   ❹ Lorbeerbaum, *Laurus nobilis*; ↕1,2 m ↔ 45 cm, wenn geschnitten ☼ ☀ ◐ ✿✿   ❺ *Hebe* 'Silver Queen'; ↕60 cm ↔60 cm ☼ ◐ ✿   ❻ *Fatsia japonica*; ↕1,2 m ↔1 m ☼ ☀ ◐ ✿✿   ❼ *Hydrangea serrata* 'Bluebird'; ↕1 m ↔1 m ☼ ☀ (saurer Boden) ◐ ✿✿   ❽ Kleinblättriger Pfeifenstrauch, *Philadelphus microphyllus*; ↕80 cm ↔80 cm ☼ ☀ ◊ ✿✿✿   ❾ *Viburnum tinus* 'Variegatum'; ↕1 m ↔1 m ☼ ☀ ◐ ✿✿   ❿ *Lavandula* 'Willow Vale'; ↕60 cm ↔60 cm ☼ ◊ ✿✿✿

KÄSTEN & KÜBEL 155

In die Höhe gebaut

Der Architekt dieses faszinierenden Schaugartens hat die perfekte Lösung für beengte Verhältnisse gefunden, indem er mehrere Stufen angelegt und damit eine üppige Bepflanzung ermöglich hat.

WANN BEGINNEN?
zeitiges Frühjahr

AM SCHÖNSTEN
ganzjährig

ZEITAUFWAND
 1 Tag

PFLANZEN & MATERIAL
 Blumenerde
Langzeitdünger
Gartenkies für die Dränage

1. *Rudbeckia hirta* 'Prairie Sun'
2. *Fatsia japonica*
3. *Euonymus fortunei* 'Emerald Gaiety'
4. *Euphorbia characias* 'Silver Swan'
5. *Agapanthus*, weiße Sorte
6. *Carex oshimensis* 'Evergold'
7. *Coreopsis verticillata* 'Moonbeam'

1 VORBEREITUNG
Ungeübte Heimwerker sollten sich die Pflanzgefäße vom Fachmann bauen lassen, denn die Gefäße müssen sicher stehen und das Wasser gut ablaufen lassen können. Zuerst eine 10-cm-Schicht Kies und anschließend die Erde einfüllen.

2 BEPFLANZEN
Die Pflanzen in ihren Töpfen verteilen, um eine schöne Anordnung zu finden. Hier stehen sie ausnahmsweise sehr eng, bei einer Neupflanzung mehr Raum zur Ausbreitung lassen.

3 PFLEGE
Etwas Dünger in die Pflanzlöcher geben und die Pflanzen genauso tief wie in ihren Verkaufstöpfen einpflanzen. Gründlich wässern und jedes Frühjahr düngen. *Euonymus* und *Carex* sind winterhart, die anderen Pflanzen sterben größtenteils im Winter ab und müssen im Frühjahr ersetzt werden.

Winterlicher Hängekorb

An einer geschützten Stelle aufgehängte Körbe bringen auch in der kalten Jahreszeit Farbe in den Garten. Hier wurden Alpenveilchen, Winterveilchen und immergrüne Blattpflanzen kombiniert. Dazu könnte man auch noch Narzissenzwiebeln pflanzen, um die Blüte bis in den Frühling zu verlängern.

WANN BEGINNEN?
Frühherbst

AM SCHÖNSTEN
Herbst bis zeitiges Frühjahr

ZEITAUFWAND
1½ Stunden

PFLANZEN & MATERIAL
Hängekorb
Auskleidung
Plastikbeutel
weiter, flacher Topf
Schere
Blumenerde
Zeitungspapier
kleiner Plastiktopf
Skimmia japonica 'Rubella'
Heide, *Erica*
Alpenveilchen, *Cyclamen*
Winterveilchen (z. B. 'Ice Babies® Bronze Lavender')
kleiner Efeu, *Hedera helix*

1 VORBEREITUNG
Den Korb auf einen weiten Topf setzen, damit er nicht kippt, und z. B. mit Kokosfasermatte auskleiden.

KÄSTEN & KÜBEL 157

Flechtkorbampel

Dieser Korb ist einfacher zu bepflanzen, weil er bereits ausgeschlagen ist, aber er braucht dennoch einige Dränagelöcher, bevor man ihn bepflanzen kann. Da die Pflanzen im Winter kaum wachsen, eignet sich eine ganze Reihe von Blattpflanzen, die gelbblättrige *Choysia* ist allerdings empfindlich gegen scharfe Fröste. Die Veilchen gedeihen an geschützter Stelle den ganzen Winter hindurch.

2 PFLANZLÖCHER SCHNEIDEN
Den Boden der Auskleidung mit Plastikfolie als Reservoir auslegen. Die Wand der Auskleidung mit gleichmäßig verteilten Kreuzen einschneiden.

WANN BEGINNEN?
Frühherbst

AM SCHÖNSTEN
Herbst bis zeitiges Frühjahr

ZEITAUFWAND
1 Stunde

PFLANZEN & MATERIAL
geflochtener Hängekorb
Schere
weiter, flacher Topf
Blumenerde
Gießkanne
Choisya ternata 'Sundance'
Taubnessel, *Lamium maculatum* 'Aureum'
kleiner Efeu, *Hedera helix*
Winterveilchen (z. B. Ice Babies®-Sorten)
Gaultheria procumbens

3 EFEU PFLANZEN
Eine Schicht Erde in den Korb geben. Die Wurzelballen des Efeus in Papier einschlagen und durch die Einschnitte fädeln.

1 VORBEREITUNG
Den Korb zur Stabilisierung auf einen flachen Topf stellen und einige Dränagelöcher in die Folie stechen. Halb mit Erde füllen und die Pflanzen darauf arrangieren.

2 FERTIGSTELLEN
Die Pflanzen aus den Töpfen lösen, wie in Schritt 4 (links) beschrieben in den Korb einpflanzen und gut wässern. Hängekörbe bei Trockenheit regelmäßig gießen.

4 BEPFLANZEN UND WÄSSERN
Die Pflanzen einsetzen, Erde auffüllen und andrücken. Einen kleinen Plastiktopf nahe der Mitte als Wasserspeicher einsetzen. Beim Gießen das Wasser in den Topf geben, damit es auch die Wurzeln der Pflanzen erreicht.

TOP-TIPP: BIOLOGISCHE AUSKLEIDUNG

Eine natürliche, organische Alternative zu Plastikfolie ist Nadelbaum-Grünschnitt von einer Hecke oder einem Baum. Er isoliert die Pflanzen und zersetzt sich mit der Zeit. Dadurch entsteht ein saures Milieu, das z. B. *Gaultheria* gut bekommt.

Ein Baum fürs Leben

Kaufen Sie für Weihnachten einen bewurzelten Baum und stellen Sie ihn im Sommer auf die Terrasse. So kann er noch ein oder zwei Feste Freude im Wohnzimmer bereiten, bevor Sie ihn auspflanzen.

Baumauswahl

Wenn Sie Ihren Baum auch nach Weihnachten behalten wollen, muss er im Kübel gezogen worden sein. Prüfen Sie, ob er geeignet ist, indem Sie ihn vorsichtig aus seinem Topf heben und darauf achten, dass er wie jede andere gesunde Kübelpflanze über reichlich feine Faserwurzeln verfügt.

Die beliebtesten bewurzelten Bäume:

❶ Gewöhnliche Fichte, *Picea abies* (auch großes Bild) ❷ Frasers Tanne, *Abies fraseri* ❸ Nordmanns-Tanne, *Abies nordmanniana*

KÄSTEN & KÜBEL 159

Weihnachtsbaumpflege

Kaufen Sie den Baum frühzeitig, um die größte Auswahl zu haben. Gießen Sie ihn täglich und stellen Sie ihn einige Wochen bei gutem Tageslicht in Schuppen, Garage oder Gewächshaus, bevor Sie ihn ins Haus holen, damit er nicht zu nadeln beginnt. Drinnen sollten Sie ihn kühl stellen, regelmäßig gießen und nach Neujahr umtopfen.

WANN BEGINNEN?
Winter bis zeitiges Frühjahr

AM SCHÖNSTEN
ganzjährig

ZEITAUFWAND
1 Stunde

PFLANZEN & MATERIAL
großer Kunststoffkübel
Tonscherben
Universalerde
Arbeitshandschuhe
Koniferendünger
Gartenschere

1 WÄSSERN
Den Baum nach den Feiertagen (so wie in der Vorbereitungszeit) einige Tage in den Schuppen, die Garage oder das Gewächshaus stellen. Regelmäßig gießen, damit die Erde nicht austrocknet.

2 KÜBEL VORBEREITEN
Einen Kunststoffkübel kaufen, der leicht zu bewegen ist. Er sollte eine Nummer größer als der Originalkübel sein. Tonscherben über die Dränagelöcher legen und mit einer Schicht Erde bedecken, etwas Koniferendünger untermischen.

3 BAUM AUSTOPFEN
Den alten Kübel mit Handschuhen rundum drücken, um den Wurzelballen zu lösen. Den Baum vorsichtig herausziehen und in den neuen Kübel setzen.

4 DÜNGEN
Zwischen Erdoberfläche und Kübelrand sollten 5 cm Abstand bleiben. Universalerde mit Koniferendünger mischen und den Raum um die Wurzeln damit anfüllen, die Erde gut andrücken.

5 SCHNEIDEN
Gut angießen und die Zweige leicht zurückschneiden, um eine schöne Kegelform zu erhalten. Bei zwei Triebspitzen einen bis zur Knospe zurückschneiden, sodass ein »Leittrieb« verbleibt.

TOP-TIPP: TANNEN SCHNEIDEN

Tannenzweige enden in drei Spitzen. Schneiden Sie die mittlere Spitze aus, damit der Baum schön buschig wächst. Kappen Sie aber nicht den einzelnen »Leittrieb« an der Baumspitze.

Üppiges Blattwerk

Funkien (*Hosta*) sind mit ihren auffälligen Blättern die Lieblinge der Gartendesigner. Ziehen Sie Funkien in Kübeln auf der schattigen Terrasse und Sie erhalten ein elegantes Grün bis in den Herbst hinein.

> **WANN BEGINNEN?**
> Frühjahr
> **AM SCHÖNSTEN**
> Frühsommer bis Frühherbst

ZEITAUFWAND
2 Stunden

PFLANZEN & MATERIAL
vier unterschiedlich große Kübel
Tonscherben
Blumenerde
Langzeitdünger
scharfkantiger Splitt als Mulch

1. *Hosta* 'Francee'
2. *Hosta* 'Krossa Regal'
3. *Hosta fortunei* var. *albopicta* fo. *aurea*
4. *Hosta* 'August Moon'

1 KÜBEL WÄHLEN
Frostsichere Kübel kaufen: *Hosta* 'Francee' und *H.* 'August Moon' wachsen in die Breite und brauchen breite Kübel, während *H.* 'Krossa Regal' eher aufrecht wächst und in einem schmalen Kübel besser wirkt. *H. fortunei* var. *albopicta* fo. *aurea* ist klein und braucht einen kleinen Kübel. Funkien sind einziehende Stauden, die jedes Jahr neu austreiben.

2 EINPFLANZEN
Die Kübel nach Anleitung auf S. 110 vorbereiten und die Funkien vor dem Einpflanzen wässern. Langzeitdünger unter die Erde mischen und die Funkien etwas tiefer als in den Originaltöpfen pflanzen. Angießen und einen scharfkantigen Mulch ausbringen, um Schnecken abzuhalten (siehe Top-Tipp, unten).

3 PFLEGE
Funkien lieben ein feuchtes Milieu und müssen regelmäßig gewässert werden. Pro Pflanze braucht man eine halbe Kanne, damit das Wasser die untersten Wurzeln im Kübel erreicht. Vor Schnecken schützen und jährlich düngen.

TOP-TIPP: SCHNECKENABWEHR

Schützen Sie Ihre *Hosta* vor Schnecken: Zu den natürlichen Abwehrmitteln zählen Kaffeemehl um die Stämme, ein Mulch aus Eierschalen oder scharfkantigem Splitt sowie Kupferbänder an den Kübeln (rechts). In hartnäckigen Fällen können Sie auch Schneckenkorn auf der Erde verteilen. Weitere Informationen zur Abwehr von Schnecken finden Sie auf S. 426–427.

Winterlicher Blumenkasten

Wenn die Sommerblumen verblüht sind und die Fensterkästen kahl und öde aussehen, sollten Sie sie mit farbenfrohen immergrünen Pflanzen bestücken, die auch den kältesten Winter überstehen. Diese Mischung aus Koniferen, Sträuchern, Gräsern und Kräutern macht viele Monate lang Freude.

>> **WANN BEGINNEN?**
zeitiger Herbst
AM SCHÖNSTEN
Frühherbst bis Frühjahr

ZEITAUFWAND
1½ Stunden

PFLANZEN & MATERIAL
großer Blumenkasten
Rhododendron- oder Azaleenerde
Styroporstücke
Eimer
Carex oshimensis 'Evergold'
Cupressus macrocarpa 'Goldcrest'
Arznei-Thymian, *Thymus pulegioides* 'Archer's Gold'
Leucothoe 'Scarletta'
Gaultheria mucronata

1 VORBEREITUNG
Einen frostsicheren Kasten kaufen. Dieser hier ist zwar aus Terrakotta, aber in kalten Regionen mit scharfen Frösten ist ein Kunststoffkasten auf Dauer besser geeignet. Er sollte ausreichend Platz für die Pflanzen bieten.

2 WÄSSERN
Die Pflanzen gründlich wässern. Dafür die Töpfe in einen Eimer mit Wasser tauchen und warten, bis keine Luftblasen mehr aus dem Ballen aufsteigen. Dann die Pflanzen herausnehmen und abtropfen lassen.

3 DRÄNAGE
Etwas Styropor kleinbrechen und die Stücke in den Blumenkasten legen. Mit einer Lage Azaleen- oder Rhododendronerde bedecken – *Leucothoe* und *Gaultheria* lieben beide sauren Boden und gedeihen so am besten.

Verlängerte Saison

Dieser farbenfrohe Blumenkasten verschönert den Winter mit einem Mix aus Stiefmütterchen und Grünpflanzen. Wenn das Wetter wärmer wird, gesellen sich blaue Traubenhyazinthen und zarte Narzissen (hier nicht in Blüte) hinzu und verlängern die Pracht bis in das Frühjahr hinein.

4 ARRANGIEREN
Die Pflanzen mit Topf im Kasten anordnen und darauf achten, dass sie eingepflanzt etwa 2 cm unter dem Rand des Kastens stehen, um das Gießen zu erleichtern.

5 EINPFLANZEN
Die Pflanzen austopfen und einsetzen. Die Lücken mit Erde füllen und die Erde mit den Fingern andrücken. Gut wässern. Den Kasten im Winter einmal die Woche gießen, im Frühjahr häufiger.

PFLANZEN & MATERIAL

- großer Blumenkasten
- Blumenerde
- Styroporstücke
- Eimer
- *Stipa tenuissima*
- Japanischer Schildfarn, *Polystichum polyblepharum*
- winterblühende Stiefmütterchen (hier 'Imperial Antique Shades') oder Winterveilchen
- *Cupressus macrocarpa* 'Goldcrest'
- Traubenhyazinthe, *Muscari*
- *Narcissus* 'Topolino'

1 ZWIEBELN PFLANZEN
Schritte 1 & 2 (gegenüber) ausführen. Die Narzissenzwiebeln gleichmäßig auf der Erde verteilen und die übrigen Pflanzen dazwischen setzen.

2 AUFFÜLLEN
Die Lücken zwischen den Pflanzen mit Erde füllen und die Zwiebeln bis etwa 8 cm unter den Rand bedecken. Einige *Muscari*-Zwiebeln zwischen den Pflanzen verteilen und bis 2 cm unter den Rand mit Erde bedecken. Andrücken und wässern.

TOP-TIPP: STIEFMÜTTERCHEN PFLEGEN

Im Winter blühende Stiefmütterchen erfreuen uns die gesamte kalte Jahreszeit hindurch, sie sind aber im Frühling am schönsten. Entfernen Sie welkende Blüten immer sofort. Wenn die Pflanzen im Frühjahr unansehnlich werden, schneiden Sie sie auf 8 cm zurück. Düngen Sie mit Flüssigdünger und wässern Sie gründlich.

Pflanzen für die Winterterrasse

Es gibt zahlreiche Pflanzen, die in den Wintermonaten die Terrasse mit Farben und Formen verschönern. Stiefmütterchen und Primeln blühen auch bei Kälte, außer bei frostigen Temperaturen, und das Laub des Zierkohls färbt sich, wenn das Thermometer unter 10 °C sinkt. Sie können auch kleine Exemplare immergrüner Sträucher, wie *Euonymus* oder *Skimmia*, und Pflanzen mit leuchtenden Beeren, wie *Gaultheria*, in die Kübel setzen.

❋❋❋ völlig winterhart ❋❋ winterhart in milden Regionen/an geschützten Standorten ❋ im Winter vor Frost schützen
☼ volle Sonne ◐ Halbschatten ● Schatten ◊ durchlässiger Boden ◗ feuchter Boden ◆ nasser Boden

❶ Zier-Kohl, *Brassica oleracea*; ↕45 cm ↔45 cm ☼ ◊ ❋❋ ❷ *Viola × wittrockiana*, violette Sorte; ↕20 cm ↔25 cm ☼ ◐ ◊ ◗ ❋❋ ❸ *Euonymus fortunei* 'Emerald 'n' Gold'; ↕60 cm ↔90 cm ☼ ◊ ◗ ❋❋❋ ❹ *Asplenium scolopendrium*; ↕50 cm ↔60 cm ◐ ◗ ❋❋❋ ❺ *Gaultheria procumbens*; ↕15 cm ↔1 m ☼ ◗ ❋❋❋ ❻ *Helictotrichon sempervirens*; ↕1,4 m ↔60 cm ☼ ◊ ❋❋❋ ❼ *Skimmia japonica* 'Rubella'; ↕75 cm ↔75 cm ☼ ◐ ◊ ◗ ❋❋ ❽ Efeu, *Hedera helix* 'Eva'; ↕1,2 m ↔30 cm ☼ ◐ ◊ ◗ ❋❋ ❾ Mexikanische Orangenblume, *Choisya ternata* 'Sundance'; ↕2,5 m ↔2,5 m ☼ ◊ ❋❋ ❿ *Primula* (Polyanthus-Gruppe) Crescendo-Serie; ↕15 cm ↔20 cm ☼ ◐ ◊ ◗ ❋❋ ⓫ *Senecio cineraria* 'Silver Dust'; ↕30 cm ↔30 cm ☼ ◊ ❋❋

Kühle Kombinationen

Sommerlichen Terrassenbepflanzungen fehlt es oft an Höhe und Struktur, aber es gibt eine Lösung für dieses Problem: Stellen Sie Töpfe mit Einjährigen auf eine alte Holzleiter und pflanzen Sie hohe *Cosmos* als seitlichen Rahmen aus Blüten und Blättern. Nehmen Sie sonnige Farben oder kühl-elegante Töne, wie die Blau- und Weißschattierungen hier. Die Töpfe müssen im Sommer täglich gegossen werden.

WANN BEGINNEN?
Frühjahr
AM SCHÖNSTEN
Sommer bis Frühherbst

ZEITAUFWAND
 3–4 Stunden

PFLANZEN & MATERIAL
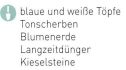
blaue und weiße Töpfe
Tonscherben
Blumenerde
Langzeitdünger
Kieselsteine

1. *Salvia farinacea,* blau
2. *Cosmos bipinnatus* 'Purity'
3. Schnittlauch
4. *Antirrhinum majus,* weiß
5. *Ophiopogon planiscapus* 'Nigrescens'
6. *Lobelia erinus,* weiß

1 VORBEREITUNG
Die Leiter mit Schleifpapier abschleifen, säubern und mit klarem Holzschutzlack oder einer Beize streichen. Pflanzen und Töpfe zusammenstellen und nach Wunsch miteinander kombinieren. Alle Töpfe müssen mit Dränagelöchern versehen sein (bei Bedarf Löcher in den Boden bohren). Einige Tonscherben oder Styroporstücke in die Töpfe legen.

2 BEPFLANZEN
Tonscherben oder Styropor mit Blumenerde bedecken. Die Pflanzen in ihren Töpfen in den Kübeln verteilen und nach Wunsch arrangieren. Darauf achten, dass die Pflanzen etwa 3–4 cm unter dem Topfrand stehen, wenn sie eingepflanzt sind. Die Pflanzen gut wässern, aus ihren Töpfen lösen und einpflanzen. Die Erde um die Pflanzen herum andrücken.

3 PFLEGE
Etwas Dünger unter die Erde mischen und die Pflanzen gut angießen. Dekorative Kieselsteine auf die Erde legen, damit nicht zuviel Feuchtigkeit verdunstet. Die Töpfe auf der Leiter verteilen und die kleineren bei Bedarf verkeilen, damit sie nicht herunterfallen. Die Töpfe täglich wässern und regelmäßig welke Blüten abzupfen. Tomatendünger geben, wenn die Pflanzen gegen Ende der Saison unansehnlich werden sollten.

TOP-TIPP: *COSMOS* SÄEN

Cosmos sind hohe, luftige Pflanzen mit einer ausdauernden weißen oder rosa Sommerblüte. Trotz ihres zarten Aussehens sind sie leicht aus Samen zu ziehen – ein Paket ergibt genügend Pflanzen für fünf oder sechs Kübel. Folgen Sie der Anleitung für das Säen großer Samen (S. 108) und die Sämlinge sollten innerhalb weniger Tage erscheinen. *Cosmos* sind nicht winterhart und müssen bis nach dem letzten Frost im Haus bleiben.

Tischarrangement

So wie man eine Vase mit Blumen auf den Esszimmertisch stellt, kann man natürlich auch den Gartentisch schmücken. Diese Schale mit duftenden Nelken und hübscher Seeheide (*Frankenia*) ist ein schöner Tischschmuck, der Trockenheit verträgt und den ganzen Sommer hindurch Farbe und Schönheit bietet.

> **WANN BEGINNEN?**
> zeitiges Frühjahr
>
> **AM SCHÖNSTEN**
> Frühjahr bis Herbst
>
> **ZEITAUFWAND**
> 1 Stunde
>
> **PFLANZEN & MATERIAL**
> flache Schale
> Tonscherben, Gartenkies
> lehmhaltige Erde und grober Sand
> Nelke, *Dianthus* 'Devon Flores'
> Seeheide, *Frankenia thymifolia*

1 VORBEREITUNG
Die Schale sollte etwas höher sein als die Wurzelballen der Pflanzen. Eine Tonscherbe über das Dränageloch legen und mit Kies bedecken. In einer Schüssel zwei Teile Erde mit einem Teil grobem Sand mischen.

2 EINPFLANZEN
Die Pflanzen gut wässern und austopfen. Den Kies mit einer dünnen Schicht Erde bedecken und die Pflanzen darauf anordnen, die Nelken in der Mitte. Mit der Erde-Sand-Mischung auffüllen.

3 PFLEGE
Die Schale in die Mitte eines Tischs stellen, der mindestens den halben Tag Sonne hat. Regelmäßig wässern und düngen. Auf diese Weise halten sich die Pflanzen in der Schale mehrere Jahre lang.

Dekorative Ideen

Immergrüne Alpinpflanzen und andere trockenheitsresistente Blumen sind ebenso ideal für den Tisch wie niedrige Kräuter, z. B. Thymian, oder Zwiebelblüher und andere Frühlingsblumen. Idealerweise nimmt man eine Schale, die optisch zu den Gartenmöbeln und dem Geschirr passt.

❶ Für dieses kleine Arrangement wurden eine Tasse und ein Milchkännchen mit Bubiköpfchen (*Soleirolia soleirolii*) bepflanzt. ❷ Sukkulenten, wie Hauswurz, brauchen wenig Erde und Wasser, dafür gibt es sie in vielen Farben und Formen. In einer flachen Schale kommen ihre Texturen gut zur Geltung. ❸ Frische Kräuter sind ein Muss in jedem Garten. Diese Reihe von Thymiantöpfen ist mal eine andere Art der Präsentation. ❹ Maiglöckchen (*Convallaria majalis*) duften verführerisch nach Frühling. Legen Sie einen Korb mit perforierter Folie aus und setzen Sie mehrere Pflanzen als Willkommensgruß.

KÄSTEN & KÜBEL 171

Dachgarten

Dieses moderne Arrangement eignet sich hervorragend für die Dachterrasse und kombiniert trockenheitsresistente Gräser mit eleganter Schwertlilie. Die leichten Metallkübel passen gut zu den Blattpflanzen und dem Kiesboden und schaffen eine grüne Wand, die die Bewohner vor neugierigen Blicken und Wind schützt.

» WANN BEGINNEN?
Frühjahr
AM SCHÖNSTEN
Spätfrühling bis Frühherbst

ZEITAUFWAND
1 Tag

PFLANZEN & MATERIAL
große, leichte Kübel
Tonscherben
Universalerde
Langzeitdünger
Gartenkies

1. *Calamagrostis × acutiflora*
2. Schwertlilie, *Iris* (nicht in Blüte)
3. Buchsbaum, *Buxus sempervirens*
4. *Panicum virgatum*
5. *Stipa tenuissima*

1 ANORDNEN
Große verzinkte oder pulverbeschichtete Metallkübel wählen, die nicht rosten. Rechteckige Kübel zu einer Begrenzung um den Sitzbereich herum anordnen und mit runden Kübeln Akzente setzen. Verzinkte Gefäße mit Babyöl abreiben, um sie zu säubern und aufzupolieren.

2 BEPFLANZEN
Alle hier gezeigten Pflanzen bevorzugen Sonne und durchlässigen Boden. Die Kübel mit Dränagelöchern versehen und die Löcher mit Tonscherben abdecken. Die Kübel zur Hälfte mit Erde füllen. Etwas Dünger hinzugeben und Gräser und Buchs pflanzen (S. 151). Für die *Iris* mehr Erde in die Kübel geben und die *Iris* so pflanzen, dass die Rhizome (wurzelartige Sprosse) auf der Erde liegen (S. 31).

3 PFLEGE
Die Pflanzen gut angießen und den Boden um die Töpfe 5 cm hoch mit Kies bedecken. Die Kübel im Frühjahr und Sommer regelmäßig wässern. Im folgenden Frühjahr die oberste Erdschicht gegen frische Erde mit etwas Langzeitdünger austauschen. *Calamagrostis* und *Panicum* nicht im Herbst sondern erst im Frühjahr abschneiden, weil die getrockneten Stängel auch im Winter attraktiv sind. *Iris* zieht ein und treibt im Frühjahr wieder aus.

Geflochtener Lorbeerbaum

Man kann Lorbeerbäume durch Schnitt zu klassischen Hochstämmen erziehen. Gerade Stämme wirken zwar elegant, aber mehrere umeinander gewundene oder verflochtene Stämme sind noch interessanter. Dies lässt sich ganz leicht selbst bewerkstelligen, wenn man junge Pflanzen und Zeit hat.

WANN BEGINNEN?
spätes Frühjahr oder Frühsommer
AM SCHÖNSTEN
ganzjährig

ZEITAUFWAND
4 Stunden

PFLANZEN & MATERIAL
zwei oder drei junge Lorbeerbäume oder ein Baum mit Wurzelschösslingen
scharfer Spaten
großer Kübel
Tonscherben
Universalerde
Langzeitdünger
Gartenschere

1 GERADE STÄMME
Einen gesunden mehrstämmigen Lorbeer kaufen und die längsten und kräftigsten Stämme aussuchen. Den Wurzelballen mit dem Spaten zwischen den Stämmen teilen.

2 EINPFLANZEN
Einige Tonscherben in einen großen, mindestens 30 cm breiten Kübel legen. Erde und etwas Dünger hineingeben und zwei oder drei Stämme so nahe aneinander wie möglich pflanzen.

3 ENTBLÄTTERN
Die Stämme müssen genauso tief gepflanzt sein wie in der Gärtnerei oder im Verkaufstopf. Die unteren zwei Drittel der Stämme mit der Gartenschere von Blättern befreien. Neue Blattknospen mit den Fingern abreiben.

4 FLECHTEN
Wenn das Holz im Frühjahr und Sommer voller Saft ist, sollten die Stämme biegsam genug sein, um sie locker miteinander zu einem Zopf zu verflechten. Das mag anfangs gezwungen wirken, verwächst sich aber bald.

5 IN FORM SCHNEIDEN
Die Stämme nach dem Flechten vorübergehend mit starker Gartenschnur zusammenbinden und den Wipfel zu einer kompakten Kugel schneiden (rechts). Mit der Zeit durch leichten Schnitt einen buschigen Wuchs fördern.

Struktur im Garten

Bäume sind ein wundervoller Schmuck, der Höhe, Farbe und Schatten in den Garten bringt, und sie sind zudem ein schöner Blickfang auf einer Rasenfläche. In diesem Kapitel erfahren Sie, wie Sie Bäume richtig pflanzen und was Sie bei der Pflege beachten müssen. Auch Hecken und Kletterpflanzen eignen sich gut zur Begrenzung und Unterteilung. Eine ausgeklügelte Mischung von Arten bietet das ganze Jahr hindurch Blüten und Blattwerk. Dazu bildet ein gepflegter Rasen das passende Fundament.

Der richtige Baum

Jeder Baum ist auf seine Weise ein Wunderwerk der Natur. Neben Blüten und Früchten haben viele eine besonders schöne Form, eine bunte Borke, leuchtende Herbstfarben oder einen ganz individuellen Schattenwurf. Die Auswahl ist riesig, wägen Sie also Ihre Wünsche und Vorlieben sorgfältig ab.

VORAUSSETZUNGEN

Bäume erfordern Zeit, Geld und Platz, und sie haben Ansprüche an den Standort, deshalb muss man sie wohlüberlegt auswählen. Eine wichtige Rolle spielen Bodentyp und Lage des Gartens, aber auch der zur Verfügung stehende Platz. Bedenken Sie auch, dass Bäume Schatten werfen und viel Wasser und Nährstoffe aus dem Boden ziehen, die dann anderen Pflanzen in der Nähe fehlen. Auch können die Wurzeln Fundamente beschädigen, sodass Sie einen gewissen Abstand zu Gebäuden halten sollten. Machen Sie sich bewusst, ob es Ihnen bei einem Baum eher auf Schönheit, Struktur, Sichtschutz oder Lebensraum für Wildtiere ankommt.

Silberstämme >
Eine Gruppe aus Bäumen der gleichen Art, wie die Weiße Himalaya-Birke (Betula utilis *var.* jacquemontii), *bringt Struktur in den Garten.*

JAHRESZEITLICHE SCHÖNHEIT

Einige Bäume sind mehrfach im Jahr attraktiv. So trägt *Prunus serrula* Frühlingsblüten und zeigt im Winter eine kupferfarbene Borke. *Malus × moerlandsii* 'Liset' und *Sorbus vilmorinii* haben Frühlingsblüten und Herbstfrüchte, Letzterer hat auch schönes Laub. Mit Frühlingsblüten, Sommerbeeren und satten Herbstfarben hat *Amelanchier lamarckii* vor allem in kleineren Gärten viel zu bieten.

❶ *Prunus serrula*; ↕↔ 10 m
❷ *Malus × moerlandsii* 'Liset'; ↕↔ 6 m
❸ *Sorbus vilmorinii*; ↕↔ 5 m
❹ *Amelanchier lamarckii*; ↕↔ 10 m

STRUKTUR IM GARTEN 177

ÄSTHETIK UND NUTZEN

Bäume spielen im Garten eine Reihe nützlicher und dekorativer Rollen. Bei vorhandenem Platz kann man einen Baum mit prominenter Struktur, wie Birke oder Kirsche, in Betracht ziehen, der als Blickfang dient. Ein Baum mit voller Krone, wie der Trompetenbaum (*Catalpa bignonioides*), spendet in einem heißen Sommer nahe einem Sitzbereich mit Südausrichtung willkommenen Schatten. Außerdem erinnern großblättrige Bäume im Garten an die Tropen. Perfekten ganzjährigen Sichtschutz bieten der Obassia-Storaxbaum (*Styrax obassia*) mit seinen duftenden weißen Blüten und die immergrüne Japanische Wollmispel (*Eriobotrya japonica*) mit ihren außergewöhnlichen, unterseits behaarten Blättern.

∧ *Willkommener Schatten*
Der Trompetenbaum (Catalpa bignonioides) wirkt mit seinen breiten Blättern wie ein lebendiger Sonnenschirm und schützt vor der Sonne.

❶ Gelb-Birke, *Betula alleghaniensis*; ↕25 m ↔10 m ❷ Zierapfel, *Malus × magdeburgensis*; ↕↔6 m ❸ Japanische Wollmispel, *Eriobotrya japonica*; ↕↔8 m (wegen der zu geringen Winterhärte im Kübel halten)

Einen Baum pflanzen

Ein Baum kostet Zeit und Geld, wird aber schließlich zu einem prominenten Bestandteil Ihres Gartens und bereitet das ganze Jahr hindurch Freude. Bei sorgfältiger Pflanzung und Pflege wird sich die Mühe sehr bald auszahlen und Sie auf Jahre hinaus mit Farbe, Schatten und Struktur belohnen.

WANN BEGINNEN?
Spätherbst
AM SCHÖNSTEN
ganzjährig

ZEITAUFWAND
2 Stunden

PFLANZEN & MATERIAL
Baum
Spaten
Gabel
Gartenhandschuhe
Bambusstab
Baumpfahl
Baumbänder
Mulch

1 VORBEREITUNG
Ein Pflanzloch in doppelter Breite des Wurzelballens und in Topftiefe ausheben. Den Grund nicht auflockern, sondern Grund und Seiten nur mit der Gabel einstechen, damit die Wurzeln leichter in den Boden eindringen können.

2 PFLANZTIEFE REGULIEREN
Bäume werden meist mit leicht über den Boden ragendem Ballen gepflanzt, um starke Wurzeln zu fördern. Den Baum einsetzen, einen Stab über das Loch legen, um die Höhe zu prüfen, und die Pflanztiefe mit Aushub korrigieren.

3 WURZELN LÖSEN
Den Baum austopfen und die äußeren Wurzeln sanft mit den Fingern vom Ballen lösen. Dadurch können sie besser in den umgebenden Boden eindringen und der Baum kann sich schneller etablieren. Das ist besonders bei verfilzten Wurzeln wichtig (S. 20).

4 EINPFLANZEN
Den Baum ins Loch stellen und drehen, bis die schönste Seite in die richtige Richtung weist. Dann das Loch mit Aushub auffüllen. In mehreren Schritten vorgehen: Erde einfüllen und zwischendurch immer wieder mit dem Fuß andrücken, um Hohlräume zu vermeiden.

5 ANDRÜCKEN
Der Wurzelballen muss leicht über die Erdoberfläche ragen. Eine Orientierung bietet die dunkle Erdverfärbung an der Stammbasis, die die Pflanztiefe in der Baumschule anzeigt und nicht eingegraben sein darf. Abschließend die Wurzeln mit einer dünnen Erdschicht bedecken.

STRUKTUR IM GARTEN 179

6 ANBINDEN
Die Baumpfahl-Länge sollte ein Drittel der Baumlänge betragen. Den Pfahl im 45°-Winkel in den Boden treiben, sodass er in den vorherrschenden Wind geneigt ist. Den Baum am Berührungspunkt mit dem Pfahl mit Baumband und Abstandhalter anbinden, damit beide nicht aneinander scheuern.

7 PFLEGE
Den Baum gut angießen und mit Abstand zum Stamm eine dicke Mulchschicht, z. B. aus Rindenmulch, ausbringen, um Unkraut zu unterdrücken und Feuchtigkeit zu binden. Zwei Jahre lang regelmäßig wässern und die Bänder nach und nach lockern. Sie können nach zwei oder drei Jahren entfernt werden, wenn der Baum etabliert ist.

< Waldidyll
Auf die zarten rosa Blüten des Weißdorns (Crataegus) folgen im Herbst Unmengen leuchtend roter Beeren – ein Festmahl für Vögel. Vervollständigt wird das stimmige Bild der Rabatte durch Farne, Haselnuss und Herzblume.

Skulpturaler Farn

Taschenfarne besitzen große, gebogene Wedel, einen faszinierenden Stamm und eine Form, die an den Regenwald erinnert. Sie sind teuer, belohnen aber mit ihrer Schönheit und ihrem exotischen Flair. Ins Freie gepflanzt vertragen sie im Winter aber nur -7 bis -12 °C. Kultivieren Sie sie alternativ im Kübel.

STRUKTUR IM GARTEN 181

>> **WANN BEGINNEN?**
Frühjahr
AM SCHÖNSTEN
Sommer

ZEITAUFWAND
1½ Stunden

PFLANZEN & MATERIAL
im Kübel gezogener Australischer Taschenfarn, *Dicksonia antarctica*
Spaten
Langzeitdünger
Bambusstab
Gießkanne

1 PFLANZTIEFE REGULIEREN
Ein Loch von der Breite des Stamms und der Tiefe des Kübels ausheben und den Grund auflockern. Den Farn einsetzen und mit einem Stab die Pflanztiefe prüfen, er soll später genauso tief in der Erde sitzen wie ursprünglich im Kübel. Die Tiefe mit Aushub regulieren.

2 DÜNGEN
Den Farn aus dem Loch heben, ein wenig Dünger ins Pflanzloch geben und mit der Erde vermischen, sodass er keinen direkten Kontakt mit den Wurzeln hat. Wenn sie einmal etabliert sind, müssen Taschenfarne kaum noch gedüngt werden.

3 ANDRÜCKEN
Den Taschenfarn aus dem Kübel lösen und senkrecht ins Loch setzen. Das Loch mit Aushub füllen und die Erde rundum sorgfältig mit dem Fuß andrücken, damit der Farn sicher steht. Die Erde nicht zu stark verdichten, da sonst die Dränage behindert wird.

< *Tropische Anmut*
Taschenfarne können auch in großen Kübeln gezogen werden. Überwintern Sie die dekorativen Pflanzen am besten im Wintergarten.

4 GRÜNDLICH WÄSSERN
Bei Taschenfarnen ist zu beachten, dass man eher die Krone feucht halten muss als die Wurzeln. Nach dem Einpflanzen sollten die Baumfarne aber auch an der Basis gewässert werden, damit sich die Erde setzt und dem Stamm sicheren Halt gibt.

TOP-TIPP: ÜBERWINTERN

Die Krone des Taschenfarns muss im Winter vor Kälte und Nässe geschützt werden. Wickeln Sie sie locker in Stroh und Maschendraht ein und ziehen Sie eine wasserdichte Haube aus Plastikfolie darüber, die Sie sicher festbinden. Das isoliert die Pflanze und hält sie trocken, ohne die Ventilation zu behindern.

182 STRUKTUR IM GARTEN

Mehrere Stämme

Manche Bäume haben eine ausnehmend schöne Borke und wirken besonders gut, wenn man sie mehrstämmig zieht. Das erfordert zwar drastische Schnittmaßnahmen, lohnt sich aber.

WANN BEGINNEN?
Spätherbst

AM SCHÖNSTEN
Winter

ZEITAUFWAND
3 Stunden

PFLANZEN & MATERIAL
ein Baum (siehe Top-Tipp, rechts)
Spaten
Gabel
Komposterde oder gut abgelagerter Stallmist
Astsäge
Baumpfahl
Baumband

TOP-TIPP: AUSWAHL

Manche Bäume eignen sich besser als andere für mehrstämmige Solitäre, deshalb sollten Sie sich vor dem Kauf informieren. Die folgenden Arten sind gut geeignet:

Eukalyptus
Himalaya-Birke, *Betula utilis* var. *jacquemontii*
Davids-Ahorn, *Acer davidii*
Mahagoni-Kirsche, *Prunus serrula*
Hasel, *Corylus*
Weide, *Salix*

1 VORBEREITUNG
Ein Pflanzloch von der Höhe und doppelten Breite des Wurzelballens ausheben. Grund und Seiten mit der Gabel auflockern und etwas Komposterde oder Stallmist unter den Aushub mischen. Den Baum so einsetzen, dass der Wurzelballen leicht über die Erde ragt. Das Loch mit Aushub füllen, einen Pfahl einsetzen und den Baum mit Baumband anbinden (S. 178–179). Gut wässern.

2 PFLANZEN UND STÜTZEN
Man kann mehrstämmige Bäume kaufen, die nicht mehr geschnitten werden müssen, aber es ist billiger, den Baum selbst zu kappen. Am besten wartet man eine Wachstumssaison und schneidet den Stamm im folgenden Winter bis zum Boden zurück.

3 PFLEGE
Im Frühjahr erscheinen frische Triebe aus der Basis und bilden das neue Grundgerüst von Ästen. Zu dichter Wuchs sollte ausgedünnt werden. Den Baum im ersten Jahr nach dem Pflanzen und im Jahr nach dem Schnitt regelmäßig wässern, damit er sich erholt. Im zeitigen Frühjahr mit Gehölzdünger düngen.

Leuchtende Struktur >
Die abschilfernde Borke dieser Himalaya-Birken steht in schönem Kontrast zu den niedrigen Farnen und Astilben.

Bäume für kleine Gärten

Viele Gärtner raten in beengten Verhältnissen von Bäumen ab; dabei passt ein Baum auch in den kleinsten Garten, weil er an der Bodenoberfläche nur wenig Platz einnimmt – die Ausbreitung findet auf Höhe der Krone statt. Ein Baum bietet Sichtschutz und Struktur, lässt aber viel Raum für Pflanzen auf dem Boden. Wählen Sie kleine, kompakte Bäume, die Auswahl ist groß und bietet Frühlingsblüten, Herbstfrüchte oder einfach nur wunderschönes Laub.

STRUKTUR IM GARTEN 185

✽✽✽ völlig winterhart   ✽✽ winterhart in milden Regionen/an geschützten Standorten   ✽ im Winter vor Frost schützen
☼ volle Sonne   ◐ Halbschatten   ● Schatten   ◊ durchlässiger Boden   ◌ feuchter Boden   ⬤ nasser Boden

❶ Apfel, *Malus* 'John Downie'; ↕6 m ↔4,5 m ☼ ◐ ◊ ✽✽✽   ❷ Frühjahrs-Kirsche, *Prunus × subhirtella* 'Autumnalis Rosea'; ↕8 m ↔8 m ☼ ◐ ◊ ✽✽✽   ❸ Fächer-Ahorn, *Acer palmatum* 'Sango-kaku'; ↕6 m ↔5 m ☼ ◐ ◊ ✽✽✽   ❹ *Magnolia liliiflora* 'Nigra'; ↕3 m ↔2,5 m ☼ ◐ ◊ ✽✽✽   ❺ Kornelkirsche, *Cornus mas*; ↕5 m ↔5 m ☼ ◐ ◊ ✽✽✽   ❻ Japanischer Blumen-Hartriegel, *Cornus kousa* 'Miss Satomi'; ↕5 m ↔5 m ☼ ◊ ✽✽✽   ❼ *Laburnum × watereri*; ↕8 m ↔8 m ☼ ◐ ✽✽✽   ❽ Zweigriffliger Weißdorn, *Crataegus laevigata* 'Rosea'; ↕4,5 m ↔5 m ☼ ◐ ◊ ✽✽✽   ❾ Westlicher Erdbeerbaum, *Arbutus unedo*; ↕6 m ↔6 m ☼ ◊ ✽✽✽   ❿ Gewöhnlicher Judasbaum, *Cercis siliquastrum*; ↕10 m ↔10 m ☼ ◊ ✽✽✽

Goldener Bogen

Ein traditioneller Bogen aus Goldregen ist zum Sommeranfang ein spektakulärer Anblick, den Sie leicht selbst schaffen können. Eine passende Unterpflanzung ergänzt die Blütenpracht perfekt.

 WANN PFLANZEN?
Spätherbst
AM SCHÖNSTEN
Frühsommer

ZEITAUFWAND
 4 Tage

PFLANZEN & MATERIAL
4 Goldregen-Bäume (oder mehr)
4 Metallbögen (jeweils einen für jeden Baum)
Spaten
Gabel
Baumbänder
Draht
Gehölzdünger

1 BÖGEN AUFSTELLEN
Pflanzbögen gibt es in den verschiedensten Größen. Man kann sie aber auch bei einem Schmied anfertigen lassen. Sie sollten breit genug sein, um den Weg zu überspannen, und werden meist einfach in den Boden getrieben.

2 PFLANZEN UND ERZIEHEN
Neben jede Bogenseite einen Baum pflanzen und mit einem Baumband anbinden (S. 178–179). Die wachsenden Äste der Bäume allmählich über die Bögen erziehen und mit Baumbändern anbinden. Mit der Zeit wird es dann notwendig, die Bögen mit beschichteten Drähten miteinander zu verbinden.

3 PFLEGE
Die Bäume in den ersten beiden Jahren regelmäßig wässern und alle paar Monate die Bänder überprüfen und lockern. Im Frühjahr mit Gehölzdünger düngen und regelmäßig dickere, holzige Triebe auslichten, um Platz für junge blühende Triebe zu schaffen. Mit weiteren Sträuchern unterpflanzen, um mehr Farben zu erhalten. Alle Teile des Goldregens sind giftig, wenn man sie isst, deshalb sollten sie nicht dort gepflanzt werden, wo Kinder spielen oder sich Tiere aufhalten.

< Goldenes Vlies
Für diesen spektakulären Bogen braucht es nur vier Bäume. Unterpflanzen Sie sie mit Alchemilla mollis, *um das Bild zu vervollständigen.*

TOP-TIPP: UNTERPFLANZUNG

Für die Unterpflanzung der Bögen sind Zwiebelpflanzen ideal. Narzissen z. B. blühen vor den Bäumen, während Tulpen und Lauchpflanzen (unten) mit ihnen blühen. Für dauerhafte Attraktivität sorgen schattenliebende Farne.

Bäume aus Samen ziehen

Selbst große Bäume bleiben handlich, wenn man sie im Kübel kultiviert. Sie sind leicht aus Samen zu ziehen, die man beim Spaziergang im Park oder Wald findet. Achten Sie im Herbst auf herabgefallene Rosskastanien, Eicheln und Ahornsamen, die allesamt binnen weniger Monate keimen werden.

WANN BEGINNEN?
Herbst

AM SCHÖNSTEN
Frühjahr bis Herbst

ZEITAUFWAND
30 Minuten

PFLANZEN & MATERIAL
Baumsamen (hier haben wir eine Rosskastanie gepflanzt)
Kübel
Tonscherben
lehmhaltige Blumenerde
Kelle

1 VORBEREITUNG
Darauf achten, dass die Samen fest und frei von Schäden und Insektenbefall sind. Einige Tonscherben in den Kübel legen und den Kübel fast ganz mit Erde füllen.

2 PFLANZEN
Die Kastanie etwa 2 cm tief einpflanzen und mit Erde bedecken. Wässern und im Freien in den Schatten stellen. Die Erde darf nicht austrocknen. Die Kastanie wird im Frühjahr keimen.

^ *Kleine Kastanie*
Im Freiland wäre diese Kastanie ein stattlicher Baum, aber nach zehn Jahren im Kübel ist sie immer noch ein handliches Exemplar für den Stadtgarten oder die Terrasse.

Alternativen

Man sollte immer mehrere Bäume säen, falls einer oder mehrere nicht keimen. Sammeln Sie die Samen, wenn sie reif sind – am besten sind unbeschädigte Samen, die auf dem Boden liegen – und pflanzen Sie sie sofort ein, da sie sehr schnell austrocknen.

LEICHT ZU ZIEHEN
Nehmen Sie im Park oder in Gärten von Bekannten reife Eicheln, Haselnüsse, Zieräpfel, Tafeläpfel und Kirschen mit. Entfernen Sie das Fruchtfleisch und waschen Sie die Samen vor dem Einsäen. Viele Baumsamen benötigen eine Kälteperiode oder sogar Frost, um zu keimen. Lassen Sie Ihre Töpfe also an einer windgeschützten Stelle im Freien stehen.

Miniaturwald

Bäume, wie Eiche, Stechpalme und Eberesche, werden mit der Zeit groß, aber man kann sie auch handlich halten, wenn man sie in Kübel oder Hochbeete pflanzt. Kombinieren Sie sie mit schattenliebenden Pflanzen zu einem Wald *en miniature*.

» WANN BEGINNEN?
Herbst
AM SCHÖNSTEN
Frühjahr bis Herbst

ZEITAUFWAND
 3 Stunden

PFLANZEN & MATERIAL
 Dränagematerial (Steine, Kies etc.)
Komposterde oder gut abgelagerter Stallmist
Pflanzerde
junge, aus Samen gezogene Bäume
Wurmfarne, *Dryopteris filix-mas*
Meier, *Asperula*
Efeu, *Hedera helix*

1 VORBEREITUNG
Ein Hochbeet kaufen oder bauen (S. 254–255) oder einen Gartenarchitekten mit einer Konstruktion wie der hier gezeigten beauftragen. Dränagematerial, wie Steine, Kies oder Ziegelreste, hineingeben und das Beet mit Pflanzerde und etwas Komposterde oder Stallmist füllen.

2 BEPFLANZEN
Zunächst die jungen Bäume pflanzen und stützen (Top-Tipp, rechts). Die Waldpflanzen mit etwa 45 cm Abstand zu den Bäumen setzen. Wässern und mulchen. Das Beet immer gut wässern, auch nachdem die Pflanzen etabliert sind.

TOP-TIPP: STÜTZEN & DÜNGEN

Wenn die Sämlinge größer geworden sind, kann man sie in große Kübel, in Hochbeete oder ins Freiland pflanzen. An windigen Standorten müssen Freilandpflanzen gestützt werden (S. 179). Überprüfen Sie die Bäume regelmäßig und lockern Sie die Bänder, während die Stämme wachsen. Nach zwei Jahren können Sie die Pfähle entfernen. Düngen Sie im Frühjahr mit Gehölzdünger. Ersetzen Sie dann im Kübel die obersten 5 cm Erde durch neue, mit Dünger vermischte Erde.

Blühende Schönheiten

Es gibt kaum einen schöneren Frühlingsboten als ein Kirschbaum in voller Blüte. Nach einem Winter mit kahlen Ästen zeigen sich plötzlich Wolken duftiger, pastellfarbener Blüten. Einige Bäume tragen Früchte, die Tiere in den Garten locken, und viele beschließen das Jahr mit leuchtenden, warmen Herbstfarben.

WANN BEGINNEN?
Spätherbst

AM SCHÖNSTEN
Frühjahr

ZEITAUFWAND
2 Stunden

PFLANZEN & MATERIAL
Kirschbaum
Spaten
Baumpfahl
Baumband
Mulch

< Kombination von Blüten
Zierkirschen erblühen noch vor der Laubentfaltung, dadurch erhalten die Frühlingszwiebelblüher am Boden noch genug Licht, um ihr eigenes Farbenspiel unter den Bäumen zu eröffnen.

1 STANDORT WÄHLEN
Zierkirschen gedeihen am besten auf fruchtbarem, feuchtem, aber durchlässigem Boden in voller Sonne, sie tolerieren aber auch Halbschatten und trockenere Böden, sobald sie etabliert sind. Sie brauchen viel Platz zum Wachsen.

2 PFLANZEN UND STÜTZEN
Ein Loch in der Tiefe und doppelten Breite des Wurzelballens ausheben. Den Baum so setzen, dass der Ballen leicht über den umgebenden Boden hinausragt. Einen in den vorherrschenden Wind geneigten Pfahl in den Boden treiben und den Baum mit einem flexiblen Baumband anbinden (S. 178–179).

3 PFLEGE
Nach dem Pflanzen den Baum gründlich wässern und mit Abstand zum Stamm Mulch ausbringen. In den ersten beiden Jahren wässern. Das Baumband bei Bedarf lockern. Nach zwei Jahren ist der Pfahl überflüssig, weil der Baum gut angewachsen ist und sicher steht.

TOP-TIPP: SCHNITT

Wenn Sie den Baum passend zur Größe Ihres Gartens gewählt haben, müssen Sie nur tote, kranke und beschädigte Triebe auslichten. Muss er geformt werden, schneiden Sie nach der Blüte im Frühjahr, wenn es weniger Krankheiten gibt und Sie keine Blütenknospen wegschneiden.

Kleine Auswahl

Kirschbäume gibt es in vielen Formen, Größen und Farben. Der schlanke, aufrechte *Prunus* 'Spire' ist ideal für kleine Gärten. *P. × subhirtella* und *P. incisa* sind kompakte Bäume mit blassrosa Blüten und schöner Herbstfärbung. *P.* 'Shizuka' ist mittelgroß und hat große, duftende, halb gefüllte, weiße Blüten.

❶ *P.* 'Spire'; ↕10 m ↔ 6 m
❷ *P. × subhirtella*; ↔ 8 m
❸ *P. incisa*; ↔ 8 m
❹ *P.* 'Shizuka'; ↔ 4 m

Zwanglose Hecke

Wenn Sie es eher entspannt und rustikal mögen, verzichten Sie auf geometrische Hecken und setzen Sie eher auf eine bunte Mischung. Diese Art von Hecke bietet auch Wildtieren Nahrung und Schutz. Sie ist zudem recht pflegeleicht und muss nur einmal im Jahr im Spätsommer geschnitten werden.

WANN BEGINNEN?
Herbst

AM SCHÖNSTEN
ganzjährig

ZEITAUFWAND
3 Stunden, mehr für lange Hecken

PFLANZEN & MATERIAL
Heckenpflanzen (Schlehe, Hasel, Hunds-Rose, Weißdorn, Stechpalme)
Spaten
Gabel
Schnur und Pflöcke
Komposterde oder gut abgelagerter Stallmist

1 VORBEREITUNG
Hecken sind dauerhafte Elemente und brauchen gut vorbereiteten Boden. Die Fläche umgraben und Unkraut gründlich samt Wurzeln entfernen. Komposterde oder Stallmist tief in den Boden einarbeiten, um die Struktur zu verbessern.

2 VERDICHTEN
Den Boden mit Trippelschritten vollflächig verdichten. Im rechten Winkel zur ersten Bahn wiederholen. Wird der Boden direkt nach dem Umgraben bepflanzt, setzt sich die Erde und die Pflanzen werden nicht richtig verankert.

3 REIHEN ABSTECKEN
Für eine tiefe Hecke zwei Richtschnüre mit Pflöcken im Abstand von 35–40 cm spannen. Dies sind die Fluchtlinien für zwei Reihen von Heckenpflanzen. Für eine schlankere Hecke braucht man nur eine Reihe.

STRUKTUR IM GARTEN 193

Stacheliger Schutzwall

4 IN GRÄBEN PFLANZEN
Einen langen Graben anstelle einzelner Löcher ausheben, damit die Hecke gerade wird. Eine Reihe nach der anderen pflanzen und die Pflanzen mit etwa 35 cm Abstand in bunter Reihenfolge setzen.

5 PFLANZTIEFE PRÜFEN
Heckenpflanzen leiden, wenn sie zu tief oder flach gepflanzt sind, sie sollten also genauso tief eingesetzt werden wie in der Gärtnerei oder im Kübel. Die Stämme sind dort dunkel verfärbt, wo sie früher von Erde umgeben waren.

6 VERSETZTE PFLANZUNG
Bei einer Doppelreihe die zweite Reihe Pflanzen versetzt zur ersten platzieren, um die Lücken in der vorderen Reihe zu schließen. Gründlich wässern und mit Abstand zu den Stämmen mit Komposterde oder Stallmist mulchen. Im ersten Jahr regelmäßig wässern.

Eine naturnahe Hecke kann auch zur Abwehr von Eindringlingen dienen, da viele Gehölze mit gefährlichen Dornen und Stacheln aufwarten. Solche Barrieren, die nur schwer und unter Schmerzen zu überwinden sind, werden eher gemieden, wenn es leichtere Ziele gibt. Neben heimischen Pflanzen sind auch viele Rosen-Sorten (Foto unten) geeignet, eine schöne, aber abschreckende Hecke zu bilden.

1 STANDORT UND BODEN
Die meisten Pflanzen für naturnahe Hecken (siehe Auswahl, unten) bevorzugen Sonne und durchlässigen, fruchtbaren Boden. Ein nicht perfekter Boden sollte daher spatentief gründlich mit reichlich Komposterde oder Stallmist verbessert werden.

KLEINE AUSWAHL

Berberis darwinii
Schlehe, *Prunus spinosa*
Hunds-Rose, *Rosa canina*
Feld-Ahorn, *Acer campestre*
Schneeball, *Viburnum opulus*
Weißdorn, *Crataegus*
Hasel, *Corylus avellana*
Stechpalme, *Ilex aquifolium*
Rotblättrige Rose, *Rosa glauca*

2 PFLANZEN
Dornige Heckenpflanzen (Schritt 4 bis 6, links) und stachelige Rosen (S. 93) setzen. Für Hecken geeignete Wildrosen haben keine Veredelungsstelle und werden genauso tief gepflanzt wie im Topf oder Feld (Schritt 5, links).

3 PFLEGE
Sobald im Frühjahr das Wachstum beginnt, werden die Pflanzen um etwa ein Drittel zurückgeschnitten, um einen buschigen Wuchs zu fördern. Sie müssen im ersten Jahr regelmäßig gewässert werden und die Umgebung sollte unkrautfrei sein, damit die Pflanzen nicht um Wasser und Nährstoffe konkurrieren müssen und sich gut etablieren können.

194 STRUKTUR IM GARTEN >>

Heckenpflanzen

Hecken sind ein schöner Sichtschutz und eine Begrenzung, die ganzjährig Farbe und Textur bietet. Schaffen Sie mit sauber geschnittenen Immergrünen, wie Eibe, Buchs oder Lavendel, eine glatte Barriere oder setzen Sie durch laubwerfende Arten mit Blüten und Beeren auf jahreszeitlichen Wandel. Mit einer Mischung von Arten bieten Sie Tieren ein Zuhause, das nur im Spätsommer geschnitten wird, wenn die Nester verwaist sind.

STRUKTUR IM GARTEN 195

❋❋❋ völlig winterhart ❋❋ winterhart in milden Regionen/an geschützten Standorten ❋ im Winter vor Frost schützen
☼ volle Sonne ◐ Halbschatten ● Schatten ◇ durchlässiger Boden ◉ feuchter Boden ⬤ nasser Boden

❶ *Berberis thunbergii* fo. *atropurpurea* 'Golden Ring'; ↕1 m ↔2,5 m ☼ ◐ ◇ ❋❋❋ ❷ Buchsbaum, *Buxus sempervirens* 'Elegantissima'; ↕↔1,5 m ☼ ◐ ◇ ❋❋❋ ❸ *Forsythia × intermedia*; ↕↔1,5 m ☼ ◐ ◇ ❋❋❋ ❹ *Lavandula angustifolia* 'Twickel Purple'; ↕60 cm ↔1 m ☼ ◇ ❋❋❋ ❺ Eibe, *Taxus baccata*; ↕10 m ↔8 m ☼ ◐ ◇ ❋❋❋ ❻ Liguster, *Ligustrum obtusifolium*; ↕3 m ↔4 m ☼ ◐ ◇ ❋❋❋ ❼ *Potentilla fruticosa* 'Goldfinger'; ↕1 m ↔1,5 m ☼ ◇ ❋❋❋ ❽ Stechpalme, *Ilex aquifolium* 'Madame Briot'; ↕10 m ↔5 m ◐ ◉ ❋❋❋ ❾ Spalier-Becherkätzchen, *Garrya elliptica*; ↕↔4 m ☼ ◐ ◇ ❋❋ ❿ Feuerdorn, *Pyracantha* 'Mohave'; ↕4 m ↔5 m ☼ ◐ ◇ ❋❋ ⓫ Hainbuche, *Carpinus betulus*; ↕15 m ↔12 m ☼ ◐ ◇ ❋❋❋

Geometrische Hecke

Eibe, Hainbuche und Buche eignen sich perfekt für exakt geschnittene Hecken. Sie sparen Geld, indem Sie zwischen Winter und Frühjahr junge, wurzelnackte Pflanzen kaufen. Bereiten Sie die Fläche rechtzeitig vor und pflanzen Sie die Sträucher sofort nach dem Kauf in frostfreien und durchlässigen Boden.

>> **WANN BEGINNEN?**
Spätherbst bis zeitiges Frühjahr
AM SCHÖNSTEN
ganzjährig

ZEITAUFWAND
je nach Heckengröße mindestens 4 Stunden

PFLANZEN & MATERIAL
junge, wurzelnackte Sträucher (hier Eibe, *Taxus baccata*)
Komposterde oder gut abgelagerter Stallmist
Spaten
Gabel
Stäbe
Schnur
Gießkanne oder Gartenschlauch
Gehölzdünger (Langzeitdünger)

1 VORBEREITUNG
Die Fläche sechs Wochen vor dem Pflanzen jäten und einen 1 m breiten Graben von der Länge der Hecke ausheben. Komposterde oder gut abgelagerten Stallmist einarbeiten und verfüllen. Den Heckenrand mit Schnur abstecken.

2 PFLANZABSTÄNDE
Einen Graben von doppelter Breite der Wurzelballen und so tief wie der Ballen ausheben. Mithilfe eines Lineals Stäbe im Abstand von 45–60 cm entlang der Richtschnur auslegen, um die Pflanzabstände zu markieren.

3 PFLANZTIEFE
Darauf achten, dass die Pflanzen genauso tief gepflanzt werden wie in der Gärtnerei – die dunkle Verfärbung an der Basis des Stamms dient hierfür als Anhaltspunkt. Neben jeden Stab eine Pflanze setzen, den Aushub wieder einfüllen und mit den Fingern andrücken.

4 ANDRÜCKEN
Darauf achten, dass die Pflanzen gerade stehen, dann die Erde mit dem Fuß andrücken. Eine flache Senke um jede Pflanze als Reservoir formen und gut wässern. Einen Mulch aus Komposterde mit Abstand zur Pflanze ausbringen. Im ersten Jahr wässern und jährlich im Frühjahr mit Langzeitdünger versorgen.

Kübelpflanzen nutzen

Einige Pflanzen, wie Lavendel, Buchs, Stechpalme und Liguster, werden vorwiegend im Kübel gezogen und verkauft. Die Pflanztechnik ist die gleiche wie bei den wurzelnackten Arten, aber Kübelpflanzen können jederzeit gepflanzt werden, solange der Boden nicht gefroren oder ausgetrocknet ist.

WANN BEGINNEN?
jederzeit; Herbstanfang oder Frühjahr ist ideal

AM SCHÖNSTEN
ganzjährig (immergrün), Frühjahr bis Herbst (laubwerfend)

ZEITAUFWAND
je nach Heckengröße mindestens 3 Stunden

PFLANZEN & MATERIAL
- Stechpalme, *Ilex aquifolium*, als Kübelpflanze
- Komposterde oder gut abgelagerter Stallmist
- Langzeitdünger
- Spaten
- Gabel
- Stäbe
- Schnur
- Gießkanne oder Gartenschlauch

1 PFLANZLÖCHER AUSHEBEN
Die Fläche vorbereiten und markieren (siehe Schritt 1 & 2, gegenüber). Entweder einen langen Graben oder für jede Pflanze Einzellöcher von der Höhe und doppelten Breite des Wurzelballens ausheben. Pflanzen wässern.

2 WURZELN LÖSEN
Bei Frühjahrspflanzung etwas Dünger in den Aushub geben. Verfilzte Wurzeln vorsichtig lösen, dann die Pflanzen genauso tief setzen wie im Kübel. Die Erde mit dem Fuß andrücken und gut wässern. (Pflege siehe Schritt 4, gegenüber).

Lavendelhecke

Der Duft einer Lavendelhecke ist unvergleichlich und die schönen violetten Blüten locken im Sommer Bienen und Schmetterlinge in den Garten. Am stärksten duften die Blüten bei Berührung, deshalb pflanzen Sie die Hecke am besten so, dass Sie im Vorübergehen mit den Händen darüberstreichen können.

WANN BEGINNEN?
Frühjahr

AM SCHÖNSTEN
Sommer

ZEITAUFWAND
2 Stunden

PFLANZEN & MATERIAL
kleine Lavendelpflanzen
Komposterde oder gut abgelagerter Stallmist
grober Sand oder Feinsplitt
Kelle oder kleiner Spaten
Langzeitdünger

1 VORBEREITUNG
Einen oder zwei Monate vor dem Pflanzen reichlich Komposterde oder gut abgelagerten Stallmist in den Boden einarbeiten. Schwere Böden für bessere Dränage mit Sand oder Splitt auflockern (S. 15), da Lavendel keine Staunässe verträgt.

STRUKTUR IM GARTEN 199

Lavendel schneiden

Lavendel ist zwar pflegeleicht und braucht, einmal etabliert, wenig Wasser, aber er erfordert jährliche Pflege. Schneiden Sie junge Pflanzen frühestens nach einem Jahr, damit sie stabile Triebe ansetzen können. In den folgenden Jahren muss die Hecke zweimal im Jahr geschnitten werden, um ansehnlich zu bleiben.

» WANN BEGINNEN?
Spätsommer, nach der Blüte, und Frühjahr

PFLANZEN & MATERIAL
Desinfektionsmittel
Heckenschere
Gartenschere
Langzeitdünger

ZEITAUFWAND
je nach Heckengröße mindestens 1 Stunde

2 VERTEILEN
Im Frühjahr kleine Pflanzen kaufen und Löcher mit 30 cm Abstand oder einen langen Graben ausheben. Die Pflanzen brauchen zu diesem Zeitpunkt noch keinen Dünger. Den Lavendel genauso tief setzen wie im Topf (oder höher, Schritt 3).

3 BODEN ANDRÜCKEN
In schwerem Tonboden den Lavendel etwas erhaben pflanzen und die Erde um die Basis aufhäufen, damit das Regenwasser von der Pflanzenbasis ablaufen kann. Die Erde mit den Fingern um die einzelnen Pflanzen andrücken.

4 WÄSSERN
Die Pflanzen gut wässern. Lavendel toleriert zwar Trockenheit sehr gut, muss aber in der ersten Wachstumssaison gegossen werden, bis er sich gut etabliert hat. Im Frühjahr mit Langzeitdünger düngen und die Pflanzen zweimal im Jahr zurückschneiden (rechts).

1 IN FORM SCHNEIDEN
Die Pflanzen zwischen Winterende und Frühjahrsanfang schneiden, damit sie jung, buschig und gesund bleiben. Das Werkzeug vor Beginn gründlich reinigen und desinfizieren. Dann die Triebe mit der scharfen Schere bis dicht über das vorjährige Holz zurückschneiden.

2 RICHTIG SCHNEIDEN
Nicht ins alte Holz schneiden, da die Pflanze dort nicht neu austreiben kann. Bis auf wenige gesunde Blätter über dem Holz zurückschneiden und systematisch und auf einer Ebene an der Hecke entlang arbeiten.

3 NACH DER BLÜTE
Im späten Frühjahr oder Frühsommer treiben die Pflanzen mit üppigen Seitentrieben aus und werden zu einer kompakten, buschigen Hecke. Nach der Blüte im Spätsommer erneut schneiden: Alte Blütenköpfe ausputzen, damit keine Energie auf die Produktion von Samen verschwendet wird.

Wand voller Geranien

Schlendert man Wohnstraßen in Mittelmeerländern entlang, sieht man immer wieder Hauswände voller leuchtender Geranien. Diese genügsamen, trockenheitsliebenden Blumen sitzen gerne in ihren kleinen Töpfen in der sengenden Sonne und bieten ein feuriges Spektakel. Wenn Sie eine sonnige Mauer haben, holen Sie sich im späten Frühjahr Ihr Urlaubsambiente in den Garten.

STRUKTUR IM GARTEN **201**

 WANN BEGINNEN?
spätes Frühjahr
AM SCHÖNSTEN
Anfang Sommer bis Anfang Herbst

ZEITAUFWAND
2 Stunden

PFLANZEN & MATERIAL
 Geranien, *Pelargonium*
kleine Wandtöpfe aus Terrakotta
Tonscherben und Kies oder Splitt
Blumenerde
Langzeitdünger
Mauernägel oder Schrauben und Dübel
Hammer oder Bohrmaschine

1 VORBEREITUNG
Mindestens fünf Töpfe kaufen und bei Bedarf mit der Bohrmaschine jeweils ein Dränageloch bohren. Das Loch mit einer Tonscherbe abdecken. 2 cm hoch Kies oder Splitt und eine Schicht Erde in jeden Topf geben.

2 EINPFLANZEN
Die Pflanzen wässern und je eine Geranie mit Topf in jeden Wandtopf setzen, um die Pflanztiefe zu prüfen: Die Pflanze muss mindestens 2 cm unter dem Topfrand sitzen. Austopfen, einpflanzen und den Topf mit Erde und etwas Langzeitdünger auffüllen. Andrücken und gründlich wässern.

3 AUFHÄNGEN
Auf einer hellen Wand kommen die Blumen besser zur Geltung. Einen Nagel einschlagen oder, wenn dies nicht geht, ein Loch bohren, einen Dübel einsetzen und eine Schraube eindrehen. Die Töpfe mit Schnur oder Draht daran aufhängen.

TOP-TIPP: WÄSSERN

Geranien müssen im Sommer alle paar Tage gewässert werden. Hängen Sie sie in Reichweite auf oder verwenden Sie eine Stabbrause. Wenn die Pflanzen größer werden, wässert man sie am besten von unten, indem man sie für 30 Minuten in eine Wanne mit Wasser stellt.

< *Buntes Bild*
Halten Sie sich an eine Farbe oder kombinieren Sie wie hier verschiedene Farbtöne miteinander.

Grünes Schachbrett

Dieses schlichte geometrische Muster aus Wegplatten und Pflanzen kann ein schöner Innenhof oder eine Spielfläche für Kinder sein. Bepflanzen Sie die Fläche mit Rollrasen, Kamille oder niedrig wachsenden Kräutern, wie Thymian oder Korsischer Minze (*Mentha requienii*).

» WANN BEGINNEN?
Frühjahr

AM SCHÖNSTEN
ganzjährig

ZEITAUFWAND

1 Tag

PFLANZEN & MATERIAL

Rollrasen oder niedrig wachsende Pflanzen
Rechen
Holzbohlen
Bandmaß
Schnur und Pflöcke
Sand und Mörtelmischung
Pflasterhammer
Wasserwaage
quadratische Wegplatten

1 BODEN VERDICHTEN
Die Fläche von Steinen, Unkraut und Gras befreien und glatt rechen. Eine Holzbohle auslegen, darüberlaufen, versetzen und wieder darüberlaufen, um die Fläche zu verdichten.

2 QUADRATE ABSTECKEN
Die Platten vermessen und die Fläche mit Schnur und einigen Pflöcken in gleich große Quadrate unterteilen. Die Quadrate für die Platten mit einer 5 cm dicken Schicht Sand bedecken.

3 SAND VERDICHTEN
Den Sand mit der Rückseite des Rechens verdichten und glätten. Es macht nichts, wenn er auf die umgebenden Quadrate rieselt, er kann dort mit der Erde für die Pflanzen vermischt werden.

4 MÖRTEL AUFTRAGEN
Mörtel aus Wasser und vier Teilen Sand (halb und halb scharfer und Bausand) und einem Teil Zement oder einer Fertigmischung anrühren. Je eine Kelle voll in die Ecken und die Mitte eines Plattenquadrats geben.

5 PLATTEN VERLEGEN
Eine Wegplatte auf den Mörtel legen und mit dem Hammerstiel sanft anklopfen. Mit der Wasserwaage auf Geradigkeit prüfen. Die übrigen Platten auf die gleiche Weise verlegen und einen oder zwei Tage setzen lassen.

6 BEPFLANZEN
Die Pflanzflächen mit Erde aufschütten und mit Kräutern oder Rasen bepflanzen. Rasen sollte über die Platten ragen, damit die Fläche leichter zu mähen ist. Angießen und wässern, bis die Pflanzen sich etabliert haben.

Bepflanzte Mauer

Trockenmauern sind die perfekte Heimat für Alpinpflanzen, wie *Aubrieta*, die Unmengen immergrüner Blätter und im Frühjahr Kaskaden hübscher Blüten bringt. Nutzen Sie diese Methode, um kleine Pflanzen in Ihre Mauer zu setzen.

WANN BEGINNEN?
Anfang Herbst

AM SCHÖNSTEN
Frühjahr

ZEITAUFWAND
30 Minuten

PFLANZEN & MATERIAL
Eimer
trockenes Torfstück
Alpinpflanzen, z. B.:
Blaukissen, *Aubrieta*
Campanula poscharskyana
Hauswurz, *Sempervivum*
Steinkresse, *Aurinia saxatilis*
Steinbrech, *Saxifraga*

1 VORBEREITUNG
Den trockenen Torf in einem Eimer Wasser einweichen. Herausheben und abtropfen lassen. Die Pflanze wässern und austopfen. Die Wurzeln in feuchten Torf einschlagen.

2 EINPFLANZEN
Die Pflanze mit dem Torf in einen Spalt schieben. Mit einer Mischung aus Sand und lehmhaltiger Blumenerde zu gleichen Teilen auffüllen. Die Pflanze regelmäßig besprühen.

Pflanzen für Spalten

Diese Kleinode fühlen sich in den engen Spalten und Fugen von Wegen und Trockenmauern am wohlsten und mildern harte Konturen mit zarten Blüten. Die meisten sind immergrün, mit Ausnahme von *Alchemilla*, *Campanula* und *Erigeron*, und alle sind robust und vertragen sowohl Sonne als auch Kälte. Da sie auch gut in kleine Töpfe passen, kann man sie als Tischschmuck nutzen oder in einer Reihe an einer Wand pflanzen.

STRUKTUR IM GARTEN 205

✲✲✲ völlig winterhart ✲✲ winterhart in milden Regionen/an geschützten Standorten ✲ im Winter vor Frost schützen
☼ volle Sonne ◐ Halbschatten ● Schatten ◇ durchlässiger Boden ◊ feuchter Boden ♦ nasser Boden

❶ *Sedum spathulifolium* 'Cape Blanco'; ↕10 cm ↔60 cm ☼ ◇ ✲✲✲ ❷ *Aubrieta* 'Argenteovariegata'; ↕5 cm ↔60 cm ☼ ◇ ✲✲✲ ❸ *Arabis caucasica* 'Variegata'; ↕15 cm ↔50 cm ☼ ◇ ✲✲✲ ❹ *Phlox nana*; ↕20 cm ↔30 cm ☼ ◇ ✲✲✲ ❺ *Celmisia walkeri*; ↕30 cm ↔30 cm ☼ ◐ ◇ ◊ ✲✲✲ (für Pflaster geeignet) ❻ *Alchemilla alpina*; ↕8 cm ↔50 cm ☼ ◐ ◊ ✲✲✲ (für Pflaster geeignet) ❼ *Androsace sarmentosa*; ↕8 cm ↔30 cm ☼ ◇ ✲✲✲ ❽ *Erigeron karvinskianus*; ↕15 cm ↔1 m ☼ ◇ ✲✲ ❾ *Dianthus* 'Little Jock'; ↕10 cm ↔20 cm ☼ ◇ ✲✲✲ ❿ *Alyssum wulfenianum*; ↕10 cm ↔50 cm ☼ ◐ ◇ ✲✲✲ ⓫ *Campanula carpatica* var. *turbinata* 'Jewel'; ↕10 cm ↔60 cm ☼ ◐ ◇ ✲✲✲

Rollrasen legen

Der schnellste, wenn auch nicht preiswerteste Weg zu einem schönen Rasen führt über einen Rollrasen. Bereiten Sie die Fläche am besten einen oder zwei Monate im Voraus vor.

AUSWAHL
Kaufen Sie Rasen nur im Fachhandel und überprüfen Sie möglichst schon im Vorfeld, ob er frei von Unkraut und Krankheiten ist. Kaufen Sie keinen Rasen mit gelben Flecken oder toten Halmen. In der Regel haben Sie die Wahl zwischen hochwertigem Ziergras für Schmuckrasen und robustem Sportrasen für Wege und Spielflächen.

Das richtige Gras >
Es mag zwar teurer sein, aber hochwertige Soden von einem renommierten Lieferanten sind langfristig gesehen eine gute Investition.

Verlegung

Der Rollrasen darf nur kurz lagern, deshalb sollte er möglichst erst unmittelbar vor dem Verlegen geliefert werden.

>> **WANN BEGINNEN?**
Herbst- oder Frühjahrsbeginn
AM SCHÖNSTEN
ganzjährig

ZEITAUFWAND
1 Tag Vorbereitung, 1 Tag verlegen

PFLANZEN & MATERIAL
Rollrasen
Komposterde oder gut abgelagerter Stallmist
grober Sand oder Feinsplitt
Langzeitdünger
Rechen und Besen
scharfes Messer
Mutterboden und Gartensand

1 VORBEREITUNG
Die Fläche zwei Monate vor der Lieferung gründlich jäten (S. 402–403). Eine 10-cm-Schicht Komposterde oder Stallmist einarbeiten, schwere Böden mit grobem Sand oder Feinsplitt verbessern. Mit dem Rechen glätten. Den Boden in einer Bahn mit den Füßen antreten, dann im rechten Winkel dazu antreten.

2 DIE ERSTE BAHN
Die Fläche von Steinen befreien und die Erde fünf Wochen lang setzen lassen. Die Fläche erneut jäten und einen Langzeitdünger nach Herstellerempfehlung ausbringen. Die Erde muss vor dem Verlegen feucht, aber nicht nass sein. Die erste Sode an einer Kante anlegen und mit dem Rechenrücken andrücken.

3 VERSETZT VERLEGEN

Die Soden so aneinanderlegen, dass sie sich fast überlappen, und fest mit den Daumen zusammendrücken, um einen nahtlosen Anschluss zu erhalten. Die Soden wie eine Ziegelmauer in versetzten Reihen verlegen. Beim Arbeiten auf einem Holzbrett stehen, um die neu verlegte Rasenschicht nicht zu schädigen.

4 DECKSCHICHT AUSBRINGEN

Am Rand keine kleinen Stücke verwenden, da sie schnell austrocknen und schrumpfen können. Sandigen Lehm aus Mutterboden und Sand anmischen, als Deckschicht ausbringen und mit dem Besen verteilen. Angießen und den Rasen in der ersten Saison bei Trockenheit gründlich wässern.

TOP-TIPP: RÄNDER FORMEN

Markieren Sie geschwungene Ränder der Rasenfläche mit einem Gartenschlauch und stechen Sie sie mit einem Kantenstecher oder scharfen Spaten ab. Gerade Kanten können Sie mit einer zwischen Pflöcken gespannten Schnur abstecken.

Rasen säen

Grassamen ist wesentlich preiswerter als Rollrasen, aber es dauert einige Monate, bevor man den Rasen betreten kann. Man sät ihn zu Herbstanfang ein, wenn der Boden warm ist und die Saat schnell keimt. Im zeitigen Frühjahr kann man zwar auch säen, aber der kalte Boden verlangsamt die Keimung.

WANN BEGINNEN?
Herbst- oder Frühjahrsbeginn
AM SCHÖNSTEN
ganzjährig

ZEITAUFWAND
 je nach Fläche mind. 3 Stunden

PFLANZEN & MATERIAL
 Rasensamen
Komposterde
grober Sand oder Feinsplitt
Langzeitdünger
Pflanzstäbe oder Schnur
Stift und Plastikbecher
Schutznetz gegen Vögel

1 SAMENAUSWAHL
Im Gegensatz zur eingeschränkten Auswahl bei Rollrasen ist Grassamen in vielen Arten erhältlich, auch für schattige oder trockene Flächen sowie für Kleerasen. Den Boden wie auf S. 206 beschrieben vorbereiten. Einen Quadratmeter mit Stäben oder Schnur abstecken und die empfohlene Samenmenge abwiegen. Den Samen in einen Becher füllen und den Füllstand anzeichnen. Dies ist der Messbecher für die weitere Arbeit.

2 SYSTEMATISCH SÄEN
Die Fläche gleichmäßig mit der Hälfte des Samens in einer Richtung bedecken, dann die andere Hälfte im rechten Winkel dazu ausbringen. Das nächste Quadrat abstecken, den Becher wieder füllen und wie zuvor aussäen. Auf diese Weise die gesamte Rasenfläche einsäen. Beim Betreten bereits eingesäter Flächen Bretter als Trittfläche verwenden, um keine Mulden oder Löcher in den neuen Rasen zu treten.

3 VOGELSCHUTZ
Den Samen oberflächlich in den Boden rechen. Mit der Brause angießen oder mit dem Schlauch wässern. Die gesäte Fläche in rund 30 cm Höhe mit Vogelschutznetz überspannen. Binnen 14 Tagen sollten die Sämlinge erscheinen. Weiter regelmäßig wässern. Das Gras erstmals mit hoch eingestelltem Rasenmäher mähen, sobald es 5 cm hoch ist.
Im Herbst gesäten Rasen bis zum Frühjahr in dieser Einstellung, dann kürzer mähen.

Kamillenrasen

Die duftende Römische Kamille war in England lange Zeit eine beliebte Alternative zu Gras und wird heute auch als Duftrasen angepflanzt. Sie liebt sonnige Plätze und gut durchlässigen Boden und eignet sich eher für dekorative Flächen und Ränder, da sie bei Trittbelastung nicht sehr widerstandsfähig ist.

WANN BEGINNEN?
Herbst oder Frühjahr

AM SCHÖNSTEN
ganzjährig

ZEITAUFWAND
je nach Fläche mind. 2 Stunden

PFLANZEN & MATERIAL
Chamaemelum nobile 'Treneague', Römische Kamille
Komposterde
grober Sand oder Feinsplitt
Langzeitdünger
Gartenerde und Gartensand

1 PFLANZEN

Den Boden gut lockern, Unkräuter sorgfältig entfernen und schweren Boden mit reichlich Sand oder Splitt durchlässig machen (S. 15), um Staunässe zu vermeiden. Etwas Komposterde einarbeiten. Im Herbst oder Frühjahr pro Quadratmeter etwa zehn Pflanzen setzen und während des ersten Jahres regelmäßig bei Trockenheit wässern.

2 PFLEGE

Kamille muss nicht gemäht werden, da sie von Natur aus nur etwa 6 cm hoch wird. Im Sommer gelegentlich mit der Gartenschere dürre Triebe entfernen und überwallende Ränder zurückschneiden. Aufkommendes Unkraut von Hand ausreißen, bevor es sich etablieren kann, – Unkrautvernichter tötet die Kamille ab! Im Frühjahr einen Langzeitdünger ausbringen und den Rasen mit einer Deckschicht aus gesiebter Gartenerde und Sand bedecken. Die Deckschicht eintreten, um die Stiele zu zerdrücken und starke Wurzeln zu fördern.

Bunter Teppich

Mit Blumenzwiebeln kann man auch im Kleinen spektakuläre Effekte auf Rasen und unter Bäumen erzeugen. Wählen Sie robuste Pflanzen, die gegen Wurzeln und Gras ankommen, wie Schneeglöckchen, Narzissen oder Krokusse (Bild). Lassen Sie sie ungestört wachsen und sie werden sich Jahr für Jahr zu einem schönen Blütenteppich ausbreiten.

» WANN BEGINNEN?
Herbst

AM SCHÖNSTEN
zeitiges Frühjahr

ZEITAUFWAND
1–2 Stunden

PFLANZEN & MATERIAL
Frühlingsblumenzwiebeln, etwa 15–20 Stück pro 30 cm².
schmale Kelle oder Zwiebelpflanzer
Spaten
Langzeitdünger

1 VORBEREITUNG
Im Herbst wiederkehrende Unkräuter, wie Löwenzahn und Gänseblümchen, jäten und Rasen mähen. Da Zwiebeln schnell austrocknen, müssen sie möglichst bald nach dem Kauf bei schönem Wetter gepflanzt werden, wenn der Boden weder staunass noch gefroren ist.

2 GRUPPEN PFLANZEN
Für eine natürlich wirkende Verteilung die Zwiebeln in die Luft werfen und dort pflanzen, wo sie hingefallen sind. Für jede Zwiebel mit Kelle oder Pflanzer ein Loch von der Tiefe und zwei- bis dreifachen Breite der Zwiebel ausheben. Etwas Dünger und die Zwiebel hineingeben und auffüllen.

3 KLEINERE GRUPPEN
Für kleinere Gruppen die Grasnarbe mit dem Spaten H-förmig einstechen. Die Narbe mit dem Spaten anheben und umschlagen. Für größere Zwiebeln, wie Narzissen (S. 41), mehr Erde ausheben. Die Zwiebeln mit etwas Dünger einpflanzen. Mit Aushub bedecken und Narbe wieder schließen. Gründlich wässern.

Kletterpflanzen

Erzeugen Sie eine Wand aus Blüten und Blättern, indem Sie senkrechte Flächen mit Kletterern begrünen. Die hier gezeigte Methode eignet sich für Schlingpflanzen, Rankpflanzen und Spreizklimmer, wie Rosen, die eine Kletterhilfe brauchen. Selbstklimmer, wie Efeu, benötigen keine Drähte oder Stäbe.

WANN BEGINNEN?
Herbst oder zeitiges Frühjahr
AM SCHÖNSTEN
Sommer (hier z. B. Geißblatt)

ZEITAUFWAND
 2 Stunden

PFLANZEN & MATERIAL
 Kletterpflanzen, hier Wald-Geißblatt, *Lonicera periclymenum*
Schraubendreher
kunststoffbeschichteter Draht
Schraubösen
Spaten und Kelle
Komposterde oder gut abgelagerter Stallmist
Langzeitdünger
Bambusstäbe und Gartenbast
Rindenmulch

1 DRÄHTE SPANNEN
Parallele Reihen von Schraubösen mit 45 cm Abstand in Holzpfosten und -wände schrauben (in Mauern Dübel setzen). Drähte zwischen den Ösen spannen und die Endösen einige Male drehen, um den Draht zu spannen.

2 PFLANZLOCH AUSHEBEN
Den Boden vorbereiten (S. 14–15). 45 cm von der Wand entfernt ein Loch von der Breite und etwas tiefer als der Topf ausheben. Die Pflanze im Topf ins Loch stellen, um die Pflanztiefe zu bestimmen.

3 STÄBE EINSETZEN
Die Bambusstäbe zur Wand oder zum Zaun hin geneigt ins Loch stellen. Am oberen Ende auffächern und an den Drähten festbinden. Auf diese Weise erhält die Pflanze eine vorübergehende Kletterhilfe, bis sie die Drähte erreicht hat. Dann können die Stäbe vorsichtig entfernt werden, ohne dabei die windenden Triebe der Schlingpflanze zu verletzen.

STRUKTUR IM GARTEN   213

Kletterpflanzen auswählen

Kletterpflanzen bedienen sich verschiedener Klettertechniken. Wenn Sie wissen, wie Ihre Pflanze klettert, können Sie ihr auch die richtige Unterstützung geben. Die Beispiele unten zeigen eine Auswahl der Methoden.

4 PFLANZE POSITIONIEREN
Die Pflanze wässern und austopfen. Ins Loch setzen und in Richtung Wand neigen. Der Wurzelballen darf nicht über die Oberfläche ragen. Den Aushub mit Dünger mischen und verfüllen.

5 RESERVOIR ANLEGEN
Mit der umgebenden Erde einen kreisförmigen Wall aufschütten, um eine flache Senke zu erhalten. Diese dient als Wasserreservoir und leitet das Wasser zu den Wurzeln.

6 LETZTE HANDGRIFFE
Die Triebe mit Bast locker an die Pflanzstäbe binden. Die Pflanze gut wässern und mit Abstand zu den Trieben Rindenmulch oder Komposterde aufbringen. Im ersten Jahr vor allem bei Trockenheit regelmäßig wässern.

KLETTERTECHNIKEN

Einige Kletterer können sich ohne Hilfe an Flächen festhalten. Dazu zählen Efeu (*Hedera*), der Haftwurzeln ausbildet, und Jungfernrebe (*Parthenocissus*), die sich mit Haftscheiben festhält. Bei diesen Selbstklimmern ist Vorsicht geboten, da sie Mauerwerk beschädigen können. Rosen halten sich mit ihren Stacheln an höheren Pflanzen oder Gerüsten fest, sie gehören zu den Spreizklimmern. Clematis haben dagegen rankende Blattstiele, Duft-Wicken zu Ranken umgewandelte Blätter. Passionsblumen (*Passiflora*) halten sich mit Sprossranken fest und Geißblatt-Arten (*Lonicera*) winden sich mit ihren Trieben um dünne Stäbe oder Drähte, oder auch um Trägerpflanzen, an denen sie emporklettern.

❶ Efeu bildet Haftwurzeln aus. ❷ Die Jungfernrebe besitzt Haftscheiben. ❸ Rosen halten sich mit ihren Stacheln fest. ❹ Die Sprossranken der Passionsblume greifen nach jedem Halt.

DIE RICHTIGE STÜTZE

Stellen Sie die endgültige Höhe Ihres Kletterers fest und wählen Sie eine Stütze, die groß und stabil genug ist für eine ausgewachsene Pflanze. Als Alternativen zu Drähten (links) bieten sich für kleinere Pflanzen ein Spalier oder ein gekaufter oder selbst gebauter Obelisk (S. 216–218) an. Nutzt man Sträucher oder Bäume als Kletterhilfe, spart man sowohl Aufwand als auch Platz.

Clematis für alle Jahreszeiten

Lassen Sie diese Pflanzen durch Bäume und Sträucher oder über Pergolen klettern, wo sie von Frühjahr bis Herbst blühen. Dann erscheinen ihre luftigen Fruchtstände, die einen ganz eigenen Zauber verbreiten. *C. armandii* und *C. montana* blühen und duften im Frühling, gefolgt im Frühsommer von 'Vyvyan Pennell' und 'Bees' Jubilee', während die übrigen von der Mitte des Sommers bis in den Herbst strahlende Farbe bieten.

STRUKTUR IM GARTEN 215

❋❋❋ völlig winterhart ❋❋ winterhart in milden Regionen/an geschützten Standorten ❋ im Winter vor Frost schützen
☀ volle Sonne ◐ Halbschatten ● Schatten ◊ durchlässiger Boden ◌ feuchter Boden ◉ nasser Boden

❶ *Clematis* 'Ville de Lyon'; ↕2–3 m ☀ ◐ ◌ ❋❋❋ ❷ *Clematis* 'Etoile Rose'; ↕2,5 m ☀ ◐ ◌ ❋❋❋
❸ *Clematis* 'Vyvyan Pennell'; ↕2–3 m ☀ ◐ ◌ ❋❋❋ ❹ *Clematis* 'Bill MacKenzie'; ↕7 m
☀ ◐ ◌ ❋❋❋ ❺ *Clematis henryi*; ↕3 m ☀ ◐ ◌ ❋❋❋ ❻ *Clematis montana* var. *rubens* 'Tetrarose';
↕5 m ☀ ◐ ◌ ❋❋❋ ❼ *Clematis* 'Bees' Jubilee'; ↕2,5 m ☀ ◐ ◌ ❋❋❋ ❽ *Clematis* × *diversifolia*;
↕2–3 m ☀ ◐ ◌ ❋❋❋ ❾ *Clematis armandii*; ↕3–5 m ☀ ◐ ◌ ❋❋ ❿ *Clematis* 'Purpurea Plena
Elegans'; ↕3 m ☀ ◐ ◌ ❋❋❋ ⓫ *Clematis* 'Ascotiensis'; ↕3–4 m ☀ ◐ ◌ ❋❋❋

Obelisk für Kletterpflanzen

Holzobelisken passen in nahezu jeden Garten, ob streng geometrisch oder bunt und naturnah. Verleihen Sie ihrem Garten mit Clematis oder einem anderen blühenden Kletterer Höhe, flankieren Sie einen Eingang oder setzen Sie einen Blickfang an einem Wegende. Gute Modelle aus Holz sind teuer, aber man kann sie mit etwas Geschick auch für einen Bruchteil des Preises selbst bauen.

>> **WANN BEGINNEN?**
jederzeit
AM SCHÖNSTEN
je nach Vorhaben

ZEITAUFWAND
 1½ Stunden

PFLANZEN & MATERIAL
4 Stück 2,5 m lange Kanthölzer (34 mm × 34 mm) für die Stützen
2 kleinere Holzreste für die Schablone
25 m Dachlatte (34 mm × 9 mm) für die Querstreben
Kantholzreste (75 mm × 25 mm) für den Kranz
1 dekorative Spitze
Holzschrauben (34 mm)
Bohrmaschine mit Versenker
Schraubendreher
Säge
ungiftige Beize oder Schutzanstrich

1 SCHABLONE BAUEN
Zunächst Schablonen für die Seiten bauen. Für das obere Ende zwei Schrauben mit 12 cm Abstand in einen Holzrest drehen. Für den Fuß zwei weitere Schrauben mit 50 cm Abstand halb in einen zweiten Rest schrauben. Beide Reste mit 2,4 m Abstand parallel nebeneinanderlegen. Zwei Stützenhölzer parallel zwischen die beiden Reste legen.

2 GRUNDFORM LEGEN
Die oberen Enden der Stützen wie gezeigt an die Schrauben des oberen Holzrests anlegen. Die unteren Stützenenden an den Schrauben des unteren Holzrests anlegen.

3 EINE QUERLATTE ANSCHRAUBEN
Die Stützen bilden jetzt ein breites Dreieck. Eine Querstrebe 30 cm über dem Fußende über die Stützen legen. Mit Bohrmaschine und Versenker Löcher in Streben und Stützen bohren und verschrauben.

4 DEN KRANZ ANBRINGEN
Auf die gleiche Weise einen kurzen Holzrest als Kranzseite auf das Kopfende der Stützen schrauben. Je zwei Löcher in die Stützen bohren und die Kranzseite festschrauben.

Stütze für die Clematis >
Spannen Sie Gartendraht zwischen den Querstreben, um der Clematis das Klettern zu erleichtern.

Fortsetzung auf der übernächsten Seite ...

5 WEITERE STREBEN ANBRINGEN

Wie in Schritt 3 beschrieben weitere Querstreben in 15-cm-Abständen anschrauben, sodass eine dreieckige Sprossenkonstruktion entsteht.

6 EINKÜRZEN

Die Streben mit der Säge bündig mit den Stützen einkürzen. Schritte 2 bis 5 wiederholen und eine zweite Sprossenwand anfertigen. Beide Teile mit Beize oder Schutzmittel streichen.

7 TEILE VERBINDEN

Die beiden Seiten wie hier gezeigt an den beiden Schablonen anlegen. Die Teile auf einer Seite mit weiteren Streben auf Höhe der bereits vorhandenen Streben verbinden. Die Arbeit geht leichter, wenn ein Helfer die Seitenteile festhält.

8 FERTIGSTELLEN

Die Streben der dritten Seite sorgfältig verschrauben, dann die Konstruktion umdrehen und die vierte Seite mit Streben versehen. Die Streben wie in Schritt 6 beschrieben einkürzen.

9 DEN KRANZ SÄGEN

Die Holzreste für den Kranz zusammenschrauben. Die Spitze vermessen und einen Deckel zuschneiden. Den Deckel beizen und auf den Kranz schrauben, sobald er trocken ist.

11 LETZTE HANDGRIFFE

Abschließend die übrigen Streben beizen und alle unbehandelten Stellen streichen. Beize oder Holzschutzmittel verhindern ein Verrotten und verlängern die Lebensdauer. Den Anstrich alle paar Jahre im zeitigen Frühjahr erneuern, bevor die Wachstumsphase einsetzt. Den Obelisken entweder 10 cm tief eingraben oder mit Pfostenschuhen sicher im Boden verankern.

10 EINE SPITZE AUFSETZEN

Hölzerne Zierspitzen sind in verschiedenen Formen erhältlich. Hier haben wir eine Eichel gewählt. Die Spitze beizen und auf den Kranz schrauben.

Clematis pflanzen

Eleganz, Farbenpracht, Vielfalt und Blütenformen haben die Clematis an die Spitze der Beliebtheitsskala gebracht. Pflanzen Sie sie mit Sorgfalt, und sie wird Ihnen auf Jahre hinaus Freude bereiten.

▲ **Schatten für die Wurzeln**
Pflanzen Sie die Clematis so, dass ihre Wurzeln Schatten und die Blüten Sonne haben.

WANN BEGINNEN?
Herbstanfang
AM SCHÖNSTEN
je nach Sorte, siehe S. 214–215

ZEITAUFWAND
 1½ Stunden

PFLANZEN & MATERIAL
Clematis
Spaten
Gabel
Komposterde oder gut abgelagerter Stallmist
Langzeitdünger
Bambusstab
Draht und Drahtösen (an einer Wand oder einem Zaun)
Gartenbast

1 VORBEREITUNG
Zunächst reichlich Komposterde oder Stallmist in den Boden einarbeiten. Die Clematis 45 cm von einer Wand oder einem Zaun entfernt platzieren. Ein etwa 30 cm tiefes Loch graben, den Grund auflockern und ein wenig Dünger in den Aushub mischen.

2 PFLANZTIEFE
Clematis am besten tief pflanzen, damit sie einen Befall mit Clematiswelke überlebt (S. 432). Die Pflanze im Topf ins Loch setzen und mit einem Stab als Anhaltspunkt dafür sorgen, dass die Basis der Triebe 5 cm unter der Erde liegt.

3 PFLANZEN UND VERFÜLLEN
Die Clematis gut wässern, austopfen und ins Pflanzloch setzen. Das Loch sorgfältig mit Aushub und Dünger füllen und die Erde mit den Fingern sanft zwischen den Stämmen andrücken, damit keine Lufttaschen entstehen.

4 PFLEGE
Die Erde sanft mit dem Fuß andrücken und die Triebe an einem Gerüst festbinden (S. 212–213). Gründlich wässern. Mit Abstand zu den Trieben mit Komposterde oder Stallmist mulchen. Regelmäßig wässern, bis die Pflanze sich etabliert hat.

Dekorativer Wein

Kraftvolle Kletterer, wie Weinrebe und Jungfernrebe, bedecken schnell jeden Unterbau und mildern harte Linien mit sanftem Grün. Die schönsten haben attraktiv geformte Blätter, die sich im Herbst leuchtend verfärben und den Garten erstrahlen lassen.

>> **WANN BEGINNEN?**
Herbst
AM SCHÖNSTEN
Herbst

ZEITAUFWAND
1 Stunde

PFLANZEN & MATERIAL
Wein, z. B. *Vitis vinifera* 'Purpurea' oder *V. coignetiae*
Spaten
Komposterde
Schnur

1 KLETTERHILFE
Wein wird meist über Pergolen und an Mauern gezogen, wirkt aber auch in großen Sträuchern und Bäumen sehr attraktiv. Suchen Sie sich eine Struktur, die verborgen werden soll, oder große Pflanzen, die etwas Farbe brauchen. Weinreben schlingen ihre Sprossranken um dünne Äste und benötigen an Pergolen und Mauern einen Draht oder ein Spalier (S. 212–213) als Rankhilfe.

2 PFLANZEN
Große, feste Strukturen halten den Regen ab und erwachsene Sträucher saugen viel Wasser aus dem Boden. Damit der Wein genügend Wasser erhält, sollte er 45 cm von seiner Rankhilfe entfernt stehen und sich ihr zuneigen.
Ein großes Loch ausheben, Komposterde einarbeiten, den Wein pflanzen und gut wässern (S. 212–213).

3 PFLEGE
Neue Triebe regelmäßig anbinden, damit der Wein die Struktur gleichmäßig überzieht. Den Wein im ersten Jahr gut wässern und im Frühjahr mit einem Gehölzdünger düngen.

< *Bunte Decke*
Weine eignen sich nicht nur für feste Bauten, sie können auch jeden großen, etablierten Strauch oder Baum verschönern, der ihr Gewicht tragen kann.

Selbstklimmer

Selbstklimmer brauchen keine Drähte oder Spaliere. Sobald sie Halt finden, klettern sie ohne Hilfe weiter und eignen sich dadurch besonders für Gärtner mit knapp bemessener Zeit.

Die folgenden Pflanzen sind selbstklimmend und färben sich im Herbst leuchtend rot:
❶ Dreilappige Jungfernrebe, *Parthenocissus tricuspidata*; ↕20 m ❷ Chinesische Jungfernrebe, *Parthenocissus henryana*; ↕10 m ❸ *Parthenocissus tricuspidata* 'Lowii'; ↕20 m

< *Überwachsene Pergola*
Dekorative Weinreben sind wüchsige und attraktive Kletterer, die große Mengen leckerer Früchte für Vögel liefern. Zudem bieten sie im Herbst feurige Rot-, Violett- und Orangetöne.

Rosenpergola

Ein klassisches Holzportal mit Kletterrosen und Clematis verleiht einem Garten Struktur und Höhe. Die als Bausatz erhältlichen Pergolen sind leicht zusammenzubauen. Hier beschreiben wir eine der möglichen Konstruktionen.

 WANN BEGINNEN?
jederzeit
AM SCHÖNSTEN
Frühjahr bis Sommer

 ZEITAUFWAND
1 Tag

 PFLANZEN & MATERIAL
Pergola-Bausatz
Bandmaß
Holzschrauben
Akkuschrauber
Spaten
Schotter (Ziegelstücke, Steine etc.)
Wasserwaage
Zementmischung

1 TEILE BEREITLEGEN
Alle Teile des Bausatzes auslegen. Beginnend mit dem Dach die kurzen Querstreben so anordnen, dass sie in die beiden langen Querlatten der Dachkonstruktion passen. Die Abstände mit dem Bandmaß nachmessen.

2 ZUSAMMENBAU
Die Querstreben mit Schrauben und dem Akkuschrauber an die Querlatten schrauben. Die Seitenteile nach Anleitung des Herstellers an das Dach schrauben. Die Spalierseiten dieses Bausatzes sind vormontiert und werden am Dach verschraubt.

Sommerpracht >
Diese Pergola ist mit Rosa *'Seagull',* Clematis armandii *und* Hopfen *(Humulus lupulus 'Aureus') bepflanzt.*

3 LÖCHER AUSHEBEN
Die Pergola an ihren endgültigen Standort bringen und die Positionen der vier Beine markieren. Die Löcher für die Füße 45 cm tief und 30 cm breit ausheben. Eine 5 cm dicke Schüttlage aus Schotter in die Löcher füllen.

4 POSITIONIEREN
Die Schüttlage mit einem Pfahl verdichten. Die Pergola anheben und die Beine in die Löcher senken. Darauf achten, dass alle Beine fest stehen, und die Konstruktion mithilfe des Schotters stabil unterfüttern.

5 STAND ÜBERPRÜFEN
Mithilfe der Wasserwaage sicherstellen, dass alle senkrechten Teile auch wirklich senkrecht stehen und das Dach parallel zum Boden bzw. waagerecht liegt. Den Stand der Pergola korrigieren, bis sie absolut gerade steht. Dann mehr Schotter um die Beine einfüllen.

6 EINZEMENTIEREN
Die Zementmischung bis oben hin in die Löcher füllen und darauf achten, dass sie die Beine vollständig umschließt. Langsam Wasser in die Löcher gießen, dann den Zement einen oder zwei Tage abbinden lassen. Die Pergola nach Wunsch beizen und bepflanzen.

Kletterpflanzen für Pergolen

Es gibt Kletterpflanzen für jeden Geschmack: Für Blütenpracht greift man zum wunderbar wilden *Eccremocarpus* oder zur Flammenden Kapuzinerkresse, für schlichtes, aber buntes Blattwerk zu *Humulus lupulus*. Kletterrosen sind eher traditionell, während Akebie, Geißblatt und Sternjasmin einen köstlichen Duft verströmen. Viele dieser Pflanzen lassen sich wunderbar kombinieren, man muss sich also nicht auf eine Art beschränken.

STRUKTUR IM GARTEN | 225

❋❋❋ völlig winterhart ❋❋ winterhart in milden Regionen/an geschützten Standorten ❋ im Winter vor Frost schützen
☀ volle Sonne ◐ Halbschatten ● Schatten ○ durchlässiger Boden ◊ feuchter Boden ♦ nasser Boden

❶ Wald-Geißblatt, *Lonicera periclymenum* 'Serotina'; ↕7 m ☀ ◊ ❋❋❋ ❷ Schönranke, *Eccremocarpus scaber*; ↕3 m ☀ ○ ❋ ❸ Fingerblättrige Akebie, *Akebia quinata*; ↕10 m ☀ ◐ ◊ ❋❋❋ ❹ Gewöhnlicher Hopfen, *Humulus lupulus* 'Aureus'; ↕6 m ☀ ◊ ❋❋❋ ❺ Purpur-Prunkwinde, *Ipomoea purpurea*; ↕3 m ☀ ○ ❋ ❻ Windender Purpurglockenwein, *Rhodochiton atrosanguineus*; ↕3 m ☀ ◊ ❋ ❼ Flammende Kapuzinerkresse, *Tropaeolum speciosum*; ↕3 m ◐ ◊ ❋❋ ❽ Chinesischer Sternjasmin, *Trachelospermum jasminoides*; ↕6 m ☀ ◐ ○ ❋❋ ❾ Chile-Kartoffel, *Solanum crispum* 'Glasnevin'; ↕6 m ☀ ○ ❋❋ ❿ *Rosa* 'Compassion'; ↕3 m ☀ ◊ ❋❋❋

Duftende Vorhänge

Die große und schöne Glyzine ist die Königin der Kletterpflanzen. Manche lieben sie schon für ihre knorrigen Äste und die eleganten grünen Blätter, aber im Frühsommer legt sie mit einer wirklich atemberaubenden Fülle langer, hängender, duftender Blüten noch zu. Alles, was sie braucht, ist ein wenig Pflege.

AUSWAHL

Aus Samen gezogene Glyzinen brauchen mehr als zehn Jahre bis zur Blüte, veredelte Sorten blühen dagegen meist innerhalb von drei bis vier Jahren. Man kann die Veredelungsstelle an der Stammbasis sehen, aber fragen Sie vorsichtshalber in der Gärtnerei nach. Kaufen Sie am besten eine bereits blühende Pflanze. So haben Sie auch die Möglichkeit, die richtige Farbe für Ihren Garten zu wählen. Sie finden die Pflanzen im Handel auch unter dem Namen Blauregen.

PFLANZUNG UND STÜTZE

Glyzinen sind groß und schwer und benötigen eine große, stabile Rankhilfe, wie kräftige Drähte oder eine Pergola. Bereiten Sie den Boden rechtzeitig vor, indem Sie ihn umgraben und reichlich Komposterde oder gut abgelagerten Stallmist einarbeiten (S. 212–213). Anfangs müssen Sie die Triebe unter Umständen locker anbinden, aber das erübrigt sich, sobald sie zu ranken beginnen (rechts).

Schnitt

Für eine reiche Blüte sollten Glyzinen zwei Mal im Jahr geschnitten werden.

>> **WANN SCHNEIDEN?**
Winter und Sommer

ZEITAUFWAND
3 Stunden

PFLANZEN & MATERIAL
Gartenschere
Leiter
Komposterde oder gut abgelagerter Stallmist
Schnur

1 SOMMERSCHNITT
Am besten beurteilt man den Wuchs der Pflanze, nachdem sie geblüht hat. Vorhandene Lücken schließt man, indem man neue Triebe in diese Richtung erzieht, dafür bindet man sie locker mit Schnur an die Rankhilfe.

2 RÜCKSCHNITT
Sobald die Triebe angebunden sind, alle anderen Triebe auf etwa 30 cm zurückschneiden. Durch die Begrenzung des Wuchses kann Licht und Luft an die jungen Stämme gelangen, und die Blüte wird im Folgejahr reichlicher ausfallen.

3 WINTERSCHNITT
Die beste Zeit hierfür ist der späte Winter. Zunächst schneidet man alle langen, grünen Triebe, die nach dem Sommerschnitt gewachsen sind, dicht über einer Knospe auf etwa fünf Knospen über dem Hauptstamm zurück.

4 NACHSCHNITT
Dann die im Sommer zurückgeschnittenen Triebe weiter auf zwei oder drei Knospen kürzen. Dabei nicht die dicken, runden Blütenknospen abschneiden. Die dünneren und spitzen Blattknospen können entfernt werden.

5 IN SCHACH HALTEN
Glyzinen sind wüchsig und entwickeln mit der Zeit dicke, holzige Stämme, die an Abflüssen, Fensterrahmen und Fallrohren Schäden anrichten können. Schneiden Sie junge Triebe rechtzeitig zurück, um sie davon fernzuhalten.

Duft-Wicken ziehen

Die zu Recht beliebte Platterbsen-Art (*Lathyrus odoratus*) begeistert mit ihrem Duft im Garten wie auch als Schnittblume im Haus. Ziehen Sie die Duft-Wicke im Gewächshaus oder auf der Fensterbank vor und setzen Sie die jungen Pflänzchen im Frühjahr nach draußen an einen offenen, sonnigen Standort.

1 ANRITZEN

Duft-Wicken-Samen haben eine harte Schale, die Wasser abhält und ein Keimen verhindert. Damit die Samen Wasser aufnehmen können, muss man sie mit einem scharfen Messer oder einer Nagelschere gegenüber dem »Auge« anritzen und ein kleines Stück entfernen.

2 HERBSTSAAT

Im Herbst Erde in Saatschalen oder Töpfe füllen und die Samen 1 cm tief setzen. Die Sämlinge bis zum Frühjahr im kalten Gewächshaus oder auf einer kühlen Fensterbank halten und nur bei Frost beheizen. Mitte des Frühjahrs die Spitze des Haupttriebs jedes Sämlings auskneifen.

3 FRÜHJAHRSSAAT

Im Frühjahr die Duft-Wicken im Haus oder im warmen Gewächshaus bei 14–17 °C in Saatschalen oder Töpfen anziehen. Sobald sie 10–15 cm hoch sind, die Triebspitzen bis zum ersten Blattpaar auskneifen. Dadurch wird ein buschigerer Wuchs gefördert.

WANN BEGINNEN?
Herbst oder Frühjahr

AM SCHÖNSTEN
Sommer

ZEITAUFWAND
2–3 Stunden über mehrere Monate hinweg

PFLANZEN & MATERIAL
- Duft-Wicken-Samen
- scharfes Messer oder Nagelschere
- hohe Saatschale oder Blumentöpfe
- Aussaaterde
- Komposterde oder gut abgelagerter Stallmist
- Obelisk oder Pflanzstäbe
- Gartenbast
- Langzeitdünger

STRUKTUR IM GARTEN

Rankhilfen für Duft-Wicken

Duft-Wicken klettern mithilfe ihrer zu Ranken umgebildeten Blätter, die sich an Stützen, z. B. an Pflanzstäben, festhalten. Die buschigen Pflanzen werden bis zu 1,8 m hoch und benötigen eine entsprechend hohe Rankhilfe.

4 ABHÄRTEN UND AUSPFLANZEN
Im Herbst gesäte Sämlinge können Mitte des Frühjahrs ins Freie gesetzt werden. Im Frühjahr gesäte Pflänzchen müssen zunächst einige Wochen tagsüber im Freien und nachts im Haus gehalten werden. Die abgehärteten Pflanzen dann im späten Frühjahr auspflanzen.

5 PFLANZEN UND PFLEGE
Den Boden mit Komposterde oder Stallmist verbessern, jeweils zwei Sämlinge dicht an eine Rankhilfe (rechts) setzen und locker anbinden. Die Pflanzen werden sich sehr bald mit ihren Blattranken an der Hilfe festhalten. Bei Trockenheit wässern und ab Mitte des Sommers alle zwei Wochen düngen. Regelmäßig ausputzen, um die Blüte zu fördern.

TOP-TIPP: WICKENTÖPFE

Zeitungspapier um ein Glas wickeln und das offene Ende ins Glas einstecken. Glas entfernen und das eingesteckte Ende zum Boden formen. Sämlinge im »Topf« einpflanzen, der einfach verrottet.

GEKAUFTE RANKHILFEN
Obelisken und Pyramiden aus Holz oder Metall sind ideal und wirken in Rabatten oder zwischen Feuer- und Stangenbohnen in Gemüsebeeten sehr dekorativ. Verwechseln Sie bei der Ernte nur nicht die Hülsenfrüchte – Wicken sind giftig! Jungpflanzen haben oft Schwierigkeiten, sich an glatten Materialien, wie Metall, festzuhalten und wachsen daher nicht gleichmäßig. Helfen Sie ihnen, indem Sie Bast oder Schnur um die Streben wickeln und auch horizontal spannen, um den Pflanzen einen besseren Halt zu bieten.

Elegante Kombination >
Eine mit Duft-Wicken und Gartenbohnen überzogene Rankpyramide wirkt besonders schick.

SELBST GEBAUTE RANKHILFEN
Eine Rankhilfe ist schnell selbst gebaut, indem man Pflanzstäbe zu einem Wigwam aufstellt und an der Spitze zusammenbindet. Alternativ kann man Wicken auch an Erbsenreisern (S. 307) ziehen oder ein Kunststoffnetz um in den Boden gesteckte Stäbe legen und dieses Spalier mit Bast oder Draht zusammenbinden. Je größer die Pflanzen werden, umso mehr überdecken sie die Rankhilfen mit Blättern und Blüten.

< Tunnelblick
Diese breite und hohe Rankhilfe besteht aus Metallstangen und Maschendraht, die an der Spitze mit Draht verbunden sind. Die Duft-Wicken bilden so einen wunderschönen Blütentunnel.

STRUKTUR IM GARTEN

Schönes Holz

Viele Hartriegel- und Weidenarten haben leuchtend gefärbte Zweige, die jeden Garten schmücken. Am auffälligsten sind junge Triebe, die nach einem starken Schnitt besonders üppig austreiben.

Kopfweiden

Weiden (*Salix*) geben schöne Kopfbäume ab, wenn man einen Einzelstamm etwa 1,5 m hoch werden lässt und so zurückschneidet, dass neue farbenfrohe Triebe am Kopf entstehen.

>> **WANN BEGINNEN?**
Spätwinter oder zeitiges Frühjahr
AM SCHÖNSTEN
Winter

ZEITAUFWAND
 1 Stunde

PFLANZEN & MATERIAL
 Weidenbaum
Gartenschere
Astschere oder Säge
Langzeitdünger

2 RÜCKSCHNITT
Jeden Zweig auf eine oder zwei Knospen zurückschneiden, bevor im Frühjahr neue Triebe erscheinen. Dickere Äste mit der Säge kürzen.

1 AUSLICHTEN
Wenn die Blätter im Herbst fallen, schwache oder kranke Zweige ausschneiden und alle Triebe, die unten am Hauptstamm wachsen, entfernen.

3 NACH DEM SCHNITT
Der Baum wird nach dem Schnitt seltsam aussehen, aber schnell wieder austreiben. Einmal im Jahr Langzeitdünger in den Boden um den Baum herum einarbeiten. Die ausgeschnittenen Ruten können als Pflanzstäbe für Stauden genutzt werden.

Dekorativer Hartriegel

Hartriegel (*Cornus*) wird wegen seiner grünen, roten, orangefarbenen oder leuchtend gelben Winterzweige gepflanzt. Am attraktivsten sind die jungen Triebe, deshalb schneidet man den Strauch jedes Jahr fast bis zum Boden zurück.

1 JÄHRLICHER SCHNITT
Hartriegel im späten Winter oder zeitigen Frühjahr bis auf eine oder zwei Knospen über dem Boden zurückschneiden. Dünnere Zweige mit der Gartenschere, dicke mit der Säge kürzen.

2 OFFENE STRUKTUR
Aus den obersten Knospen treiben neue Zweige aus. Bei mehreren Knospen die nach innen weisenden mit den Fingern abreiben. Dadurch wird der Strauch nicht zu dicht, bleibt gesünder und sieht schöner aus.

3 ALTERNATIVE
Statt den Strauch komplett bis zum Boden zu schneiden, kann man auch nur jeden dritten Zweig kürzen. So sieht die Pflanze im Sommer nicht ganz so gerupft aus, dafür fällt aber auch das Winterbild weniger spektakulär aus.

< *Nackte Pracht*
Cornus alba 'Sibirica' und Weiden sind hier mit farbenfrohen, im Frühjahr blühenden Zwiebelblumen kombiniert.

Weidenhecke

Weidenhecken sind schlanker als normale Hecken und einfach zu ziehen. Sie eignen sich hervorragend zum Unterteilen und Begrenzen von Gärten und fügen sich harmonisch in die Landschaft ein. Einmal etabliert, bieten sie auch sicheren Windschutz für Gemüse- und Blumengärten.

WANN BEGINNEN?
Winter, wenn die Weide ruht

AM SCHÖNSTEN
ganzjährig

ZEITAUFWAND

4–5 Stunden über mehrere Monate

PFLANZEN & MATERIAL

Weidenstecklinge
Komposterde oder gut abgelagerter Stallmist
Spaten
geteerte Gartenschnur
Gummibänder

1 WEIDE ZIEHEN ODER KAUFEN
Am weitesten verbreitet ist *Salix alba* mit ihren farbenfrohen Zweigen im Winter. Die Stecklinge im Winter kaufen oder schneiden und sofort einpflanzen. Dabei Abstand zu Gebäuden und Kanälen halten, da die Wurzeln invasiv sind.

2 WEIDEN PFLANZEN
Reichlich Komposterde oder Stallmist in den Boden einarbeiten, jäten. Den Boden 20 cm tief mit dem Spaten einstechen, die Stecklinge mit 20 cm Abstand einsetzen und andrücken. Gründlich wässern. Erst flechten, wenn die Triebe gewachsen sind.

3 FLECHTEN
Die Stecklinge miteinander zu einem gleichmäßigen und stabilen Rautenmuster verflechten. An den Kreuzungspunkten mit Schnur zusammenbinden und die Spitzen mit Gummibändern verbinden. So bleibt die Konstruktion flexibel, bricht aber bei starkem Wind nicht.

TOP-TIPP: WEIDE KAUFEN UND PFLEGEN
Am besten kauft man Weidenstecklinge im spezialisierten Fachhandel. Die meisten Gärtnereien sind auch online präsent. Die Stecklinge werden im Winter geschnitten und sind auch nur dann im Handel erhältlich. Sie sind in der Regel 20–30 cm lang und brauchen eine Wachstumssaison, um lang genug zum Flechten zu werden. Stecklinge für Tunnel sind länger. Halten Sie die Fläche unkrautfrei (S. 76) und wässern Sie die Stecklinge nach dem Pflanzen gründlich. Wässern Sie weiterhin regelmäßig, bis die Pflanzen sich etabliert haben.

Weidentunnel

Ein preiswerter und natürlich wirkender Weidentunnel ist genauso schnell errichtet wie eine Hecke und passt in Spielbereiche und eher zwanglose Anlagen. Kaufen Sie für einen lebenden Tunnel längere Ruten statt Stecklinge.

1 ABSTECKEN
Den Boden wie gegenüber beschrieben vorbereiten. Die Länge des Tunnels ausmessen und die benötigte Anzahl an Ruten berechnen: Sie stehen paarweise bis zu 30 cm voneinander entfernt. Zusätzlich benötigt man einige Ersatzruten. Die Ruten baldmöglichst einpflanzen (gegenüber), dabei die Schlitze 30 cm tief stechen.

2 BOGEN
Beiderseits des markierten Tunnels passende Ruten paarweise einsetzen. Jedes Paar zu einem Bogen biegen, miteinander verwinden und mit Gummibändern zusammenbinden. Einige Ruten zwischen die Bögen setzen und quer einflechten, um die Struktur zu stabilisieren. Diese Ruten wie oben gezeigt mit den Bögen verbinden.

3 LETZTE HANDGRIFFE
Gut wässern und jedes Frühjahr mulchen. Den Tunnel im ersten Jahr gut wässern und regelmäßig jäten.

TOP-TIPP: SCHNITT UND PFLEGE

Am besten wässern Sie Ihren Tunnel mithilfe eines Sickerschlauchs (S. 406–407), den Sie an eine Zeitschaltuhr anschließen. Ersetzen Sie tote Pflanzen gegen frische, sobald Sie sie sehen. Schneiden Sie Hecken und Tunnel nicht vor dem Ende des ersten Jahres, wenn die Blätter gefallen sind. Etablierte Weidenstrukturen entwickeln lange Triebe, die Sie zurückschneiden und als Mulch oder Brennstoff für den Kamin häckseln können. Alternativ können Sie sie auch als frisches Baumaterial für weitere Projekte nutzen.

234 STRUKTUR IM GARTEN >>

Wand voller Beeren

Mauersträucher, wie der Feuerdorn, sind leicht zu ziehen und bieten nicht nur dichtes Laub, sondern auch Blüten im Frühjahr und Beeren im Herbst, die Textur und Farbe in den Garten bringen. Die spitzen Dornen halten an der Grundstücksgrenze zudem Eindringlinge fern und die Beeren locken Vögel an.

>> **WANN BEGINNEN?**
Herbst

AM SCHÖNSTEN
ganzjährig

ZEITAUFWAND
 2 Stunden

PFLANZEN & MATERIAL
 Feuerdorn, *Pyracantha*
Komposterde oder gut abgelagerter Stallmist
Gehölzdünger
beschichteter Draht und Schraubösen
Gartenbast
Gartenschere

1 VORBEREITUNG
Etwa 50 cm von der Mauer oder dem Zaun entfernt für den Feuerdorn einen Eimer Komposterde oder Stallmist und etwas Dünger in den Boden einarbeiten (ins Pflanzloch selbst wird kein organisches Material gegeben).

2 PFLANZEN UND ANBINDEN
Horizontale Drähte an Mauer oder Zaun spannen (S. 212–213). Ein Pflanzloch in Tiefe des Topfs und doppelter Breite des Wurzelballens ausheben. Den Strauch ins Loch setzen und mit einem Stab die Pflanztiefe prüfen, so ausrichten, dass er genauso tief sitzt wie in seinem Topf. Austopfen und einpflanzen. Das Loch mit Aushub auffüllen und die Erde leicht andrücken. Die Äste von den Pflanzstäben lösen und mit Bast an den Drähten befestigen.

STRUKTUR IM GARTEN 235

3 SCHNEIDEN
Triebe, die von der Mauer weg wachsen, mit einer sauberen und scharfen Gartenschere ausschneiden. Dabei bis zum Hauptstamm oder bis oberhalb einer Knospe, die zur Wand hin zeigt, schneiden. Die Seitentriebe einkürzen, um einen buschigen Wuchs zu fördern.

4 WÄSSERN UND MULCHEN
Den Strauch gut wässern und mit Abstand zu den Stämmen mit Komposterde oder Stallmist mulchen. Ein oder zwei Jahre regelmäßig wässern, bis der Strauch sich etabliert hat. Danach nur bei längerer Trockenheit wässern.

5 SCHNEIDEN
Wenn im Frühjahr Blütenknospen erscheinen, nach außen oder zur Wand hin wachsende Triebe ausschneiden. Zusätzlich lange Triebe kürzen, damit der Strauch kompakt bleibt. Dabei so viele Knospen wie möglich erhalten. Im Spätsommer die Triebe bis auf wenige Knospen über den Beeren zurückschneiden, damit diese besser zur Geltung kommen.

Kleine Auswahl

Diese schönen Mauersträucher liefern eher Blüten als Beeren. Jeder hat seine eigenen Vorzüge: Säckelblume und Becherkätzchen sind immergrün, während Zierquitte und Flanellstrauch strahlende, farbenfrohe Blüten bieten.

DIE QUAL DER WAHL
Die noch unbeblätterten Zweige der Zierquitte (*Chaenomeles*) kündigen mit rosa oder roten Blüten den Frühling an, gefolgt von den blauen Pompons der Säckelblume (*Ceanothus*), die sich gegen Ende des Frühjahrs öffnen. Der Flanellstrauch (*Fremontodendron*) trägt zwischen Ende des Frühjahrs und Herbstanfang große, wächserne gelbe Blüten und zum Jahresausklang zeigt das Becherkätzchen (*Garrya*) seine langen, cremefarbenen Blütenstände.

DER RICHTIGE STANDORT
Säckelblume und Flanellstrauch bevorzugen Sonne. Becherkätzchen und Quitte gedeihen im Halbschatten und in voller Sonne. Abgesehen von der Quitte toleriert keiner dieser Sträucher harten Frost, daher brauchen sie einen geschützten, warmen Standort. Am empfindlichsten ist der Flanellstrauch, nehmen Sie als Ersatz Rosa 'Golden Showers'. Pflanzen Sie die Sträucher wie den Feuerdorn (links).

PFLEGE
Die Sträucher können zwar in trockenem Boden wachsen, wenn sie sich etabliert haben, müssen aber im ersten Jahr regelmäßig gewässert werden. Schneiden Sie Quitte und Säckelblume nach der Blüte, Becherkätzchen und Flanellstrauch Mitte des Frühjahrs. Entfernen Sie alle von den Stützen wegstrebenden Triebe und kürzen Sie alle anderen ein, um eine kompakte Form zu erhalten. Binden Sie lange Triebe an die Drähte. Im zeitigen Frühjahr tut den Sträuchern zudem ein Gehölzdünger gut.

❶ Zierquitte, *Chaenomeles × superba*; ↕1,5 m ↔1,8 m ❷ Säckelblume, *Ceanothus* 'Concha'; ↕↔1,5–3 m ❸ Becherkätzchen, *Garrya elliptica*; ↕↔4 m ❹ Flanellstrauch, *Fremontodendron californicum*; ↕6 m ↔4 m (nur winterhart bis -5 °C)

Attraktive Kätzchen

Ob weich und flauschig oder lang herabbaumelnd, Kätzchen entzücken uns immer wieder. Die bekanntesten sind die der Weiden oder der Hänge-Birke, die an den noch kaum beblätterten Zweigen auffällige Akzente setzen. Es gibt aber auch noch viele andere ebenso attraktive Kätzchen, die oft übersehen werden. Sie verleihen dem Garten im Frühjahr eine überraschende Wirkung, wenn eine Veränderung am meisten willkommen ist.

STRUKTUR IM GARTEN 237

❅❅❅ völlig winterhart   ❅❅ winterhart in milden Regionen/an geschützten Standorten   ❅ im Winter vor Frost schützen
☼ volle Sonne   ☼ Halbschatten   ☼ Schatten   ◊ durchlässiger Boden   ● feuchter Boden   ● nasser Boden

❶ Salix hastata 'Wehrhahnii'; ↕1,2 m ↔1,2 m ☼ ● ❅❅❅   ❷ Alnus incana; ↕20 m ↔10 m ☼ ● ❅❅❅
❸ Betula nana; ↕60 cm ↔1,2 m ☼ ◊ ● ❅❅❅   ❹ Itea ilicifolia; ↔3 m ◊ ● ❅❅
❺ Salix lanata; ↕1 m ↔1,5 m ☼ ● ❅❅❅   ❻ Itea virginica; ↕2 m ↔1,5 m ☼ ◊ ● ❅❅❅   ❼ Betula papyrifera; ↕20 m ↔10 m ☼ ◊ ● ❅❅❅   ❽ Salix caprea 'Kilmarnock'; ↕1,5 m ↔2 m ● ❅❅❅
❾ Salix reticulata; ↕8 cm ↔30 cm ☼ ● ❅❅❅   ❿ Salix hastata; ↕↔1 m ☼ ● ❅❅❅

Wintermantel

Der kalte dunkle Winter kann deprimierend sein, aber ein paar gut gesetzte Kletterpflanzen an Zäunen, Grenzen und nackten Stämmen machen auch die finstere Jahreszeit bunter. Im Handel sind Pflanzen mit wunderbar panaschiertem Laub, sonnig-gelben Blüten und sogar herrlich duftendem Flor erhältlich.

Efeutor

Der oft als gewöhnlich abgetane Efeu entfaltet gerade im Winter mit schönen Blattformen und leuchtenden Farben seine Wirkung. Besonders attraktiv wirkt er an einem Bogen oder Pavillon.

> **WANN BEGINNEN?**
> Herbst
> **AM SCHÖNSTEN**
> ganzjährig, vor allem im Winter

 ZEITAUFWAND
je 1 Tag für Rankgerüst und Pflanzen

 PFLANZEN & MATERIAL

 Rankgerüst: Rosenbogen, Rosenpavillon oder Pergolen (als Bausatz)
Komposterde oder gut abgelagerter Stallmist
Gartenbast
Gartenschere
Efeu, wie z. B. *Hedera helix* 'Cavendishii', 'Glacier' oder 'Oro di Bogliasco' oder *Hedera colchica*

^ **Winterliches Grün**
Dieser hübsche, mit panaschiertem Efeu überwachsene und von Euonymus *und Lorbeer flankierte Bogen ist im Winter ein echter Blickfang.*

1 RANKGERÜST AUFSTELLEN
Wenn kräftiges Blattwerk rar ist, hat Efeu mit seinen einfarbigen oder panaschierten, kleinen oder großen Blättern viel zu bieten. Hier eignen sich *Hedera helix* oder großblättrige *H. colchica*. Rankgerüste sind fertig montiert und als Bausätze erhältlich, und sie können nahe einer Hecke, über einer Sitzbank oder als Rahmen für einen Ausblick stehen.

2 EFEU PFLANZEN
Eine kräftig wachsende Efeu-Art oder -Sorte mit langen Trieben wählen. Den Boden mit Komposterde oder Stallmist verbessern und den Efeu beiderseits der Rankgerüst-Pfosten pflanzen, dabei etwa 30 cm Abstand von den Pfosten lassen. Die Efeu-Pflanzen sollten genauso tief im Boden sitzen wie vorher in ihren Verkaufstöpfen.

3 PFLEGE
Die Triebe mit Bast an das Rankgerüst binden. Der Efeu kann sich bald selber halten und klettern. Die Pflanzen regelmäßig wässern und im Frühjahr und Sommer schneiden.

Wintergold

Der Winter-Jasmin (*Jasminum nudiflorum*) ist ein Mauerstrauch, aber seine langen, flexiblen Triebe lassen sich leicht über Kletterhilfen erziehen. Im späten Winter und zeitigen Frühjahr erscheinen Unmengen sternförmiger goldgelber Blüten, die aber nicht duften.

WINTER-JASMIN PFLANZEN

Wählen Sie einen Platz, der im Winter Sonne oder Halbschatten hat, um eine volle Blüte zu fördern. Achten Sie auf die Ausrichtung (S. 15), da Sonne und Schatten jahreszeitlich unterschiedlich fallen können. Arbeiten Sie im Herbst zur Vorbereitung organisches Material, wie gut abgelagerten Stallmist oder Gartenkomposterde, in den Boden ein und pflanzen Sie den Jasmin wie einen Mauerstrauch (S. 234–235).

∧ > Eisblüten
Die robusten kleinen Blüten des Winter-Jasmins sind auch bei Frost geöffnet. Wässern Sie die Pflanze bei Trockenheit, bis sie sich etabliert hat, und düngen Sie jedes Frühjahr mit Gehölzdünger.

Immergrüne Clematis

Die Armands Waldrebe (*Clematis armandii*) hat edle Blüten und immergrünes Blattwerk. Pflanzen Sie sie geschützt, da sie sehr niedrige Temperaturen nicht gut verträgt.

PFLANZTIPPS

Clematis armandii hat süß duftende weiße oder rosa Blüten und schlanke, dunkelgrüne Blätter. In manchen Regionen bleibt sie kompakt, kann aber auch mühelos einen großen Baum überwachsen. *C. cirrhosa* mit ihren gesprenkelten, kelchförmigen Blüten kann unter Idealbedingungen ebenfalls sehr wüchsig werden. Diese Arten sind zwar nicht besonders anfällig für Clematiswelke, aber sie sollten tief in durchlässigen Boden gepflanzt sein, falls sie doch einmal befallen werden.

PFLEGE

Die Pflanzen im ersten Jahr gut wässern und unerwünschte Triebe nach der Blüte ausschneiden. Die unteren Blätter von *C. armandii* können braun werden und abfallen, aber das ist bei dieser Art normal und kann mit einem zweiten Strauch kaschiert werden.

∧ Gesprenkelt
Clematis cirrhosa var. purpurascens 'Freckles' blüht den ganzen Winter hindurch.

Duft im Winter >
Die hübschen Blüten der Clematis armandii duften betörend – vom Spätwinter bis zum Frühlingsanfang über viele Wochen.

Schöne Hochstämme

Hochstämme sind ein markanter Blickfang, können aber sehr teuer sein. Mit etwas Geduld und der richtigen Pflege können Sie sie selbst ziehen, vorausgesetzt die Pflanze hat einen langen Leittrieb.

>> **WANN BEGINNEN?**
jederzeit
AM SCHÖNSTEN
ganzjährig

ZEITAUFWAND
30 Minuten für den Erstschnitt

PFLANZEN & MATERIAL
- panaschierte Stechpalme, z. B. *Ilex* × *altaclerensis* 'Golden King'
- großer Kübel
- Pflanzstab
- Gartenbast
- Gartenschere

1 PFLANZE BETRACHTEN
Die Pflanze vor dem Schnitt von allen Seiten anschauen und entscheiden, wie hoch der nackte Stamm sein soll und welche Triebe für den Kopf stehen bleiben sollen.

2 SEITENTRIEBE ENTFERNEN
Die untersten Seitentriebe abschneiden. Nach und nach vorgehen, da die Triebe den Saft im Stamm nach oben ziehen. Erst wenn der Kopf dicht ist, die letzten Triebe wegschneiden.

3 STÜTZEN UND FORMEN
Die Triebe am Kopf leicht kürzen, um einen buschigen Wuchs zu fördern und einen runden Kopf zu erhalten. Einen Pflanzstab in die Erde stecken, um die noch recht schwache Pflanze zu stützen, und mehrfach anbinden. Den Kopf jedes Jahr in Form schneiden.

STRUKTUR IM GARTEN 241

Kleine Auswahl

Man kann fast jede Pflanze zum Hochstamm machen, experimentieren Sie ruhig mit verschiedenen Möglichkeiten.

KÖPFE AUS BLÜTEN UND BLÄTTERN

Rosen werden traditionell als Hochstamm erzogen und wirken besonders gut, wenn man sie mit weniger traditionellen Cottage-Garten-Pflanzen unterpflanzt. Das Gleiche gilt für Glyzinen. Weitere gern verwendete Kandidaten für Hochstämme sind Buchs (*Buxus sempervirens*) und Lorbeer (*Laurus nobilis*) und dekorative Immergrüne, wie z. B. Rosmarin (*Rosmarinus officinalis*), Spindelstrauch (*Euonymus fortunei*) und Glanzmispel (*Photinia*). Aber bedenken Sie, dass Rosmarin, Lorbeer und Glanzmispel den Winter im Haus verbringen müssen.

❶ *Rosmarinus officinalis* hat silbrige Zweige und wirkt besonders gut über einer weißen und violetten Unterpflanzung.
❷ *Euonymus fortunei* bietet selbst in schattigen Ecken ganzjährig leuchtend panaschiertes Blattwerk.
❸ *Photinia × fraseri* 'Red Robin' ist das ganze Jahr über grün und zeigt jedes Frühjahr bronzerote neue Blätter.

< *Ilex-Kugel*
Eine zum Hochstamm erzogene, panaschierte Stechpalme bringt starke Farben, Struktur und Eleganz in jede Gruppe von Kübelpflanzen.

Nadelgehölze

Die Nadelgehölze umfassen eine große Gruppe meist immergrüner Bäume und Sträucher, die ganzjährig für Farbe und Struktur sorgen. Manche geraten schnell außer Kontrolle, aber viele andere sind ein eleganter Zusatz für kleine Gärten, vor allem in Gesellschaft von anderen holzigen Pflanzen oder Stauden.

DIE GRÖSSE ZÄHLT
Folgende Pflanzen sind Beispiele aus der reichhaltigen Palette an Koniferenarten, die im Handel angeboten werden. Lesen Sie die Etiketten sorgfältig durch, damit Sie auch die richtige Pflanze finden. Beachten Sie, dass »langsam wachsende« Nadelhölzer nicht unbedingt klein sind, sie wachsen nur mit 15–30 cm pro Jahr langsam. »Zwerg«-Arten bleiben kompakt und wachsen nur 2–15 cm pro Jahr, während »Miniatur«-Formen winzig sind. Sie legen in zehn Jahren nur rund 25 cm zu und werden höchstens 90 cm hoch.

❶ Die Blau-Fichte *Picea pungens* 'Koster' ist eine langsam wachsende Konifere, die 2 m hoch und 1,2 m breit wird, aber mit sehr viel Zeit auch größer wachsen kann.
❷ Die Hinoki-Scheinzypresse *Chamaecyparis obtusa* 'Opaal' ist mit maximal 1 m Höhe und 75 cm Breite eine Zwergkonifere.
❸ Die Grannen-Kiefer *Pinus aristata* 'Sherwood Compact' mit ihren attraktiven, kerzenförmigen Zapfen ist mit gerade einmal 60 cm Höhe auch als erwachsene Pflanze sehr klein.

Moderne Kombination >
Dieser schicke kleine Garten kombiniert gutmütige Koniferen, wie hängende Cedrus atlantica *'Glauca Pendula' (links),* Chamaecyparis obtusa *als kleiner Hochstamm (links unten) und eine hübsche Kiefer (rechts) mit Gräsern und Bambussen zu einem eleganten und modernen Arrangement.*

Kreative Ideen

Nadelgehölze sind mit ihrer Fülle an Farben und Formen perfekte Gestaltungsmittel. Man kann sie in Gruppen als Mosaik einsetzen, einen Solitär als Blickfang in eine Rabatte oder den Rasen pflanzen oder kleine Arten in Töpfen und Kübeln ziehen.

DESIGNMÖGLICHKEITEN

Für ganzjährige Farbe gibt es nichts Schöneres als die Blau-Fichte (*Picea pungens*), die in vielen verschiedenen Formen und Größen erhältlich ist und eine wunderbare Ergänzung zum Perückenstrauch (*Cotinus* 'Grace') bietet. Alternativ kann man sie auch mit kontrastierenden goldgelben Arten, wie *Juniperus* × *pfitzeriana* 'Gold Sovereign' oder der rundlichen *Chamaecyparis lawsoniana* 'Golden Pot', kombinieren. Akzente setzt man mit sehr dünnen Pflanzen, die als Blickfang oder Allee Wirkung zeigen können. Die Echte Zypresse (*Cupressus sempervirens*) ist ein klassisches Beispiel, wobei Wacholder in unserem Klima leichter zu ziehen ist. Schöne Wacholder-Arten sind *Juniperus communis* 'Compressa' oder auch 'Sentinel'.

^ In Reih und Glied
Kegelförmige Koniferen, wie *Thuja occidentalis* 'Smaragd', lassen sich wie eine Parade stummer Wächter aufstellen.

Violette Kerzen >
Die ungewöhnlichen violetten Zapfen der Korea-Tanne (*Abies koreana*) sind spektakulär. Kaufen Sie sie zur Sicherheit mit Zapfen.

^ Goldene Textur
Die strahlend goldgelben Blätter von *Abies nordmanniana* 'Golden Spreader' setzen Akzente und leuchten im Winter sogar noch heller.

Lösungen für kleine Gärten

Nadelgehölze sind unkompliziert und akklimatisieren sich leicht. Die meisten bevorzugen einen sonnigen Standort auf feuchtem, durchlässigem Boden; Wacholder toleriert auch trockenere Bedingungen. Achten Sie auf die Endgröße der Arten.

Diese Arten eignen sich für kleine Gärten:

Abies balsamea 'Nana'
Cephalotaxus harringtonii 'Fastigiata'
Juniperus communis 'Compressa'
Juniperus scopulorum 'Blue Arrow'
Pinus heldreichii 'Smidtii'
Tsuga canadensis 'Cole's Prostrate'

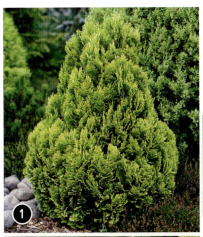

❶ Lawson's Scheinzypresse, *Chamaecyparis lawsoniana* 'Minima Aurea'; ↕45 cm ↔30 cm
❷ Japanischer Kriech-Wacholder, *Juniperus procumbens* 'Nana'; ↕30 cm ↔1,2 m
❸ Japanische Sicheltanne, *Cryptomeria japonica* 'Nana'; ↕↔ 60 cm
❹ Abendländischer Lebensbaum, *Thuja occidentalis* 'Caespitosa'; ↕30 cm ↔40 cm

Ganzjährig Farbe

Kombiniert man immergrüne Koniferen mit langlebigen Gräsern und einer Handvoll Stauden, erhält man einen Garten, der das ganze Jahr hindurch schön bleibt und im Sommer einige Highlights bietet.

WANN BEGINNEN?
Herbst

AM SCHÖNSTEN
ganzjährig

ZEITAUFWAND
1–2 Tage

PFLANZEN & MATERIAL
Spaten und Gabel
Komposterde
1. *Abies concolor* 'Wintergold'
2. *Pinus heldreichii* 'Smidtii'
3. *Erica carnea* fo. *aureifolia* 'Foxhollow'
4. *Pennisetum alopecuroides* 'Little Bunny'
5. *Imperata cylindrica* 'Rubra'
6. *Pinus mugo* 'Ophir'
7. *Stipa gigantea*
8. *Kniphofia* 'Percy's Pride'

1 VORBEREITUNG
Im Herbst das Beet oder die Rabatte zunächst gründlich von allem Unkraut befreien. Tief umgraben und reichlich Gartenkomposterde in den Boden einarbeiten.

2 PFLANZSCHEMA FESTLEGEN
Die Pflanzen im Frühjahr kaufen und probeweise aufstellen. Die Zwergkoniferen bilden mit einem eingeflochtenen Band aus *Imperata* und *Erica* das Rückgrat, *Stipa* sorgt für die Akzente und *Pennisetum* füllt die Reihen auf.

3 PFLANZEN UND DÜNGEN
Zunächst die Koniferen und die *Erica* pflanzen, dann Gräser und *Kniphofia* hinzufügen. Gut wässern und in der ersten Wachstumssaison weiterhin gießen. Im Winter vor hartem Frost schützen. Jedes Frühjahr einen Langzeitdünger geben.

Obst und Gemüse

Ob Sie nun einen Schrebergarten oder nur einen winzigen Innenhof haben, Gemüse können Sie überall ziehen. Die Projekte in diesem Kapitel sind leicht nachvollziehbar und verhelfen Ihnen zu Kräutern in Hängekörben, Hochbeeten voller Wurzelgemüse und Töpfen mit köstlichen Erdbeeren. Wer regelmäßig sät und pflanzt, kann das ganze Jahr hindurch ernten. Die Pflanzen müssen nur mit genügend Wasser versorgt und vor Krankheiten und Schädlingen geschützt werden.

Eine Reihe Bohnen pflanzen

Kletternde Gartenbohnen zählen zu den ergiebigsten Gemüsepflanzen im Garten, müssen aber für eine maximale Ernte sorgfältig gepflegt werden. Einmal etabliert, sind sie umproblematisch, vorausgesetzt man hat den Boden vor dem Pflanzen gut vorbereitet und mit Dünger versorgt.

WANN BEGINNEN?
Frühjahr

AM SCHÖNSTEN
Sommer

ZEITAUFWAND
3 Stunden über mehrere Monate

PFLANZEN & MATERIAL
Bohnensamen
Kokosfasertöpfe
Aussaaterde
Pflanzstäbe
Schnur
Komposterde oder gut abgelagerter Stallmist

1 EINSÄEN
Gartenbohnen sind frostempfindlich und müssen im Haus vorgezogen werden. Kokosfasertöpfe mit Aussaaterde füllen und je einen Samen hineingeben. Die Töpfe an einen warmen, sonnigen Ort stellen und regelmäßig wässern. Nach der letzten Frostgefahr ins Freie pflanzen.

2 VORBEREITUNG
Einen mindestens spatentiefen Graben ausheben und den Grund mit einer dicken Schicht Komposterde oder Stallmist füllen, um den Boden mit Nährstoffen zu versorgen. Dann eine stabile Rankhilfe aus Pflanzstäben und Schnur errichten, die den ganzen Sommer hält.

TOP-TIPP: LÄUSE VERTREIBEN

Blattläuse verursachen durch ihre Saugtätigkeit immense Schäden und lieben zartes Bohnengrün. Will man keine chemischen Präparate einsetzen, kann man sie auch mit einem Wasserstrahl von den Blättern spülen, beispielsweise mit einer Sprühflasche.

3 ANBINDEN
Vor jeden Stab einen Setzling pflanzen und anbinden. Man kann die Samen auch nach dem letzten Frost im späten Frühjahr direkt in den Boden säen, setzt dann aber zwei Samen pro Stab, falls einer nicht keimt. Keimen beide, entfernt man den schwächeren.

4 WÄSSERN UND ABWARTEN
Bohnen sind durstige Pflanzen und müssen, vor allem zu Beginn der Blüte, oft gewässert werden. Wenn sie austrocknen, fallen die Blüten ab und es werden keine Früchte produziert. Die Hülsenfrüchte noch jung und zart ernten, bevor die Kerne im Inneren anschwellen.

Nutzgarten in Kübeln

Dieser winzige Hof ist zum Bersten mit bunten Blüten und köstlichem Gemüse gefüllt. Sie können Gemüse und Blumen entweder aus Samen ziehen oder, wenn Sie nur wenig Platz und Zeit zur Verfügung haben, eine Auswahl junger Pflanzen im Gartencenter kaufen.

WANN BEGINNEN?
zeitiges Frühjahr

AM SCHÖNSTEN
Sommer bis Herbstanfang

ZEITAUFWAND
3 Stunden säen, 1 Tag pflanzen

PFLANZEN & MATERIAL

diverse große Kübel und Hängekörbe
Tonscherben
lehmhaltige Blumenerde
Langzeitdünger
Tomatendünger

1. Tomate 'Tumbling Tom'
2. Tomate 'Gardener's Delight' und 'Costoluto Fiorentino'
3. Spargelerbse (Flügelerbse)
4. Kräuter
5. Ringelblumen, *Calendula*
6. Kürbis-Hybride 'Sunburst'

1 EINSÄEN

Braucht man nur zwei Tomatenpflanzen, lohnt sich eine Aussaat nicht, man kauft besser im späten Frühjahr junge Pflanzen. Mangoldsamen sät man im späten Frühjahr direkt in Töpfe (S. 260), Bohnen kann man einfach im späten Frühjahr im Haus einsäen und die Sämlinge später tagsüber im Freien abhärten, sobald es wärmer wird (die links abgebildete Spargelerbse ist in Deutschland nur schwer erhältlich). Den Kürbis nach Anleitung für das Säen und Pflanzen von Zucchini (S. 276) ziehen und das Ensemble mit einigen Ringelblumen (S. 108–111) auflockern.

2 NACH DEM FROST PFLANZEN

Sobald die Frostgefahr vorbei ist, Sämlinge und Jungpflanzen in große Kübel mit Blumenerde pflanzen (Tomaten im Pflanzbeutel, S. 272–273). Buschtomaten machen sich am besten in großen Hängekörben (S. 312), zusammen mit Kräutern oder hängenden Gartenblumen, wie Gundelrebe. Eine gute Pflanzmöglichkeit sind auch kleine Hochbeete (S. 254–255), wenn man viel Gemüse auf kleinstem Raum unterbringen will. Erbsen stützt man idealerweise mit dünnen Reisern (S. 275), damit sie nicht umknicken.

3 TÄGLICH WÄSSERN

Nutzpflanzen im Kübel brauchen im Sommer täglich Wasser, und Fruchtgemüsesorten belohnen eine wöchentliche Gabe von Tomatendünger mit reicher Ernte.

TOP-TIPP: GEMÜSE IM BEUTEL

Nutzpflanzen kann man bei beengten Verhältnissen auch in großen Beuteln ziehen, die es in verschiedenen Farben im Gartencenter zu kaufen gibt. Oder man nimmt stabile Müllsäcke. Große Pflanzen, wie Tomaten und Zucchini, brauchen viel Platz und Erde und sind ideal für Beutel, die meist deutlich billiger sind als gleich große Kübel.

∧ **Kletterndes Gemüse**
Rankende Kürbisse, wie 'Tromboncino', sind dekorative Pflanzen mit großen Blättern, sonnengelben Blüten und cremegelben Früchten. Erziehen Sie die Triebe an Gartendraht und Schraubösen an einer Mauer.

Kartoffeln ziehen

Kartoffeln dürfen in keinem Gemüsegarten fehlen und schmecken frisch aus dem Boden einfach köstlich. Ziehen Sie sie an einem offenen, sonnigen Standort in durchlässigem Boden. Pflanzen Sie Frühkartoffeln einen Monat vor dem letzten Frost und »zweite frühe« und »Haupternte« gegen Ende des Frühjahrs.

WANN BEGINNEN?
Spätwinter

AM SCHÖNSTEN
Sommer

ZEITAUFWAND
3 Stunden über mehrere Monate

PFLANZEN & MATERIAL
Saatkartoffeln
Eierkartons
Komposterde oder gut abgelagerter Stallmist
Schnur
Spaten
Stroh oder anderer Trockenmulch

1 KARTOFFELN VORZIEHEN
Saatkartoffeln im Spätwinter kaufen und in Eierkartons an einem kühlen, hellen, frostfreien Ort keimen lassen. Sie beginnen zu wachsen, bevor es warm genug zum Auspflanzen ist.

2 TIEF UND MIT PLATZ PFLANZEN
Eine spatentiefe Furche ausheben und den Grund mit lockerer Erde oder Komposterde füllen. Frühe und zweite frühe Ernte mit 30 cm Abstand in 50 cm entfernten Reihen und Haupternte mit 40 cm Abstand in 75 cm entfernte Reihen pflanzen und mit Erde bedecken.

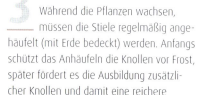

3 MEHR ERDE
Während die Pflanzen wachsen, müssen die Stiele regelmäßig angehäufelt (mit Erde bedeckt) werden. Anfangs schützt das Anhäufeln die Knollen vor Frost, später fördert es die Ausbildung zusätzlicher Knollen und damit eine reichere Ernte. Das Anhäufeln schützt die Knollen zudem vor Licht, das sie grün werden lässt und ungenießbar machen würde.

OBST UND GEMÜSE

Kartoffeln aus dem Sack

Wenn Sie keinen Schrebergarten und nicht genug Platz im Garten haben, können Sie Kartoffeln auch in Kübeln oder Säcken auf der Terrasse ziehen. Säcke sind ideal, weil man sie flach hinstellen und dann langsam aufrollen kann, während man die Erde anhäufelt. Diese Methode liefert eine überraschend reiche Ernte, solange man nicht vergisst, die Pflanzen regelmäßig zu wässern.

WANN BEGINNEN?
Spätwinter

AM SCHÖNSTEN
Sommer

ZEITAUFWAND
1 Stunde

PFLANZEN & MATERIAL
Saatkartoffeln
mehrere Säcke oder große Kübel
lehmhaltige Blumenerde
Gießkanne

4 PFLANZEN SCHÜTZEN
In kühlen Regionen kann man die Saatkartoffeln – zusätzlich zum Anhäufeln – mit Stroh vor Frost schützen.

5 ERNTEN
Die Kartoffeln sind erntereif, wenn sich die Blüten zu öffnen beginnen. Zum Ernten die Gabel von der Seite her unter die Knollen schieben, um sie beim Heben nicht zu beschädigen.

1 BEPFLANZEN
Bei Kübeln auf ausreichende Dränage achten, dann 20 cm Erde in den Kübel oder Sack einfüllen. Pro Kübel oder Sack eine oder zwei vorgezogene Saatkartoffeln (Schritt 1, links) auf die Erde legen. Etwa 10 cm hoch mit Erde bedecken und gut angießen.

2 ANHÄUFELN
Während die Pflanzen wachsen, den Sack aufrollen, um die Seiten zu erhöhen. Neuen Wuchs immer wieder mit frischer Erde bedecken – er wird schon bald den Weg zurück ans Licht finden. Wenn kein Platz zum Anhäufeln mehr da ist, die Pflanzen einfach wachsen lassen und regelmäßig wässern. Die Kartoffeln sind nach der Blüte erntereif.

TOP-TIPP: KARTOFFELN LAGERN

Die Haupternte lagert man in Papier- oder Jutesäcken. Zuvor die Erde abbürsten und die Knollen einige Stunden in der Sonne trocknen lassen. Dann einlagern und regelmäßig überprüfen.

Ein Hochbeet anlegen

Wenn der Boden in Ihrem Garten tonhaltig ist, ziehen Sie Ihr Gemüse lieber in einem Hochbeet. Hier können Sie nicht nur einen durchlässigen und damit für Wurzelgemüse idealen Boden einfüllen, sondern Sie können auch früher säen, pflanzen und ernten, denn das Beet erwärmt sich im Frühjahr schneller.

OBST UND GEMÜSE 255

WANN BEGINNEN?
Winter
AM SCHÖNSTEN
Sommer

ZEITAUFWAND
 1 Tag

PFLANZEN & MATERIAL
Spaten
Arbeitshandschuhe
8 passend zugeschnittene
 Holzbohlen – hier 2 × 2 m und
 2 × 1,2 m
große Wasserwaage
Bandmaß
Gummihammer
Schraubendreher
lange Holzschrauben
Tonscherben
Äste und Häckselgut
Mutterboden
Komposterde
Pflanzerde

1 GRASSODEN ENTFERNEN
Die Position der Bohlen auf dem Boden festlegen und den Umriss des Beets entlang der Bohlen mit einem scharfen Spaten einstechen. Die Bohlen weglegen und an einer der Kanten den Spaten zwischen Soden und Erde schieben, um den Soden abzuheben. Er kann an anderer Stelle im Garten Verwendung finden (S. 29).

2 BOHLEN AUSLEGEN
Die erste Lage der Bohlen platzieren und die Höhe in der Länge und in der Diagonale mit der Wasserwaage prüfen, ggf. mit Erde unterfüttern. Die Diagonalen müssen gleich lang sein, damit das Beet auch wirklich rechtwinklig wird. Am besten lässt man die Hölzer im Baumarkt oder Sägewerk exakt zuschneiden.

3 VERSCHRAUBEN
Die Bohlen mit dem Gummihammer so ausrichten, dass sie an den Ecken sauber bündig abschließen. Von der Längsseite her mit der Bohrmaschine zwei Löcher in jede Ecke bohren und die Bohlen mit langen Holzschrauben verbinden. Alle Fugen sollten eng geschlossen sein.

4 ZWEITE LAGE AUFSETZEN
Die zweite Lage der Bohlen auf die erste legen. Die Bohlen so ausrichten, dass sie an den Ecken versetzt liegen (Bild), damit die Einfassung stabiler ist. Auf Geradigkeit prüfen und die Bohlen wie in Schritt 3 gezeigt miteinander verschrauben.

5 BEFÜLLEN UND PFLANZEN
Eine Lage Tonscherben oder Bauschutt in das Beet geben, um die Dränage zu verbessern, dann auffüllen: zuerst kleine Äste und Häckselgut, dann Mutterboden mit Komposterde vermischt, schließlich Pflanzerde. Gut wässern und einige Tage setzen lassen, dann Samen einsäen oder Pflanzen setzen.

< Praktische Höhe
Mit einem Hochbeet neben der Terrasse haben Sie frischen Salat und Kräuter für Küche und Grill immer griffbereit.

Wurzelgemüse für Hochbeete

Die meisten Wurzelgemüse bevorzugen einen lockeren und durchlässigen Boden, in verdichteter Erde sind ihre unterirdischen Speicherorgane dagegen häufig fehlgebildet. An der Bildung der verdickten Speicherorgane sind Wurzeln und vor allem die Basis der Sprossachse beteiligt.

WANN BEGINNEN?
Frühjahr
AM SCHÖNSTEN
Sommer, Herbst und Winter

ZEITAUFWAND
 1½ Stunden

PFLANZEN & MATERIAL
 Samen für Wurzelgemüse, wie Möhren, Radieschen, Rote Bete, Schwarzwurzel oder Pastinake

Rote Bete

Die verlässliche und unkomplizierte Rote Bete gibt es in gelben, weißen und gestreiften sowie in traditionell roten Sorten. Säen Sie alle paar Wochen nach und ernten Sie die süßen, erdigen Wurzeln nach Herzenslust.

1 SÄEN
Die Samen ab dem späten Frühjahr alle zwei Wochen in Reihen 1,5 cm tief direkt in die Erde säen. Die Sämlinge kurz nach der Keimung auf 15 cm Abstand vereinzeln.

2 ERNTEN
Rote Bete ist jung am süßesten und saftigsten und kann geerntet werden, sobald die Wurzeln golfballgroß sind. Einige Knollen im Boden weiterwachsen lassen, wo sie sich bis in den Winter halten, aber mit der Zeit auch zäher werden und an Geschmack verlieren. Beim Abschneiden der Blätter tritt stark färbender Saft aus – es ist daher besser, das Laub abzudrehen.

Möhren

Möhren sind ein Muss für jeden Nutzgarten, aber nicht ganz unkompliziert. Zudem brauchen sie einen gut durchlässigen, steinfreien Boden und sind anfällig für den Befall mit Möhrenfliegenlarven, gegen den sie aber geschützt werden können.

1 IN FURCHEN SÄEN
Die Samen ab Mitte des Frühjahrs 1,5 cm tief direkt in den Boden säen. Man kann einige vereinzeln und als Baby-Möhren essen und andere im Boden reifen lassen. Beim Herausziehen nicht die Blätter zerdrücken, da der Geruch Möhrenfliegen anlockt (siehe Top-Tipp, unten).

2 ERNTEN
Möhren sind ab Mitte des Sommers erntereif. Bei sandigem Boden kann man sie einfach herausziehen, bei schwererem Boden verwendet man besser eine Gabel, um die Wurzeln nicht zu verletzen. Junge Möhren sofort verarbeiten, ältere über den Winter kühl lagern.

TOP-TIPP: SCHUTZABDECKUNG

Die Möhrenfliege wird vom Geruch des Möhrenkrauts angelockt und legt ihre Eier im Boden ab. Die Larven bohren sich in den Rübenkörper und machen die Möhren häufig ungenießbar. Decken Sie daher die Pflanzen frühzeitig mit einem leichten, transparenten Gemüsefliegennetz ab, das Sie am Rand mit Erde beschweren. Auch eine 75 cm hohe, solide Barriere rund ums Beet hilft, da die erwachsenen Fliegen nur dicht über dem Boden fliegen können.

Knollensellerie

Der essbare Teil des Selleries wird zum größten Teil aus der Basis des Sprosses gebildet, trotzdem wird der Knollensellerie oft dem Wurzelgemüse zugerechnet.

1 SÄEN UND PFLANZEN
Die Samen im zeitigen Frühjahr im Gewächshaus oder Frühbeetkasten in Multitopf-Anzuchtplatten säen. Die Pflanzen keimen langsam und brauchen eine lange Wachstumsperiode zur Reifung. Die wachsenden Pflanzen umtopfen und mit ca. 7 cm Höhe abhärten (S. 109). Dann mit 15 cm Abstand in gut durchlässigen Boden pflanzen.

2 ERNTEN
Knollensellerie kann ab dem späten Sommer und den Winter hindurch geerntet werden. Er sollte bis zum Verzehr im Boden bleiben, da er sich nach dem Ausgraben nicht gut hält. Kälte verbessert den Geschmack, kann aber die Pflanzen schädigen. Ein Mulch aus Stroh schützt vor Frost und hält die Knollen bis zum Ausgraben in gutem Zustand.

Hochbeet-Optionen

Die Pflanzung von Nutzpflanzen im Hochbeet löst viele Probleme. Sie können das Beet mit hochwertiger Erde ohne Unkraut und Steine füllen oder auch Pflanzen wie Heidelbeeren pflanzen, die besondere Bedingungen brauchen (z. B. Moorbeeterde). Zudem sind sie leichter und rückenschonender zu pflegen. Sie können Ihr Hochbeet als Bausatz kaufen oder aus Holz, Weidenmatten oder leichten Kunststoffen, die viele Jahre halten, selber bauen.

OBST UND GEMÜSE 259

❶ Halb in den Boden versenkte Holzbretter sind eine schnelle und effektive Einfassung. ❷ Niedrige Beete sind leicht angelegt und eignen sich ideal für Blattgemüse (S. 254–255). ❸ Bei gemauerten Einfassungen Lücken für eine gute Dränage in den unteren zwei Lagen lassen. ❹ Gekaufte Bausätze sind leicht zu montieren und besitzen manchmal Abdeckhauben gegen Schädlinge. ❺ Ein Hochbeet mit geflochtenen Wänden macht sich besonders gut im Cottage-Garten, muss aber alle paar Jahre erneuert werden. ❻ Bausätze aus Holz sollten das FSC-Logo tragen, das besagt, dass das Holz aus nachwachsenden Beständen stammt. ❼ Bei hohen Hochbeeten müssen die einzelnen Einfassungslagen miteinander verschraubt werden, damit sie nicht verrutschen (S. 254–255). ❽ Die Kombination aus Beet und Sitzbank erleichtert die Pflege der Pflanzen ohne Knien oder Bücken. Verwenden Sie dicke Bohlen für das Beet und befestigen Sie die umlaufende Sitzbank mit langen, stabilen Schrauben.

Gemüse im Kübel

Zwar benötigen viele Gemüsepflanzen Platz im Kübel, um eine nennenswerte Ernte zu liefern, aber es gibt auch reichlich Optionen für eher beengte Verhältnisse. Mit einem Gemüsetopf neben der Küchentür haben Sie jederzeit einen Vorrat an frischem Grün zur Hand.

Mangold

Ernten Sie diese farbenprächtigen jungen Blätter sparsam und oft und verarbeiten Sie sie in Sommersalaten oder im Wok.

WANN BEGINNEN?
Frühjahr bis Frühsommer
AM SCHÖNSTEN
Sommer bis Herbst

ZEITAUFWAND
30 Minuten

PFLANZEN & MATERIAL
junge Mangoldpflanzen
großer, weiter Kübel
Tonscherben
lehmhaltige Blumenerde
Gießkanne

1 VORBEREITUNG
Den Kübel bei Bedarf mit Dränagelöchern versehen (z. B. mit der Bohrmaschine), den Boden mit Tonscherben bedecken und Erde einfüllen.

2 WURZELN LÖSEN
Die Mangoldpflanzen wässern und aus den Töpfen nehmen. Vorsichtig die Wurzeln lösen, damit die Pflanzen sich schneller etablieren können.

3 EINPFLANZEN
Die Pflanzen relativ eng setzen, andrücken und wässern. Regelmäßig wässern und Blütentriebe zurückschneiden, um die Ernte zu verlängern.

OBST UND GEMÜSE

Radieschen

Radieschen sind perfekt für Kübel geeignet. Sie sind das am schnellsten reifende Gemüse überhaupt, gedeihen fast überall und veredeln mit ihrem pfeffrigen Geschmack jeden Salat.

WANN BEGINNEN?
Frühjahr bis Sommer
AM SCHÖNSTEN
Ende Frühjahr bis Anfang Herbst

ZEITAUFWAND
 30 Minuten

PFLANZEN & MATERIAL
 Radieschensamen
niedriger, weiter Kübel
Tonscherben
lehmhaltige Blumenerde
Gießkanne mit feiner Brause

1 VORBEREITUNG
In den Boden des Kübels Tonscherben legen. Erde in den Kübel füllen und leicht andrücken. Samen auf die Erde streuen und 1 cm dick mit Erde bedecken. Mit einer feinen Brause angießen.

2 VEREINZELN
Die wachsenden Sämlinge vereinzeln und einen Teil ausreifen lassen. Die entfernten Sämlinge können in einem Salat verarbeitet werden.

3 ERNTEN
Den Kübel mit dem Gemüse regelmäßig wässern. Radieschen sind etwa fünf Wochen nach dem Säen reif. Lassen Sie sie nicht länger wachsen, weil sie dann schärfer werden, unangenehm schmecken und ihren Biss verlieren. Zum Ernten einfach aus dem Boden ziehen. Sie halten sich einige Tage im Kühlschrank.

TOP-TIPP: ZWERGBOHNEN IM KÜBEL

'Hestia' ist eine der kleinsten Bohnensorten. Sie ist kompakt mit schönen Blüten und eignet sich gut für den Kübel. Zwergbohnen klettern nicht und brauchen kaum Unterstützung – einige kurze Stäbe reichen bei Wind völlig aus. Der Kübel wird wie für Radieschen vorbereitet. Setzen Sie eine Pflanze pro Topf und wässern Sie bei Bedarf. Pflücken Sie regelmäßig, um die Ernte zu verlängern.

Pflegeleichtes Blattgemüse

Der Garten bietet ganzjährig frisches Blattgemüse, das auch dann noch wertvolle Vitamine liefert, wenn kaum etwas anderes mehr wächst. Hier lernen Sie einige Sorten kennen, die die Lücken im Gemüsejahr schließen und reifen, wenn andere gerade erst zu wachsen beginnen oder schon abgeerntet sind.

Frühkohl

Frühkohl kann im späten Frühjahr geerntet werden, wenn andere Blattgemüse gerade erst zu wachsen beginnen. Er braucht im Winter einen geschützten Standort.

> **WANN BEGINNEN?**
> Spätsommer
>
> **AM SCHÖNSTEN**
> Frühjahr
>
> **ZEITAUFWAND**
> 30 Minuten säen, 1 Stunde pflanzen
>
> **PFLANZEN & MATERIAL**
> Samen von Frühkohl-Sorten (z. B. Winterwirsing 'Advent')
> Aussaaterde
> Kübel
> Multitopf-Anzuchtplatten
> Pikierholz oder Kelle

TOP-TIPP: ZWEITE ERNTE

Um weitere Ernten zu erhalten, schneiden Sie den kompletten Kohlkopf im zeitigen Frühjahr vom Strunk, lassen diesen aber im Boden stehen und schneiden ihn kreuzförmig ein. Das ermutigt die Pflanze, erneut auszutreiben und einen zweiten Kohlkopf auszubilden, den Sie dann ernten können. Machen Sie dies bei jeder zweiten Pflanze und lassen Sie die anderen Köpfe feste Herzen ausbilden.

1 EINSÄEN
Die Samen entweder Mitte August direkt in die Erde säen und später vereinzeln oder in Anzuchtplatten säen und auspflanzen, sobald die Setzlinge fünf Blättchen haben.

2 AUSPFLANZEN
Kleinere Pflanzen mit 30 cm Abstand, größere mit 45 cm Abstand pflanzen, wenn ein festes Herz gewünscht ist. Nicht düngen – das führt zu weichen Blättern und der Kohl muss kräftig sein, um den Winter zu überstehen. Die Erde im Spätherbst um die Strünke herum anhäufeln, um die Pflanzen vor dem schlimmsten Frost zu schützen. Die Köpfe der Wirsing-Sorte 'Advent' sind im Mai erntereif, manche Frühkohl-Sorten können z. T. schon im März geerntet werden.

Spinat

Wenn Sie im Frühjahr und frühen Herbst alle paar Wochen Spinat säen und ihn über den Winter schützen, können Sie das ganze Jahr über zarte Blätter ernten.

WANN BEGINNEN?
Frühjahr oder Herbstanfang

AM SCHÖNSTEN
Sommer

ZEITAUFWAND
 1 Stunde

PFLANZEN & MATERIAL
Spinatsamen
Schnur
Kelle
Gießkanne

1. IN FURCHEN SÄEN
Eine flache Furche mit einer Schnur abstecken und mit der Kelle ziehen. Die Samen mit 2,5 cm Abstand säen. Die Sämlinge für jungen Spinat auf 7 cm, für größere Blätter zum Kochen auf 15 cm Abstand vereinzeln. Die Sämlinge im Winter mit einem Folientunnel schützen (S. 409)

2. ERNTEN
Die Spinatblätter sind reif, sobald sie groß genug zum Essen sind. Man kann einzelne Blätter ernten oder die ganze Pflanze abschneiden, es kommen neue Blätter nach und liefern eine zweite Ernte. Bei warmem Wetter verhindert regelmäßiges Wässern das Schossen.

Asiatisches Blattgemüse

Diese Pflanzen zählen zu den nützlichsten Herbstgemüsen und bieten zum Jahresausklang einen Hauch von Exotik. Sie bringen Farben, Texturen und Geschmack auf den Tisch und sorgen für Vielfalt und Abwechslung in der Küche.

WANN BEGINNEN?
Mitte Sommer bis Anfang Herbst

AM SCHÖNSTEN
Herbst

ZEITAUFWAND
 1 Stunde

PFLANZEN & MATERIAL
Samen asiatischer Blattgemüse, wie Komatsuna, Pak Choi, Chinakohl, Mibuna, Mizuna
Schnur
Kelle
Gießkanne

1. EINSÄEN
Komatsuna, Pak Choi, Chinakohl, Mibuna und andere asiatische Blattgemüse sät man am besten im Sommer, da sie schnell schossen. Sie brauchen fruchtbaren, feuchten Boden. Direkt in die Erde oder in Töpfe säen und später auf 15 cm Abstand vereinzeln.

2. ERNTEN
Die jungen Blätter als nachwachsendes Gemüse für Salate und Wok-Gerichte pflücken oder die Pflanzen ausreifen lassen und ganz ernten. Die Pflanzen 2,5 cm über dem Boden abschneiden, um eine zweite Ernte zu erhalten.

Wintergemüse

Der Winter kann eine verblüffende Vielfalt im Gemüsegarten bereithalten, aber man muss auch sorgfältig vorausplanen. Beginnen Sie im Frühjahr Samen zu säen, damit die Pflanzen den gesamten Sommer und Herbst über wachsen können, und Sie bekommen ein Füllhorn frischer Winterernten.

Lauch

Pflanzen Sie Lauch als Teil der Fruchtfolge, da er anfällig für Krankheiten wird, wenn er Jahr für Jahr an der gleichen Stelle steht. Eine tiefe Pflanzung sorgt für weiße und zarte Stängel.

WANN BEGINNEN?
Frühjahr

AM SCHÖNSTEN
Winter

ZEITAUFWAND

30 Minuten säen
1½ Stunden auspflanzen

PFLANZEN & MATERIAL

Lauchsamen
Saatschale
Aussaaterde
Pikierholz oder schlanke Kelle

1 EINSÄEN
Die Samen im Frühjahr dünn in eine Saatschale säen und im Frühbeetkasten oder im Haus an einem kühlen Platz keimen lassen. Die Sämlinge auspflanzen, wenn sie rund 20 cm hoch sind.

2 AUSPFLANZEN
In einem vorbereiteten Beet eine Reihe abstecken und 20 cm tiefe Löcher mit 15 cm Abstand stechen. Eine Pflanze pro Loch setzen, sodass die Wurzeln den Grund berühren, die Löcher aber nicht ganz mit Erde auffüllen. So gelangt etwas Licht an die jungen Pflanzen und die Mulden schließen sich später von selbst.

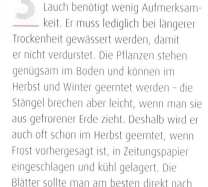

3 PFLEGEN UND ERNTEN
Lauch benötigt wenig Aufmerksamkeit. Er muss lediglich bei längerer Trockenheit gewässert werden, damit er nicht verdurstet. Die Pflanzen stehen genügsam im Boden und können im Herbst und Winter geerntet werden – die Stängel brechen aber leicht, wenn man sie aus gefrorener Erde zieht. Deshalb wird er auch oft schon im Herbst geerntet, wenn Frost vorhergesagt ist, in Zeitungspapier eingeschlagen und kühl gelagert. Die Blätter sollte man am besten direkt nach der Ernte abschneiden.

OBST UND GEMÜSE

Pastinaken

Säen Sie Pastinaken, sobald sich der Boden im Frühjahr erwärmt. Sie wachsen den ganzen Sommer und bilden köstliche Wurzeln für den Winter.

WANN BEGINNEN?
zeitiges Frühjahr

AM SCHÖNSTEN
Winter

ZEITAUFWAND
30 Minuten säen
3 Stunden pflanzen

PFLANZEN & MATERIAL
Pastinakensamen
Schnur
Stroh
Draht
Stecketiketten

1 IN FURCHEN SÄEN
Immer frischen Samen säen. Auf durchlässigem Boden eine Linie abstecken und eine flache Furche ziehen, dann die Samen dünn einsäen. Die Sämlinge für kleine, zarte Wurzeln auf 7 cm, für größere auf weiteren Abstand vereinzeln.

2 FROSTSCHUTZ
Bei kaltem Wetter kann ein mit Drahtbögen gesicherter Strohmulch notwendig werden, damit Boden und Pastinaken nicht einfrieren.

3 ERNTEN
Pastinaken schmecken nach einem leichten Frost am besten. Die Blätter sterben im Winter ab, deshalb muss man die Reihen deutlich markieren, damit man die Wurzeln wiederfindet. Der Geschmack verbessert sich im Verlauf des Winters noch.

Rosenkohl

Man mag ihn lieben oder hassen, aber kein Gemüsegarten ist vollständig ohne Rosenkohl. Die großen Pflanzen benötigen viel Aufmerksamkeit, die sich aber lohnt.

WANN BEGINNEN?
Frühjahr

AM SCHÖNSTEN
Winter

ZEITAUFWAND
30 Minuten säen
3 Stunden pflanzen

PFLANZEN & MATERIAL
Rosenkohlsamen
Saatschalen
Aussaaterde
gut abgelagerter Stallmist
Käfig
feines Netz

1 ABDECKEN
In Saatschalen säen und gleichzeitig Stallmist in die Beete einarbeiten. Die Sämlinge vier Wochen später mit mindestens 1 m Abstand auspflanzen und mit einem feinmaschigen Netz gegen Tauben und Kohlweißlinge schützen, die ihre Eier auf den Blättern ablegen.

2 PFLEGE UND ERNTE
Die Pflanzen wässern, bis sie sich etabliert haben. Welke Blätter entfernen, da sie Krankheiten tragen können, und die Erde als Stütze um die wachsenden Pflanzen anhäufeln. Nach Bedarf ernten und von unten nach oben vom Strunk pflücken. Die obersten Blätter abschneiden und als Blattgemüse kochen, sobald alle Röschen geerntet sind. Rosenkohl schmeckt am besten nach einem strengen Frost.

Ganzjährig gesunde Zutaten

Im Haus gezogene Kresse und andere Samen garantieren einen nicht abreißenden Nachschub von frischen Zutaten für die Küche. Säen Sie alle zwei Wochen Kresse ein und bereiten Sie täglich frische Sprossen zu. Diese Aufgaben eignen sich auch für Kinder, die hier leicht Erfolge erzielen können.

2 WÄSSERN
Mehrere Töpfe vorbereiten – einer ist für Salate zu wenig. Auf eine Saatschale oder einen Unterteller stellen und wässern, um das Papier anzufeuchten.

Kresse

Ein Samenbriefchen reicht für mehrere Saaten. Verschließen Sie es immer wieder und bewahren Sie es im Kühlschrank auf.

ZEITAUFWAND
- 30 Minuten

PFLANZEN & MATERIAL
- Kressesamen
- kleine Töpfe
- Küchenpapier
- ungiftiger Filzstift
- Universalerde
- Gefrierbeutel

1 KÜCHENPAPIER FALTEN
Ein Blatt Küchenpapier vierfach falten. Einen Topf drauf stürzen und den Umriss abzeichnen und ausschneiden. Einen Topf bis unter den Rand mit Erde füllen und die vier Papierscheiben darauflegen.

3 EINSÄEN
Einige Samen auf das Papier streuen. Die Töpfe einzeln in Gefrierbeutel verpacken und dunkel und kühl stellen. Beutel entfernen, sobald die Sämlinge 1 cm hoch sind. Auf die Fensterbank ohne direkte Sonne stellen und feucht halten.

Knackige Sprossen

Die köstlichen und nährstoffreichen Sprossen sind eine abwechslungsreiche und knackige Zutat für jeden Salat. Von würzigen Zwiebeln bis hin zu mildem Brokkoli – die Auswahl ist erstaunlich groß.

ZEITAUFWAND
- 5 Minuten pro Tag

PFLANZEN & MATERIAL
- Keimsprossen-Samen
- Keimgläser oder Keimboxen
- Aufbewahrungsdosen

KLEINE AUSWAHL
- Adzukibohnen (Lunja)
- Alfalfa (Luzerne)
- Rote Bete
- Brokkoli
- Kichererbsen
- Bockshornklee
- Linsen
- Mungbohnen
- Zwiebeln
- Rotkohl
- Rauke (Rucola)
- Weizen

1 GLÄSER REINIGEN

Keimgläser mit durchbrochenem Deckel und mehrlagige Keimboxen sind in Gartencentern und Reformhäusern erhältlich. Sie müssen vor Gebrauch gründlich gereinigt werden. Dann gibt man Samen in das Glas, füllt es mit Wasser und lässt die Samen 8–10 Stunden einweichen.

2 ABSPÜLEN

Nach dem Einweichen das Wasser über der Spüle abgießen. Die Samen mit frischem Wasser abspülen und abtropfen lassen. Es darf kein Wasser mehr im Glas sein. Das Glas an einen hellen Ort ohne direktes Sonnenlicht stellen.

3 IMMER WIEDER SPÜLEN

Die Samen zweimal täglich mit kaltem Wasser abspülen, um sie sauber und feucht zu halten. Viele keimen nach vier oder fünf Tagen und sind dann verzehrfertig. Die Sprossen dann ein letztes Mal abspülen, abtropfen lassen und acht Stunden trocknen lassen.

4 LAGERN UND VERWENDEN

Die trockenen Sprossen sofort verbrauchen oder bis zu fünf Tage im Kühlschrank aufbewahren. Wird ein Keimling schimmelig, müssen alle weggeworfen werden. Man kann die Sprossen auch im dunklen Schrank keimen lassen, sodass sie weiß statt grün werden und einen etwas anderen Geschmack entwickeln.

Essbare Blüten

Einige Blüten kann man nicht nur bewundern, sondern auch essen. Lavendel und Rose schmecken leicht parfümiert, Studentenblume würzig, Kapuzinerkresse pfeffrig, Malve süß und Ringelblume säuerlich. Die meisten Aromen sind eher fein und tragen eine zarte Note zum Geschmack bei, deshalb werden essbare Blüten meist als Verzierung verwendet: süße Blüten für Kuchen und Desserts und herzhafte Blüten für Salate.

OBST UND GEMÜSE 269

✻✻✻ völlig winterhart ✻✻ winterhart in milden Regionen/an geschützten Standorten ✻ im Winter vor Frost schützen
☀ volle Sonne ◐ Halbschatten ● Schatten ○ durchlässiger Boden ◐ feuchter Boden ● nasser Boden

❶ Wildes Stiefmütterchen, *Viola tricolor*; ↕12 cm ↔15 cm ☀ ◐ ○ ✻✻✻ ❷ Garten-Ringelblume, *Calendula officinalis*; ↕50 cm ↔ 40 cm ☀ ◐ ○ ✻✻✻ ❸ Scharlach-Indianernessel, *Monarda didyma*; ↕90 cm ↔45 cm ☀ ◐ ◐ ✻✻✻ ❹ Rose (duftende Arten), z. B. *Rosa* 'Summer Wine'; ↕3 m ↔2,2 m ☀ ◐ ✻✻✻ ❺ Lavendel, *Lavandula angustifolia*; ↕1 m ↔1,2 m ☀ ○ ✻✻✻ ❻ Zucchini; ↕45 cm ↔90 cm ☀ ○ ✻ ❼ Kapuzinerkresse, *Tropaeolum majus* Alaska-Serie; ↕30 cm ↔ 45 cm ☀ ○ ✻ ❽ *Anchusa azurea* 'Loddon Royalist'; ↕90 cm ↔ 60 cm ☀ ◐ ✻✻✻ ❾ Trichtermalve, *Malope trifida*; ↕90 cm ↔24 cm ☀ ◐ ✻✻✻ ❿ Studentenblume, *Tagetes* Gem-Serie 'Tangerine Gem'; ↕23 cm ↔30 cm ☀ ○ ✻ **Achtung:** Bei Allergikern können die Pollen einiger Blumen starke allergische Reaktionen, wie Asthma oder Heuschnupfen, auslösen.

Würzige Zwiebeln ziehen

Zwiebeln, Schalotten und Knoblauch zählen zu den unverzichtbaren Gemüsen, die vielen traditionellen und exotischen Gerichten ein herzhaftes Aroma verleihen. Getrocknet kann man Zwiebeln sogar den ganzen Winter hindurch genießen. Experimentieren Sie mit verschiedenen Sorten.

Zwiebeln

Zwiebeln kann man aus Samen oder Steckzwiebeln ziehen. Letztere sind teurer und in weniger Sorten erhältlich, aber sie wachsen schnell und zuverlässig und eignen sich gut für Anfänger.

>> **WANN BEGINNEN?**
zeitiges Frühjahr
AM SCHÖNSTEN
Mitte Sommer

ZEITAUFWAND
 1 Stunde

PFLANZEN & MATERIAL
 Steckzwiebeln
Spaten
grober Sand oder Feinsplitt für schwere Böden
Schnur

1 ZWIEBELN SETZEN
Schweren Boden für eine bessere Dränage mit Sand oder Splitt auflockern (S. 15). Eine Reihe mit Schnur und Pflöcken abstecken, eine flache Furche ziehen und die Zwiebeln mit 15 cm Abstand setzen, sodass die Spitzen herausragen. Regelmäßig jäten und bei Trockenheit wässern.

2 HEBEN UND TROCKNEN
Mitte des Sommers, wenn das Zwiebellaub gelb wird und umknickt, die Zwiebeln heben und zwei Wochen lang an einem kühlen, gut belüfteten Ort trocknen. Zwiebeln mit dickem Hals sofort verbrauchen, die anderen für später einlagern.

Schalotten

Viele Menschen bevorzugen den im Vergleich mit Zwiebeln milderen Geschmack der Schalotten, die zudem früher geerntet und länger gelagert werden können.

>> **WANN BEGINNEN?**
zeitiges Frühjahr
AM SCHÖNSTEN
Mitte Herbst

ZEITAUFWAND
 1 Stunde

PFLANZEN & MATERIAL
 Steckzwiebeln (Schalotten)
Spaten
grober Sand oder Feinsplitt für schwere Böden
Schnur

1 PFLANZEN
Das Beet im Spätwinter oder zeitigen Frühjahr wie für Zwiebeln (links) vorbereiten. Die Schalotten mit 15–20 cm Abstand in durchlässigen Boden setzen. Ein kleines Loch stechen und die Schalotte so einsetzen, dass nur die Spitze zu sehen ist.

2 ERNTEN
Schalotten bilden kleine Zwiebelgruppen, die man ganz hebt und auch ganz an einem trockenen und gut belüfteten Ort lagert. Man bricht dann einzelne Zwiebeln nach Bedarf ab. Sie halten sich bis zwölf Monate lang.

Knoblauch

Trotz des Rufs, eher eine Zutat in wärmeren Ländern zu sein, ist der Knoblauch in kühlerem Klima überraschend leicht zu ziehen, er wächst aber langsam. Kaufen Sie grundsätzlich bei seriösen Händlern.

>> **WANN BEGINNEN?**
Herbst
AM SCHÖNSTEN
Sommer

ZEITAUFWAND
 1 Stunde

PFLANZEN & MATERIAL
 Knoblauchzwiebeln
Pikierholz
Schnur
Rechen
grober Sand oder Feinsplitt für schwere Böden

1 PFLANZEN
In gut durchlässigen Boden pflanzen. Schweren Boden mit Sand oder Splitt auflockern (S. 15). Die Zehen trennen und einzeln mit der Spitze nach oben 10 cm tief und mit 20 cm Abstand setzen und mit Erde bedecken.

2 ERNTEN UND TROCKNEN
Knoblauch ist reif, wenn das Laub im Sommer gelb wird. Die Zwiebeln heben und zum Trocknen einzeln lagern oder verflochten aufhängen: das Laub flechten, solange es noch flexibel ist, mit drei Zwiebeln beginnend das Laub verflechten, dann weitere Zwiebeln an den einzelnen Strängen anflechten. Kühl, trocken und gut belüftet lagern.

Tomaten aus dem Beutel

Tomaten lassen sich im Gewächshaus oder im Freien gut in Substratsäcken ziehen. Den Ertrag kann man noch steigern, indem man Töpfe ohne Boden in den Beutel steckt und mit Erde füllt, um den Wurzeln mehr Raum zu geben. Kaufen Sie im späten Frühjahr Jungpflanzen oder säen Sie früher Samen im Haus ein.

WANN BEGINNEN?
Mitte Frühjahr
AM SCHÖNSTEN
Anfang Herbst

ZEITAUFWAND
 2 Stunden über mehrere Monate

PFLANZEN & MATERIAL
 2 Tomatenpflanzen
Substratsäcke mit
 Erde für Tomaten
2 Plastiktöpfe
Messer
zusätzliche Erde
Pflanzstäbe
Gartenbast

LOHNENDE SORTEN:
 'Black Russian'
'Gardener's Delight'
'Marmande'
'Shirley'
'Summer Sweet' F1
'Sungold' F1

1 LÖCHER SCHNEIDEN
Die Böden der Töpfe abtrennen, die Töpfe auf den Beutel stellen und die Folie rundum aufschneiden. Die Töpfe in den Beutel drücken und mit Erde füllen.

>> **OBST UND GEMÜSE** 273

2 EINPFLANZEN
In jeden Topf eine Tomate so tief wie im Verkaufstopf einsetzen. Schwächliche Pflanzen etwas tiefer pflanzen. Dadurch bilden sich neue Wurzeln am Haupttrieb und stabilisieren die Pflanze.

3 SEITENTRIEBE AUSKNEIFEN
Während des Wachstums entstehen am Haupttrieb kleine Seitentriebe, die umgehend entfernt werden sollten, da sie den reifenden Früchten Energie entziehen. Die frischen Triebe einfach mit den Fingern auskneifen.

4 ANBINDEN
Tomaten müssen regelmäßig an ein stabiles Spalier gebunden werden. Eine Schlaufe fest am Spalier verknoten und eine zweite Schlaufe locker um den Haupttrieb schlingen, um ihn nicht einzuschnüren.

5 ENDTRIEB ABKNEIFEN
Man kann der Pflanze helfen, die gesamte Energie in die Früchte zu leiten. Hat die Pflanze im Freien vier Fruchttriebe (Gewächshaus: sechs) angesetzt, kneift man den Endtrieb mit den Fingern aus.

6 ERNTEN
Tomaten pflückt man am besten voll ausgereift, aber am Ende der Saison sind meist noch ein paar Früchte grün. Wasserknappheit kann die Pflanze zum Reifen zwingen. Wenn es kalt wird und die Tomaten geerntet werden müssen, hebt man die ganze Pflanze und hängt sie kopfüber an einem kühlen und dunklen Ort auf, wo die Früchte zu Ende reifen.

TOP-TIPP: RICHTIG WÄSSERN

Manchmal platzt die Haut reifender Tomaten auf. Das geschieht, wenn die Wachstumsgeschwindigkeit aufgrund schwankender Temperaturen und Wasserversorgung unregelmäßig wird. Bei kühler Trockenheit verhärtet sich die Schale und ist nicht mehr flexibel genug, wenn das Wachstum später wieder zunimmt.

Dieses Problem tritt vor allem bei Pflanzen auf, die mit zu viel Stickstoff gedüngt werden. Sie haben zwar keinen Einfluss auf die Temperaturen, aber Sie können regelmäßig wässern und vernünftig düngen. Sorgen Sie für eine ununterbrochene Wasserversorgung und düngen Sie wöchentlich mit einem speziellen Tomatendünger, der für Blüten und Früchte reichlich Kalium bereithält.

Erbsen säen

Die süßen und knackigen Erbsen sind ein köstliches Gemüse, das besonders Kinder begeistert, die die Hülsenfrüchte liebend gerne direkt vom Strauch essen. Zucker- und Markerbsen können im Geschäft recht teuer sein, aber sie sind erstaunlich leicht selbst zu ziehen und sehr ergiebig.

Erbsen

Erbsen schmecken am besten frisch geerntet. Ziehen Sie Ihre eigenen und Sie werden nie wieder welche kaufen.

WANN BEGINNEN?
Winter
AM SCHÖNSTEN
Sommer

ZEITAUFWAND
 1½ Stunden

PFLANZEN & MATERIAL
 Erbsensamen
Spaten
Hacke
Schnur
Erbsenreiser oder -netz

1 SÄEN
Den Boden im Winter umgraben. Im zeitigen Frühjahr jäten und eine 3 cm tiefe Furche ziehen. Die Samen mit 5 cm Abstand in zwei 20 cm entfernten Reihen säen und mit Erde bedecken. Gut wässern. Den Boden feucht halten, um eine reiche Ernte zu fördern und Befall durch Mehltau zu verhindern.

Zuckererbsen

Der französische Name »Mangetout« bedeutet »alles essen«, und genau das tut man mit diesen zarten, knackigen Früchten. Zuckererbsen sind flach, haben keine Pergamentschicht im Inneren und die Körner schwellen nicht an. Man kann sie braten, dünsten oder roh essen.

WANN BEGINNEN?
Frühjahr

AM SCHÖNSTEN
Sommer

ZEITAUFWAND
1 Stunde

PFLANZEN & MATERIAL
Zuckererbsensamen
Spaten
Rechen
Erbsenreiser oder -netz

2 STÜTZEN
Erbsen sind niedrige, kletternde Pflanzen, die gestützt werden müssen. Neben jede Pflanze einen Erbsenreiser (S. 307) stecken oder ein Erbsennetz zwischen zwei Stäben entlang der Reihe spannen.

3 ERNTEN
Erbsen sind drei Wochen nach der Blüte erntereif. Die untersten Hülsen reifen zuerst und besitzen jung geerntet den süßesten Geschmack. Die Pflanze produziert Früchte, solange man erntet. Die Pflanze nach der Ernte abschneiden und die Wurzeln als natürliche Stickstofflieferanten im Boden lassen.

1 VORBEREITUNG
Den Boden an einem sonnigen, offenen Standort einen Monat vor dem Säen umgraben. Mit dem Rechen eine 3 cm tiefe Furche ziehen und die Samen mit 5 cm Abstand säen. Mit Erde bedecken und gut wässern.

2 PFLEGE
Erbsenreiser neben die Samen in den Boden stecken. Die Pflanzen vor allem während der Blüte und bei warmem Wetter gut wässern. Regelmäßig ernten, sobald die Hülsen 5–6 cm lang sind.

Markerbsen

Die Samen der Markerbsen werden jung geerntet und frisch verarbeitet, da die getrockneten Samen auch durch langes Kochen nicht weich werden. Getrocknete Samen der Markerbsen sind, im Gegensatz zu Pal- oder Schalerbsen, schrumpelig.

PFLANZUNG UND PFLEGE
Markerbsen gedeihen in kühlem Klima gut und können ab dem zeitigen Frühjahr direkt gesät und als Sommerernte genossen werden. Die Sommersaat ist im Herbst erntereif. Säen Sie alle 14 Tage eine kleine Menge Samen, um eine lange Ernte zu erhalten. Da die Markerbsen hoch werden, benötigen sie eine 2 m hohe, stabile Stütze aus Erbsenreisern oder einem zwischen zwei Stangen gespannten Erbsennetz. Wässern Sie regelmäßig und ernten Sie, wenn die Früchte jung und zart sind, sodass die Pflanze weitere Früchte produziert.

Kürbisgewächse ziehen

Kürbisse und Zucchini gibt es das ganze Jahr über in den verschiedensten Formen und Farben. Die aus Samen gezogenen Pflanzen werden, sobald die Frostgefahr vorüber ist, nach draußen gestellt und wachsen schnell zu großen Exemplaren heran.

Zucchini im Beutel

Zucchini sind so leicht zu ziehen, dass man noch nicht einmal einen Topf, geschweige denn Platz in der Rabatte braucht. Ein großer, stabiler Plastiksack fasst genug Erde für eine Zucchinipflanze.

WANN BEGINNEN?
Frühjahr

AM SCHÖNSTEN
Sommer

ZEITAUFWAND
30 Minuten säen, 30 Minuten pflanzen

PFLANZEN & MATERIAL
Zucchinisamen
kleine Töpfe
Aussaaterde
große, stabile Plastiksäcke
Schere
Blumenerde
Rindenmulch oder Komposterde
Tomatendünger

1 EINSÄEN
Kleine Töpfe mit Aussaaterde füllen und einen Zucchinisamen pro Topf einsetzen, da die Sämlinge groß sind. Wässern und die Töpfe mit Folie abdecken, um die Keimung zu beschleunigen.

2 SONNIGER STANDORT
Die Folie entfernen, sobald die Sämlinge zu sehen sind, und die Töpfe an einen warmen, sonnigen Ort stellen. Im Haus oder warmen Gewächshaus stehen lassen, bis die Frostgefahr im späten Frühjahr vorüber ist.

OBST UND GEMÜSE 277

Kürbisse

Winterkürbisse haben den ganzen Sommer zum Reifen und können dann für den Verbrauch im Herbst und Winter eingelagert werden.

WANN BEGINNEN?
Frühjahr

AM SCHÖNSTEN
Herbst und Winter

ZEITAUFWAND
30 Min. säen, 1 Std. pflanzen

PFLANZEN & MATERIAL
Kürbissamen
Aussaaterde und kleine Töpfe
Komposterde
Stroh

3 UMPFLANZEN
Sobald das Wetter wärmer ist, die Pflanzen zwei Wochen lang tagsüber im Freien abhärten und nachts ins Haus holen. Den Plastiksack an einen geschützten, sonnigen Platz im Freien stellen und mit der Schere Dränagelöcher schneiden. Mit Blumenerde füllen und die Zucchinipflanze einsetzen.

4 MULCHEN
Die Erde andrücken und die Pflanzen wässern. Rindenmulch oder Komposterde ausbringen, um die Feuchtigkeit zu halten. Im Sommer täglich wässern und wöchentlich mit Tomatendünger düngen. Die Pflanzen wachsen schnell und tragen bald große, goldene Blüten, die zu leckeren Zucchini werden.

1 SÄEN UND AUSPFLANZEN
Die Samen im Frühjahr im Haus säen und die Jungpflanzen erst auspflanzen, wenn es wärmer ist (Schritt 1 & 2 gegenüber). Den Boden an einem sonnigen Standort vor dem Pflanzen mit reichlich Komposterde verbessern. Mit Stroh mulchen, um die Feuchtigkeit im Boden zu halten und die Früchte trocken zu halten.

2 ERNTEN UND LAGERN
Bei kühlem Wetter entstehen zuerst die männlichen, nicht fruchtenden Blüten, später die weiblichen (rechts). Kürbisse brauchen einen langen Sommer zum Reifen und sind erntereif, wenn sie eine harte Schale und ihre endgültige Farbe haben. Mit langen Stielen abschneiden und mindestens zehn Tage trocknen lassen, dann kühl und trocken lagern.

TOP-TIPP: WASSERRESERVOIR ANLEGEN

Kürbisse, Gurken und Zucchini sind durstige Pflanzen, die trockenen Boden hassen. Pflanzen Sie sie in eine Senke im Boden oder häufeln Sie einen kleinen Wall um die Pflanze herum an. So sammelt sich das Wasser um die Wurzeln und sickert ein, statt abzufließen.

Kürbisse und Zucchini

Kürbisse und ihre mannigfaltigen Verwandten sind ebenso schön wie schmackhaft. Es gibt sie in vielen kräftigen und oft bizarren Farben und Formen und viele, wie der »Türkenturban« (unten) werden ebenso für ihren dekorativen wie für den kulinarischen Zweck geschätzt. Sie lieben Feuchtigkeit und Sonne und können bis in den Winter hinein gelagert werden. Kürbisse sind schlicht gesagt das perfekte Herbstgemüse.

OBST UND GEMÜSE 279

❄❄❄ völlig winterhart   ❄❄ winterhart in milden Regionen/an geschützten Standorten   ❄ im Winter vor Frost schützen
☼ volle Sonne   ☽ Halbschatten   ✹ Schatten   ◊ durchlässiger Boden   ◉ feuchter Boden   ● nasser Boden

Die Größe der Früchte variiert je nach Sorte von Tennisball- bis zu Medizinballgröße, achten Sie also auf die Angaben auf der Packung. Ziehen Sie große Sorten, wie Garten- und Butternut-Kürbisse, als Bodendecker, wo sie eine Ausbreitung von 4 m erreichen. Kleinere Sorten können Sie am stabilen Spalier erziehen. Sie werden 1–2 m hoch und nehmen wenig Platz ein, was sie ideal für kleine Gärten macht.

❶ Kürbis 'Turk's Turban'   ❷ Kürbis 'Hasta La Pasta'   ❸ Kürbis 'Red Kuri'   ❹ Kürbis 'Sweet Dumpling'   ❺ Kürbis, *Cucurbita-maxima*-Sorten   ❻ Kürbis 'Little Gem Rollet'   ❼ Zucchini 'Badger Cross' F1   ❽ Kürbis 'Hooligan' F1-Hybride   ❾ Butternut-Kürbis 'Pilgrim'   ❿ Kürbis 'Tromboncino'. Allen Sorten wachsen unter folgenden Bedingungen: ☼ ◊ ◉ ❄.

Scharfes von der Fensterbank

Chilis sind auf der warmen Fensterbank oder auf der heißen, sonnigen Terrasse leicht zu ziehen. Säen Sie sie im Frühjahr und ernten Sie vom Sommer bis in den Herbst frische Chilis, die Sie auch gut trocknen können. Experimentieren Sie mit verschiedenen Farben und Schärfegraden.

» WANN BEGINNEN?
Mitte Frühjahr
AM SCHÖNSTEN
Sommer bis Herbst

ZEITAUFWAND
 1 Stunde

PFLANZEN & MATERIAL
 Chilisamen
8-cm-Töpfe
Aussaaterde
Gefrierbeutel
größere Töpfe
Universalerde
kleine Pflanzstäbe
Tomatendünger

1 EINSÄEN
Samen ganz nach Geschmack und gewünschter Schärfe auswählen oder die Samen aus getrockneten Schoten des Vorjahres säen. Allerdings können Hybriden zu einer Elternform tendieren. Im Frühjahr kleine Töpfe mit feuchter Aussaaterde füllen, zwei oder drei Samen auf die Erde legen und locker mit weiterer Erde bedecken. Wässern, beschriften und in Gefrierbeutel packen. Beutel entfernen, sobald die Sämlinge erscheinen.

2 PFLEGE
Die Sämlinge, wenn sie 2 cm groß sind, einzeln in kleine Töpfe setzen und auf die sonnige Fensterbank stellen. Regelmäßig wässern. In größere Töpfe mit Universalerde umtopfen, sobald sie etwa 20 cm hoch sind.

3 AUSPFLANZEN
Wenn die Pflanzen 30 cm erreicht haben, Triebspitzen auskneifen, um Seitentriebe zu fördern, und stützen. Abhärten, wenn sie im Freien stehen sollen (S. 109). Wöchentlich Tomatendünger verabreichen, sobald Knospen erscheinen. Grüne Schoten für einen milderen, rote für einen schärferen Geschmack ernten.

Champignons züchten

Die Pilzsuche im Wald ist nur etwas für Experten, aber mithilfe einer Fertigkultur kann man seine eigenen Champignons züchten. Es gibt sie in Form von mit Myzel geimpften Holzdübeln, die in Holzklötze getrieben werden, und – wie hier gezeigt – als einfache, für Anfänger ideal geeignete Kultur im Karton.

» WANN BEGINNEN?
zeitiges Frühjahr

AM SCHÖNSTEN
Sommer

ZEITAUFWAND
1 Stunde

MATERIAL
Champignon-Fertigkultur
Maßbecher

1 ERDE EINFÜLLEN
Fertigkulturen bestehen aus einem Substrat (Pilzkompost), das mit Myzel geimpft ist, und einer Deckschicht, die das Wasser hält und die wachsenden Champignons schützt. Zunächst legt man den Karton mit der mitgelieferten Folie aus und gibt den Pilzkompost hinein.

2 DECKERDE WÄSSERN
Den Beutel mit der Deckerde öffnen, langsam 500 ml Wasser hineingießen und 1 Stunde durchfeuchten lassen. Eine Handvoll Pilzkompost in den Beutel geben und gleichmäßig mit der feuchten Deckerde vermischen.

3 OBERFLÄCHE AUFRAUEN
Den Inhalt des Beutels auf den Pilzkompost geben, gleichmäßig verteilen und mit einer kleinen Gabel aufrauen. So entsteht ein Mikroklima, in dem sich die jungen Champignons entwickeln können. Den Deckel schräg aufsetzen, damit die Luft im Karton zirkulieren kann.

4 TÄGLICH NACHSEHEN
Den Karton an einen warmen Ort mit 20–24 °C stellen (nicht an die Heizung). Nach einigen Tagen bilden sich weiße Pilzfäden auf der Erde. Den Deckel abnehmen und die Pilze bei 16–20 °C dunkel stellen. Die Erde durch Besprühen feucht halten. Nach sechs Tagen sollten die Pilze erscheinen.

Zartes in der Hülle

Eine der größten Kostbarkeiten im Gemüsegarten sind solche Pflanzen, die ihre Früchte in Hüllen verbergen. Zuckermais mit seinen Hüllblättern, die den Kolben umschließen, und dicke Bohnen mit ihren weichen, behaarten Hülsen sind besonders bei Kindern beliebt, die sie mit Begeisterung auspacken.

Zuckermais

Zuckermais ist eine empfindliche Pflanze, die schnell durch Kälte Schaden nimmt. Säen Sie sie im Frühjahr im Haus ein und pflanzen Sie sie erst nach dem letzten Frost aus – je nach Region frühestens gegen Ende des Frühjahrs.

WANN BEGINNEN?
Mitte bis Ende Frühjahr
AM SCHÖNSTEN
Spätsommer

ZEITAUFWAND
 einige Stunden über mehrere Wochen

PFLANZEN & MATERIAL
 Maissamen
Aussaaterde
kleine Töpfe
Etiketten
Schnur
Lineal oder Bandmaß

1 EINSÄEN
Zuckermais kann etwa sechs Wochen nach dem Säen im Haus ausgepflanzt werden. Den Boden gründlich jäten und die Pflanzen mit 35 cm Abstand in Blöcken pflanzen, um die Befruchtung zu unterstützen. Ab dem späten Frühjahr kann man auch direkt im Freien säen, sollte aber zur Sicherheit jeweils zwei Samen pro Position säen, falls einer nicht keimt.

OBST UND GEMÜSE **283**

2 REIFEGRAD TESTEN
Regelmäßig auf Reife prüfen, sobald die Fäden braun werden. Einen Fingernagel in ein Korn drücken: Wenn milchiger Saft austritt, ist der Kolben reif. Bei Unreife ist er wässrig, bei Überreife zäh.

3 ERNTEN
Die Kolben abdrehen und sofort verbrauchen, da der natürliche Zucker sich nach dem Pflücken schnell in Stärke umwandelt. Zuckermais schmeckt köstlich in Alufolie eingewickelt vom Grill.

TOP-TIPP: MISCHKULTUR

Pflanzen Sie den Mais mit anderen Pflanzen in Mischkultur, da seine Blätter ausreichend Licht durchlassen. Nehmen Sie schnell reifende Pflanzen, wie Blattsalate, oder auch Kürbisse.

Dicke Bohnen

Dieses Gourmet-Gemüse reift im Frühsommer, wenn die meisten anderen noch ganz am Anfang stehen. Es ist leicht zu ziehen und sehr robust. Säen Sie für eine frühe Ernte im Herbst an einem sonnigen, geschützten Standort in durchlässigen Boden. Bei schwereren Böden müssen Sie bis zum Frühjahr warten.

WANN BEGINNEN?
Anfang Herbst oder Frühjahr
AM SCHÖNSTEN
Frühsommer

ZEITAUFWAND
 30 Minuten säen

PFLANZEN & MATERIAL
Bohnensamen
Schnur
Holzpflöcke
Pikierholz
Pflanzstäbe

1 EINSÄEN
Eine Reihe mit Schnur abstecken, 6 cm tiefe Löcher mit 25 cm Abstand entlang der Reihe machen und in jedes Loch ein Samenkorn legen. Weitere Reihen mit je 25 cm Abstand abstecken und einsäen. Die Löcher mit Erde auffüllen und die Samen gut wässern.

3 TRIEBSPITZEN AUSKNEIFEN

Die frischen Spitzen der Bohnenpflanzen auskneifen, sobald sie Früchte produzieren, um keine Bohnenfliegen anzulocken.

2 STÜTZEN
Dicke Bohnen werden bis zu 1,2 m hoch und die Früchte werden so schwer, dass die Pflanzen umfallen können. Daher müssen sie vor allem in windigen Regionen mit einer umlaufenden Rankhilfe aus Pflanzstäben und Schnur gestützt werden.

4 ERNTEN
Dicke Bohnen sind in der Regel 4–5 Monate nach dem Pflanzen erntereif. Regelmäßig auf Reife prüfen und pflücken, sobald die Hülsen dick und glänzend sind. Sind die Hülsen bereits ledrig, kann man die Bohnen zwar noch essen, aber sie sind dann schon zäh.

Kräuter und Salat im Kasten

Ein Blumenkasten mit Kräutern und Blattsalaten liefert immer frischen Nachschub für die Küche. Indem Sie den Kasten selber bauen, können Sie ihn perfekt an Ihre Platzverhältnisse anpassen. Sie brauchen dazu nur etwas Werkzeug und ein wenig handwerkliches Geschick.

>> **WANN BEGINNEN?**
jederzeit

AM SCHÖNSTEN
Frühjahr und Sommer

ZEITAUFWAND

 4 Stunden

PFLANZEN & MATERIAL

Kräuter und kleine Salatpflanzen
Bohrer, Säge und Bandmaß
5-cm-Holzschrauben
imprägnierte Bretter
Latten (ca. 12 mm dick)
Kupferband gegen Schnecken
12-mm-Dachnägel
Universalerde

1 BRETTER ABMESSEN
Die Abmessungen des Kastens festlegen, Bretter für zwei Längs- und zwei Schmalseiten sowie den Boden kaufen und die Maße anzeichnen.

2 ZUSCHNEIDEN
Die Maße erneut kontrollieren und die Bretter zuschneiden. Dabei beide Enden der Bretter auflegen, um gerade und saubere Schnitte zu erhalten.

OBST UND GEMÜSE 285

3 ZUSAMMENSCHRAUBEN
Eine Längsseite mit zwei Schrauben an eine Schmalseite schrauben. Bei hartem Holz zunächst Führungslöcher bohren. Dann die zweite Längs- mit der zweiten Schmalseite verschrauben und die Hälften zusammenfügen.

4 LATTEN BEFESTIGEN
Den Boden sowohl mit den Längs-, als auch mit den Schmalseiten verschrauben. Zwei Latten auf die Kastenbreite zuschneiden. Sie dienen als Füße, die die Dränage verbessern. Den Kasten umdrehen und die Latten mit kurzen Schrauben am Boden befestigen.

5 DRÄNAGELÖCHER BOHREN
Eine gute Dränage ist wichtig für gesunde Pflanzen. Mit dem Bohrer von der Unterseite her alle 10 cm ein 10-mm-Loch in den Boden des Kastens bohren. Dabei darauf achten, nicht in die Arbeitsfläche zu bohren.

6 KUPFERBAND ANBRINGEN
Ein Kupferband von außen um den Kasten herum befestigen, um Schnecken abzuhalten. Das Band muss lang genug sein, um den Kasten lückenlos zu umschließen.

8 BEPFLANZEN
Den Kasten mit Erde füllen und mit verschiedenen Kräutern und einigen jungen Blattsalaten bepflanzen. Darauf achten, dass keine Pflanze über das Kupferband hängt und so den Schnecken als Brücke dienen kann.

7 SCHNECKENBAND BEFESTIGEN
Das Kupferband alle 10–15 cm mit Dachnägeln befestigen, damit es nicht verrutscht. Man kann auch mehr Nägel verwenden, um ein dekoratives Muster zu erzeugen.

Salat in bunter Vielfalt

Salate sind ein Muss im Küchengarten und schmecken frisch geerntet einfach unvergleichlich gut. Sie sind mit am einfachsten zu ziehen, brauchen wenig Platz und reifen innerhalb weniger Wochen.

In Töpfe säen

Auf diese Weise brauchen Sie nur vor die Tür treten und können ganz nach Bedarf ernten. Nachwachsende Pflanzen nutzen den vorhandenen Platz optimal aus und liefern reiche Ernte.

» WANN BEGINNEN?
Frühjahr und Sommer
AM SCHÖNSTEN
Sommer bis Herbst

ZEITAUFWAND
 30 Minuten

PFLANZEN & MATERIAL

Blattsalat-Samenmischung
Töpfe
Universalerde
Schere

^ > Nachwachsender Salat
Es ist zwar möglich, »normalen« Kopfsalat im Kübel zu ziehen, aber Sie erzielen einen besseren Ertrag und eine attraktivere optische Wirkung, wenn Sie zu Arten greifen, die nach dem Schneiden nachwachsen.

1 SORTE WÄHLEN
Eine Samenmischung mit Salaten verschiedener Farben und Blattformen nehmen, um die Schale attraktiv und die Ernte abwechslungsreich zu machen. Blattsalatmischungen sind eine gute Wahl für eine frühe Saat, da sie zuverlässig keimen und bei kühlem Klima gut wachsen. Bei kühlen Nachttemperaturen im Frühjahr und länger werdenden Tagen neigen Asia-Salate (asiatische Blattkohlarten, S. 263) zum Schossen und sollten besser nach dem Hochsommer gesät werden. Darauf achten, dass die Töpfe Dränagelöcher haben und die Löcher mit Tonscherben abdecken. Erde einfüllen und andrücken.

2 SÄEN
Die Samen dünn auf die Erde säen, leicht mit Erde bedecken und gut wässern. Nachwachsende Salate können dicht gesät werden, sollten aber auf 5 cm Abstand vereinzelt werden, sobald sie groß genug zum Anfassen sind.

3 ERNTEN
Die Blätter mit der Schere abschneiden, sobald sie etwa 15 cm hoch sind, und in angefeuchteten Gefrierbeuteln frisch halten. Die Pflanzen wachsen mehrere Male nach, bevor sie erschöpft sind und ausgetauscht werden müssen.

Salate im Beet

Beete bieten mehr Platz als Kübel und eignen sich eher für größere Kopfsalate, aber natürlich gedeihen auch hier nachwachsende Salatarten.

1 IN FURCHEN SÄEN
Beide Salatarten sollten in flache Furchen gesät werden, wobei man den Kopfsalat dünner säen sollte als die nachwachsenden Arten. Die Sämlinge werden je nach ihrer endgültigen Größe auf 15–30 cm Abstand vereinzelt.

2 PFLANZEN SCHÜTZEN
Die Pflanzen mit Miniglocken aus durchsichtigen PET-Flaschen (S. 426) vor Schnecken schützen. Außerdem kann ein Netz zur Abwehr von Vögeln nötig werden. Im Sommer regelmäßig wässern. Bei heißem Wetter neigen sie zum Schossen, sollten also neben höheren Pflanzen stehen, die ihnen Schatten spenden.

Leckere Blätter

Rauke hat einen kräftigen, pfeffrigen Geschmack, der mildere Blattsalate aufpeppt. Feldsalat ist ein Wintergemüse mit einem nussigeren Geschmack.

PFLANZUNG UND PFLEGE
Rauke sät man im Frühjahr und zeitigen Herbst, wenn das kühlere Wetter ein Schossen verhindert. Säen Sie dünn und schützen Sie die Pflanzen mit einem feinen Netz gegen Flohkäfer, die die Blätter anfressen. Feldsalat kann man jederzeit im Frühjahr oder Sommer säen. Spät in der Saison gesät ist er besonders nützlich, da er dann als leckerer Winterersatz für Blattsalat dient. Die besten Resultate erzielt man unter Glocken, im Gewächshaus oder unter einem Folientunnel.

∧ *Köstliches Grün*
Feldsalat (oben) und Rauke machen sich auch auf dem Pausenbrot ganz hervorragend.

Edle Zwiebeln

Für Frühlingszwiebeln ist überall Platz und sie keimen schnell und gedeihen zwischen anderen Pflanzen. Die flach wurzelnden Zwiebeln lassen sich sogar in der Saatschale oder im Topf ziehen.

PFLEGE UND ERNTE
Frühlingszwiebeln sind ideal für Töpfe und Kübel geeignet. Geben Sie im Frühjahr und Sommer einmal wöchentlich eine kleine Menge Samen auf die Erde, um ständig Nachschub zu haben. Im Spätsommer gesäte Frühlingszwiebeln können im Winter in der Erde verbleiben und im Frühjahr geerntet werden.

∨ *Steter Nachschub*
Ziehen Sie die Zwiebeln frisch aus dem Boden und verarbeiten Sie sie in Salaten und im Wok.

Blattsalate

Die Auswahl an Salatpflanzen ist so groß, dass Sie das ganze Jahr hindurch frische Blätter ernten können, solange Sie sie vor Frost schützen. Vom milden, buttrigen Kopfsalat bis zum würzigen Mizuna, und vom Blattsenf über Rauke und Chicoree bis zur bitteren Endivie ist für viel Abwechslung gesorgt. Schnittlauch liefert dann noch die Zwiebelnote. Schützen Sie Ihre bunte Mischung für höchste Qualität vor der heißen Sonne.

OBST UND GEMÜSE 289

❊❊❊ völlig winterhart   ❊❊ winterhart in milden Regionen/an geschützten Standorten   ❊ im Winter vor Frost schützen
☼ volle Sonne   ◐ Halbschatten   ● Schatten   ◊ durchlässiger Boden   ◉ feuchter Boden   ⬤ nasser Boden

❶ Endivie 'Pancalieri'; ‡10 cm ↔ 30 cm ☼ ◊ ❊❊❊   ❷ Kopfsalat 'Red Oakleaf'; ‡20 cm ↔ 30 cm ☼ ◊ ❊❊   ❸ Kopfsalat 'Tin Tin'; ‡30 cm ↔ 20 cm ☼ ◊ ❊❊   ❹ Kopfsalat 'Lollo Rosso'; ‡20 cm ↔ 20 cm ☼ ◊ ❊❊   ❺ Mizuna (*Brassica rapa* var. *japonica*); ‡30 cm ↔ 30 cm ☼ ◊ ❊❊❊   ❻ Kopfsalat 'Rosemoor'; ‡30 cm ↔ 30 cm ☼ ◊ ❊❊   ❼ Radicchio; ‡30 cm ↔ 30 cm ☼ ◊ ❊❊❊   ❽ Rauke (Rucola, *Eruca vesicaria*); ‡30 cm ↔ 10 cm ☼ ◊ ❊❊❊   ❾ Blattsenf (*Brassica juncea*); ‡30 cm ↔ 30 cm ☼ ◊ ❊❊❊   ❿ Schnittlauch; ‡30 cm ↔ 30 cm ☼ ◊ ❊❊❊   ⓫ Blut-Ampfer; ‡20 cm ↔ 30 cm ◐ ◊ ❊❊❊

Erdbeeren im Topf

Erdbeeren lassen sich gut im Kübel ziehen, weil die Früchte dann Abstand zum Boden haben und so vor Schnecken, Mäusen und anderen Schädlingen sowie vor nasser Erde geschützt sind, die sie faulen lässt. Tauschen Sie Ihre Erdbeeren alle paar Jahre gegen frische Jungpflanzen aus.

WANN BEGINNEN?
zeitiges Frühjahr

AM SCHÖNSTEN
Sommer

ZEITAUFWAND
1½ Stunden

PFLANZEN & MATERIAL
3 Erdbeerpflanzen
großer Kübel
Tonscherben
Universalerde
Langzeitdünger
Tomatendünger
Stroh

1 VORBEREITUNG
Drei junge, gesunde Erdbeerpflanzen eine Stunde vor dem Pflanzen gründlich wässern. Die Dränagelöcher eines großen Kübels mit Tonscherben bedecken, damit sie nicht verstopfen, dann den Kübel zu zwei Dritteln mit Erde füllen und die Erde leicht andrücken.

>> **OBST UND GEMÜSE** 291

2 AUSTOPFEN
Die Pflanzen aus ihren Verkaufstöpfen lösen und verfilzte und zusammengepresste Wurzeln vorsichtig mit den Fingern voneinander lösen, damit die Pflanzen leichter anwachsen können.

3 EINPFLANZEN
Die drei Pflanzen so am Topfrand verteilen, dass die Früchte überhängen. Mit Erde auffüllen, Dünger untermischen und die Erde andrücken. Gründlich angießen und danach täglich wässern.

4 AUSKNEIFEN
Die Pflanzen bleiben gesünder, wenn man die Früchte des ersten Jahrs opfert, sodass sie sich auf das Wurzelwachstum konzentrieren können. Alle Blüten auskneifen und im Folgejahr wöchentlich mit Tomatendünger düngen, sobald sich Knospen zeigen.

TOP-TIPP: DIE FRÜCHTE SCHÜTZEN

Erdbeeren faulen schnell, wenn sie Kontakt mit nasser Erde haben. Dies lässt sich zwar meist durch die Zucht im Topf verhindern, aber Sie können jedes Risiko ausschließen, indem Sie Stroh um den inneren Topfrand legen und so die Früchte anheben.

Wilde Beeren

Man kann Erdbeeren auch im Hängekorb oder Balkonkasten ziehen. Hier sind kleine, leckere Wilderdbeeren am besten geeignet.

>> **WANN BEGINNEN?**
zeitiges Frühjahr
AM SCHÖNSTEN
Sommer

ZEITAUFWAND
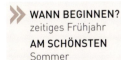 1½ Stunden

PFLANZEN & MATERIAL
- Wilderdbeeren
  Hängeampel oder Balkonkasten
  Universalerde
  Langzeitdünger

1 BEPFLANZEN
Die Pflanzen für ein geschlossenes Bild und eine gute Ernte relativ eng zusammen pflanzen. Beim Einpflanzen etwas Langzeitdünger in die Erde mischen und die Erdbeeren das ganze Jahr hindurch gut wässern.

2 ERNTE UND PFLEGE
Die Erdbeeren den Sommer über ernten. Die Pflanzen regelmäßig überprüfen und abernten, damit weitere Früchte reifen können. Die Pflanzen müssen alle drei oder vier Jahre herausgenommen und geteilt werden.

Platz für Herbstbeeren

Der süße, erfrischende Geschmack von Himbeeren und das sanfte Aroma der Brombeeren sind unverzichtbare Highlights im Nutzgarten. Man kann sie frisch essen, kochen, zu leckeren Desserts verarbeiten oder als Konfitüre fürs ganze Jahr einkochen.

Himbeeren

Die leicht zu ziehenden Himbeeren reifen im Herbst und sind bis auf einen regelmäßigen Rückschnitt sehr pflegeleicht, wenn sie sich einmal etabliert haben.

WANN BEGINNEN?
Herbst
AM SCHÖNSTEN
Anfang bis Mitte Herbst

ZEITAUFWAND
2 Stunden

PFLANZEN & MATERIAL
Himbeerruten
Komposterde oder gut abgelagerter Stallmist
Spaten
Pfosten und stabiler Draht
Rindenmulch

1 EINPFLANZEN
Himbeeren bevorzugen feuchten Boden, Sonne oder Halbschatten. Stallmist einarbeiten und die Ruten in einer Reihe pflanzen, wässern und mulchen.

2 STÜTZEN UND ERZIEHEN
Die Ruten nach dem Pflanzen bis zum Boden abschneiden. Sie können im Sommer sehr wüchsig sein und müssen gestützt werden. Zwei kräftige Pfosten in den Boden treiben und mehrere dicke Drähte mit 60 cm Abstand spannen. Die Ruten aufbinden.

3 PFLEGE
Im ersten Jahr alle Früchte auskneifen, damit die Pflanzen ihre Energie vermehrt für das Wurzelwachstum verwenden können. Dann die fruchtenden Triebe jedes Jahr nach der Ernte bis zum Boden abschneiden. Junge Ruten anbinden, sie tragen im Folgejahr Früchte.

Brombeeren

Brombeerpflanzen sind meist groß und nicht für Kübel geeignet, die dornenlosen Sorten sind aber weniger wüchsig und können im Kübel gezogen werden. Sie sind genügsam und gedeihen gut in der Sonne und im Halbschatten.

» **WANN BEGINNEN?**
Herbst
AM SCHÖNSTEN
Spätsommer bis Anfang Herbst

ZEITAUFWAND
 1 Stunde

PFLANZEN & MATERIAL
 Brombeerpflanzen, hier die Sorte 'Loch Maree'
großer Kübel
Tonscherben
lehmhaltige Blumenerde
Pflanzstäbe oder Spalier
Tomatendünger

1 PFLANZEN UND DÜNGEN
Die Tonscherben in den Kübel legen, um die Dränage zu verbessern. Den Kübel mit Erde füllen und bepflanzen. Die meisten Erden enthalten genügend Nährstoffe für die ersten Monate, aber im Sommer müssen die Pflanzen wöchentlich mit Tomatendünger gedüngt werden, damit sie Früchte tragen.

2 ANBINDEN
Brombeeren haben lange Triebe, die aufgebunden werden müssen. Einige stabile Stäbe in die Erde stecken oder den Kübel vor ein Spalier stellen. Die Triebe mit einer »Acht« anbinden, sodass sie nicht in direkten Kontakt mit dem Spalier kommen und dabei aufgerieben werden.

3 SCHNITT UND PFLEGE
Brombeeren reifen immer an vorjährigen Trieben. Aus diesem Grund muss man die fruchttragenden Ruten nach dem Abernten bis zum Boden zurückschneiden. Junge Triebe ans Spalier binden. Sie tragen im folgenden Jahr Früchte. Jedes Frühjahr die oberste Erdschicht gegen frische Erde austauschen.

Superfrüchte ziehen

Alle paar Jahre wird ein anderes Lebensmittel als »Super Food« ausgerufen, weil es besonders viel Antioxidanzien, Vitamine und Nährstoffe liefert. Viele dieser Beeren sind leicht im Garten oder im großen Kübel zu ziehen und zählen zu den gesündesten Lebensmitteln überhaupt.

∧ *Nahrhafte Früchte*
Die dunkelvioletten Apfelbeeren enthalten mehr gesunde Antioxidanzien als die viel gerühmten Heidelbeeren.

∨ *Herbstpracht*
Das Laub färbt sich im Herbst schön rot und orange, während die Beeren heranreifen.

Apfelbeere

Die Apfelbeere weist den höchsten Gehalt des krebshemmenden und die Alterung verlangsamenden Antioxidans Anthozyanin aller Früchte auf. Die rohen Beeren sind sauer und werden am besten mit anderen Zutaten gemischt oder gesüßt.

KULTURTIPPS
Die Schwarze Apfelbeere (*Aronia melanocarpa*) gedeiht unter verschiedenen Bedingungen, bevorzugt aber feuchten, sauren Boden in Halbschatten oder Sonne. Arbeiten Sie viel Komposterde in den Boden ein. Die strauchige Pflanze wird 2 m hoch und 3 m breit. Sie ist ebenso attraktiv wie produktiv, blüht im späten Frühjahr und hat eine schöne Herbstfärbung, die gut zu den dunklen Beeren passt.

PFLEGE
Die Pflanze sollte immer genug Wasser haben, vor allem im ersten Jahr. Bringen Sie nach dem Pflanzen einen dicken Rindenmulch aus, um die Feuchtigkeit im Boden zu halten und Unkraut zu unterdrücken. *Aronia* benötigt einige Jahre, um sich zu etablieren und voll zu tragen. Die reifen Beeren schmecken am besten nach einem harten Frost und müssen vor der Plünderung durch Vögel geschützt werden.

Bocksdorn

Die Goji-Beeren genannten Früchte des Bocksdorn (*Lycium chinense*) sind reich an Vitamin C und Eisen. In China werden sie meist gegen Ende der Zubereitung in herzhafte Gerichte, wie Suppen, gegeben, oder zur Teebereitung verwendet.

KULTUR
Der Bocksdorn ist ein winterharter Strauch und bevorzugt fruchtbaren, durchlässigen Boden in voller Sonne. Arbeiten Sie viel organisches Material, wie Komposterde oder Stallmist, in den Boden ein und wässern Sie im ersten Jahr gut. Der Strauch blüht im späten Frühjahr und Sommer, trägt aber frühestens im dritten Jahr nach der Pflanzung eine nennenswerte Ernte.

BEEREN TROCKNEN

Verwenden Sie die Beeren frisch oder getrocknet. Legen Sie sie für einige Stunden bei niedrigster Temperatur und offener Tür in den Backofen und lagern Sie sie in sauberen, trockenen Schraubgläsern.

Maibeeren

Die Beeren von *Lonicera kamtschatica* ähneln Heidelbeeren, auch wenn sie meist als nicht so süß und geschmackvoll wie diese gelten. Sie gedeihen aber im Gegensatz zur Heidelbeere, die sauren Boden benötigt, auf jedem Boden.

KULTUR
Sie benötigen zwei Pflanzen unterschiedlicher Sorte, die einander befruchten. Lassen Sie sich beim Kauf beraten, um zwei gleichzeitig blühende Sorten zu finden. Der winterharte Strauch bevorzugt Halbschatten und feuchten, durchlässigen Boden und trägt im zweiten Jahr Früchte. Die Pflanzen können sehr wüchsig sein und müssen nach der Ernte zurückgeschnitten werden. Lassen Sie die reifen Früchte noch zwei Tage am Strauch, damit sich ihr Geschmack voll entwickeln kann.

Jostabeeren

Diese Kreuzung aus Schwarzer Johannisbeere und Stachelbeere ist sehr wüchsig und braucht viel Platz. Die Beeren ergeben eine besonders leckere Konfitüre.

KULTUR
Jostabeeren (*Ribes × nidigrolaria*) sind anspruchslos und können auch als naturnahe Hecke gepflanzt werden, sie profitieren aber von nährstoffreichem Boden und einem geschützten, sonnigen Standort. Sie sind selbstbefruchtend und resistent gegen viele Schädlinge und Krankheiten, die Stachel- und Johannisbeeren bedrohen. Netze können die Pflanzen vor Vögeln schützen.

Obst auf engstem Raum

Auch wenn man keinen Garten besitzt, kann man mit etwas Umsicht einen Obstbaum pflanzen, denn fast alle Obstbäume sind auch auf zwergwüchsigen Unterlagen erhältlich. Sie gedeihen auch in großen Kübeln, solange sie Wasser und Dünger erhalten, und tragen oft erstaunlich reiche Ernte.

» WANN BEGINNEN?
Spätwinter
AM SCHÖNSTEN
Herbst

ZEITAUFWAND
 1 Stunde

PFLANZEN & MATERIAL
 großer Kübel
Tonscherben
lehmhaltige Blumenerde
Langzeitdünger
Zwerg-Obstbaum
Kies- oder Rindenmulch

1 WURZELN WÄSSERN
Obstbäume sind im Kübel vollständig von der externen Wasser- und Düngerzufuhr abhängig. Deshalb sollte man den Wurzelballen vor dem Pflanzen gründlich wässern, da trockene Wurzeln später nur schwer zu befeuchten sind. Am besten stellt man den Topf in einen großen Eimer mit Wasser und lässt ihn eine Stunde lang einweichen, bis die Erde an der Oberfläche feucht ist. Dann hebt man den Topf heraus und lässt ihn abtropfen.

2 VORBEREITUNG
Einen großen Kübel mit breiter Basis nehmen, der nicht so leicht umgeweht werden kann, und an einen sonnigen, geschützten Ort stellen. Bei Bedarf Dränagelöcher bohren und mit einer Schicht Tonscherben bedecken, damit sie nicht mit Erde verstopfen. Erde in den Topfgrund geben und eine Dosis Langzeitdünger darauf verteilen.

3 WURZELN LOCKERN
Den Baum mit dem Verkaufstopf in den Kübel stellen und durch Zugabe und Wegnahme von Erde dafür sorgen, dass die Ballenoberkante 5 cm unter dem Rand liegt. Den Verkaufstopf entfernen und die Wurzeln mit den Fingern lockern, damit sich die Wurzeln besser in der Erde ausbreiten können und die Pflanze gut anwächst. Den Baum in den Kübel setzen.

4 AUFFÜLLEN, STÜTZEN UND MULCHEN
Den Kübel mit Erde auffüllen und gut wässern. Wenn der Baum noch keine Stütze hat, einen Pfahl in die Erde stecken, um ihn aufrecht zu halten und zu verankern. Einen vorhandenen Pfahl tief in die Erde drücken. Mit Kies- oder Rindenmulch bedecken, um Feuchtigkeit in der Erde zu halten und Unkraut zu unterdrücken.

TOP-TIPP: UNTERLAGE

Zwerg-Obstbäume werden meist auf zwergwüchsige Unterlagen gepfropft, sodass sie klein bleiben. Für den Kübel eignen sich Bäume auf M26-, M9- oder (für sehr kleine Kübel) M27- Unterlagen. Eine gute Wahl sind Birnen auf Unterlage Quitte C, Kirschen auf GiSelA 5 und Pflaumen auf Pixy.

5 WÄSSERN UND DÜNGEN

Wässern Sie den Baum gut, indem Sie den Topf immer bis zum Rand füllen. Für eine reiche Ernte darf der Boden nie austrocknen, wenn der Baum blüht oder fruchtet. Im Frühjahr und Sommer braucht er alle zwei Wochen Tomatendünger. Im Spätherbst und Winter müssen auch ruhende Bäume bei mildem, trockenem Wetter gewässert werden.

Obst für große Kübel

Wenn Sie regelmäßig wässern und düngen, können Sie sich einen Mini-Obstgarten auf der Terrasse anlegen. Ziehen Sie Beeren, wie Johannis- oder Stachelbeeren, oder Baumfrüchte, wie Äpfel, Birnen oder Kirschen, auf zwergwüchsigen Unterlagen. Erneuern Sie jedes Jahr die oberste Erdschicht.

ROTE, WEISSE UND SCHWARZE JOHANNISBEEREN
Diese saftigen Früchte müssen während des Wachstums im Kübel regelmäßig gewässert werden. Füllen Sie große Kübel mit lehmhaltiger Blumenerde, die Sie mit Gartenkomposterde oder abgelagertem Stallmist vermischen. Sie können die Pflanzen im kühlen Halbschatten entweder als Sträucher kultivieren oder Sie erziehen sie an einem Spalier (S. 118–119). Düngen Sie im Frühjahr mit Langzeitdünger und ab dem späten Frühjahr wöchentlich mit flüssigem Tomatendünger, bis die Früchte reifen. Schützen Sie die Blüten mit Vlies, wenn Frost vorausgesagt ist. Schneiden Sie sie wie Stachelbeeren (unten).

STACHELBEEREN
Die süßsauren Stachelbeeren eignen sich hervorragend für sommerliche Desserts und Kuchen. Sie werden wie Johannisbeeren gepflanzt und gedüngt (oben) und im späten Frühjahr ausgedünnt, falls die Ernte reich ist. Im Winter werden Haupttriebe um die Hälfte auf eine außen liegende Knospe und Seitentriebe auf eine Knospe über dem Haupttrieb zurückgeschnitten. Die Pflanzen gut wässern und die Früchte im Sommer ernten.

PFIRSICHE UND KIRSCHEN
Die besten Obstbäume für Kübel wachsen auf zwergwüchsigen Unterlagen. Kirschen werden auf Colt und GiSelA 5 gezogen, Pfirsiche auf Pixy oder St. Julien A. Schöne Kirschsorten sind 'Compact Stella' und 'Maynard Mini Stem'. Bei Pfirsichen sind 'Bonanza' und 'Garden Lady' empfehlenswert. Pflanzen Sie sie in große Kübel mit lehmhaltiger Blumenerde an einen geschützten, sonnigen Standort und düngen Sie im Frühjahr mit Langzeitdünger, nach der Blüte alle 14 Tage mit flüssigem Tomatendünger. Die Pflanzen müssen nicht geschnitten werden.

ÄPFEL UND BIRNEN

Äpfel für den Kübel werden gerne auf den Unterlagen M27, M9 und M26 gezogen, was auf dem Etikett angegeben sein sollte. Die Auswahl für Birnen ist mit Quitte C und Quitte A deutlich kleiner. Alle diese kompakten Bäume tragen Früchte normaler Größe. Wenn Sie Platz haben, pflanzen Sie mehrere Bäumchen und genießen Sie ab dem Spätsommer bis in den Herbst hinein unterschiedliche Geschmacksrichtungen. Beliebte Apfelsorten sind 'Egremont Russet', 'Cox's Orange Pippin', 'Discovery', 'Elstar' und 'Blenheim Orange' mit seinem frisch-nussigen Geschmack. Bei den Birnen sind 'Williams' Bon Chrétien', 'Vereinsdechant' und 'Dwarf Lilliput' für den Kübel geeignet. Wenn Sie nur sehr wenig Platz haben, können Sie auch zwei verschiedene Früchte auf einer Unterlage kaufen und haben so Abwechslung auf engstem Raum. Sie werden wie Äpfel und Birnen gezogen (S. 296–297). Wässern Sie die Pflanzen im Frühjahr und Sommer gut.

❶ 'Fiesta' wird gerne auf Zwergunterlagen gezogen. Die roten Äpfel schmecken sehr ähnlich wie die 'Cox's Orange Pippin' und sind Mitte Herbst erntereif.
❷ Der krankheits- und frostresistente 'Red Falstaff' hat einen süß-milden Geschmack. Er kann Mitte Herbst geerntet werden.
❸ 'Pixie' ist ein kleiner, süßer Apfel, der selbst an kleinen Bäumen reich trägt. Im Frühsommer die Früchte ausdünnen, damit sie nicht zu klein werden, und Mitte Herbst ernten.
❹ Die meist nur Williams-Birne genannte 'Williams' Bon Chrétien' ist die am häufigsten kultivierte Birne und sollte noch hart geerntet werden.
❺ Wenn man den nussigen 'Egremont Russet' im frühen Herbst erntet, dann lässt er sich bis ins Frühjahr lagern. Der ertragreiche und krankheitsresistente Apfel eignet sich für diejenigen, die etwas Besonderes suchen.

Herrlich herbe Früchte

Manche Früchte sind perfekt für die Weiterverarbeitung in der Küche geeignet. Mit etwas Zucker oder Honig verwandelt sich gekochter Rhabarber in puren Nektar. Je nachdem, wie reif sie sind, schmecken Heidelbeeren auch roh schon köstlich, aber ihr volles Potenzial entfalten sie erst in Muffins und Kuchen.

1 OFFENER, SONNIGER STANDORT
Komposterde oder Stallmist einarbeiten, pflanzen und wässern. Die Pflanze mit Schneckenkorn oder einem Schneckenring schützen (S. 426).

TOP-TIPP: FRÜHE ERNTE

Wenn man die noch ruhenden Pflanzen mit einer Haube vor Licht schützt, erhält man süßere und zartere Stiele. Bedecken Sie die Pflanze mit einer lichtdichten Haube, wie einem Eimer, einer Schachtel oder einem Treibtopf, sobald im Frühjahr die ersten Triebe erscheinen. Die zarten Stiele sind vier Wochen später bereit zur Ernte – einen Monat früher als nicht abgedeckter Rhabarber. Ernten Sie die Stiele ab und lassen Sie die Pflanze sich den Rest des Jahres und im Folgejahr erholen.

Rhabarber

Etablierter Rhabarber ist absolut genügsam – Sie müssen nur noch die Stangen aus dem Boden ziehen.

» WANN BEGINNEN?
Spätherbst
AM SCHÖNSTEN
Frühsommer

ZEITAUFWAND
1 Stunde

PFLANZEN & MATERIAL
Rhabarberpflanze
Komposterde oder gut abgelagerter Stallmist
Spaten
Schneckenkorn oder Schneckenring

2 ERNTEN
Bei Trockenheit wässern. Jedes Frühjahr mit Flüssigdünger düngen und mit verrottetem Stallmist mulchen. Im ersten Jahr gar nicht und im zweiten höchstens ein oder zwei Stangen ernten. Danach kann geerntet werden, indem man die Stiele unter Zug abdreht.

Heidelbeeren

Die köstlichen Beeren gelten als »Super Food«, weil sie besonders reich an Vitaminen und Antioxidanzien sind. Sie brauchen sauren Boden und man sollte zwei verschiedene Sorten zusammen kultivieren, damit sie Früchte tragen.

WANN BEGINNEN?
Mitte Herbst
AM SCHÖNSTEN
Sommer

ZEITAUFWAND
1½ Stunden

PFLANZEN & MATERIAL
2 Heidelbeerpflanzen
2 große Kübel
Tonscherben
Moorbeeterde und Rhododendron-Dünger
Rindenmulch
Regenwasser

1 GROSSE KÜBEL
Die Kübel mit Tonscherben auslegen und teilweise mit Moorbeeterde füllen. Die Heidelbeersträucher in der gleichen Tiefe einpflanzen wie in ihrem Verkaufstopf und die Kübel rund um die Wurzelballen bis 5 cm unter den Rand mit weiterer Moorbeeterde auffüllen.

2 DÜNGEN
Um eine gute Ernte zu erhalten, einen Rhododendron-Langzeitdünger nach Angaben des Herstellers auf die Erde geben und leicht einarbeiten, denn die meisten Dünger sind irgendwann verbraucht und müssen regelmäßig erneuert werden.

3 WÄSSERN UND MULCHEN
Täglich mit Regenwasser gießen, da Leitungswasser alkalisch sein kann. Anschließend mit Rindenmulch abdecken, um die Feuchtigkeit im Boden zu halten. Die Beeren sind nach einigen Wochen reif und können nach Belieben geerntet und verzehrt werden.

Asiatische Kräuter und Gewürze

Die würzig-aromatische asiatische Küche beruht auf drei Grundzutaten: Koriandersamen und -blätter, Zitronengras und Ingwerwurzel. Ziehen Sie diese pflegeleichten, aber nicht winterharten Pflanzen auf der Fensterbank oder im Sommer im Garten, statt sie im Supermarkt zu kaufen.

Koriander

Das einjährige Kraut mit seinen würzigen Samen und Blättern zieht man an einem sonnigen Platz.

WANN BEGINNEN?
Frühjahr
AM SCHÖNSTEN
Frühjahr bis Herbst

ZEITAUFWAND
30 Minuten

PFLANZEN & MATERIAL
Koriandersamen oder Setzlinge
Multitopf-Anzuchtplatte
Aussaaterde
hoher Topf
Tonscherben
lehmhaltige Blumenerde
Gießkanne mit Brause

1 SÄEN UND PFLANZEN
Multitöpfe mit Aussaaterde füllen, Samen auf der Erde verstreuen, dünn mit Erde bedecken und wässern. An einen sonnigen Platz stellen und regelmäßig wässern. Verfilzte Sämlinge vereinzeln, sobald sie einige Blättchen haben. Einen hohen Topf mit Tonscherben auslegen und mit Erde füllen und die Pflänzchen mit ihren langen Wurzeln umtopfen, sobald sie kräftig wachsen.

2 PFLEGE
Den umgetopften Koriander regelmäßig wässern. Zu trockene Pflanzen neigen zum Schossen. Blütenstiele sofort entfernen. Stängel und Blätter ernten, wenn die Pflanze reif ist. Sie wächst unter Umständen nach und liefert eine zweite Ernte. Man kann sie auch Samen ansetzen lassen und die Fruchtstände in einem Papierbeutel kopfüber aufhängen, bis die Samen abfallen.

Zitronengras

Die Stängel dieses aromatischen Krauts schmecken scharf zitronig. Frisch im Asia-Shop oder beim Gemüsehändler gekaufte Stängel setzen schnell Wurzeln an. Nehmen Sie nur feste Stängel mit holziger, hellbrauner Basis.

WANN BEGINNEN?
Frühjahr

AM SCHÖNSTEN
ganzjährig

ZEITAUFWAND
30 Minuten

PFLANZEN & MATERIAL
frische Zitronengrasstängel
Glas mit Wasser
scharfes Messer
8-cm-Plastiktöpfe
lehmhaltige Blumenerde
Flüssigdünger
dekorativer Blumentopf

∧ *Zimmerpflanze*
Zitronengras würzt nicht nur asiatische Gerichte, sondern ist auch eine schöne Zimmerpflanze. Die Stängel reifen schnell heran.

1 STÄNGEL BEWURZELN
Frische Zitronengrasstängel mit dem verdickten Ende ins Wasser stellen. Einige Wochen auf der hellen Fensterbank stehen lassen, bis sich die Wurzeln ausgebildet haben. Das Wasser täglich wechseln.

2 SCHNEIDEN UND PFLANZEN
Kleine Töpfe mit lehmhaltiger Blumenerde füllen. Das obere Stängelende abschneiden und die jungen Pflanzen eintopfen. Gut wässern und auf die warme, sonnige Fensterbank oder ins Gewächshaus stellen.

3 PFLEGE
Im Sommer gut wässern und alle zwei Wochen mit Flüssigdünger düngen. Mit der Zeit in größere Töpfe umtopfen. Die Erde im Winter feucht halten. Die Stängel zur Ernte dicht über den Wurzeln abschneiden.

Ingwer

Ingwerpflanzen werden bis zu 1 m hoch. Sie sehen attraktiv aus und liefern zudem köstliche essbare Wurzeln (eigentlich sind es Rhizome). Die Pflanzen sind nicht winterhart.

PFLANZEN & MATERIAL
Ingwerwurzeln (Rhizome)
8-cm-Plastiktöpfe
lehmhaltige Blumenerde
großer Topf
Flüssigdünger

1 VORBEREITUNG
Eine Ingwerwurzel mit mehreren hellen Augen wählen, aus denen Triebe wachsen. Einen Topf mit Erde füllen, die Wurzel hineinlegen und dünn mit Erde bedecken. Gut wässern und hell stellen.

2 UMTOPFEN
Die Pflanze ins direkte Sonnenlicht stellen, sobald Triebe erscheinen, und mit der Zeit umtopfen. Im Sommer ins Freie stellen und alle 14 Tage düngen. Im Herbst austrocknen und das Laub absterben lassen. Die Wurzeln ernten und ein Stück im nächsten Frühjahr wieder einpflanzen.

Zitrusfrüchte ziehen

Zitruspflanzen stehen im Sommer gerne draußen und können auch im Winter im Freien bleiben, solange kein Frost kommt. Mit etwas Pflege werden sie zu schönen und ergiebigen Terrassenpflanzen.

Zitronenbaum aus einem Kern

Vor allem Kinder haben Spaß daran, Zitronenbäume aus Kernen zu ziehen. Die Bäume blühen zwar schon als Jungpflanzen, tragen aber erst nach einigen Jahren Früchte. Bis dahin sind sie schöne, stark duftende Zimmer- und Terrassenpflanzen.

WANN BEGINNEN?
Frühjahr

AM SCHÖNSTEN
ganzjährig

ZEITAUFWAND
30 Minuten

PFLANZEN, MATERIAL
Zitronenkerne
Töpfe
Aussaaterde
lehmhaltige Blumenerde

1 VORBEREITUNG
Eine Zitrone aufschneiden und die Kerne trocknen. Mehrere Kerne pro Topf 1 cm tief in Aussaaterde setzen. Angießen und an einen warmen Ort stellen. Weiterhin gut wässern.

2 UMTOPFEN
Die jungen Setzlinge aus ihren Töpfen holen, sobald sie kräftig wachsen, und vorsichtig die Wurzeln lösen. Jede Pflanze in ihren eigenen kleinen Topf mit lehmhaltiger Blumenerde pflanzen und wässern.

3 PFLEGE
Die Töpfe in die Sonne stellen und gut wässern. Im kühlen Zimmer oder Gewächshaus überwintern und im Sommer und Frühherbst bis zum ersten Frost ins Freie stellen. Möglichst mit Regenwasser wässern und auf Befall durch Blatt-, Schild- oder Schmierläuse (Wolläuse) achten.

Kleine Auswahl

Zitruspflanzen bieten eine fantastische Vielfalt an Fruchtfarben und -texturen und lassen sich meist leicht ziehen. Einige überleben in milderen Regionen den Winter im Freien, gedeihen aber am besten mit etwas Schutz.

PFLEGE
Zitruspflanzen brauchen im Frühjahr und Sommer viel, im Winter weniger Wasser. Verwenden Sie statt hartem Leitungswasser lieber Regenwasser. Besprühen Sie die Pflanzen im Haus täglich mit einem Blumensprüher, um die Luft feucht zu halten und Spinnmilben abzuwehren. Etwas Wärme im späten Winter und Frühjahr fördert die Blüte und mit etwas Glück auch die Frucht.

❶ Die Calamondinorange (× *Citrofortunella microcarpa*) ist eine Hybride aus Kumquat und Mandarine und gut im Haus zu ziehen. Sie produziert ganzjährig duftende Blüten und trägt saure Früchte. ❷ Die Kafir-Limette (*Citrus hystrix*) wird wegen ihrer duftenden Blätter gezogen und in der thailändischen Küche verwendet, sie trägt sehr saure Früchte. ❸ Die Limone (*Citrus aurantifolia*) mit ihrer dicken Schale und ihrem köstlichen Aroma wird meist für Cocktails genutzt. ❹ Die Kumquat (*Fortunella japonica*) ist eine attraktive und sehr unkomplizierte Zitruspflanze. Sie blüht im Sommer und ist bedingt frosthart (bis -5 °C).

< *Ideal für die Terrasse*
Dieser hübsche Zitronenbaum fühlt sich wie andere Zitruspflanzen im Sommer am wohlsten im Freien. Den Winter verbringt er im Haus.

Nüsse im Garten

Ein besonderes Vergnügen ist es, im Herbst leckere Nüsse zu ernten, die man sonst teuer kaufen muss. Sie gedeihen auch in kühlen Regionen und brauchen nur wenig Aufmerksamkeit. Mandeln und Haselnüsse sind die kleinsten Nussbäume, wobei die Mandelfrüchte genau genommen Steinfrüchte sind.

Mandeln

Mandelbäume tragen nicht nur Früchte, sondern zeigen auch im Frühjahr eine spektakuläre Fülle von zartrosa Blüten.

WANN BEGINNEN?
Spätherbst
AM SCHÖNSTEN
Frühjahr und Spätsommer

ZEITAUFWAND
 3 Stunden

PFLANZEN & MATERIAL
 Mandelbaum (*Prunus dulcis* var. *dulcis*)
Spaten
Baumpfahl
Baumband
Gartenschere
Astsäge

1 PFLANZEN
Einen offenen, sonnigen Standort mit tiefgründigem, fruchtbarem und durchlässigem Boden wählen. Der Baum blüht im Frühjahr und die Blüten müssen vor Frost geschützt werden. Den Baum pflanzen und stützen. Wenn er nicht selbstbestäubend ist, muss ein zweiter daneben gepflanzt werden.

2 SCHNEIDEN UND ERNTEN
Die Mandelbäume zu einer offenen Form schneiden. Nur im Sommer schneiden, um einen Befall durch Bleiglanz (S. 432) zu verhindern. Die Mandeln werden vom Baum geschlagen und geerntet, sobald die weiche Fruchthülle aufplatzt (rechts). Mandeln ohne Hülle trocknen.

Haselnüsse

Wilde Haselnüsse sind runde, harte Nüsse, die man häufig in Hecken findet. Die Früchte der Kultursorte sind leicht verlängert und besser für den Verzehr geeignet. Beide Sträucher sind in Bezug auf die Standortbedingungen tolerant und tragen schon jung Nüsse.

WANN BEGINNEN?
Spätherbst oder Frühjahr

AM SCHÖNSTEN
Spätsommer

ZEITAUFWAND
2 Stunden

PFLANZEN & MATERIAL
Haselnussstrauch
Spaten
Baumpfahl
Baumband
organisches Material als Mulch, z. B. Gartenkomposterde oder gut abgelagerter Stallmist

1 PFLANZEN
Die Hasel bevorzugt gut durchlässigen Boden und einen Standort mit Sonne oder Halbschatten. Zwei benachbarte Pflanzen garantieren die gegenseitige Befruchtung und eine gute Ernte. Wurzelnackte Sträucher im Herbst, Sträucher mit Ballen im Frühjahr pflanzen und stützen (S. 178–179). Nach dem Einpflanzen gut wässern und mit einer Lage Mulch bedecken.

2 SCHNEIDEN UND ERNTEN
Den Strauch im ersten Jahr regelmäßig wässern. Sobald er sich etabliert hat und mindestens zwei Jahre wachsen konnte, die stärksten aufrechten Triebe bis zum Boden zurückschneiden, um blühende Seitentriebe zu fördern. Man kann Haselnüsse jung ernten und grün essen oder man lässt sie am Strauch braun werden, erntet sie und lagert sie dann ein.

Selbst gezogene Erbsenreiser

Abgesehen von Nüssen liefern Haselnusssträucher auch holzige Reiser, die sehr nützlich im Garten sind. Diese sogenannten Erbsenreiser dienen zum Stützen von Erbsenpflanzen, einjährigen Kletterpflanzen und einer Reihe weiterer hoch wachsender Nutzpflanzen. Längere Äste können zu rustikalen Obelisken und stabilen Spalieren verbunden werden.

WANN BEGINNEN?
Winter

AM SCHÖNSTEN
Sommer

ZEITAUFWAND
2 Stunden

PFLANZEN & MATERIAL
reifer Haselnussstrauch
Schnittwerkzeug, wie Astschere oder -säge

1 REISER SCHNEIDEN
Den Haselnussstrauch drei bis vier Jahre lang nicht schneiden, sondern nur wachsen lassen. Als Erbsenreiser am besten geeignet sind gut entwickelte Triebe mit buschigem Wuchs, wie sie nur an einem reifen Strauch gebildet werden. Den Strauch im Winter einfach ausdünnen und die Reiser nach Bedarf schneiden. Den Rest wachsen und Nüsse tragen lassen. Die Reiser an einem kühlen, gut belüfteten Platz lagern und im Frühjahr oder Sommer verwenden.

2 STOCKAUSSCHLAG
Für lange Ruten alle Stämme und Äste eines etablierten Strauchs im Winter bis zum Boden zurückschneiden. Der neue, durch Stockausschlag entstandene Wuchs bildet gerade Stangen, die nach fünf Jahren geerntet werden können.

Ein Parterre anlegen

Ein Parterre ist ein Muster aus Buchsbaum oder einer anderen Heckenpflanze, dessen Zwischenräume mit verschiedenen Pflanzen bestückt sind. Traditionell wurden die Zwischenräume immer wieder neu bepflanzt, z. B. mit Blumen oder Gemüse. Man kann aber auch wie hier Kräuterbeete anlegen.

WANN BEGINNEN?
Frühjahr

AM SCHÖNSTEN
Sommer

ZEITAUFWAND
 4 Stunden für das hier gezeigte kleine (1 m × 1,2 m) Parterre

PFLANZEN & MATERIAL
- kleine Buchsbäume, *Buxus sempervirens* 'Suffruticosa'
- 1 Lorbeerbaum, *Laurus nobilis*
- strauchige Kräuter, z. B. Rosmarin, Lavendel, Currystrauch, Heiligenkraut und Thymian (3 Pflanzen pro Feld)
- Spaten
- grober Sand oder Feinsplitt für schwere Böden
- Komposterde oder gut abgelagerter Stallmist
- Rechen
- Mulchvlies
- Bandmaß
- Kreide
- Pflöcke
- scharfes Messer
- Schiefersplitt

1 VORBEREITUNG

Das gewünschte Muster zunächst auf Papier zeichnen – hier ist es ein simples Kreuz. Dann die Fläche von Gras und Unkraut säubern und die Bodenstruktur mit organischem Material, wie Stallmist oder Gartenkomposterde, verbessern. Silberblättrige Kräuter lieben gut durchlässigen Boden, deshalb muss ein schwerer Boden mit reichlich Sand oder Feinsplitt aufgelockert werden. Den Boden mit dem Rechen glätten.

2 MULCHVLIES AUSLEGEN

Die gesamte Fläche sollte mit hochwertigem Mulchvlies abgedeckt werden, um Unkraut zu unterdrücken und Feuchtigkeit zu halten. Die Ränder feststecken oder mit Erde beschweren.

3 MUSTER ANZEICHNEN

Das Muster für die Buchshecke mit Bandmaß und Kreide anzeichnen. Zwischen den Heckenpflanzen 20 cm Abstand einplanen und die Positionen der Buchspflanzen mit Pflöcken markieren.

4 BEPFLANZEN

Das Vlies an den Pflanzenpositionen mit einem scharfen Messer kreuzförmig einschneiden und Pflanzlöcher ausheben. Die Buchspflanzen einpflanzen und das Vlies um die Stämme herum schließen.

5 KRÄUTER ANORDNEN

Die Kräuter noch in ihren Töpfen auf den Feldern zwischen den Heckenpflanzen verteilen und nach Wunsch anordnen. Den Lorbeer in einem Terrakottakübel als Blickfang in die Mitte des Parterres stellen.

6 SCHIEFERSPLITT AUSBRINGEN

Die Kräuter einpflanzen, gründlich wässern und dann das gesamte Parterre mit Schiefersplitt oder einem anderen Mulch (z. B. Kies oder Schotter) bedecken, der das Mulchvlies verdeckt und dabei hilft, die Feuchtigkeit im Boden zu halten.

TOP-TIPP: BUSCHIGEN WUCHS FÖRDERN

Den Buchs etwas höher als erforderlich wachsen lassen, aber die Spitzen der Seitentriebe auskneifen, um einen buschigen Wuchs zu fördern. Wenn die Pflanzen hoch genug sind, die gewünschte Höhe mit Schnur markieren und die kleine Hecke schneiden.

Beliebte Küchenkräuter

Kräuter sind leicht zu ziehen, sehen gut aus, schmecken und duften fantastisch und sie locken Bienen und Schmetterlinge an. Sie benötigen meist wenig Platz – für die meisten reicht ein Blumenkasten aus – und können dadurch immer in Reichweite stehen. Man kann sie einfrieren oder trocknen und im Winter sogar drinnen auf der Fensterbank ziehen. Es genügt, die Blätter zu pflücken, um die Pflanzen kompakt und buschig zu halten.

OBST UND GEMÜSE 311

❋❋❋ völlig winterhart   ❋❋ winterhart in milden Regionen/an geschützten Standorten   ❋ im Winter vor Frost schützen
☼ volle Sonne   ☼ Halbschatten   ☀ Schatten   ◊ durchlässiger Boden   ◊ feuchter Boden   ● nasser Boden

❶ Basilikum; ↕45 cm ↔45 cm ☼ ◊ ❋ ❷ Rundblättrige Minze; ↕70 cm ↔70 cm ☼ ◊ ❋❋❋
❸ Thymian; ↕12 cm ↔75 cm ☼ ◊ ❋❋❋ ❹ Glatte Petersilie; ↕30 cm ↔30 cm ☼ ◊ ❋❋❋ ❺ Oregano; ↕30 cm ↔30 cm ☼ ◊ ❋❋❋ ❻ Panaschierte Zitronen-Melisse; ↕60 cm ↔40 cm ☼ ◊ ❋❋❋
❼ Schnittlauch; ↕30 cm ↔30 cm ☼ ◊ ❋❋❋ ❽ Koriander; ↕40 cm ↔30 cm ☼ ◊ ❋ ❾ Rosmarin; ↕1,2 m ↔1,2 m ☼ ◊ ❋❋ ❿ Panaschierter Salbei; ↕1 m ↔1 m ☼ ◊ ❋❋❋ ⓫ Fenchel; ↕2 m ↔45 cm ☼ ◊ ❋❋❋

312 OBST UND GEMÜSE

Ernte im Hängekorb

Ein Hängekorb voller Kräuter und saftiger Tomaten neben der Küchentür garantiert den leichten Zugang zu frischen Zutaten. Die Kräuter verströmen ihren wunderbaren Duft genau auf der richtigen Höhe und durch die Kombination mit einjährigen Blumen ergibt sich zudem eine hübsche Mischung.

>> **WANN BEGINNEN?**
Mitte bis Ende Frühjahr
AM SCHÖNSTEN
Sommer

ZEITAUFWAND
 2 Stunden

PFLANZEN & MATERIAL
 großer Hängekorb mit Auskleidung
Mix aus lehmhaltiger Blumenerde und Universalerde (1:1)

Plastikfolie
Plastikbeutel
Langzeitdünger
Kiesmulch
Kräuter, hier:
 Thymian
 Basilikum 'Magic Mountain'
 Schnittlauch
 glatte Petersilie
Tomatenpflanzen
Veilchen und Kapuzinerkresse
Tomatendünger

1 VORBEREITUNG
Einen möglichst großen Korb mit passender Auskleidung kaufen – da Tomaten sehr gierig sind und viel Wasser benötigen, kommen sie in einem kleinen Korb mit wenig Erde, Wasser und Nährstoffen nur schlecht zurecht. Den Boden des Korbs mit Plastikfolie als Wasserreservoir auslegen. Die Pflanzen 30 Minuten in eine Wanne mit Wasser stellen, bis die Erdoberfläche feucht ist. Anschließend herausheben und abtropfen lassen.

2 SEITEN BEPFLANZEN
Den Korb halb mit Erde füllen. Die Auskleidung oberhalb der Erde zwei- oder dreimal kreuzförmig einschneiden. Eine Thymianpflanze austopfen und die Blätter in einen Beutel wickeln. Vorsichtig von außen durch ein Kreuz schieben, sodass die Wurzeln auf der Erde aufliegen. Mit den übrigen Thymianen wiederholen.

Pflege >
Die Tomaten im Korb dürfen niemals austrocknen, damit die Früchte nicht aufplatzen (S. 273). Verblühtes ausputzen, um weitere Blüten zu fördern.

3 DÜNGER UNTERMISCHEN
Erde mit Langzeitdünger mischen und die Thymianwurzeln damit umschließen. Den Korb bis 10 cm unter den Rand mit weiterer Erde auffüllen.

4 BEPFLANZEN
Die Pflanzen in ihren Töpfen im Korb anordnen, dann in der gleichen Tiefe wie in ihren Töpfen einpflanzen, sodass die Tomaten am Rand und der Basilikum in der Mitte des Korbs sitzen.

5 TÄGLICH WÄSSERN
Mit Kies mulchen. Den Korb an einen stabilen Arm (S. 130) in die Sonne hängen. Täglich wässern und wöchentlich mit Tomatendünger düngen. Die Kräuter nach Bedarf ernten und die Tomaten pflücken, wenn sie reif sind.

Kräuterrondell

Kräuter geben in der Gruppe ein schönes Bild ab und bevorzugen alle ähnliche Bedingungen. Lockern Sie eine gepflasterte Fläche mit einem runden Beet voller farbenfroher, niedriger Küchenkräuter auf.

>> **WANN BEGINNEN?**
Frühjahr
AM SCHÖNSTEN
Sommer

ZEITAUFWAND
 4 Stunden

PFLANZEN & MATERIAL
 grober Sand oder Feinsplitt
Spaten
Kelle
3 kleine Terrakottatöpfe
Auswahl an Kräutern, wie:

1. Schnittlauch und Fenchel (hier im Topf)
2. Oregano
3. Petersilie
4. Veilchen (als Schmuck)
5. Zitronen-Melisse
6. Minze
7. Thymian (hier im Topf)

1 BODEN AUFLOCKERN
Fast alle Kräuter bevorzugen durchlässigen Boden, deshalb müssen die meisten Böden mit reichlich Sand oder Splitt aufgelockert werden. Nicht einzelne Pflanzlöcher umheben, sondern die gesamte Fläche gründlich umgraben.

2 BEPFLANZEN
Die Kräuter vor dem Pflanzen anordnen. Jeweils drei von jeder Art in einem Dreieck aufstellen, sodass sie später die Kreissegmente bilden. Die Minze in einzelne Terrakottatöpfe pflanzen, um die Wurzeln im Zaum zu halten, und mit dem Topf eingraben.

3 PFLEGE
Die Kräuter nach dem Einpflanzen gut wässern und feucht halten, bis sie sich etabliert haben. Alle sind winterhart und können im Beet bleiben, aber Petersilie und Veilchen müssen jedes Jahr erneuert werden.

TOP-TIPP: NEUER WUCHS

Bei Kräutern sind Ernte und Schnitt der gleiche Vorgang. Kneifen Sie die Triebspitzen regelmäßig aus, um dafür zu sorgen, dass die Pflanzen buschig und kompakt wachsen.

Mediterrane Früchte genießen

Saftige Pfirsiche und frische Feigen schmecken mit Sahne unwiderstehlich. Man kann sie sogar selbst ziehen: Geschützt an einer nach Süden ausgerichteten Mauer gepflanzt, tragen sie reichlich Früchte.

Feigen vor der Mauer

Feigen sind hübsche Pflanzen für eine warme, geschützte Mauer. Grenzen Sie die Wurzeln für eine reiche Ernte ein und schützen Sie die jungen Feigen im Winter. Geben Sie im Frühjahr Langzeitdünger und im Spätsommer Kalidünger.

WANN BEGINNEN?
Winter

AM SCHÖNSTEN
Sommer

ZEITAUFWAND
2 Std. pflanzen, 1 Std. schneiden

PFLANZEN & MATERIAL
- zweijähriger Feigenbaum mit Wurzelballen
- Trittplatten
- Bruchsteine (z. B. zerbrochene Ziegel)
- Draht, Schraubösen und Schnur
- Komposterde oder gut abgelagerter Stallmist
- Langzeitdünger und Kalidünger
- Gartenschere

1 EIN LOCH GRABEN
Zur Eingrenzung der Wurzeln ein 60 cm × 60 cm × 60 cm großes Loch an einer Mauer graben. Die Seiten mit Trittplatten auskleiden. Zur Dränage am Grund Bruchsteine 25 cm hoch einfüllen und mit Gartenerde bedecken.

2 FEIGENBAUM PFLANZEN
Drähte senkrecht an der Mauer befestigen (S. 212). Den Baum wässern und in gleicher Tiefe wie im Topf in das Loch setzen, andrücken und wässern. Komposterde als Mulch ausbringen, aber vom Stamm fernhalten. Seitentriebe an den Drähten festbinden und zur Mauer wachsende Triebe entfernen. Besonders im ersten Jahr regelmäßig wässern.

3 PFLEGE UND ERNTE
Im späten Frühjahr trägt der Baum einige Feigen. Im Spätsommer folgen erneut kleine Früchte. Alle Früchte, die größer als eine Erbse sind, im Spätherbst entfernen, da sie im Winter verrotten. Die kleinen Früchte mit Vlies vor Frost schützen – sie reifen im nächsten Sommer. Den Baum für mehr Früchte im Sommer zurückschneiden (Top-Tipp, rechts).

TOP-TIPP: FEIGEN SCHNEIDEN

Den Haupttrieb im ersten Frühjahr zurückschneiden, um Seitentriebe zu fördern. Im folgenden Frühjahr diese neuen Triebe auf die Hälfte einkürzen und schwache Triebe entfernen. Überlange Zweige auf 5 cm einkürzen.

< ∨ Rückschnitt
Äste herausschneiden, die den Früchten Licht nehmen (links). Im Sommer neue Triebe bis auf je fünf Blätter entspitzen (unten).

Pfirsich-Fächer

Erziehen Sie den Pfirsichbaum für eine reiche Ernte als Fächer an einer Mauer und schützen Sie die Blüten im Frühjahr vor Frost. Im Frühjahr um die Stammbasis Komposterde als Mulch ausbringen und Langzeitdünger einarbeiten. Sandigen Boden mit viel Komposterde anreichern, um Feuchtigkeit und Nährstoffe zu binden.

WANN BEGINNEN?
Spätherbst

AM SCHÖNSTEN
Sommer

ZEITAUFWAND
2 Std. pflanzen, 1 Std. schneiden

PFLANZEN & MATERIAL
zum Fächer vorgezogener Pfirsichbaum
Draht und Schraubösen
Pflanzstäbe
Komposterde und Langzeit-Gehölzdünger
Schnur,
Gartenschere
Vlies

1 KAUFEN UND PFLANZEN
Einen zwei- bis dreijährigen, zum Fächer vorgezogenen Baum mit acht Trieben kaufen. Drähte an der Mauer befestigen (S. 212) und Pflanzstäbe fächerförmig an den Draht binden. Boden mit Dünger verbessern. Den Baum mit 45 cm Abstand leicht zur Mauer geneigt einpflanzen und die Triebe an den Fächer binden.

TOP-TIPP: FRÜCHTE AUSDÜNNEN

In Gruppen wachsende Früchte bleiben klein, daher reduziert man Gruppen auf je eine Frucht und entfernt zur Mauer wachsende Früchte, wenn sie haselnussgroß sind. Dünnen Sie 1 Woche später auf eine Frucht je 15 cm aus.

2 VOR FROST SCHÜTZEN
Den Baum besonders im ersten Jahr regelmäßig wässern. Er treibt im frühen Frühjahr Blüten, die vor Frost geschützt werden müssen. Dazu eine Rolle Vlies oben an der Mauer befestigen, lange Pflanzstäbe vor dem Baum in den Boden drücken und das Vlies darüberhängen lassen. Das Vlies nach jedem Frost hochrollen, damit Insekten die Blüten bestäuben können.

3 ZURÜCKSCHNEIDEN
Frühjahrstriebe in Richtung Mauer oder Richtung Garten entfernen. Dann nach blühenden Zweigen suchen und einen starken Seitentrieb nahe der Basis und einen weiter oben auswählen. Diese an die Stäbe oder den Draht binden. Alle anderen Seitentriebe auf ein Blatt zurückschneiden.

4 RÜCKSCHNITT NACH DER ERNTE
Blütenzweige, die im Sommer Früchte getragen haben, nach der Ernte bis zum neuen Trieb an der Basis oder bis zum zweiten Trieb einkürzen. Kreuzende und überschüssige Triebe und Totholz entfernen. Reife Früchte sind weich und lassen sich in Stängelnähe eindrücken. So bald wie möglich verzehren.

Obstbäume erziehen

Auch in kleinen Gärten können Obstbäume gepflanzt werden. Sie sind sehr biegsam und können als Spalier an Mauern und Zäunen erzogen werden, wo sie sehr wenig Raum einnehmen. Das sieht nicht nur hübsch aus, sondern bringt sogar mehr Früchte.

WANN BEGINNEN?
Winter

AM SCHÖNSTEN
Frühjahr und Herbst

ZEITAUFWAND

5 Stunden

PFLANZEN & MATERIAL

mehrere wurzelnackte Apfel- oder Birnbäume als Schnur- oder Säulenbäume
Pflanzstäbe
Komposterde
Spaten
Draht, Schraubösen und Schnur
Rindenmulch

1 PFLANZABSTÄNDE AUSMESSEN
Horizontale Drähte mit 60 cm Abstand entlang des Zauns oder der Mauer befestigen (S. 212–213). Schnur- oder Säulenbäume können je nach Wunsch bis zu 30 cm nah nebeneinander gepflanzt werden. Den gewünschten Abstand abmessen und jede Pflanzstelle mit einem Stab markieren. Die Pflanzlöcher groß genug für die Wurzelballen ausheben.

2 PFLANZEN UND WURZELN TRIMMEN
Den Boden mit Komposterde verbessern, Bäume in einem Winkel von 45 Grad einpflanzen. Zuvor große oder holzige Wurzeln entfernen, um die Wurzelbildung zu fördern. Oberirdische Wurzeln entfernen. Die Veredelungsstelle sollte über der Erde liegen.

3 ANBINDEN
Die Erde um die Wurzeln mit dem Fuß andrücken. Die Pflanzstäbe im gleichen Winkel wie die Bäume in die Erde stecken, an den Drähten befestigen und die Bäume daran gut festbinden und auf gleiche Ausrichtung achten.

4 MULCHEN

Die Bäume nach dem Pflanzen wässern. Rindenmulch rund um die Stämme verteilen, um Feuchtigkeit zu halten und Unkraut zu unterdrücken, aber Abstand von den Stämmen halten. Im ersten Jahr regelmäßig wässern. Jedes Frühjahr mit Gehölzdünger düngen und anschließend neu mulchen.

TOP-TIPP: RÜCKSCHNITT

Für besseres Wurzelwachstum im 1. Jahr alle Blüten entfernen, Schnur- und Säulenbäume jährlich im Spätsommer schneiden. Alle holzigen Seitentriebe auf wenige Blätter einkürzen, um das Fruchtwachstum zu fördern.

Ein Obstgärtchen anlegen

Obstbäume sind immer interessant: Im Winter haben sie eine schöne Silhouette, im Frühjahr bezaubern sie durch ihre Blütenpracht und im Sommer und Herbst tragen sie reichlich Früchte. Sie benötigen wenig Pflege und eignen sich (auf zwergwüchsigen Unterlagen) auch für kleine und mittlere Gärten.

WANN BEGINNEN?
Spätherbst
AM SCHÖNSTEN
Sommer bis Herbst
ZEITAUFWAND
 2 Stunden

PFLANZEN & MATERIAL
Obstbaum oder -bäume
Spaten
Komposterde oder gut abgelagerter Stallmist
Rindenmulch
Pflanzstab
Baumband

Äpfel und Birnen

Diese Obstbäume sind wunderbar charaktervolle Pflanzen und ihre reiche Ernte ist ein Segen. Wenn sie älter werden, entwickeln sie eine manchmal bizarre knorrige Form – ein schöner Kontrast zu den zarten Blüten.

AUSWAHL
Je nach Sorte reifen Äpfel und Birnen von Ende Juli bis in den Herbst hinein. Bei Birnen kann man zwischen weichem, buttrigem Fruchtfleisch und festen Sorten wählen. Äpfel bieten eine reiche Geschmacksvielfalt, daher sollte man die Beschreibung vorher gut lesen. Für einen kleinen Apfelbaum eignet sich die Unterlage M27, für 3 m Höhe wählen Sie MM106. Birnen auf einer Quitte-A-Unterlage werden 3–6 m hoch.

Begrenzter Raum >
Die beste Wahl ist ein Birnbaum auf einer zwergwüchsigen Unterlage.

Schönheit im Alter >
Apfelbäume werden über die Jahre immer knorriger und charaktervoller.

PFLANZUNG UND PFLEGE
Apfel- und Birnbäume pflanzt man am besten im Herbst und Winter, wurzelnackte Bäume sind dann überall erhältlich. Sie sind preiswerter und etablieren sich genauso schnell wie Bäume mit Ballen, man sollte sie aber sofort einpflanzen. Die Erde um das Pflanzloch umgraben und Komposterde oder Stallmist einarbeiten. Die Bäume so tief setzen, wie sie vorher standen (dunkler Bereich am Stamm). Die Erde andrücken, wässern, einen Pfahl einschlagen (S. 179) und den Baum festbinden. Rindenmulch oder Komposterde ausbringen und in den ersten zwei Jahren gut wässern.

Kirschen und Pflaumen

Herrlich saftige Kirschen und Pflaumen schmecken köstlich. Meist als Stämme gepflanzt, können Kirschen aber auch entlang einer geschützten, warmen Mauer erzogen werden.

SORTEN WÄHLEN

Es gibt Süß- und Sauerkirschen. Erstere genießt man am besten frisch, Letztere ergeben tolle Konfitüren. Da Kirschbäume sehr groß werden, wählen Sie am besten eine zwergwüchsige Unterlage, wie Colt oder GiSelA 5, und eine selbstfruchtbare Sorte, wenn Sie nur einen Baum möchten. Auch Pflaumen gibt es zum Frischverzehr, zum Einkochen oder für beide Zwecke.

Einfach himmlisch >
Pflaumen schmecken frisch vom Baum, ergeben aber auch herrliche Kuchen, Konfitüre und Kompotte.

PFLANZUNG UND PFLEGE

Pflaumen- und Kirschbäume sollten – wie Äpfel und Birnen – im Herbst oder Winter gepflanzt werden. Sobald sie Früchte tragen, müssen Kirschen vor Vögeln geschützt werden, die schnell die gesamte Ernte plündern. Ein Netz über der Krone hilft zwar ein wenig, besser wirken aber spezielle Obstbaumkäfige. Kirsch- und Pflaumenbäume sollten immer im Sommer, nie im Winter, zurückgeschnitten werden, da sie leicht an Bleiglanz erkranken (S. 432), der im Winter stärker grassiert als im Sommer.

< Reife Kirschen
Kirschen tragen im Sommer wunderbar süße und saftige Früchte und bezaubern im Frühjahr mit zarten Blüten.

Tipps für den Schnitt

Obstbäume gedeihen besser, wenn sie regelmäßig zurückgeschnitten werden. Das fördert die Fruchtholzbildung und beseitigt alles Holz, das zu Problemen führen könnte.

DIE RICHTIGE ZEIT

Apfel- und Birnbäume werden im Winter geschnitten, Kirsch- und Pflaumenbäume im Sommer. Entfernen Sie zunächst totes oder erkranktes Holz sowie den Stamm kreuzende Triebe. Das sorgt für eine bessere Belüftung und mehr Sonnenlicht. Die grundlegende Form sollte in den ersten paar Jahren geschaffen und dann nur noch ausgeglichtet werden. Neue Triebe können um etwa ein Drittel bis auf eine nach außen weisende Knospe gekürzt werden und ihre Seitentriebe auf etwa fünf Knospen.

^ Zweige entfernen
Um Pilzerkrankungen zu vermeiden, nach innen wachsende Zweige entfernen, da sie Luft und Licht abhalten.

^ Zapfenschnitt
Durch Einkürzen der Seitentriebe entstehen kurze, verdickte Äste, sogenannte Zapfen, was die Produktion von Blütenknospen begünstigt.

Naturnaher Garten

Tiere lassen den Garten nicht nur lebendig werden, sondern sind auch nützlich für die Pflanzen: Insekten bestäuben die Blüten, Frösche, Unken und Drosseln fressen gerne Schnecken, Würmer sind wichtig für den Kompost. Um Nützlinge in den Garten zu locken, muss man ihnen Futter und viel frisches Wasser bieten. Beeren und Früchte locken Vögel an und nektarreiche Blüten sind für Insekten attraktiv. In diesem Kapitel finden Sie Pflanztipps für tierfreundliche Teiche und viele Hinweise zum erfolgreichen Kompostieren.

Biotop im Garten

Ein Gartenteich ist nicht nur Heimat sehr hübscher Blatt- und Blütenpflanzen, sondern er spiegelt den Himmel wider und reflektiert Licht. Ein dekorativer Teich lockt viele nützliche Tiere, wie Vögel und Insekten, in den Garten. Gestalten Sie die Ränder abfallend und bepflanzen Sie sie so, dass Tiere einfachen Zugang zum Wasser haben und Schutz und Raum zum Überwintern finden. Legen Sie den Teich an einer offenen Stelle und nicht unter einem überhängenden Baum an, da Herbstlaub das Wasser verschmutzt.

» WANN BEGINNEN?
Spätwinter oder zeitiges Frühjahr
AM SCHÖNSTEN
Frühjahr und früher Herbst

ZEITAUFWAND
2–3 Tage

PFLANZEN & MATERIAL
Gartenschlauch
Spaten
lange Holzlatte
Wasserwaage
alter Teppichboden oder Teich-
 schutzvlies
Teichfolie aus EPDM-Kautschuk
 oder PVC (benötigte Folien-
 menge siehe Schritt 1)
Teppichmesser
große Steine
Mörtel
Maurerkelle
Wasserpflanzen
Teicherde
Teichpflanzkörbe
Kies

1 TEICHRAND MARKIEREN
Mit dem Gartenschlauch einen natürlich geschwungenen Teichrand auslegen. Für die benötigte Menge Teichfolie nimmt man die Länge (L) plus der doppelten Tiefe (T) plus 45 cm für den Rand, die Breite (B) plus der doppelten Tiefe (T) plus 45 cm für den Rand und multipliziert die Ergebnisse:
(L + 2 × T + 45 cm) × (B + 2 × T + 45 cm).

2 TEICH AUSHEBEN
Den gesamten Bereich für den Teich auf etwa 45 cm Tiefe ausheben und die Seiten leicht anschrägen. In dieser Tiefe rundum eine 30–45 cm breite Terrassenstufe anlegen, eine weitere Terrassenstufe rund 75 cm tief und die Mitte dann rund 1 m tief ausheben. Die tieferen Regionen bieten Pflanzen und Tieren im Winter Schutz vor Frost.

3 NIVELLIEREN
Der obere Rand des Teichs sollte rundum auf einer Höhe liegen, damit das Wasser nicht ausläuft. Eine Wasserwaage auf eine Holzlatte legen und damit an sechs oder sieben Stellen auf Ebenheit kontrollieren und falls nötig die Ränder angleichen.

4 GRUND AUSLEGEN
Die Kanten glätten und alle großen und scharfen Steine von Boden und Rand entfernen. Den Teich mit altem Teppichboden oder Schutzvlies auslegen. Keinen Sand einbringen, da dieser herunterfällt und das Loch auffüllt.

Fortsetzung übernächste Seite…

5 TEICHFOLIE LEGEN

Die Folie über dem Loch ausrollen und in der Mitte herunterdrücken, bis der gesamte Grund ausgelegt ist. Den tiefsten Bereich mit Wasser füllen. Das Gewicht zieht die Folie ganz herunter.

6 WASSER EINFÜLLEN

Die gebildeten Falten gerade ziehen und über die Terrassenstufen und über den Rand legen. Mehr Wasser einfüllen – es drückt die Folie gegen Boden, Terrassenstufen und Teichrand.

7 ZUSCHNEIDEN

Den Teich von allen Seiten füllen, damit die Folie das Loch gleichmäßig auskleidet. Ist der Teich voll, die Folie rundum abschneiden. Dabei einen rund 45 cm breiten Rand stehen lassen.

8 RANDGESTALTUNG

Den Folienrand von außen mit Grassoden bedecken und rund 25 cm Folie frei lassen. Ufersteine mit Mörtel auf dem Rand befestigen. Darauf achten, dass der giftige Mörtel dabei nicht ins Wasser gelangt.

9 STEINRAND LEGEN

Die Ufersteine so platzieren, dass sie nicht mehr als 5 cm nach innen überhängen. Das verhindert, dass die Randsteine abkippen, wenn man sie betritt, was dazu führen könnte, dass jemand in den Teich fällt.

10 ABSCHLUSS

Steine auf gefalteten Müllsäcken oder aufgerollten Vliesresten in den Teich legen, damit die Teichfolie nicht beschädigt wird. Sie müssen stabil liegen, sollten aber nicht zementiert werden. Jetzt kann der Teich bepflanzt werden. Die flache Terrasse eignet sich zur Randbepflanzung, die tieferen Regionen sind für Wasserpflanzen, wie Seerosen, geeignet (Top-Tipp, rechts).

TOP-TIPP: DIE RICHTIGEN TEICHPFLANZEN

Es gibt vier Arten von Teichpflanzen: frei schwimmende Pflanzen, Wasserpflanzen, die im Boden haften, Uferpflanzen und Sumpfpflanzen. Bei den Wasserpflanzen, die im Boden haften, unterscheidet man außerdem die Unterwasserpflanzen und die Schwimmblattpflanzen. Schwimmfarne sind frei schwimmend, Seerosen dagegen gehören zu den Schwimmblattpflanzen. Bei den Unterwasserpflanzen gibt es sehr nützliche Sauerstofferzeuger, (Top-Tipp, gegenüber). Sumpf-Dotterblumen (rechts), bevorzugen die Flachwasserzone auf der Terrassenstufe am Teichrand (Schritt 2, S. 324). Im Bereich des feuchten Bodens rund um den Teich wachsen Sumpfpflanzen (S. 330–331).

Gartenteiche bepflanzen

Bepflanzen Sie Ihren Teich für ein natürliches Gleichgewicht mit verschiedenen Pflanzen. So reinigt das Wasser sich selbst und der Teich bietet Pflanzen und Tieren einen Lebensraum. Alle Wasserpflanzen können auf dieselbe Weise gepflanzt werden und sollten alle zwei bis drei Jahre umgetopft werden.

WANN BEGINNEN?
Mitte bis Ende Frühjahr

AM SCHÖNSTEN
Sommer

ZEITAUFWAND
30 Minuten pro Pflanze

PFLANZEN & MATERIAL
Teichpflanzkörbe
Teicherde
Handtuch
Seerosen oder andere Teichpflanzen
Flusskiesel

TOP-TIPP: SAUERSTOFFPFLANZEN

Diese wichtigen Pflanzen erzeugen Sauerstoff, nehmen Nährstoffe auf, schirmen Licht ab und sorgen so für reines und algenfreies Wasser. Zunächst hält man sie im Korb am Teichrand halb unter Wasser und senkt sie später auf den Grund. Meiden Sie invasive Arten, wie Brasilianisches Tausendblatt (*Myriophyllum aquaticum*) oder Große Wassergirlande (*Lagarosiphon major*). Gute Sauerstofferzeuger sind beispielsweise: Quellmoos, *Fontinalis antipyretica*, Hornblatt, *Ceratophyllum demersum*, Laichkraut, *Potamogeton crispus*.

1 KORB FÜLLEN
Einen Pflanzkorb mit kleinen Löchern wählen, damit die Erde nicht ausgespült wird. Zunächst eine Schicht Teicherde einfüllen. Keine normale Gartenerde verwenden, da sie zu viele Nährstoffe enthält, die das Algenwachstum fördern.

2 BEPFLANZEN
Die Seerose oder andere Teichpflanze vorsichtig aus dem alten Topf lösen und in derselben Höhe wie zuvor in den Korb setzen. Um die Pflanze herum weitere Teicherde einfüllen und leicht mit den Fingern andrücken.

3 MIT KIES MULCHEN
Die Pflanze genau betrachten und Wasserlinsen (kleine grüne Blätter) und Algen von Stängeln und Blättern entfernen. Um die Erde im Korb zu halten, eine Schicht zuvor gründlich gewaschener Flusskiesel darauf verteilen.

Ein Teich für Fische

Fische bringen Leben, Farbe und Bewegung in den Teich. Vor dem Kauf sollten Sie sicherstellen, dass Ihr Teich groß und tief genug ist, um den Fischen ein schönes Zuhause zu bieten. Ein Wasserfall erhöht den Sauerstoffgehalt, darf aber nicht zu nah an den Seerosen liegen.

> **WANN BEGINNEN?**
> Mitte bis Ende Frühjahr
> **AM SCHÖNSTEN**
> Frühsommer bis Anfang Herbst

ZEITAUFWAND
1 Tag

PFLANZEN & MATERIAL
Teicherde
Teichpflanzkörbe

1. *Lobelia* 'Hadspen Purple'
2. Herzförmiges Hechtkraut, *Pontederia cordata*
3. Goldkeule, *Orontium aquaticum*
4. Seerose, *Nymphaea* 'Albida'
5. Großer Schwaden, *Glyceria maxima* var. *variegata*
6. Kalla, *Zantedeschia aethiopica*
7. Panaschierte Funkie, *Hosta*

1 DIE GRÖSSE ZÄHLT
Der Teich sollte pro eingesetztem Fisch eine Wasseroberfläche von 1 Quadratmeter bieten und mindestens 75 cm tief sein, damit er im Winter nicht bis zum Grund zufriert und die Fische unter dem Eis überwintern können.

2 PFLANZEN AUSWÄHLEN
Eine geschickte Bepflanzung bietet einen schönen und gesunden Lebensraum. Lassen Sie Seerosen einen Teil des Wassers bedecken und wählen Sie für den Teichrand blattreiche Uferpflanzen, die direkt unter der Wasseroberfläche leben. So wird die Wassertemperatur an heißen Tagen reguliert. Sauerstofferzeuger halten das Wasser rein und das biologische Gleichgewicht wird durch am Grund wurzelnde Pflanzen, die den Fischkot verwerten, erhalten. Als Futter für die Fische dienen robustere Pflanzen (gegenüber).

3 TEICH BEPFLANZEN
Fische gründeln um Pflanzen herum nach Nahrung und graben so zu locker sitzende Wurzeln aus. Daher nutzt man am besten Teichpflanzkörbe (S. 327) und sichert die Erde mit kleinen Kieselsteinen. Seerosen und andere Schwimmblattpflanzen sind wichtig, da sie den Fischen Schatten und Schutz vor Räubern, wie Reihern, bieten.

Pflanzen für Fische

Goldfische und Shubunkin eignen sich am besten für kleine Teiche, Koi-Karpfen benötigen größere Teiche und spezielle Filter. Alle Fische fressen Teichpflanzen. Daher sollte man robuste Sorten pflanzen, die sich gut erholen.

❶ Sumpf-Dotterblumen, *Caltha palustris*, blühen gelb; in Höhe des Wasserspiegels pflanzen. ↕60 cm ↔45 cm

❷ Gewöhnlicher Kalmus, *Acorus calamus* 'Argenteostriatus', hat schönes Laub; 20 cm unter dem Wasserspiegel pflanzen. ↕75 cm ↔60 cm

❸ Blumenbinsen, *Butomus umbellatus*, tragen zarte Blüten auf langen Stängeln; 5–15 cm unter dem Wasserspiegel pflanzen. ↕1 m ↔unbegrenzt

❹ Asiatische Sumpf-Schwertlilien, *Iris laevigata*, blüht im späten Frühjahr; 10–15 cm unter der Wasseroberfläche pflanzen. ↕75 cm ↔1 m

4 FISCHE EINSETZEN

Fische sind empfindlich gegenüber Temperaturänderungen. Daher legt man sie zunächst im geöffneten Transportbeutel ins Wasser, damit sie genügend Luft haben und sich akklimatisieren können. Nach 20 Minuten kann man sie in den Teich entlassen. Die ersten Tage verstecken sich die Fische wahrscheinlich, zeigen sich aber, sobald sie eingewöhnt sind.

Ein Sumpfbeet anlegen

Einige der schönsten Pflanzen gedeihen nur in dauerhaft nassem Boden. Wenn Sie keinen sumpfigen Bereich im Garten haben, lässt sich ein solcher leicht anlegen. Sumpfbeete wirken neben Teichen oder zwischen Bäumen besonders natürlich, entfalten ihre dekorative Wirkung aber überall im Garten.

WANN BEGINNEN?
jederzeit

AM SCHÖNSTEN
Sommer

ZEITAUFWAND
 2 Tage

PFLANZEN & MATERIAL
Gartenschlauch
Spaten
Teichfolie
Ziegelsteine
Grabgabel
Kies
Rechen
Komposterde
Schere
Sickerschlauch
Sumpfpflanzen

1 BEETFORM FESTLEGEN
Neben dem Teich oder an anderer geeigneter Stelle die Form für das Sumpfbeet mit dem Gartenschlauch festlegen. Das Beet 60 cm tief ausheben und die dabei anfallende Erde aufbewahren.

2 TEICHFOLIE AUSLEGEN

Das Loch mit Teichfolie auslegen und an Grund und Wänden andrücken. Die Folie rund um das Loch mit Ziegelsteinen beschweren und mindestens 30 cm überstehen lassen. Die Folie sollte spannungsfrei aufliegen, damit sie beim Einfüllen nicht reißt.

3 FOLIE PERFORIEREN

Obwohl die Erde im Sumpfbeet immer feucht sein sollte, sollte sie nicht staunass sein, da sie sonst zu wenig Sauerstoff für ein gesundes Wurzelwachstum bietet. Zur Dränage die Folie mehrfach in 1-m-Abständen mit der Gabel einstechen.

4 GRUND MIT KIES BEDECKEN

Eine Schicht feinen Schotter oder Kies auf dem Grund des Sumpfbeets verteilen, damit die Dränagelöcher nicht mit der Zeit verstopfen. Eine Schichthöhe von 8 cm sollte ausreichend sein.

5 FOLIENRAND ABSCHNEIDEN

Die ausgehobene Erde mit Komposterde mischen, wieder einfüllen und leicht andrücken. Das presst die Folie endgültig an Wände und Boden an. Die überschüssige, sichtbare Teichfolie mit einer scharfen Schere entlang der Beetkante abschneiden.

6 SICKERSCHLAUCH AM BEETRAND EINLEGEN

Mit einem Sickerschlauch, aus dem langsam Wasser ins Erdreich tropft, lässt sich das Sumpfbeet auch in Trockenperioden gleichmäßig feucht halten. Den Schlauch innen entlang des Beetrands in die Erde legen und nur den Anschluss herausschauen lassen. So kann bei Bedarf leicht der Gartenschlauch angeschlossen werden. Da der Schlauchanschluss später von Pflanzen verdeckt sein wird, ist es ratsam, seine Position zu markieren.

7 BEPFLANZEN

Die Pflanzen zunächst in den Töpfen auf dem Beet verteilen, um den Standort zu bestimmen. In derselben Höhe wie im Topf oder etwas tiefer einpflanzen, mit Komposterde mulchen und gut wässern, bis die Pflanzen sich etabliert haben.

Prächtige Sumpfpflanzen

Auch die Pflanzen, die auf sumpfigem Boden gedeihen, bieten eine farbenfrohe und abwechslungsreiche Vielfalt mit attraktiven Formen und lassen sich dekorativ zusammenstellen. Einige haben beeindruckend geformte Blätter, wie etwa die an Rhabarber erinnernde *Gunnera*, die handförmige *Rodgersia* und die goldblättrige *Carex*. Andere, wie *Iris sibirica* und *Primula japonica*, verleihen dem Sumpfbeet eine eher elegante und grazile Note.

NATURNAHER GARTEN 333

❊❊❊ völlig winterhart ❊❊ winterhart in milden Regionen/an geschützten Standorten ❊ im Winter vor Frost schützen
☼ volle Sonne ◐ Halbschatten ● Schatten ◌ durchlässiger Boden ◍ feuchter Boden ◉ nasser Boden

❶ Kalla, *Zantedeschia aethiopica*; ↕90 cm ↔90 cm ☼ ◉ ❊ ❷ *Darmera peltata*; ↕1,9 m ↔1 m ☼ ◐ ◌ ❊❊❊ ❸ *Carex elata* 'Aurea'; ↕70 cm ↔45 cm ☼ ◐ ◍ ❊❊❊ ❹ *Iris sibirica* 'Shirley Pope'; ↕80 cm ↔45 cm ☼ ◐ ◍ ❊❊❊ ❺ *Rodgersia sambucifolia*; ↕90 cm ↔90 cm ☼ ◐ ◍ ❊❊❊ ❻ *Primula japonica* 'Miller's Crimson'; ↕45 cm ↔45 cm ☼ ◐ ◍ ❊❊❊ ❼ Europäische Trollblume, *Trollius europaeus*; ↕80 cm ↔45 cm ☼ ◐ ◍ ❊❊❊ ❽ *Filipendula purpurea*; ↕1,2 m ↔60 cm ☼ ◐ ◍ ❊❊❊ ❾ *Gunnera manicata*; ↕2,5 m ↔3 m ☼ ◐ ◍ ❊❊ ❿ *Eupatorium purpureum*; ↕2 m ↔1 m ☼ ◐ ◍ ❊❊❊ ⓫ *Ligularia stenocephala* 'The Rocket'; ↕1,5 m ↔1 m ☼ ◐ ◍ ❊❊❊

Sumpfpflanzen im Kübel

Wenn Sie nicht genügend Platz für ein Sumpfbeet haben, können Sie die schönsten Sumpfpflanzen auch in einem Kübel ziehen. Mit Ihren Lieblingspflanzen in einem großen, nicht porösen Kübel aus Steingut, Kunststoff oder rostfreiem Stahl können Sie eine schattige Ecke oder den Pool-Rand verschönen.

NATURNAHER GARTEN

WANN BEGINNEN?
spätes Frühjahr

AM SCHÖNSTEN
Früh- bis Spätsommer

ZEITAUFWAND
2 Stunden

PFLANZEN & MATERIAL
großer, nicht poröser Kübel
Kunststoffbeutel
Kies
lehmhaltige Blumenerde
Komposterde

Sumpfpflanzen, hier:
Astilbe 'Fanal'
Carex 'Silver Sceptre'
Persicaria microcephala 'Red Dragon'

1 KÜBEL AUSKLEIDEN
Einen großen Kübel aus nicht porösem Material wählen und falls nötig mit einem Dränageloch versehen. Den Kübel mit einem dicken Kunststoffbeutel (z. B. Substratbeutel) auskleiden. Den Beutel ca. 5 cm über dem Boden rundum mehrfach mit einer Gabel einstechen.

2 KÜBEL VORBEREITEN
Am Grund eine 8 cm hohe Kiesschicht einfüllen. Sie verhindert, dass die Dränagelöcher verstopfen, und bildet ein Wasserreservoir am Boden des Kübels. Darauf eine Mischung aus lehmhaltiger Blumenerde und Komposterde geben.

3 BEPFLANZEN
Die Pflanzen noch im Topf in den Kübel stellen, um die spätere Pflanztiefe (5 cm unter dem Kübelrand) zu überprüfen. Die Pflanzen wässern, aus den Töpfen lösen, auf die Erde im Kübel setzen und rundum mit der Mischung aus Erde und Komposterde auffüllen.

4 MULCHEN UND WÄSSERN
Die Pflanzen andrücken, wässern und Komposterde mulchen. Den Kübel in den Halbschatten stellen und häufig wässern. Im Winter wenig wässern, damit die Erde nicht gefriert. Im Frühjahr 7 cm Erde durch frisches Material ersetzen und Langzeitdünger zugeben.

Pflanzideen

Große Kübel eignen sich gut für Sumpfpflanzen, da sie viel Erde und Wasser aufnehmen und beste Wachstumsbedingungen bieten.

PFLANZENAUSWAHL
Jede Sumpfpflanze kann in einen Kübel gepflanzt werden, solange er groß genug ist. Höhe und Ausdehnung der Pflanze sollten aber beim Kauf berücksichtigt werden. Die riesigen Blätter und Stängel der *Gunnera manicata* benötigen einen sehr großen Kübel, während Primeln sich auch in kleineren Töpfen wohlfühlen. Die meisten Sumpfpflanzen können im Winter draußen bleiben, der Kübel sollte aber dickwandig sein, um die Wurzeln zu schützen. *Gunnera manicata* ist nur winterhart bis etwa -8 °C.

△ *Schöne Mischung*
*Diese mit Kallas (*Zantedeschia aethiopica *'Crowborough') und panaschierten Funkien (*Hosta *'Great Expectations') bepflanzten verzinkten Kübel bilden einen dekorativen Blickfang für eine moderne Terrasse. Kallas müssen aber im Winter vor Frost geschützt werden,* Hosta *vertragen einige Minusgrade.*

Einen grünen Bachlauf anlegen

Nutzen Sie feuchten Boden oder Bereiche an Wasserläufen, um einigen der hübschen Pflanzen, die Wasser gut vertragen, ein Zuhause zu geben. Primeln, Seggen und Schachtelhalme fühlen sich in dieser Umgebung wohl und gedeihen auf feuchtem Boden gut.

< *Der letzte Schliff*
Damit der Bach auch realistisch wirkt, versteckt man Teichfolie und Wasserzulauf am besten unter flachen Steinen und Kieseln. So entstehen auch kleine Strudel und Kaskaden, deren sanftes Murmeln das Bild abrundet.

WANN BEGINNEN?
Frühjahr

AM SCHÖNSTEN
Frühjahr und Sommer

ZEITAUFWAND
3 Stunden

PFLANZEN & MATERIAL
Komposterde, Rindenmulch, Spaten und Teichfolie

1. *Canna indica* (nur für einen geschützten Platz)
2. Segge, *Carex comans*
3. *Primula pulverulenta* Bartley-Hybriden
4. *Equisetum hyemale*
5. *Persicaria microcephala* 'Red Dragon'
6. *Dryopteris filix-mas*

1 BACHLAUF ANLEGEN
Einen flachen, abschüssigen Graben mit einem tiefen Loch am unteren Ende anlegen. Eine Pumpe (Top-Tipp, unten) sorgt für Wasserbewegung.

2 BEPFLANZUNG PLANEN
Bei trockener Erde die Anlage eines Sumpfbeets (S. 330–331) erwägen. Auch bei feuchter Erde durch Einarbeiten von Komposterde die Wasseraufnahmefähigkeit erhöhen.

3 BEPFLANZUNG UND PFLEGE
Die Pflanzen möglichst natürlich in Dreier- und Fünfergruppen entlang des Bachlaufs verteilen und in der Tiefe, in der sie im Topf standen, einsetzen. Gut wässern und mit Rindenmulch mulchen, um Feuchtigkeit zu binden und Unkraut einzudämmen. Die Pflanzen während des ersten Jahres häufig wässern.

TOP-TIPP: SO KOMMT DAS WASSER IN BEWEGUNG

Eine Pumpe mit ausreichend Leistung für die benötigte Wassermenge kaufen und für den Stromanschluss sorgen (S. 345). In das Loch am Ende des Bachs einen Eimer einsetzen (rechts, oben). Bachlauf und Eimer mit Teichfolie abdecken, für den Eimer ein Loch in die Folie schneiden und die Pumpe (erhöht auf Ziegeln) so einsetzen, dass ihr Ausgang überragt (rechts, unten). Mit rostfreiem Drahtgitter abdecken und ein Loch für den Ausgang einschneiden (ganz rechts). Einen Schlauch vom Ausgang zum oberen Ende des Bachs verlegen – damit ist der Wasserkreislauf im Bach geschlossen.

Ein Heim für Frösche

Schon mit einem Miniteich in einem Holztrog können Sie einem kleinen Garten oder der Terrasse Leben einhauchen. Mit kompakten Teichpflanzen bepflanzt werden ihn bald Frösche, Kröten, Wasserläufer und andere Tiere besiedeln. Der ideale Standort ist sonnig mit einigen Stunden Schatten am Tag.

NATURNAHER GARTEN

WANN BEGINNEN?
zeitiges Frühjahr

AM SCHÖNSTEN
Frühjahr bis Spätsommer

ZEITAUFWAND
3 Stunden

PFLANZEN & MATERIAL
Holztrog
Teichfolie
scharfes Messer oder Schere
rostfreie Nägel und Hammer
Teichpflanzkörbe
Teicherde
Kiesel und Ziegelsteine

Sumpf-Schwertlilie, *Iris laevigata*
Sumpf-Vergissmeinnicht, *Myosotis scorpioides* 'Alba'
Kuckucks-Lichtnelke, *Lychnis flos-cuculi*
Sumpf-Dotterblume, *Caltha palustris*

1 TROG AUSSCHLAGEN
Den Trog an seinem späteren Standort aufstellen, denn mit Wasser befüllt ist er kaum noch zu bewegen. Teichfolie über dem Trog ausrollen und in der Mitte herunterdrücken. Am Boden flach andrücken und an den Wänden sauber einfalten, damit der Trog gleichmäßig ausgeschlagen ist. Die Folie oben mindestens 10 cm überragen lassen.

2 FOLIE BEFESTIGEN
Den Trog 20 cm hoch mit Wasser füllen, damit die Folie sich strafft. Kurz unterhalb des Rands mit rostfreien Nägeln (kürzer als die Wanddicke des Trogs) befestigen und den Überschuss abschneiden.

3 TROG BEFÜLLEN
Den Trog bis 10 cm unterhalb der Nägel mit Wasser füllen und mit Pflanzen bestücken (S. 327). Die Pflanzkörbe mit Flusskieselsteinen beschweren, damit die Erde nicht ausschwemmt.

4 PFLANZEN EINSETZEN
Die bevorzugte Pflanztiefe für die Pflanzen in der Beschreibung nachlesen. Die meisten Uferpflanzen brauchen eine Tiefe von 2–30 cm unter dem Wasserspiegel. Die gewünschte Höhe durch Einsetzen von Ziegelsteinen in den Trog erzeugen. Die Pflanzkörbe in verschiedenen Höhen dienen Tieren, wie Fröschen und Kröten, auch als Stufen im Teich. Um das Wasser im Teich rein zu halten, sollten am besten auch ein paar Sauerstoffpflanzen eingesetzt werden (S. 327).

5 EIN KLEINES BIOTOP
Nachbarn oder Freunde, die einen Teich haben, im Frühjahr um etwas Frosch- oder Krötenlaich oder Kaulquappen bitten und diese in den Trog einsetzen. Den Trog mit Topfpflanzen umgeben, damit die Amphibien besser ein- und aussteigen können. Schnecken und Wasserinsekten werden sich ebenfalls bald einfinden. Ab und zu Wasserlinsen (kleine, auf dem Wasser schwimmende Blättchen) mit dem Netz herausfischen und Algen mit einem Stock entfernen.

NATURNAHER GARTEN 341

Miniatur-Monet

Wenn Ihnen Monets Seerosen gefallen, aber Ihr Garten zu klein für einen ausgewachsenen Teich ist, können Sie ihn auch im Miniaturmaßstab anlegen – am besten in der Nähe eines Sitzbereichs, damit Sie die Blumen und die Lichtreflexionen entspannt genießen können.

WANN BEGINNEN?
zeitiges Frühjahr

AM SCHÖNSTEN
Sommer

ZEITAUFWAND
3 Tage

PFLANZEN & MATERIAL
Teichpflanzkörbe
Teicherde
Gartenkies
Komposterde
Sauerstoffpflanzen

1. Kalla, *Zantedeschia aethiopica* (nur für einen geschützten Platz)
2. *Bergenia*
3. *Nymphaea* 'Pygmaea Rubra'
4. *Nymphaea alba*
5. *Iris laevigata* 'Variegata'
6. *Iris laevigata* var. *alba*
7. *Lysimachia nummularia* 'Aurea'

1 AUSHEBEN
Den Teich wie beim Biotop (S. 324–325) ausheben, aber mithilfe von Schnur und Pflöcken gerade Ränder abstecken. Auch dieser Teich braucht eine Terrassenstufe für die Uferpflanzen und einen tiefen Bereich für die Seerosen.

2 PROFIS ANS WERK
Den erhöhten Mauerrand und die Terrasse lässt man am besten von einem Gartenbauer anlegen, wenn man keine Erfahrung hat. Ein Sumpfbeet neben dem Teich anlegen (S. 330–331), den Boden verbessern und bepflanzen.

3 BEPFLANZEN
Die Seerosen einpflanzen und ins tiefe Wasser setzen. Iris und Kalla auf die Stufe pflanzen (S. 327) und einige sauerstofferzeugende Pflanzen (S. 327) hinzufügen, um das Wasser sauber zu halten.

< *Klein, aber schick*
Dieser hübsche Teich ist perfekt für den kleinen Garten geeignet, und er hat mit Seerosen, Iris und eleganten Kalla alles, was einen richtigen Teich ausmacht.

Seerosen für kleine Teiche

Sie brauchen keinen großen Teich, um die Schönheit der Seerosen zu genießen. Es gibt viele Zwerg-Sorten, die perfekt in kleine Teiche oder Becken passen. Die Blüten können rot, rosa, weiß oder sogar gelb sein, sie öffnen sich aber nur in direkter Sonne. Manche Seerosen haben auch interessante Blattzeichnungen. Die Pflanzen benötigen stehendes Wasser und gedeihen nicht in Teichen mit einer Fontäne oder einem Wasserfall.

NATURNAHER GARTEN 343

✳✳✳ völlig winterhart   ✳✳ winterhart in milden Regionen/an geschützten Standorten   ✳ im Winter vor Frost schützen
☼ volle Sonne   ◐ Halbschatten   ● Schatten   ⊥ Pflanzentiefe

❶ *Nymphaea tetragona*; ↔ 40 cm ⊥ 30 cm ☼ ✳✳✳   ❷ *N.* 'René Gérard'; ↔ 1 m ⊥ 30–75 cm ☼ ✳✳✳   ❸ *N.* 'Gonnère'; ↔ 1,2 m ⊥ 1 m ☼ ✳✳✳   ❹ *N.* 'Escarboucle'; ↔ 1 m ⊥ 75 cm ☼ ✳✳✳   ❺ *N.* 'Lemon Chiffon'; ↔ 75 cm ⊥ 30–60 cm ☼ ✳✳✳   ❻ *N.* 'Rose Arey'; ↔ 1 m ⊥ 50 cm ☼ ✳✳✳   ❼ *N.* 'Froebelii'; ↔ 1 m ⊥ 75 cm ☼ ✳✳✳   ❽ *N.* 'Marliacea Chromatella'; ↔ 1,2 m ⊥ 75 cm ☼ ✳✳✳   ❾ *N.* 'Virginalis'; ↔ 1,2 m ⊥ 1 m ☼ ✳✳✳   ❿ *N.* 'Odorata Sulphurea'; ↔ 1,2 m ⊥ 75 cm ☼ ✳✳✳

Einen Sprudelbrunnen anlegen

Dieser hübsche Brunnen ist leicht anzulegen und gibt einen schönen Schmuck für einen Kiesgarten oder auch einen Blickfang in einer geometrischen Anlage ab. Sie können Bausätze mit Wassertank und Deckel kaufen, sodass Sie nur noch eine kleine Pumpe und eine dekorative Vase als Brunnenkörper brauchen.

›› WANN BEGINNEN?
Frühjahr

AM SCHÖNSTEN
Frühjahr bis Herbst

ZEITAUFWAND
6 Stunden

PFLANZEN & MATERIAL
- Spaten
- Sand
- Brunnenbausatz und Rohre
- kleine Pumpe und Regelventil
- Kabelkanäle
- frostsichere Vase mit Dränageloch
- Kieselsteine und Gartenkies

1 VORBEREITUNG
Eine Stromleitung und eine versteckte Außensteckdose von einem Elektriker in die Nähe des Brunnens legen lassen, dann ein Loch etwas größer als der Wassertank ausheben.

2 FUNDAMENT LEGEN
Alle spitzen Steine am Lochgrund entfernen und Rand, Wände und Grund mit feuchtem Sand auskleiden. Den Tank einsetzen und mithilfe einer Wasserwaage gerade ausrichten.

NATURNAHER GARTEN 345

3 NIVELLIEREN
Je nach Bedarf mehr Sand um den Tank packen und dabei darauf achten, dass er auch weiterhin absolut gerade steht. Das ist unerlässlich, damit später kein Wasser einseitig überläuft und die Vase stabil steht.

4 PUMPE EINBAUEN
Die Pumpe in den Tank einsetzen. Unter Umständen muss man ein zusätzliches Verlängerungsrohr von der Pumpe bis in das Loch in der Vase führen. Den Deckel des Tanks auflegen.

5 VASE PLATZIEREN
Die Vase auf den Tankdeckel setzen und darauf achten, dass das Pumprohr im Dränageloch im Boden sitzt. Das Loch um das Rohr herum mit Silikonmasse abdichten und etwa 24 Stunden aushärten lassen.

6 VENTIL EINSETZEN
Ein langes Rohrstück an den Durchlaufregler setzen und beides mit dem Pumprohr am Boden der Vase verbinden. Das Wasserrohr so einkürzen, dass es knapp unter dem Rand der Vase endet.

7 AUFFÜLLEN
Den Tank mittels Gartenschlauch oder Gießkanne mit Wasser füllen, dann die Vase bis knapp unterhalb des Rohrendes befüllen.

8 KABELKANAL LEGEN LASSEN
Die Stromleitung muss mit einem geeigneten Kabelkanal geschützt werden, den der Elektriker verlegt, der auch für einen ordnungsgemäßen und sicheren Anschluss an den Sicherungskasten sorgt.

9 TANK KASCHIEREN
Die Pumpe anschließen und mithilfe des Durchlaufreglers dafür sorgen, dass das Wasser über den Wasserspiegel hinaus sprudelt. Den Tank mit Kieseln und Gartenkies kaschieren und eine Lücke zum Nachfüllen lassen, was im Sommer einmal wöchentlich nötig ist.

TOP-TIPP: UMPFLANZEN

Umgeben Sie den Sprudelbrunnen mit etwas Abstand mit Pflanzen, sodass die Wurzeln den Tank nicht verschieben können. Sehr schön machen sich hier mediterrane Arten, wie Wolfsmilch (rechts), Lavendel und Zistrose, die gut zum Stil der Vase passen. Etwas traditioneller sind Rosen, Geißblatt und Margeriten.

Bäume für Wildtiere

Bäume sind vor allem in der Stadt ein Segen für Wildtiere, weil sie aus dem Betonmeer der Straßen und Häuser herausragen und Vögeln als Schutz, als Platz zum Ausruhen und als Nistplatz dienen. Sie bieten auch Insekten und vielen anderen Tieren Nahrung und ein Zuhause. In jedem Garten sollte ein Baum stehen – zumal es für jede Gartengröße den passenden Baum gibt.

EIN FEST FÜR BIENEN

Obstbäume, wie Apfel- und Birnbäume, liefern spät im Jahr reichlich Nahrung in Form von Früchten, aber schon im Frühjahr bieten ihre zarten Blüten süßen Nektar in Hülle und Fülle. Sobald sich die ersten Blüten öffnen, sind diese Bäume voll summender Bienen, die eifrig Pollen sammeln und dabei die Blüten bestäuben und für eine reiche Ernte im Herbst sorgen. Heimische Arten, wie Weißdorn (*Crataegus*) und Holunder (*Sambucus*), sind besonders gute Nektarspender.

< ^ *Qual der Wahl*
Auch Sorten heimischer Bäume, wie 'Pauls Scarlet' (Weißdorn, links), und Holunderblüten versorgen Insekten im Frühjahr mit Nektar.

NATURNAHER GARTEN 347

NAHRUNG FÜR VÖGEL

Die in der tief stehenden Herbstsonne glänzenden Beeren sind nicht nur ein schöner Schmuck für den Garten, sondern auch eine gute Nahrungsquelle für Tiere, die bis in den Winter hinein reicht. Wenn Sie den Platz haben, pflanzen Sie mehrere Obstbäume, deren Früchte nacheinander reifen. Besonders reiche Ernte tragen beispielsweise Mehlbeere (*Sorbus aria*), Vogelbeere (*Sorbus aucuparia*), Maulbeere (*Morus nigra*), Holunder (*Sambucus*) und Kirsche (*Prunus*). Hier wird nichts vergeudet, denn Fallobst wird von Vögeln, kleinen Säugetieren und sogar Schmetterlingen gefressen. Bei einer besonders reichen Ernte könnten Sie sogar einen Teil einfrieren und im mageren Spätwinter als Futter auslegen.

Futter für alle >
Maulbeeren sind bei Menschen und Vögeln gleichermaßen beliebt (rechts, oben), und Vogelbeeren (rechts außen) bieten Futter für viele Monate. Vom Fallobst profitieren Vögel, Bodenbewohner und Insekten (rechts).

NISTPLÄTZE

Bäume werden mit zunehmendem Alter immer wertvoller für Wildtiere. So dient ein alter Baum Jahr für Jahr Generationen von Vögeln als Nistplatz. Sie schätzen vor allem Bäume mit dichter Krone, die die Nester vor den Elementen, aber auch vor Feinden schützen. Eine ausgewachsene Stechpalme (*Ilex*) ist ein perfektes Beispiel: Sie bietet Beeren, dichtes Laub und spitze Dornen, die jeden Eindringling abwehren. Ähnlich nützlich sind Weißdorn (*Crataegus*) und Schlehe (*Prunus spinosa*). Wenn Ihnen der Platz für ausgewachsene Bäume fehlt, können Sie alle drei auch als Hecke pflanzen, die genauso viel Schutz bietet (S. 192–193). Ältere Bäume müssen gepflegt werden, aber man sollte Schnitt und Pflegemaßnahmen außerhalb der Nistzeiten vornehmen, da man sonst die nistenden Vögel und ihre Jungtiere stört, was zudem verboten ist.

< Sicheres Nest
Vögel nisten gerne im dichten, undurchdringlichen Geäst der Stechpalme (links) und suchen Schutz im dunklen Laub der Kirschpflaume (*Prunus cerasifera* 'Pissardii', links außen).

Eine Blumenwiese säen

Die romantischen, farbenfrohen und pflegeleichten Blumenwiesen sind ein perfekter Lebensraum für Wildtiere. Blumen und Gräser gedeihen in der Sonne auf unfruchtbarem Boden und müssen nur einmal im Jahr gemäht werden. Besonders schön wirken Blumenwiesen, wenn sie eine große Fläche bedecken.

NATURNAHER GARTEN

WANN BEGINNEN?
Herbstanfang

AM SCHÖNSTEN
Sommer

ZEITAUFWAND
8 Stunden

PFLANZEN & MATERIAL
Wildblumensamen
Gartensand
Spaten
Schubkarre
Bambusstäbe
Laubbesen
Rechen
Schnur und Vogelscheuchen, z. B. Bänder oder alte CDs

< *Buntes Idyll*
In diesem schönen Bild mischen sich einjährige Gräser mit blauen Kornblumen, violetten Kornraden, rosa Kosmeen, weißen Margeriten und Wiesen-Kerbel.

1 SAMEN UND SAND MISCHEN

Samen für eine große Fläche zunächst mit sauberem, trockenem Sand mischen. Dadurch verteilt er sich gleichmäßiger und die schon eingesäte Fläche ist leichter zu erkennen. Wildblumenmischungen sollten mit 3 Gramm pro Quadratmeter gesät werden. Diese Menge abwiegen und portionsweise in einem sauberen Becher mit dem Sand vermischen.

2 MUTTERBODEN ABHEBEN

Mutterboden ist voller Nährstoffe, die kräftige Gräser auf Kosten der Wildblumen wachsen lassen. Mit Spaten und Schubkarre die oberste Bodenschicht abtragen und an anderer Stelle im Garten verwenden. Zusätzlich alle Unkräuter und Wurzeln entfernen, die mit den Blumen um Nahrung konkurrieren könnten.

3 SAATFLÄCHE VORBEREITEN

Die Fläche von Steinen befreien und den Boden mit dem Rechen auflockern. Zwei bis drei Wochen ruhen lassen, dann erneut jäten. Den Boden vor dem Säen wässern, damit die Saat beim Wässern nach dem Säen nicht weggeschwemmt wird. Die Fläche mit Bambusstäben in Quadratmeter unterteilen und die Samen-Sand-Mischung portionsweise ausbringen.

4 SAMEN BEDECKEN

Die Samen leicht mit Erde bedecken, ein Laubbesen (rechts) ist dafür gut geeignet. Immer nur eine kleine Fläche einsäen, überrechen und dann die nächste Fläche einsäen, um nicht auf die Saat treten zu müssen.

5 SANFT ANDRÜCKEN

Den Boden mit dem Rücken des Rechens sanft verdichten, damit die Samen guten Kontakt mit der Erde bekommen und leichter keimen. Außerdem sind sie so für Vögel nicht auf Anhieb erkennbar, die die Saat mühelos auffressen würden.

TOP-TIPP: VÖGEL FERNHALTEN

Hängen Sie eine Reihe alter CDs an einer Schnur über der Fläche auf, damit Ihre Wildblumensamen nicht hungrigen Vögeln zum Opfer fallen. Sie reflektieren das Licht, wenn sie im Wind schaukeln und erschrecken so die Vögel.

Ein Fest für Bienen

Die Zahl der Bienen nimmt weltweit alarmierend ab, deshalb sollten Sie für diese unverzichtbaren Insekten eine Blumenrabatte pflanzen, die mit früh und spät blühenden Arten für reiche Nahrung sorgt.

WANN BEGINNEN?
Herbst und Frühjahr

AM SCHÖNSTEN
Sommer

ZEITAUFWAND
3 Std. Vorbereitung, 4 Std. pflanzen

PFLANZEN & MATERIAL
Spaten
Gabel
Komposterde oder gut abgelagerter Stallmist

1. *Lupinus* 'The Governor'
2. *Pittosporum tenuifolium* 'Silver Queen'
3. *Anchusa azurea* 'Loddon Royalist'
4. *Achillea* 'Moonshine'
5. *Rosa* 'Rose of Picardy'
6. *Verbascum* 'Gainsborough'

1 VORBEREITUNG
Die Rabatte im Herbst gründlich jäten, dann umgraben und reichlich Komposterde oder Stallmist einarbeiten. Rosen im Herbst pflanzen (S. 36 und S. 93), damit sie sich bis zum Frühjahr etablieren können.

2 STAUDEN PFLANZEN
Im Frühjahr *Achillea*, *Anchusa*, Lupinen und *Verbascum* kaufen und in Streifen zwischen die Rosen pflanzen (S. 30–31). *Pittosporum* im Kübel dazwischen setzen (im Haus überwintern).

3 PFLEGE
Gut angießen und im ersten Jahr regelmäßig wässern. Im Frühjahr die Rosen zurückschneiden (S. 415) und höhere Pflanzen stützen (S. 67). Im Spätwinter die alten Staudentriebe zurückschneiden, um Platz für den Frühjahrswuchs zu machen.

Pflanzen für Insekten

Insekten sind nicht immer hübsch, aber viele von ihnen sind nützlich. Sie bestäuben nicht nur Blüten, sondern halten, wie Marienkäfer und Schwebfliegen, Schädlinge in Schach. Zweijährige Pflanzen, wie der Natternkopf, oder Mehrjährige wie Garten-Margeriten, Astern, Indianernesseln und Fetthennen locken diese Nützlinge an. Aber auch verholzende Pflanzen, wie Strauchveronika, Rosen und Lavendel, sind bei den kleinen Helfern beliebt.

NATURNAHER GARTEN 353

❋❋❋ völlig winterhart ❋❋ winterhart in milden Regionen/an geschützten Standorten ❋ im Winter vor Frost schützen
☼ volle Sonne ◐ Halbschatten ● Schatten ◊ durchlässiger Boden ◔ feuchter Boden ● nasser Boden

❶ Garten-Margerite, *Leucanthemum × superbum*; ↕90 cm ↔60 cm ☼ ◐ ◊ ❋❋❋ ❷ Gewöhnlicher Natternkopf, *Echium vulgare* 'Blue Bedder'; ↕60–90 cm ↔30 cm ☼ ◊ ❋❋❋ ❸ Strauchveronika, *Hebe* 'Great Orme'; ↕1,2 m ↔1,2 m ☼ ◐ ◊ ❋❋ ❹ Strand-Silberkraut, *Lobularia maritima* 'Snow Crystals'; ↕25 cm ↔25 cm ☼ ◊ ❋❋❋ ❺ Hunds-Rose, *Rosa canina*; ↕4 m ↔3 m ☼ ◐ ◔ ❋❋❋ ❻ Echter Lavendel, *Lavandula angustifolia* 'Hidcote'; ↕60 cm ↔75 cm ☼ ◊ ❋❋❋ ❼ *Aster-amellus*-Sorten; ↕40 cm ↔45 cm ☼ ◊ ❋❋❋ ❽ Wald-Geißblatt, *Lonicera periclymenum*; ↕7 m ☼ ◐ ◔ ❋❋❋ ❾ Indianernessel, *Monarda* 'Mahogany'; ↕90 cm ↔45 cm ☼ ◐ ◔ ❋❋❋ ❿ Schöne Fetthenne, *Sedum spectabile*; ↕45 cm ↔45 cm ☼ ◊ ❋❋❋

Eine Mauer voller Leben

Viele nützliche Insekten, wie Marienkäfer und Laufkäfer, finden in unseren geordneten Gärten kaum noch ein Zuhause. Mit einer Insektenmauer können Sie Nützlinge anlocken und im Garten heimisch machen. Sie ist Lebens- und Nistraum für viele Arten und zudem ein dekorativer Blickfang.

WANN BEGINNEN?
Frühjahr oder Sommer
AM SCHÖNSTEN
Winter

ZEITAUFWAND
4 Stunden

PFLANZEN & MATERIAL
Fetthenne- oder Hauswurzpflanzen
Ziegelsteine (mit Löchern)
kleine Holzblöcke mit eingebohrten Löchern in unterschiedlichen Größen
Dachziegel
Sperrholzbretter oder Holzbohlen
Stroh, Wellpappe, Schiefersplitt, Bambusrohre, Moos, Zweige, Erde

1 EINE MAUER BAUEN
In einen ruhigen Gartenteil eine Schicht Ziegelsteine und Dachziegel mit Zwischenräumen auslegen, ein Brett darauflegen und eine zweite Schicht Ziegel daraufschichten. Ganz oben Dachziegel aufsetzen, damit nicht zu viel Wasser eindringt.

2 LÜCKEN FÜLLEN
Bambusrohre in kurze Stücke schneiden und in die Lücken stapeln. Sie sind schöne Heime für Solitärbienen. Aufgerollte Wellpappe bietet Nistplatz für Marienkäfer. Moos, Schiefersplitt, Stroh und Zweige, in die restlichen Zwischenräume gedrückt, werden von vielen Garteninsekten bezogen. Fetthenne und Hauswurz begrünen das Dach.

3 PFLEGE
Die fertige Insektenwand sollte in Ruhe gelassen werden. Je älter und baufälliger sie wird, desto interessanter ist sie für Insekten. Auf keinen Fall aufräumen. Einige Materialien sollen aber ab und zu nachgelegt werden, besonders wenn sie, wie etwa Stroh, auch von Vögeln als Nistmaterial »entführt« werden.

Eine tote Hecke anlegen

Aus Ästen und Zweigen, die sich nicht kompostieren lassen, kann man einen schönen Lebensraum bauen. Kleine Vögel und Insekten finden hier Schutz und Nahrung.

TIPPS FÜR DEN BAU
Nutzen Sie kräftige, langlebige Kastanienäste als Stützpfähle und treiben Sie sie tief in den Boden. Weben Sie mit langen Weidentrieben ein stabiles Seitengerüst und häufen Sie Grünschnitt von Stauden, Efeu- und Brombeertriebe und anderes Schnittmaterial aus dem Garten dazwischen an. Irgendwann verrottet alles zu Kompost und Sie können wieder auffüllen.

TOP-TIPP: ALTE STÄMME BELEBEN

Ein Stapel alter Baumstämme ist ein Tummelplatz für Käfer, Frösche, Kröten und andere Tiere. Gut gestapelt und mit ein paar in den Boden gerammten Pflöcken gesichert, können sie gefahrlos vor sich hin rotten.

Ein Dach begrünen

Begrünte Dächer bieten Tieren Lebensraum, isolieren und sorgen für Temperaturausgleich im Haus. Am einfachsten ist die Begrünung mit Vegetationsmatten, die als Rollen erhältlich sind.

>> **WANN BEGINNEN?**
Frühjahr
AM SCHÖNSTEN
ganzjährig

ZEITAUFWAND
 je nach Dachfläche mindestens 2–3 Stunden

PFLANZEN & MATERIAL
 Durchwurzelungsschutz (Folie)
Dränageschicht (Sand, Kies oder Spezialbelag)
Vegetationsmatten (vorkultiviert)
scharfes Messer
Langzeitdünger

1 VORBEREITUNG
Beim Begrünen eines Hausdachs sollte man einen Spezialisten zurate ziehen, da hier Bauvorschriften und die Statik beachtet werden müssen. Dienstleister für Dachbegrünungen findet man im Internet oder in den Gelben Seiten.

2 ERSTE SCHRITTE
Flache oder leicht schräge Schuppendächer oder ähnliche Konstruktionen lassen sich mit Vegetationsmatten einfach selbst begrünen und pflegen. Solche Matten sind meist mit verschiedenen, bereits etablierten *Sedum*-Arten vorkultiviert und dienen als Wachstumsmedium. Sie sollten bald nach dem Kauf ausgelegt werden, am besten zu zweit, da die Matten feucht und deshalb schwer sind.

3 UNTERLAGE ANBRINGEN
Zunächst eine robuste, wasserdichte Durchwurzelungsschutzfolie auf dem Dach anbringen, dann eine Schicht Sand, Kies oder Dränagematten oder -platten aus dem Fachhandel darauflegen. Auf gleichmäßige Verteilung achten, damit sich keine Pfützen bilden. Die Pflanzen mögen keine Staunässe.

4 VEGETATION LEGEN
Die Vegetationsmatten ausrollen und mit dem Messer zuschneiden. An beiden Seiten der Rolle ist zusätzliches Trägermaterial eingeklappt. Soll seitlich angesetzt werden, dies ausklappen und die zweite Bahn daraufsetzen. So entsteht eine nahtlose Begrünung. An den Dachrändern keine kleinen Stücke aufreihen. Sie trocknen leicht aus und die Pflanzen sterben ab.

5 PFLEGE
Bei der Installation nicht auf den Matten knien oder darüberlaufen. In Trockenperioden wässern, bis die Pflanzen sich ganz etabliert haben. Nach dem ersten Jahr nur noch in langen Trockenzeiten wässern. Jedes Frühjahr einen Langzeitdünger ausbringen und kahle Stellen mit Jungpflanzen auffrischen. Manche Gründachspezialisten bieten Spezialdünger an, aber Dünger für Sukkulenten und andere Trockenheit tolerierende Pflanzen ist ebenso gut. Auf der dünnen, trockenen Substratschicht überlebt zwar nur wenig Unkraut, es sollte aber sofort gejätet werden, wenn doch einmal welches wächst.

Dachpflanzen

Wenn mit der Zeit kahle Stellen zwischen den Pflanzen auf der Vegetationsmatte erscheinen, können Sie mit den folgenden Pflanzen wunderbar farbige Akzente setzen.

❶ *Thymus* 'Doone Valley'; ↕12 cm ↔35 cm
❷ *Sedum acre*; ↕5 cm ↔60 cm
❸ *Scabiosa lucida*; ↕20 cm ↔30 cm

< *Rustikales Dach*
Dieses mit Fetthenne begrünte Dach wurde auf einem kleinen, aus Stammresten errichteten Kaminholzspeicher angelegt – eine solche Konstruktion eignet sich aber auch als Fahrradunterstand. Die Blütenpracht lockt Schmetterlinge und nützliche Insekten an.

Das Kompost-ABC

Kompostieren ist eine praktische Lösung zur Entsorgung des Gartenschnitts und verbessert gleichzeitig noch kostenlos den Boden. Natürlich kann man die Gartenabfälle einfach aufhäufen und abwarten, aber mit ein paar einfachen Tricks erreicht man deutlich bessere Ergebnisse.

DER RICHTIGE KOMPOSTER

Fertig erhältliche Kunststofftonnen als »Thermokomposter« sind praktisch, wenn auch nicht hübsch, und nehmen viele Garten- und Küchenabfälle auf. Sie bieten meist die preiswerteste Lösung. Wenn Sie aber nach einer attraktiveren Lösung suchen, die sich in den Garten einfügt, können Sie eine hölzerne Variante wählen. Es gibt Formen, die z. B. an Bienenhäuser erinnern und mit Farbe an Ihren Garten angepasst werden können. Sie eignen sich besonders für kleine Gärten, in denen der Kompost im Blickfeld steht. Ungeduldige bevorzugen drehbare Trommel-Komposter (Komposttumbler), in denen kleine Mengen in wenigen Wochen kompostiert werden können. Durch Drehen des Behälters wird mehr Luft zugeführt, was den Verrottungsprozess beschleunigt.

^ *Verschiedene Kompostbehälter (im Uhrzeigersinn von links oben)*
Kunststoff-Komposttonne, wie sie überall erhältlich ist; hölzerner Komposter in Form eines Bienenhauses; Komposttumbler in Trommelform für kleinere Kompostmengen; Tumblertonne mit Gestell, das das Drehen erleichtert; Kompostentnahme.

BEHÄLTER BEFÜLLEN

Bei gutem Kompost kommt es auf die richtige Mischung an. Zu viel weiches, grünes Material, wie Gras, unterbindet die Verrottung und der Komposthaufen fault. Bei zu viel trockenem, holzigem Material dauert der Verrottungsprozess viel zu lang. Ideal ist ein Mischverhältnis von 50 : 50. Die meiste Zeit des Jahres fällt aber mehr Grünschnitt an. Suchen Sie also nach trockenem Material, das Sie dem Kompost zufügen können. Holzschnitt eignet sich am besten, aber Kartonreste, zerknülltes Zeitungspapier und die Röhren von Toilettenpapier- und Küchenrollen sind geeignete Alternativen.

Komposter bauen

Ein hausgemachter Kompostbehälter ist genauso gut wie ein gekaufter. Sie können Ihn in jeder Form und Größe anlegen. Passen Sie seine Größe an die Menge Ihrer Gartenabfälle an.

ZEITAUFWAND
1 Tag

MATERIAL
4 Pfosten, ca. 1,5 m lang
Vorschlaghammer und Hammer
Kaninchendraht
Metallkrampen
Kartons
Teppichbodenrest

REIFUNG BESCHLEUNIGEN

Luft ist wichtig für die Verrottung. Daher muss der Kompost regelmäßig umgesetzt und dadurch gleichmäßig belüftet werden. Beim Durchheben kann man auch kontrollieren, wie weit der Kompost ist, und ob trockenes oder grünes Material zugegeben werden muss. Das Umsetzen geht leichter, wenn man zwei Behälter hat. Einen Einzelbehälter leert man am besten auf eine Plane und füllt ihn dann wieder.

1 DRAHT BEFESTIGEN

Die Pfosten im Quadrat mit 75 cm Abstand rund 30 cm tief in die Erde treiben. Den Kaninchendraht außen herum ausrollen und mit Hammer und Krampen befestigen. Überschüssigen Draht abschneiden. Keine scharfen Drahtenden überstehen lassen.

TOP-TIPP: BOKASHI-KOMPOST

Gekochte Nahrungsmittel, Fleisch und Fisch gehören nicht auf den Kompost, da sie Ratten und schädliche Bakterien anziehen. Diese Abfälle können aber in einem japanischen Bokashi-Eimer fermentiert werden. In den speziellen Behältern werden Küchenabfälle abwechselnd mit Weizenkleie geschichtet und Mikroorganismen zugegeben. Schon nach zwei Wochen ist der Inhalt erfolgreich fermentiert und kann in die Erde im Garten oder in den Komposthaufen eingearbeitet werden. Die bei der Fermentierung entstehende Flüssigkeit kann gefiltert als Dünger genutzt werden.

Der Bokashi-Eimer >
Im verschlossenen Eimer werden Essensreste in zwei Wochen fast geruchsfrei fermentiert. Er kann also auch im Haus aufgestellt werden.

2 KARTONWÄNDE EINSETZEN

Die Kartons flach zusammenfalten und mehrere Schichten als Seiten zwischen Draht und Pfosten einschieben. Eine Schicht als Boden einlegen und darauf den Kompost füllen. Nach jedem Befüllen wieder mit einem Stück alten Teppichboden abdecken. Es hält Regen fern und isoliert den Kompost, was die Reifung beschleunigt.

Herbstlaub sinnvoll nutzen

Lauberde ist einer der besten Dünger für den Boden und zudem ist ihr »Rohstoff« im Herbst kostenlos und in rauen Mengen erhältlich – das fallende Herbstlaub. Alles, was Sie benötigen, um es in reiche Lauberde zu verwandeln, sind Abfallsäcke, viel Herbstlaub und etwas Geduld.

WANN BEGINNEN?
Herbst
AM BESTEN
im folgenden Herbst

ZEITAUFWAND
 1 Stunde

MATERIAL

Herbstlaub
Laubbesen
Abfallsack
Handgabel
Gießkanne

1 LAUB ZUSAMMENRECHEN
Die fallenden Blätter im Herbst zusammenrechen oder Herbstlaub im Park oder Wald einsammeln – aber kein Laub direkt vom Straßenrand nutzen.

2 ABFALLSACK MIT LAUB FÜLLEN
Das Laub kann in einen Komposteimer gegeben werden oder in einen Abfallsack. Letzterer hat den Vorteil, dass er kleiner und stapelbar ist (etwa hinter dem Schuppen). Laub hineinfüllen und zwischendurch nachdrücken.

3 MIT WASSER BESPRENKELN
Während des Einfüllens das Laub mehrfach mit ein wenig Wasser besprenkeln, denn feuchtes Laub verrottet schneller als trockenes. Den Sack ganz füllen und mehrfach befeuchten. Ein Sack allein bringt nicht viel Lauberde, deshalb befüllt man am besten gleich mehrere.

NATURNAHER GARTEN

Natürliche Helfer

In Wurmfarmen zersetzen Würmer Küchenabfälle und verwandeln sie in wertvollen Kompost. Sie können sogar gekochte Essensreste verwerten. Wurmfarmen sind im Fachhandel erhältlich.

ZEITAUFWAND

1½ Stunden

MATERIAL

Wurmfarm mit Kompostwürmern (eine Art von Regenwürmern)
Essensreste
weiche Unterlage (z. B. Kokos- oder Hanfmatte oder klein gerissenes Zeitungspapier)

4 SICHER VERSCHLIESSEN
Der Sack soll lange Zeit ruhen, muss also sicher zugebunden werden. So verhindert man, dass Nager oder andere Kleintiere im Laub einziehen.

5 LÖCHER EINSTECHEN
Das Laub benötigt auch Luft, um zu verrotten. Mit der Gabel mehrere Löcher einstechen und den Sack dann mindestens ein Jahr lang liegen lassen.

TOP-TIPP: LAUBERDE NUTZEN

Nach einem oder zwei Jahren ist die Lauberde fertig. Sie kann als Mulch verwendet werden und ist besonders gut für Waldpflanzen geeignet. Alternativ kann sie gesiebt und als Zusatz unter Blumenerde gemischt werden.

1 WÜRMER EINSETZEN
Die Kompostwürmer einsetzen und kleine Mengen organische Küchenabfälle zugeben (Anleitung zur Wurmfarm beachten). Die Würmer brauchen eine Woche, um sich einzugewöhnen. Erst dann neues Futter zugeben.

2 WÜRMER FÜTTERN
Einmal eingewöhnt, sollten die Würmer die meisten Küchenreste verwerten können. Täglich frisches Material zugeben. Verschiedene Essensreste gemischt mit Blättern und feuchten Zeitungsschnipseln sind am besten. So wird der Kompost nicht zu dicht. Die Würmer verwerten fast alle Essensreste, nur Zitrusfrüchte und Fleisch sind problematisch.

3 FERTIGER KOMPOST
Ab und zu Kalk (z. B. Kalkalgendünger) zugeben, damit der Kompost nicht sauer wird. Reifer Kompost ist dunkel, leicht feucht und schwammig. Die Würmer leben direkt unter der Oberfläche, lassen sich also einfach abheben. Den Kompost als Mulch auf Beeten verwenden oder in Erde einarbeiten.

Ein Heim für Bienen und Vögel

Vögel und nützliche Insekten machen den Garten nicht nur interessanter, sondern helfen auch bei der Bekämpfung von Schädlingen und beim Bestäuben. Ein giftfreier Garten lockt sie an, aber mit einem speziell für sie gebauten Zuhause kann man ihnen im übertragenen Sinne den roten Teppich ausrollen.

Bienenhotel

Solitärbienen sind gute Pollenträger, haben es aber schwer, ein Zuhause zu finden. Ein selbst gebautes Nest sieht nicht nur schön aus und bietet Schutz, es sorgt auch für reiche Ernten.

» WANN BEGINNEN?
Sommer

AM SCHÖNSTEN
Herbst bis Winter

ZEITAUFWAND
30 Minuten

MATERIAL
Gartenschere
Bambusstäbe
Knetmasse oder Fliesenkleber
Bast oder Schnur
kleiner Terrakotta- oder Plastiktopf

1 BAMBUS ABLÄNGEN
Bambus in Stücke schneiden, die einen Hohlraum von mind. 6 cm Länge haben. Unterschiedliche Durchmesser locken verschiedene Bienenarten an.

TOP-TIPP: BLÜTENNAHRUNG

2 IN DEN TOPF STECKEN
Den Grund eines Blumentopfs mit Knetmasse oder Fliesenkleber füllen und die Bambusstücke hineindrücken, bis der Topf dicht mit Röhrchen gefüllt ist.

3 AUFHÄNGEN
Den Topf mit Bast oder Schnur an einer geschützten, sonnigen Stelle an einen Haken oder eine Mauer hängen, sodass das offene Ende leicht nach unten geneigt ist und kein Regenwasser in die Bambusröhrchen eindringen kann.

Um es den Bienen noch angenehmer zu machen, hängt man das Nest nahe einer Rabatte mit nektarreichen Blumen auf. Dann müssen sie nicht lange nach Nahrung suchen und bleiben umso lieber in diesem Garten.

NATURNAHER GARTEN 363

Nistkästen aufhängen

Wenn Sie Vögel in Ihren Garten einladen, haben Sie ihre eigene Schädlingsbekämpfungstruppe. Wenn es Ihnen gelingt, sie zum Nisten und zur Aufzucht der Jungen zu bewegen, gibt es in Ihrem Garten immer etwas zu bestaunen. Hängen Sie einen oder zwei Nistkästen auf und warten Sie ab, wer die Einladung annimmt.

DER RICHTIGE NISTKASTEN

Vögel sind in Bezug auf ihre Nistgewohnheiten und Nistplätze sehr wählerisch. Nehmen Sie am besten einen Nistkasten aus isolierendem Material, wie Holz oder Holzbeton, das vor extremen Temperaturschwankungen schützt – meiden Sie Keramikwände oder Blechdeckel. Auch die Größe des Einflugslochs ist wichtig: Ein zu kleines Loch könnte die gewünschten Vögel abschrecken, ein zu großes Loch gewährt Wind, Regen und Räubern Zugang. Der Kasten muss stabil, wasserdicht und bequem sein. Die verschiedenen Arten haben ganz unterschiedliche Ansprüche, informieren Sie sich am besten über die Vögel, die Sie anlocken möchten.

DIE RICHTIGE STELLE

Ein Nistkasten sollte an einer vor direktem Sonnenlicht, Wind und Regen geschützten Stelle hängen. Suchen Sie den ruhigsten Ort im Garten, abseits von Futterplätzen und mindestens 1,5 m über dem Boden. Dies entspricht den natürlichen Nistgewohnheiten der Vögel und schützt sie vor Räubern. Halten Sie Abstand zu dicken Ästen, die Katzen als Ansitz dienen könnten. Gut sind aber dünne Äste in unmittelbarer Nähe, von denen die Jungvögel ihre ersten Flugversuche starten können. Hängen Sie den Kasten außerhalb der Brutsaison zwischen Mitte des Sommers und Ende des Winters auf.

> **TOP-TIPP: SELBST GEBAUTER NISTKASTEN**
>
> Wenn Sie selber einen Nistkasten für die Vögel in Ihrem Garten bauen wollen, nehmen Sie am besten Holz als Baumaterial. Im Internet und im Fachhandel finden sich zahllose Bauanleitungen, für die man nur wenig Werkzeug und etwas Geschick benötigt. Holz muss wetterfest gemacht werden, und vielleicht wollen Sie es auch beizen oder streichen. Verwenden Sie dazu grundsätzlich nur ungiftige Mittel, um Ihren gefiederten Gästen nicht zu schaden.
>
>

❶ Vögel verstecken sich während des Tages in Schlafhöhlen vor Räubern. Kleinere Arten, wie der Zaunkönig, nisten auch in ihnen.
❷ Kästen mit einem kleinen Loch (25 mm) sind für viele Arten, wie Blaumeisen, Tannenmeisen und Sumpfmeisen, attraktiv.
❸ Vorne offene Kästen locken Rotkehlchen, Zaunkönige und Bachstelzen an, die eine freie Aussicht lieben.

Zimmerpflanzen

Holen Sie sich die Natur mit wunderschönen Zimmerpflanzen ins Haus. Setzen Sie mit interessantem Blattwerk innenarchitektonische Akzente oder beleben Sie Ihre Fensterbank mit herrlichen Blüten, wie exotischen Orchideen oder den zarten Blüten der Drehfrucht (*Streptocarpus*, links). Dieses Kapitel gibt wertvolle Tipps, wie elegante Blumenarrangements zusammengestellt werden können, und Sie erfahren, wie Sie Ihre Blumen jedes Jahr erneut zur Blüte bringen können.

Anmutige »Amaryllis«

Hippeastrum (fälschlicherweise meist Amaryllis genannt) hat die größte und eine der elegantesten Blüten des Winters. Sie ist vorgetrieben erhältlich, sodass sie genau zu Weihnachten blüht. Trotz ihrer anmutigen Exotik sind ihre Ansprüche recht gering: Ein enger Topf, Wasser, Licht und eine kurze Ruhephase im Spätsommer genügen.

» WANN BEGINNEN?
Herbst

AM SCHÖNSTEN
Winter

ZEITAUFWAND
ein paar Stunden im Jahr

PFLANZEN & MATERIAL
1 Zwiebel von *Hippeastrum* (Ritterstern, »Amaryllis«)
Blumentopf
Blumenerde
Flüssigdünger

1 WURZELN WÄSSERN
Den unteren Teil der Zwiebel ein paar Stunden in eine Schale mit lauwarmem Wasser legen. Das macht die Wurzeln weich und regt das Wachstum an.

2 ZWIEBEL EINSETZEN
Einen Topf mit Dränageloch wählen, der gerade groß genug für die Zwiebel ist. Etwas Erde einfüllen, die Zwiebel darauf setzen und auffüllen, bis nur noch ein Drittel der Zwiebel herausragt.

3 AUSTREIBEN LASSEN
Gut wässern, damit die Erde sich setzt, und an einen warmen, hellen Ort mit etwa 21 °C stellen. Wenig gießen, bis die ersten Blätter erscheinen, dann regelmäßig wässern und feucht halten.

Große Blütenauswahl

Hippeastrum sind sehr festliche Blumen und eine elegante Alternative zum traditionellen Weihnachtsstern. Ihre Blüten erstrahlen meist in Rot oder Weiß, einige tragen aber auch orangefarbene, rosafarbene oder sogar grüne Blüten. Ihre großen trompetenförmigen Blüten sind oftmals gemustert und bieten einen großen Formenreichtum, von breiten runden bis zu filigranen schmalen Blütenblättern.

TOP-TIPP: ZWIEBELN UMTOPFEN

Hippeastrum geht Ende des Sommers in die Ruhephase. Um die Ruhe einzuleiten, nicht mehr wässern und düngen, Blätter zurückschneiden und in einen größeren Topf setzen. Wieder wässern, wenn nach ein paar Wochen das Wachstum einsetzt.

˄ Fester Halt
Die Erde kräftig andrücken, damit die Pflanze während der Blüte nicht umkippt.

4 PFLEGE

Den Topf regelmäßig drehen, damit der Blütenschaft gerade wächst. Ab Beginn der Blüte an einen kühlen Ort stellen, um die Blüte zu verlängern, und wöchentlich düngen.

❶ 'Lucky Strike' ist eine früh blühende Sorte mit tiefroten, gerundeten Blütenblättern, die zu Weihnachten auf der Fensterbank besonders festlich erstrahlt.   ❷ 'Apple Blossom' duftet und hat rosa überhauchte, weiße Blätter. Jede Zwiebel treibt mehrere Schäfte mit bis zu vier Blüten.   ❸ 'Giraffe' hat schlanke, cremefarbene Blätter mit filigranen roten Streifen. Sie blüht etwa zehn Wochen nach dem Pflanzen.   ❹ 'Prelude' ist mit ihrer reichen rot-weißen Blütenpracht auf hoch aufragenden Schäften die wahrscheinlich spektakulärste aller *Hippeastrum*-Sorten. Sie blüht meist schon nach fünf Wochen.

Schöne Blumenarrangements

Einzelne Zimmerpflanzen wirken manchmal auf der Fensterbank etwas verloren, stellt man aber mehrere z. B. auf einem Tablett zusammen, wird daraus ein lebhaftes Arrangement unterschiedlicher Formen und Farben. Hübsche Kieselsteine zwischen den Töpfen runden das Bild ab, und wenn das Tablett mit Wasser gefüllt wird, helfen sie bei der Erzeugung des feuchten Klimas, das die Pflanzen so lieben.

ZEITAUFWAND

2 Stunden

PFLANZEN & MATERIAL

Tablett
Kunststofffolie
Kieselsteine
Blumentöpfe

1. Zimmeraralie, *Fatsia japonica*
2. Kletter-Feige, *Ficus pumila*
3. Peperomie, *Peperomia caperata* 'Luna Red'
4. Bubiköpfchen, *Soleirolia soleirolii*
5. Drehfrucht, *Streptocarpus* 'Bethan'

1 PFLANZEN EINTOPFEN

Verschieden große und hohe Töpfe oder auch Tassen und Untertassen auf einem Tablett zusammenstellen. Dekorativer wird das Arrangement mit farbigen Töpfen. Erst wenn die Zusammenstellung gefällt, passende Pflanzen dazukaufen, statt umgekehrt.

2 TABLETT BESTÜCKEN

Das Tablett mit Kunststofffolie (z. B. einem Rest Teichfolie) auslegen und an den Seiten 1–2 cm hochführen, damit ein Wasserreservoir entsteht. Die Töpfe darauf arrangieren und um sie herum Kieselsteine verteilen. Das Tablett bis kurz unter den Folienrand mit Wasser füllen.

Andere Deko-Ideen

Statt Töpfe zusammenzustellen, können Sie z. B. verschiedene Pflanzen in einen großen Topf pflanzen oder mehrere Pflanzen einer Art in der Wohnung verteilen.

STIMMIGE PFLANZENDEKO

Wenn Sie mehrere Pflanzen in einen Topf setzen, achten Sie darauf, dass es Arten sind, die dieselben Bedingungen benötigen. Farn-Arrangements waren im 19. Jahrhundert schon einmal sehr beliebt und sind derzeit wieder groß in Mode. Die grünen Schattenliebhaber wirken wunderbar in großen Glasschalen oder weißen Töpfen. Hübsch sind auch Grünpflanzen mit großen Blättern, wie Kaladien (*Caladium*), umringt von zartem Frauenhaarfarn (*Adiantum*). Für heiße, sonnige Standorte sind Sukkulenten und Kakteen ideal, da sie Wüstenbedingungen lieben.

∧ *Blühende Wüste*
Dicht in einem Topf zusammengestellte Kakteen verschiedener Formen ergeben ein hübsches Wüsten-Arrangement für einen sonnigen Raum.

∧ *Zeitgenössischer Chic*
Einen modernen Look erzielt man durch gleiche Pflanzen, wie den Aufrechten Schwertfarn (*Nephrolepis exaltata*), in mehreren identischen Töpfen.

Blumenampel als Raumschmuck

Zimmerpflanzen werden meist in einzelnen Töpfen gezogen. Hängende Arten wirken aber auch als gemischte Gruppe in einer Ampel sehr dekorativ. Besonders bei begrenztem Fensterbankplatz sind bunte Hängeampeln eine lebendige Bereicherung. Alle paar Jahre muss aber umgetopft werden.

>> **WANN BEGINNEN?**
Frühjahr
AM SCHÖNSTEN
ganzjährig

ZEITAUFWAND
 2 Stunden

PFLANZEN & MATERIAL
 Blumenampel
Kunststoffschale, Kunststofffolie
Bohrmaschine
Blumenerde
Gartenkies
Langzeitdünger

Hier verwendete Pflanzen:
Sinnblume, *Aeschynanthus*
Königs-Begonie, *Begonia rex*
Gewöhnlicher Efeu, *Hedera helix*

1 FOLIE ZUSCHNEIDEN
Die Schale innen mit einer kräftigen Kunststofffolie ausschlagen. Überschüssige Folie abschneiden, sodass die Schale ausgekleidet ist, die Folie aber nicht überhängt.

2 LÖCHER BOHREN
Eine weite Kunststoffschale wählen und viele kleine Dränagelöcher in den Boden bohren. Die Schale wird als Pflanzgefäß genutzt und die Folie in der Ampel ist die Überlaufschale.

3 KIES EINFÜLLEN
Die Dränagelöcher mit einer Schicht Gartenkies bedecken, damit sie nicht verstopfen. Eine Schicht mit Langzeitdünger gemischte Blumenerde daraufgeben. Raum für die Pflanzen lassen.

ZIMMERPFLANZEN 371

Pflanzen für Ampeln

Hängende Sorten wirken in Ampeln besonders hübsch, wenn sich ihre dekorativen Blätter über den Rand ergießen. Blütenpflanzen, wie die Sinnblume (*Aeschynanthus*), sorgen im Sommer für Farbtupfer und Blattpflanzen mit interessanter Färbung bieten ganzjährige Farbenpracht. Viele dieser Pflanzen sind weitverbreitet, in Kombination wirken Sie spektakulär und halten sich lange.

4 BEPFLANZEN
Die Pflanzen wässern, aus ihren Töpfen lösen und in der Ampel verteilen. Begonien und Grünlilien (rechts) sind dekorative Blickfänge, die am besten wirken, wenn man sie in die Mitte der Hängeampel platziert.

5 ERDE ANDRÜCKEN
Die Zwischenräume bis etwa 2 cm unter den Schalenrand mit Erde auffüllen. Kleine Mengen einfüllen und immer wieder mit den Fingern andrücken. Die Ampel an einem hellen Standort ohne direktes Sonnenlicht aufhängen.

TOP-TIPP: AMPEL WÄSSERN

Im Frühjahr und Sommer alle zwei Wochen wässern. Dabei die gesamte Erde mit Wasser bedecken. Die Folie in der Ampel dient als Überlaufschale für das Wasser. Eine Stunde später die Ampel abhängen und überschüssiges Wasser abgießen, um Staunässe zu verhindern, die den Pflanzen schadet. Im Winter sparsamer wässern.

❶ *Begonia* 'Bettina Rothschild'; ↕↔ 40 cm ❷ Grünlilie, *Chlorophytum comosum* 'Variegatum'; ↕ 20 cm ↔ 30 cm ❸ Hüllenklaue, *Hypoestes-phyllostachya*-Sorte; ↕ 30 cm ↔ 25 cm ❹ Henne mit Küken, *Tolmiea menziesii*; ↕↔ 30 cm ❺ Rio-Dreimasterblume, *Tradescantia fluminensis* 'Variegata'; ↕ 15 cm ↔ 20 cm ❻ Purpur-Samtpflanze, *Gynura aurantiaca*; ↕↔ 30 cm

Spektakuläre Orchideen

Orchideen sind die elegantesten Blühpflanzen, die man in der Wohnung ziehen kann, und sie bieten einen immensen Formen- und Farbenreichtum. Wenn Sie immer die Pflanz- und Pflegehinweise auf dem Etikett befolgen, um Ihrer Orchideen-Art die richtige Behandlung zukommen zu lassen, dann werden Sie reichlich für die gute Pflege belohnt, denn viele Orchideen blühen den gesamten Winter hindurch.

☼ helles, indirektes Licht   ☽ Halbschatten
◊ vor dem erneuten Wässern austrocknen lassen   ♦ im Sommer feucht halten, im Winter sparsam wässern

❶ *Cymbidium lowianum*; ↕90 cm ↔90 cm ☼ ◊   ❷ *Miltoniopsis*-Hybride; ↕25 cm ↔25 cm ☽ ♦
❸ Malayenblume, *Phalaenopsis*-Hybride; ↕40 cm ↔35 cm ☼ ◊   ❹ *Coelogyne nitida*; ↕25 cm
↔30 cm ☼ ♦   ❺ × *Doritaenopsis* 'Taida Pearl'; ↕70 cm ↔30 cm ☼ ◊   ❻ *Dendrobium* 'Sweet Dawn';
↕60 cm ↔15 cm ☼ ♦   ❼ *Cymbidium* 'Minuet'; ↕30 cm ↔45 cm ☼ ♦   ❽ *Paphiopedilum-callosum*-
Hybride; ↕30 cm ↔15 cm ☽ ♦   ❾ *Oncidium* 'Jungle Monarch'; ↕30 cm ↔30 cm ☼ ◊   ❿ *Epidendrum
prismatocarpum*; ↕45 cm ↔45 cm ☼ ◊

Exotische Orchideen ziehen

Sie sind elegant, prächtig und äußerst beliebt – kein Wunder, dass sich so viele Menschen in Orchideen verlieben. Leider gehen viele Pflanzen nach der Blüte ein, da sie falsch gepflegt wurden oder nicht zum Wohnungsstil passten. Aber bei der richtigen Wahl kann Ihre Orchidee Ihnen lange Zeit Freude bereiten.

PFLANZEN- UND TOPFWAHL

Wenn Sie wenig Erfahrung haben, wählen Sie eine Orchidee, die mit den Bedingungen in einer Wohnung zurechtkommt, wie etwa die Malayenblume (*Phalaenopsis*) oder eine *Cymbidium*-Art. Wenn Sie ein beheiztes Gewächshaus haben, ist die Auswahl schon größer. Hybriden der folgenden Orchideen gedeihen bei richtigen Bedingungen meist zuverlässig (gegenüber): *Cattleya*, *Dendrobium*, *Epidendrum*, *Oncidium* und *Paphiopedilum*.

Untersuchen Sie die Pflanze vor dem Kauf auf Krankheiten oder Schädlingsbefall. Sie sollte viele Blüten, feste Knospen und feste Luftwurzeln mit zart grünen Spitzen haben. Auch die im Topf sichtbaren Wurzeln (Orchideen werden meist in durchsichtigen Töpfen gezogen) sollten gesund und nicht schwarz aussehen.

Die meisten tropischen Orchideen haben Luftwurzeln, die Wasser aufnehmen und wie Blätter Fotosynthese betreiben, also die Sonnenenergie in Nahrung umwandeln. Sie kommen daher mit wenig Erde aus und benötigen nur kleine Töpfe. Sie gehören in durchsichtige Töpfe, damit die Wurzeln viel Licht aufnehmen können.

Gezielt aussuchen >
Kaufen Sie Orchideen nur bei guten Händlern, z. B. speziellen Orchideenzüchtern, und meiden Sie Exemplare, die bereits Wochen im zugigen Laden gestanden haben.

WÄSSERN UND DÜNGEN

Viele Orchideen gehen ein, weil sie überwässert werden. Obwohl verschiedene Orchideen unterschiedliche Bedürfnisse haben, benötigen die meisten im Frühjahr und Sommer nur ein- bis zweimal pro Woche Wasser und im Winter nur ein Mal alle zwei Wochen. *Cattleya* wässert man nur so, dass die Pseudobulbe (der Speicher an der Stängelbasis) nicht austrocknet. *Dendrobium* bleibt im Winter fast trocken. Mit weichem Regen- oder gefiltertem (entkalktem bzw. entsalztem) Leitungswasser gießen. Pflanzen mit verfilzten Wurzeln im Topf in einer Schüssel mit Wasser untertauchen, bis die Erde durchfeuchtet ist, dann herausheben und abtropfen lassen. Für zusätzliche Feuchtigkeit die Blätter, aber nicht die Blüten, mit Regen- oder gefiltertem Leitungswasser benetzen oder die Töpfe auf ein Tablett mit feuchten Kieselsteinen setzen (S. 367–368).

Orchideenerde enthält keine Nährstoffe, weshalb man sie sofort nach dem Kauf nach Angaben des Herstellers mit Orchideendünger versorgen sollte. Manche Orchideen, wie etwa *Phalaenopsis*, benötigen wöchentlich Dünger, andere müssen nicht so häufig gedüngt werden.

^ **Überschüssige Feuchtigkeit abwischen**
Nach dem Wässern abtropfen lassen und überschüssiges Wasser auf oder zwischen den Blättern mit einem weichen Tuch abwischen.

^ **Warmer Nebel**
Orchideen nicht mit kaltem Wasser benetzen. Regen- oder gefiltertes Leitungswasser mit Raumtemperatur zum Einsprühen verwenden.

^ Pflegeleichte Orchidee
Die großen exotischen Blüten der überraschend pflegeleichten Malayenblume. Sie braucht recht wenig Licht und mag warme Räume.

Gattungen

Prüfen Sie vor dem Kauf, ob Sie Ihrer Orchidee die richtigen Temperaturen bieten können. Die meisten benötigen eine nächtliche Abkühlung um 5 °C.

WARME TEMPERATUREN
Zarte Orchideen, wie *Dendrobium*-Hybriden und *Phalaenopsis*, benötigen ganzjährig Wärme und im Winter mindestens 16–18 °C. Sie tolerieren kurze Unterschreitungen und kommen mit Heizungsluft gut zurecht, dürfen aber nachts nicht auf der kalten Fensterbank stehen.

TEMPERIERT
Cattleya, *Epidendrum* und *Paphiopedilum* benötigen im Winter mehr Wärme als kühl wachsende Orchideen, tolerieren im Sommer aber etwas höhere Temperaturen (unten). Die meisten gedeihen gut in Räumen, sollten aber nachts nicht auf der kalten Fensterbank stehen.

KÜHLE TEMPERATUREN
Cymbidium und *Oncidium* zählen zu der Gruppe, die ganzjährig niedrige Temperaturen bevorzugt. Im Sommer können sie an einem geschützten Ort draußen stehen und im Winter bei 8–10 °C in einem ungeheizten Raum, wie einem kühlen Wintergarten oder Gewächshaus.

DER RICHTIGE STANDORT
Verschiedene Orchideen benötigen auch unterschiedlich viel Licht. *Epidendrum* wächst in der Natur auf den Ästen tropischer Bäume und liebt helles, indirektes Licht. *Cymbidium*-Hybriden bevorzugen ebenfalls viel Licht und sollten im Sommer draußen an geschützter Stelle aufgestellt werden und im Herbst und Winter einen hellen, kühlen, aber frostfreien Standort mit indirekter Sonne im Haus erhalten. *Cattleya* und *Oncidium* bevorzugen helle Standorte mit leichtem Schatten am Mittag, wie ein Ost- oder Westfenster, sollten während der dunklen Wintermonate aber einen hellen Standort mit ganztägiger Sonne erhalten. Verfügen Sie über wenig helle Plätze, wählen Sie eine *Phalaenopsis*- oder *Paphiopedilum*-Hybride. Sie mögen kein direktes Sonnenlicht und bevorzugen zwischen Ende des Frühjahrs und Herbst schattige Standorte.

< Zierliches Dendrobium
Dendrobium benötigt in der Wachstumssaison einen Standort mit viel indirektem Licht und viel Feuchtigkeit. Dafür belohnt sie uns mit diesen wunderbaren Blüten.

^ Die schöne Kühle
Mit ihren schlanken, grün-braunen Blüten ist Cymbidium kanran die perfekte Orchidee für ein kühles Zimmer im Winter.

Schöne Orchideentöpfe

Rispen voller rubinroter Blüten in einem geflochtenen Pflanzkorb ergeben einen atemberaubenden Anblick an einem Ost- oder Westfenster oder einem hellen Platz in direkter Sonne. Die hier gezeigte Orchidee × *Colmanara* 'Massai Red' blüht viele Wochen lang und ist ausgesprochen pflegeleicht.

WANN BEGINNEN?
spätes Frühjahr

AM SCHÖNSTEN
spätes Frühjahr bis Sommer

ZEITAUFWAND
30 Minuten

PFLANZEN & MATERIAL
großer Korb, mit Kunststofffolie ausgeschlagen
Blähton (in Gartencentern erhältlich)
× *Colmanara* 'Massai Red'
dünne Pflanzstäbe
Moos aus dem Garten oder Ähnliches

1 KORB AUSSCHLAGEN
Einen Korb ohne Kunststofffolie mit einer robusten Folie ausschlagen. Dann eine Schicht Blähton einfüllen. Die porösen Kügelchen nehmen Wasser auf und geben die Feuchtigkeit langsam ab.

2 ORCHIDEEN EINSETZEN
Die Orchideen in ihren Töpfen so in den Korb setzen, dass die Blütenstände weit genug auseinander stehen und ihre Wirkung voll entfalten können. Die Stängel mit dünnen Pflanzstäben stützen.

3 ZWISCHENRÄUME AUFFÜLLEN
Zwischen den gerade stehenden Töpfen weitere Blähtonkügelchen einfüllen und leicht andrücken. Das stabilisiert die Töpfe und sorgt dafür, dass sie während der Blüte nicht umkippen.

4 MIT MOOS BEDECKEN
Abschließend die Töpfe und den Blähton mit einer Schicht Gartenmoos oder einem passenden Ersatz bedecken. Die Orchideen wässern und auch etwas Wasser auf den Blähton geben.

5 PFLEGE
Die Orchideen in einen hellen Raum mit tagsüber 15–23 °C und nachts 10–15 °C Raumtemperatur stellen, aber nicht in die volle Sonne. Das gesamte Jahr hindurch wässern, wenn die Erde fast ausgetrocknet ist und bei jedem zweiten Wässern Orchideendünger geben. Alle paar Tage mit Regenwasser oder gefiltertem Leitungswasser besprühen.

Ausdauernde Blüte >
Jeder Blütenstängel einer × Colmanara 'Massai Red' hält sich etwa sieben Wochen. Die Pflanze fast ganzjährig bei Zimmertemperatur halten, nur zur Blüte etwas kühler stellen, um die Blühphase zu verlängern.

Zwiebeln vortreiben

Der Garten mag im Winter ruhen, doch die Wohnung kann man dank Zwiebelpflanzen mit Frühlingsfarben und -gerüchen beleben. Dazu werden die Pflanzen vorgetrieben, also gekühlt und dann ans Licht gebracht, sodass ihnen vorgegaukelt wird, dass der Winter bereits vorbei ist. So blühen sie dann schon zu Weihnachten oder Neujahr.

WANN BEGINNEN?
Frühherbst

AM SCHÖNSTEN
Winter und zeitiges Frühjahr

ZEITAUFWAND
1 Stunde

PFLANZEN & MATERIAL
- vorgetriebene Zwiebeln (mindestens drei pro Topf)
- Töpfe und Schalen (mit Dränagelöchern); für Narzissen tiefe Töpfe nehmen
- gut durchlässige Erde (Blumenerde mit etwas Sand mischen)
- Moos zur Dekoration

Hyazinthen

Mit ihren leuchtenden Blüten und dem betörenden Duft sind Hyazinthen ideale Zimmerpflanzen. Im frühen Herbst gepflanzt, blühen sie mitten im kältesten Winter.

1 ZWIEBELN EINPFLANZEN
Etwas Erde in Topf oder Schale geben und die Zwiebeln mit der Spitze nach oben und mit Abstand darauf setzen. Mit Erde bedecken, bis nur noch ein Drittel zu sehen ist. Gut wässern.

2 DUNKEL STELLEN
Die Schale acht Wochen lang an einen kühlen, dunklen Ort stellen. Die Erde immer leicht feucht halten. Irgendwann zeigen sich zart gelbgrüne Blätter und dazwischen sind bereits die Blütenknospen erkennbar.

3 PFLEGE
Die Pflanzen zum Blühen ans Licht bringen. An einen hellen, kühlen Standort, aber nicht in die volle Sonne stellen. Die Erde immer feucht halten und den Topf täglich drehen.

Narzissen

Zwergnarzissen, wie 'Tête-à-Tête' und 'Soleil d'Or', lassen sich leicht vortreiben, benötigen aber viel Licht.

PFLANZEN UND STÜTZEN

Die Zwiebeln mit der Spitze nach oben in einen Topf setzen, leicht mit Erde bedecken und wässern. Den Topf an einen sonnigen Platz stellen, um das Wachstum anzuregen, und die Erde feucht halten. Die emporwachsenden Triebe mit Stäben stützen.

TOP-TIPP: IN WASSER ZIEHEN

Vorgetriebene Zwiebelblumen können auch in Wasser gezogen werden. In speziellen Hyazinthengläsern sitzt die Zwiebel über dem Wasser. Man kann sie aber auch auf Kiesel in eine Vase setzen. Das Wasser regelmäßig wechseln und immer bis dicht unter die Zwiebel auffüllen.

< *Maximale Blütenpracht*
Hyazinthen und Narzissen blühen an kühlen Standorten länger. Stehen sie tagsüber im warmen Zimmer, sollte man sie nachts an einen kühlen Ort stellen.

Einen grünen Blickfang schaffen

Wer prachtvolle Akzente setzen will, sollte keine kleinen Blumentöpfe, sondern eine große Pflanze im auffälligen Kübel wählen. Und weil Blüten schnell wieder vergehen, nimmt man am besten Arten mit besonderem Laub. Filigrane Pflanzen wirken am schönsten erhöht platziert in schlanken, hohen Töpfen.

MIT PFLANZEN AKZENTE SETZEN

Man sollte vor dem Kauf bedenken, wo die Pflanze stehen soll und wie viel Raum zur Verfügung steht. Pflanzen mit großen, dunklen Blättern lieben meist Schatten, solche mit mehrfarbigem Blattwerk und Palmen bevorzugen viel Licht. Kakteen lieben die Wärme am Südfenster, und je größer, desto beeindruckender sind sie. Doch Vorsicht mit den Dornen und Haaren, sie lösen oft Hautreizungen aus.

Man sollte auch bedenken, wie schnell die Pflanzen wachsen. Manche, wie die Goldfruchtpalme (*Dypsis lutescens*), bleiben jahrelang gleich groß. Andere, wie die wüchsige Howeapalme (*Howea belmoreana*) oder das Große Fensterblatt (*Monstera deliciosa*), sind häufig nach wenigen Jahren doppelt so groß.

DEN STANDORT WÄHLEN

Man kann eine schöne Pflanze als Blickfang in einer Zimmerecke oder als Kontrast vor den harten Linien eines Regals oder Schranks nutzen. Sie darf aber keine Stolperfalle sein und der Topf sollte zum Dekor der Umgebung passen.

TOP-TIPP: SAUBERE BLÄTTER

Staubige Blätter sind unschön und reduzieren die Lichtmenge, was wiederum das Wachstum behindert. Staub entweder mit einem weichen, feuchten Tuch abwischen oder die Pflanze in der Dusche abduschen. Mit ein wenig Milch abgerieben glänzen große Blätter wieder schön.

< *Schöne Blätter und Blüten*
Die großen glänzenden Blätter und eleganten weißen Blüten der Blattfahne (Spathiphyllum) *werden durch den schlichten Metallkübel hervorgehoben – je größer, desto besser.*

Strukturpflanzen

Als Blickfang im Zimmer eignen sich einzelne große Pflanzen oder zu attraktiven Gruppen kombinierte, kleine Exemplare. Auch kleinere, aber außergewöhnliche Formen ziehen den Blick an und sind in kleinen Räumen besser geeignet als große Arten. Wer leuchtende Farben mag, wählt am besten Pflanzen mit großen Blüten, wie Amaryllis, oder feurigen Hochblättern, wie *Vriesea*.

❶ Schattenliebende *Calathea rufibarba* 'Blue Grass' und Dieffenbachie (*Dieffenbachia seguine* 'Saturn') – im großen Keramikkübel ein ideales Paar. ❷ *Vriesea* haben leuchtende Hochblätter, die sich über Wochen halten. ❸ Der Japanische Sagopalmfarn (*Cycas revoluta*) ist eine beeindruckende Zimmerpflanze und wächst sehr langsam, kann also recht groß gekauft werden und sollte hell stehen – z. B. im Wintergarten. ❹ Diese beiden kleinen Pflanzen sind in einer hoch stehenden Schale ein echter Hingucker. Sie haben unterschiedliche Ansprüche, sollten also in separaten Töpfen bleiben: *Isolepis cernua* benötigt viel Wasser, während das Greiskraut (*Senecio rowleyanus*) trockenere Erde bevorzugt.

Schattenliebende Pflanzen

Jedes Haus hat eine schattige Ecke, die etwas Aufheiterung gebrauchen kann. Zum Glück gibt es viele Pflanzen, die auch mit wenig Licht auskommen. So stammen z. B. viele Blattpflanzen aus dem schattigen Regenwald und fühlen sich in einer Nordausrichtung durchaus wohl, vor allem, wenn man sie regelmäßig besprüht. Dagegen bevorzugen Pflanzen mit spektakulären Blüten meist eher helle Zimmer, tolerieren aber auch lichten Schatten.

ZIMMERPFLANZEN

☀ helles Tageslicht   ◐ Halbschatten   ● Schatten
💧 wenig wässern, wenn die oberste Erdschicht trocken ist   💧 in der Wachstumssaison ein- oder zweimal pro Woche wässern

❶ Mexikanische Bergpalme, *Chamaedorea elegans*; ↕1 m ↔30 cm ☀◐● 💧 ❷ *Peperomia caperata* 'Luna'; ↕30 cm ↔30 cm ☀◐ 💧 ❸ Silbernetzblatt, *Fittonia albivenis* Verschaffeltii-Gruppe; ↕30 cm ↔30 cm ◐ 💧 ❹ Zebra-Korbmarante, *Calathea zebrina*; ↕1 m ↔1 m ◐ 💧 ❺ Blattfahne, *Spathiphyllum* 'Mauna Loa'; ↕90 cm ↔60 cm ◐ 💧 ❻ Rippenfarn, *Blechnum gibbum*; ↕50 cm ↔1 m ☀◐ 💧 ❼ Schwiegermutterzunge, *Sansevieria trifasciata*; ↕1,2 m ↔40 cm ☀◐ 💧 ❽ *Philodendron bipinnatifidum*; ↕3 m ↔3 m ◐● 💧 ❾ Große Flamingoblume, *Anthurium andraeanum*; ↕50 cm ↔50 cm ◐ 💧 ❿ Bunte Pfeilwurz, *Maranta leuconeura*; ↕30 cm ↔40 cm ◐ 💧

Flowerpower im Haus

Holen Sie sich mit bunten und duftenden Tropenpflanzen etwas Urlaubsatmosphäre ins Haus. Die auffälligen Blütenstände bilden einen schönen Kontrast zu einem eher kühlen, modernen Interieur und viele dieser Pflanzen blühen ohne großen Aufwand. Alles, was Sie dazu tun müssen, ist düngen und wässern.

SCHÖNE BLÄTTER

Die Blütenstände der Bromelien mit den leuchtend gefärbten Hochblättern setzen ein deutliches Zeichen, das nicht zu übersehen ist. Damit diese Supermodels unter den Zimmerpflanzen auch strahlen können, brauchen sie einen schlichten Hintergrund. Die Hochblätter halten sich meist viele Monate und die Blüten lugen dazwischen oder darüber heraus.

ÜBERLEBENSSTRATEGIE

Die meisten Bromelien, wie *Guzmania*, *Tillandsia* und *Vriesea*, stammen aus den Tropen und lieben zwar beheizte Räume, leiden aber unter zu trockener Luft. Man pflanzt sie in durchlässige Erde und wässert sie in der Wachstumsphase regelmäßig und im Winter seltener. Aber nicht zu viel gießen: Staunässe bringt sie um! Besprühen Sie sie zweimal die Woche mit zimmerwarmem weichem Leitungs- oder Regenwasser, um sie feucht zu halten.

^ *Klug wässern*
Vriesea wässert man, indem man das Wasser in den Kelch in der Mitte der Blattrosette gibt und die Erde im Topf feucht hält.

TOP-TIPP: TILLANDSIEN DÜNGEN

Tillandsien haben kaum Wurzeln. Sie sitzen in der Natur auf Baumästen und nehmen Wasser und Nährstoffe über die Blätter auf. Besprühen Sie sie daher einmal im Monat mit einem in möglichst weichem Wasser gelösten Spezialdünger.

^ *Tropen im Topf*
Die leuchtend glasierten Töpfe bringen die kräftigen Farben dieser Bromelien (Guzmania dissitiflora, Tillandsia cyanea und eine flammend rote Vriesea) erst richtig zur Geltung. Sie bevorzugen zwar helles Licht, mögen aber keine direkte Sonne.

Langlebige Blüten

Wenn Sie ein Zimmer mit Blüten beleben wollen, aber wenig Platz haben, nehmen Sie am besten eine Pflanze, die mehrere Monate lang blüht.

AUSDAUERNDE PRACHT
Eine wirklich ausdauernde Blüte bietet die in vielen Farben erhältliche Drehfrucht (*Streptocarpus*). Geeignet sind auch der orange blühende Granatapfel (*Punica granatum* var. *nana*) sowie *Lantana camara* und *Plumbago auriculata* mit ihren blauen Sommerblüten.

> **KLEINE AUSWAHL**
>
> *Hibiscus rosa-sinensis*
> Kalanchoe
> *Lantana camara*
> Blaues Lieschen, *Exacum affine*
> *Plumbago auriculata*
> *Streptocarpus*-Hybriden

∧ *Schönheit in Blau*
*Ab dem Frühjahr und den ganzen Sommer hindurch überziehen über Monate hinweg Massen winziger, duftender blauer Blüten das Blaue Lieschen (*Exacum affine*).*

Duftende Blüten

Warum künstliche Lufterfrischer kaufen, wenn man das Original haben und auch noch die bunten Blüten genießen kann? Bedenken Sie beim Kauf nur, dass ein sehr intensiver Duft in einem kleinen Zimmer auch aufdringlich wirken kann.

∧ *Duftendes Porzellanweiß*
Hoya lanceolata subsp. *bella verströmt den gleichen süßen Duft wie ihre Verwandte H. carnosa, wird aber nur 45 cm hoch.*

DUFTENDE SCHÄTZE
Wählen Sie zwischen der kompakten Gardenie mit ihren weißen Blüten und den glänzenden, dunklen Blättern, der Kranzschlinge (*Stephanotis*) und der Porzellanblume (*Hoya carnosa*). Die letzten beiden sind Kletterpflanzen und brauchen Platz oder einen Drahtbogen. Alle duften stark und lieben helles Licht.

> **KLEINE AUSWAHL**
>
> Engelstrompete, *Brugmansia × candida*
> Gardenie, *Gardenia jasminoides*
> Porzellanblumen, *Hoya carnosa* und *H. lanceolata* subsp. *bella*
> Jasmin, *Jasminum polyanthum*
> Kranzschlinge, *Stephanotis floribunda*

Im Urlaub

Sorgen Sie vor, wenn Sie in den Urlaub fahren wollen, und ersparen Sie sich die Enttäuschung, bei der Rückkehr tote Pflanzen vorzufinden.

INS FREIE STELLEN
Im Sommer können Sie die Pflanzen während Ihrer Abwesenheit auf einem Tablett mit Kieseln und Wasser ins Freie in den Schatten stellen, wo sie die frische Luft genießen. Achten Sie aber auf die Temperaturbedürfnisse der Pflanzen, damit sie in den Nächten nicht leiden.

WASSERVORRAT
Wenn Sie keinen Garten haben, greifen Sie zum Trick mit der PET-Flasche: Schneiden Sie den Boden der Flasche ab und bohren Sie ein kleines Loch in den Deckel. Stecken Sie die Flasche umgedreht in den Boden und füllen Sie sie mit Wasser, das dann langsam in den Boden sickert.

∧ *Ein weiterer Trick*
Stellen Sie Ihre Pflanzen auf ein feuchtes Handtuch auf die Spüle. Lassen Sie Wasser einlaufen und hängen Sie ein Ende des Tuchs ins Wasser. Durch die Kapillarwirkung bleiben das Tuch und die Erde in den Töpfen feucht.

Badezimmer-Oase

Das warme und feuchte Badezimmer ist der perfekte Ort für Farne. Die zarten Wedel mildern harte Linien von Fliesen, Metall und Glas ab und bleiben mit einer wöchentlichen Dusche gesund und grün. Wenn Sie keinen Platz im Regal haben, hängen Sie einen Farn im Korb an der Decke auf (S. 370–371).

ZEITAUFWAND
- 30 Minuten

PFLANZEN & MATERIAL
- dekorative Kübel
- Plastiktöpfe als Einsatz
- Styroporstücke
- Grünpflanzenerde
- Langzeitdünger
- Kies oder Moos
- *Adiantum capillus-veneris*
- *Asplenium nidus*

1 IN TÖPFE SETZEN
Wenn die Töpfe der Farne in die Übertöpfe passen, muss nur noch etwas Langzeitdünger unter die Erde gemischt werden. Andernfalls Styroporstücke in einen neuen Plastiktopf geben und mit einer Schicht Erde bedecken. Einen Farn aus seinem alten Topf lösen und in den neuen einsetzen. Den Topf mit Erde und Düngergranulat auffüllen.

2 AUFSTELLUNG UND PFLEGE
Die Farne in dekorative Übertöpfe stellen, die Erde mit einer Schicht Kies oder Moos abdecken und an einen schattigen Platz stellen. *Adiantum* das ganze Jahr hindurch gut wässern: Die Blätter werden runzelig, wenn die Erde austrocknet. *Asplenium* braucht im Frühjahr und Sommer viel Wasser. Im Winter muss die Erde nur leicht feucht gehalten werden.

‹ **Hungriges Grün**
Düngen Sie den Streifenfarn (Asplenium) *und den Frauenhaarfarn* (Adiantum) *im Sommer regelmäßig mit einem flüssigen Grünpflanzendünger.*

Fiederige Schönheiten

Die meisten, aber längst nicht alle Farne bevorzugen eine hohe Luftfeuchtigkeit im Raum. Wählen Sie geeignete Arten aus und kombinieren Sie sie mit Keramik-, Glas- oder Metallübertöpfen, die einen schönen Kontrast zu den Wedeln bilden.

DAS PASSENDE GRÜN
Das ausladende, buschige Laubwerk eines Rippenfarns passt gut in ein großes Badezimmer, aber in einem kleinen Raum machen sich Saum- und Klippenfarn besser. Die fiederigen *Asparagus*-Arten Farn-Spargel und Zier-Spargel wirken zart, sind aber verblüffend pflegeleicht. Sie sind keine Farne, sondern gehören tatsächlich zu den Spargelgewächsen. Für den Hängekorb ist ein Geweihfarn ein imposanter Blickfang.

❶ Farn-Spargel, *Asparagus setaceus* 'Nanus'; ↕↔30 cm   ❷ Rippenfarn, *Blechnum gibbum*; ↕75 cm ↔60 cm   ❸ Saumfarn, *Pteris ensiformis* 'Evergemiensis'; ↕↔30 cm
❹ Klippenfarn, *Pellaea rotundifolia*; ↕30 cm ↔60 cm   ❺ Geweihfarn, *Platycerium bifurcatum*; ↕90 cm ↔1,2 m   ❻ Zier-Spargel, *Asparagus densiflorus* 'Myersii'; ↕40 cm ↔30 cm

Kakteen in der Schale

Bei Kakteen denkt man meist an unauffällig in einer Ecke herumstehende Staubfänger, aber mit der richtigen Behandlung werden sie zu einem echten Schmuck. Sie wirken gut in kleinen Gruppen, die auf einem hellen Sandmulch zu einer dekorativen Wüstenszene werden – fehlt nur noch ein Mini-Cowboy!

>> **WANN BEGINNEN?**
Frühjahr
AM SCHÖNSTEN
Frühsommer

ZEITAUFWAND
1½ Stunden

PFLANZEN & MATERIAL
flache Pflanzschale
Kieselsteine
Kakteenerde
gewaschener Sand
Zeitungspapier
Löffel
Arbeitshandschuhe
Gießkanne

Zwerg-Kakteen, hier:
 Cleistocactus strausii
 Mammillaria hahniana
 Opuntia tuna
 Rebutia

1 VORBEREITUNG
Kakteen sind berühmt dafür, dass sie mit wenig Wasser auskommen, aber wenn sie blühen und gedeihen sollen, müssen sie in der Wachstumsphase regelmäßig gegossen werden. Durch das Wässern vor dem Einpflanzen bekommen die Wurzeln guten Kontakt mit der neuen Erde und können besser anwachsen.

2 GUTE DRÄNAGE
Kakteen vertragen es nicht, im Wasser zu stehen, deshalb sollte das Wasser leicht durch die Erde hindurch und aus dem Gefäß heraussickern können. Die Schale braucht daher mehrere Dränagelöcher, die mit einer Lage von Kieselsteinen abgedeckt werden, damit die Erde sie nicht verstopfen kann.

3 ANORDNEN

Dicke Handschuhe anziehen und die Pflanzen anordnen. Das Festlegen der endgültigen Position der Kakteen im Voraus erleichtert das Einpflanzen und hilft beim Zusammenstellen eines attraktiven Bilds. Am besten platziert man die kleineren Kakteen im Vordergrund und die größeren dahinter, aber man kann auch Arten mit kontrastierenden Formen, Texturen und Blütenfarben miteinander kombinieren.

4 PFLANZTIPPS

Wenn man mehrere Lagen von in Streifen gerissenem Zeitungspapier um den Kaktus wickelt, lässt er sich leichter und sicherer aus dem alten in den neuen Topf umsetzen. Zusätzlich schützt das Papier auch den Kaktus vor Verletzungen.

5 LÜCKEN FÜLLEN

Sobald die Kakteen an ihren Plätzen stehen, mit einem Löffel sorgfältig Kakteenerde in die Zwischenräume füllen. Immer nur kleine Mengen Erde auf einmal einfüllen und immer wieder mit dem Löffelrücken andrücken, damit keine Lufttaschen zwischen den Wurzeln entstehen.

6 SAUBERMACHEN

Auch wenn man noch so sorgfältig vorgeht, es landet immer etwas Erde zwischen den Dornen und Haaren der Kakteen. Diese bürstet man am besten vorsichtig mit einem weichen Pinsel ab.

7 ANGIESSEN

Die Kakteen gut angießen. Im Sommer wässern, wenn die Erdoberfläche austrocknet. Im Winter nicht wässern und im Frühjahr sparsam wieder mit dem Wässern beginnen, sobald erste Anzeichen für neuen Wuchs zu sehen sind.

8 SANDMULCH AUSBRINGEN

Mit dem Löffel feinen Sand zwischen den Kakteen verteilen. Er lässt das Wasser schneller in die Erde einsickern und verhindert dadurch Fäulnis; zudem sorgt er für ein authentisches Wüstenambiente. Die Schale an einen hellen, sonnigen Standort stellen.

TOP-TIPP: ÜBERVOLLE TÖPFE WÄSSERN

Gekaufte Kakteen wuchern oft schon über den Rand ihres Topfs hinaus, und sind daher vor dem Einpflanzen nur schwer zu wässern. Stellen Sie sie in eine Schale mit Wasser, bis der Wurzelballen feucht ist.

Wüstenbewohner

Kakteen begeistern mit ihren bizarren Formen, spitzen Dornen und oft verblüffenden Blüten. Sie gehören zu den Sukkulenten und eignen sich wie diese für das sonnige Fensterbrett. Die meisten Sukkulenten bleiben als Zimmerpflanzen klein, aber andere, wie das Dickblatt, erreichen eine beachtliche Größe. Von Frühjahr bis Sommer gießt man, sobald die Erde austrocknet, im Winter nur einmal im Monat und Kakteen gar nicht.

ZIMMERPFLANZEN 391

Alle Pflanzen benötigen Sonne und nur sehr wenig Wasser (siehe gegenüber) ❶ *Haworthia attenuata* fo. *clariperla*; ↕12 cm ↔12 cm ❷ *Parodia penicillata*; ↕30 cm ↔12 cm ❸ *Parodia magnifica*; ↕15 cm ↔45 cm ❹ *Echinocereus pulchellus*; ↕5 cm ↔15 cm ❺ Echeverie, *Echeveria pulvinata*; ↕30 cm ↔50 cm ❻ Lebender Stein, *Lithops pseudotruncatella* subsp. *dendritica*; ↕4 cm ↔4 cm ❼ Flammendes Kätchen, *Kalanchoe blossfeldiana*; ↕40 cm ↔40 cm ❽ Dickblatt, *Crassula arborescens*; ↕60 cm ↔60 cm ❾ *Echinopsis multiplex*; ↕25 cm ↔30 cm ❿ *Aloe aristata*; ↕12 cm ↔30 cm ⓫ *Mammillaria blossfeldiana*; ↕5 cm ↔5 cm

Schöne Geschenke

Weihnachtssterne sind klassische Mitbringsel, die festliches Rot und Grün auf den Tisch oder die Fensterbank bringen. Eine attraktive Schale mit zwei Pflanzen ist ein dekoratives Weihnachtsgeschenk.

1 DER RICHTIGE STANDORT
Um seine Wirkung zu entfalten, benötigt ein Weihnachtsstern eine sonnige Fensterbank oder helles indirektes Licht. Ein direkter Kontakt mit der kalten Fensterscheibe kann allerdings die Blätter schädigen. Für eine lange Blütezeit braucht er tagsüber rund 20 °C und in der Nacht niedrigere Temperaturen.

2 WÄSSERN
Die Pflanze muss regelmäßig gewässert und gleichmäßig feucht gehalten werden. Sie darf nicht im Wasser stehen, deshalb sollte man den Untersetzer kurz nach dem Gießen ausleeren.

3 ERNEUTE BLÜTE
Wenn man die Pflanze erneut zum Blühen bringen will, bis Mitte des Frühjahrs wässern, dann austrocknen und welken lassen. Kühl stellen. Im späten Frühjahr alle Triebe einige Zentimeter über dem Boden abschneiden und die Pflanze in frische Erde umtopfen. Gut wässern, warm stellen und mit Flüssigdünger versorgen, sobald das Wachstum beginnt. Nach einem Monat ins Freie in den Schatten stellen, im Hochsommer Triebspitzen auskneifen und dann ins Haus holen. An einen sonnigen Platz stellen, regelmäßig wässern und düngen. Ab Mitte Herbst von 17–8 Uhr in absolute Dunkelheit stellen. Sie wird dann bald ihre kräftig gefärbten Hochblätter entwickeln.

> **TOP-TIPP: FALLENDE BLÄTTER**
>
> Bei manchen Weihnachtssternen werden die Blätter gelb und fallen ab, wenn man sie ins Haus holt. Das ist kein Grund zur Sorge, die Pflanze reagiert nur auf die neue Umgebung.

Weihnachtsstern-Galerie

Es gibt viele kräftig gefärbte Sorten, die etwa ↕30cm ↔40cm erreichen, unter anderem:

❶ *Euphorbia pulcherrima* 'Freedom White'
❷ 'Red Fox Infinity Red'
❸ 'Sonora'
❹ 'Spotlight Pink'

Pflanzen zum Blühen bringen

Einige Zimmerpflanzen blühen üppig, egal was man mit ihnen anstellt. Es gibt aber auch diejenigen, die man wegen ihrer prachtvollen Blüten gekauft hat und die dann hartnäckig nur noch Blätter produzieren. Jede Zimmerpflanze braucht individuelle Pflege, um erneut zu blühen – und auch etwas Geduld.

Blattfahne

Diese Pflanze ist mit am schwierigsten zu einer erneuten Blüte zu bewegen – wenn die folgenden Tipps nicht helfen, erfreuen Sie sich stattdessen an ihren schönen Blättern!

WANN BEGINNEN?
Frühjahr

AM SCHÖNSTEN
Frühjahr

PFLANZEN & MATERIAL
Blattfahne, *Spathiphyllum*
Topf
Blühpflanzenerde

ZEITAUFWAND
1 Stunde

1 MÄSSIG DÜNGEN
Viel Dünger kann bei Blattfahnen zwar eventuell eine Blüte auslösen, hat aber häufig die entgegengesetzte Wirkung, nämlich dass nur noch mehr Blätter gebildet werden.

2 UMTOPFEN
Blattfahnen kommen in kleinen Töpfen zurecht, aber wenn die Wurzeln zu stark verfilzen, erhält die Pflanze zu wenig Wasser. Ein etwas größerer Topf kann auch zu einer neuen Blüte verhelfen.

3 HELLERER STANDORT
Unzureichendes Licht ist bei Blattfahnen der Hauptgrund für eine ausbleibende Blüte. Sie tolerieren zwar tiefen Schatten und wachsen auch in dunklen Ecken, brauchen aber weiches, indirektes Licht, um zu blühen. Am besten stehen sie auf einer nach Norden gelegenen Fensterbank oder einige Schritte von einem helleren Fenster entfernt, aber vor direkter Sonne geschützt, um mehrfach im Jahr blühen zu können.

Problemfälle

Zimmerpflanzen stammen aus aller Welt und benötigen daher die unterschiedlichsten Bedingungen. Um ihnen Blüten zu entlocken, muss man diese Bedingungen nachahmen.

BROMELIEN
Nach der Blüte sterben große Teile der Pflanzen ab und lassen neue Sprosse zurück. Sie können als Gruppen gezogen oder geteilt werden und wachsen mehrere Jahre heran. Erreichen sie die Größe der ursprünglichen Pflanze, hüllt man sie gemeinsam mit einem reifen Apfel eine Woche in durchsichtige Plastikfolie. Das Gas, das der Apfel abgibt (Ethylen), löst dann die Blüte aus.

KLIVIEN
Damit die schönen Frühlings- und Sommerblüten entstehen, benötigt die Klivie eine Ruhephase im Kühlen. Steht sie die meiste Zeit des Jahres an einem warmen Standort, sollte sie von Spätherbst bis zum späten Winter trocken und bei 10 °C gehalten werden. Ab Anfang Frühjahr wieder wässern und alle zwei Wochen düngen. Sobald das Wachstum einsetzt, an einen wärmeren Ort stellen, um die Blüte zu fördern. Danach etwas weniger wässern. Klivien sollte man eher selten umtopfen.

WEIHNACHTSKAKTEEN
Um reich zu blühen, benötigen Weihnachtskakteen (*Schlumbergera*) im Sommer viel Licht. Man stellt sie im Zimmer auf eine sonnige Fensterbank oder draußen an einen leicht beschatteten Platz, damit sie nicht verbrennen. Um zu blühen, benötigen sie danach kurze Tage und lange Nächte. Ab Spätherbst sollten sie also bis Weihnachten in einem Zimmer stehen, das abends nicht beleuchtet ist.

MALAYENBLUMEN
In der richtigen Umgebung treiben Malayenblumen (*Phalaenopsis*) bereitwillig neue Blüten aus. Sie bevorzugen weniger helle Standorte, sollten also im Winter an einem West- oder Ostfenster und im Sommer an einem schattigen Platz stehen. Im Sommer wöchentlich mit Regenwasser gießen – aber nicht den Wurzelhals. Im Winter weniger wässern. Am Ende der Blütezeit, wenn die letzte Blüte welkt, den Stängel bis kurz unter den Ansatz der zuerst geöffneten Blüte kürzen. Dort wird ein zweiter Blütenstängel entstehen, der ebenfalls gekürzt einen dritten treibt. Um diese Orchidee wieder zur Blüte zu bringen, sollte sie feucht (S. 374) gehalten und einmal im Monat gedüngt werden und nachts bei 15 °C, tagsüber bei 21–25 °C stehen. Gemeinsam veranlassen diese Faktoren die Orchidee dazu, erneut zu blühen.

Silberne Pracht

Begonien bieten einen großen Formenreichtum und die Sorten mit eindrucksvollen Blättern wirken in modernen Pflanzkübeln besonders elegant. Gemeinsam mit kleinblättrigen Hängepflanzen in schlichte hohe Kübel gepflanzt, ergibt sich ein schöner Kontrast zu ihrem Blattwerk.

WANN BEGINNEN?
jederzeit
AM SCHÖNSTEN
ganzjährig

ZEITAUFWAND
2 Stunden

MATERIAL
- silberblättrige *Begonia-rex*-Hybriden
- *Pilea depressa*
- hohe Metallkübel
- Plastikschale oder stabile Plastikfolie
- Kunststofftöpfe
- Gartenkies
- Blühpflanzenerde

Begonien pflegen

Begonia-rex-Hybriden gibt es in vielen Farben und Formen, aber alle haben dieselben Ansprüche. Im Sommer alle zwei Wochen, im Winter einmal im Monat düngen und nicht in die pralle Sonne stellen, da die Blätter sonst verbrennen.

BLATTPFLEGE
Direkte Sonne mögen Begonien nicht, aber sie werden am farbenprächtigsten, wenn sie viel indirektes Licht bekommen. Außerdem bevorzugen sie Temperaturen von 18–21 °C. Der Schlüssel zum Erfolg ist aber das Wässern, da ihre Wurzeln bei zu viel oder zu wenig Wasser leicht absterben. Die Kunststofftöpfe alle zwei Wochen aus den Kübeln heben, bis kurz unter den Rand in Wasser setzen und die Erde durchfeuchten lassen. Gut abtropfen lassen und erst dann wieder zurücksetzen.

1 KÜBEL AUSSCHLAGEN
In Kübel mit Dränagelöchern eine tiefe Kunststoffschale einsetzen oder die Kübel mit Kunststofffolie ausschlagen, damit kein Wasser ausläuft. Zuerst eine Schicht Kies einfüllen. In die Kübel passende Pflanztöpfe aus Kunststoff kaufen.

2 PFLANZEN EINSETZEN
Die Dränagelöcher der Töpfe mit Kies bedecken, dann Erde einfüllen und Begonien und *Pilea* (eine pro Topf) einsetzen. Wässern und abtropfen lassen. Die Töpfe in die Kübel setzen. Bei Bedarf mehr Kies daruntergeben, bis sie hoch genug stehen.

Es gibt eine riesige Vielfalt an Begonien-Sorten. Die größte Auswahl findet man bei spezialisierten Züchtern, die meist auch versenden.

❶ 'Martin Johnson'
❷ 'Benitochiba'
❸ 'Tiny Bright'

Winterblüten

Wenn es draußen kalt und grau ist, heben leuchtende Farben im Haus die Stimmung. Viele unserer Zimmerpflanzen schätzen wir gerade deshalb so sehr, weil sie im Winter blühen: Von den allgegenwärtigen Primeln und Usambaraveilchen bis zu den exotischen Klivien finden sich Blüten für jeden Geschmack. Einige Winterblüher, wie der Jasmin, verströmen zudem einen zarten Duft, der uns an warme Sommertage erinnert.

ZIMMERPFLANZEN 399

☀ helles Tageslicht　　◐ Halbschatten (helles, indirektes Tageslicht)　　● Schatten
💧 wenig wässern, wenn die oberste Erdschicht trocken ist　　💧 in der Wachstumssaison ein- oder zweimal pro Woche wässern

❶ *Pentas lanceolata*; ↕50 cm ↔40 cm ☀💧　❷ Usambaraveilchen, *Saintpaulia*; ↕15 cm ↔40 cm ☀💧　❸ *Cyclamen persicum* 'Sierra White'; ↕23 cm ↔20 cm ☀💧　❹ *Clivia miniata*; ↕45 cm ↔30 cm ☀💧　❺ Flammendes Kätchen, *Kalanchoe blossfeldiana*; ↕40 cm ↔40 cm ☀💧　❻ *Cymbidium* 'Showgirl'; ↕45 cm ↔45 cm ◐💧　❼ *Primula obconica*; ↕30 cm ↔25 cm ◐💧　❽ Winterblühende Begonie, *Begonia elatior* Catkin; ↕30 cm ↔45 cm ◐💧　❾ Jasmin, *Jasminum polyanthum*; ↕bis zu 3 m ↔1 m ☀💧　❿ Große Flamingoblume, *Anthurium andraeanum*; ↕60 cm ↔30 cm ☀💧

Pflege

Um gut zu gedeihen, brauchen Pflanzen genügend Wasser und Nährstoffe. Außerdem sollte man den Garten von Unkraut frei halten und Gehölze wachsen meist besser, wenn sie regelmäßig geschnitten werden. Vielleicht möchten Sie ja Ihre Pflanzen vermehren: Nichts ist einfacher, als Stauden zu teilen, dagegen ist das Schneiden von Stecklingen schon etwas schwieriger. In diesem Kapitel lernen Sie auch, wie Sie die häufigsten Krankheiten und Schädlinge erkennen und bekämpfen können.

Unkräuter bekämpfen

Unkräuter konkurrieren mit den Gartenpflanzen um Nährstoffe, Wasser und Sonnenlicht. Darum ist Jäten so wichtig. Sich aggressiv ausbreitende Gräser sind z. B. Kriech-Quecke, Rispengras und Hundszahngras. Zu den breitblättrigen Unkräutern zählen Kratzdisteln, Löwenzahn und Vogel-Sternmiere.

EIN- UND MEHRJÄHRIGE UNKRÄUTER ENTFERNEN

Wie man gegen Unkraut vorgeht, hängt davon ab, ob es sich um einjährige Pflanzen handelt, die Samen erzeugen und dann absterben, oder um mehrjährige, die den Winter durch robuste Wurzelsysteme überleben. Manche Einjährige blühen fast das gesamte Jahr hindurch und produzieren Unmengen von Samen. Sie sollten gleich zu Beginn der Wachstumssaison vollständig beseitigt werden. Nach dem Jäten Mulch aufbringen und danach so wenig wie möglich umgraben, um nicht neue Samen aufzudecken.

Ausdauernde Unkräuter, wie Löwenzahn oder Kriech-Quecke, blühen zwar ebenfalls, sie sind aber aufgrund ihrer robusten Wurzeln schwer auszumerzen. Jedes Wurzelstückchen, das man beim Ausgraben übersieht, wächst wieder zu einer Pflanze heran.

METHODEN DER UNKRAUTBEKÄMPFUNG

Die meisten einjährigen Unkräuter lassen sich einfach ausgraben oder herausziehen. Trennen Sie bei großen Flächen die Triebe mit der Schuffelhacke (Stoß- und Schiebehacke) direkt unter der Erde von den Wurzeln. Jäten Sie an trockenen Tagen und lassen Sie die Triebe vertrocknen. Einige Unkräuter, wie der Hahnenfuß, vermehren sich über wurzelnde Ausläufer. Am besten hebt man ihre Wurzeln mithilfe einer Handgabel aus.

Kontaktherbizide eignen sich zur Bekämpfung von einjährigen Unkräutern auf Wegen, Kies und freien, noch unbepflanzten Flächen. Befolgen Sie immer die Anleitung des Herstellers. Gegen ausdauernde Unkräuter sind systemische, Glyphosat-basierte Herbizide am wirkungsvollsten, die die Wurzeln abtöten.

❶ *Oxalis* hat Hunderte von Brutknollen, die abfallen und nachwachsen, sobald man versucht, sie auszugraben.
❷ Viele ausdauernde Unkräuter haben Pfahlwurzeln und überstehen dadurch Trockenheitszeiten.
❸ Die faserigen Wurzeln der Einjährigen lassen sich oft einfach herausziehen.

❶ Eine Gießkanne für das Ausbringen von Herbiziden reservieren und nicht mehr zum Wässern verwenden.
❷ Jäten mit der Handgabel lockert die Erde, wodurch sich einjährige Unkräuter einfacher herausziehen lassen.
❸ Die Schuffelhacke vor und zurück über die Erde gleiten lassen, sodass die Schneide die Triebe tief abtrennt.

Hartnäckige Unkräuter

Die folgende Übersicht hilft dabei, einige der hartnäckigsten Unkräuter zu erkennen und unter Kontrolle zu bekommen. Wer keine Herbizide verwenden will, wird es bei einigen sehr schwer haben. Alternativ kann man ihre Wurzeln aushungern, indem man ihre Blatttriebe immer wieder entfernt oder ihnen zwei Jahre lang mit schwarzer Folie oder Vlies das Licht raubt.

❶ GIERSCH
Giersch bildet eine Matte aus dunkelgrünen Blättern. Junge Pflanzen vor der Blüte (oben) ausgraben oder mit Unkrautvlies abdecken oder ein systemisches Glyphosat-basiertes Herbizid einsetzen.

❷ SAUERKLEE
Einjährige Arten (*Oxalis corniculata*) haben explodierende Fruchtkapseln, mehrjährige (*O. stricta*) bilden Ausläufer. Sauerklee ist unempfindlich gegen selektive Herbizide. Von Hand jäten, im Rasen vertikutieren.

❸ SCHACHTELHALM
Die Wurzeln lassen sich schwer entfernen, da die Sprosse leicht abbrechen. Die äußere Sprossschicht weist Wasser und Herbizide ab. Im Spätsommer jäten, eine Behandlung mit Glyphosat wirkt nur teilweise.

❹ AMPFER
Die Pfahlwurzeln junger Pflanzen mit der Gabel ausheben, auf dem Rasen mit dem Unkrautstecher arbeiten. Die Pflanzen vor der Blüte jäten und anschließend Glyphosat gegen die Wurzeln einsetzen.

❺ BRENNNESSEL
Brennnesseln bilden ein Netzwerk aus verzweigten Rhizomen. Das gesamte Wurzelsystem ausgraben oder mit systemischem Herbizid (Glyphosat) besprühen. Alternativ große Gruppen als Rückzugsort für Tiere stehen lassen.

❻ JAPAN-KNÖTERICH
Kleinste Wurzelreste dieser bambusartigen Staude treiben neu aus. Wiederholt über mehrere Jahre ausgraben, trocknen und verbrennen. Hilft dies nicht, mehrfach zwischen Ende Frühjahr und Frühherbst mit Glyphosat-Herbizid behandeln.

❼ ZAUNWINDE
Die hübschen, ausdauernden Winden verschwinden im Winter, treiben aber im Frühjahr neu aus ihren fleischigen Wurzeln aus. Ausgraben verbreitet die Wurzeln; besser an Stöcken ranken lassen und mit Glyphosat besprühen.

❽ BROMBEERE
Die Triebe überwuchern andere Pflanzen und wurzeln, wo sie den Boden berühren. Sämlinge, Ausläufer und große Pflanzen möglichst komplett mit Wurzel ausgraben. Herbizide sind gegen Brombeeren nicht ausreichend wirksam.

Düngen

Egal wie gut die Erde ist, sie wird dennoch zusätzliche Nährstoffe für spezielle Bedürfnisse der Pflanzen oder eine Auffrischung in der Blütephase brauchen. Befolgen Sie immer die Anleitung des Herstellers, da zu viel oder falscher Dünger Probleme, etwa ein Ausbleiben der Blüte, verursachen können.

WISSENSWERTES ZU NÄHRSTOFFEN

Die drei grundlegenden Nährstoffe für Pflanzen sind Stickstoff (N), Phosphor (P) und Kalium (K). Stickstoff wird für das Wachstum von Blättern und Trieben benötigt, Phosphor für die Wurzeln und Kalium hilft beim Ausbilden von Blüten und Früchten. Auf den Düngeretiketten wird meist das Verhältnis der Inhaltsstoffe aufgeführt. Übliche mineralische Volldünger enthalten N:P:K im Verhältnis 7:7:7. Tomatendünger enthält viel Kalium zur Anregung der Fruchtproduktion und Rasendünger hat viel Stickstoff. Viele Dünger enthalten zudem Mikronährstoffe (z. B. die meisten Universaldünger). Der Nährstoffbedarf der Pflanze ist in der Wachstumsphase hoch, und für die Blüten- und Fruchtproduktion wird viel Kalium benötigt.

❶ Stickstoff (Nitrat) wird für gesunde Blätter benötigt. ❷ Kalium (Kaliumsulfat oder Kaliumchlorid) fördert die Blüten- und Fruchtproduktion. ❸ Phosphor (Phosphat) fördert die Wurzelentwicklung.

VERSCHIEDENE DÜNGER

Im Handel sind sowohl organische Dünger (Kohlenstoffverbindungen pflanzlichen oder tierischen Ursprungs oder synthetisiert) als auch anorganische Dünger (aus Mineralstoffen) erhältlich. Meist sind es flüssige oder pulverförmige Konzentrate, die mit Wasser verdünnt werden, oder Granulate. Typische organische Dünger sind Hühnermistpellets, Blut-, Fisch- und Knochenmehl, flüssiger Seetangdünger oder hausgemachte Pflanzenjauchen, z. B. aus Beinwellblättern. Zu den anorganischen Düngern zählen Stickstoffdünger, Kali(um)-Dünger, Phosphatdünger, Volldünger (NPK).

❶ Blut-, Fisch- und Knochenmehl: ausgewogener organischer Dünger; in der Wachstumsphase um Blumen und Gemüse ausbringen; Anwendung im Frühherbst beenden. ❷ Langzeitdünger: durch Wärme und Feuchtigkeit aktiviert; versorgt Kübel und Beete stetig mit Nährstoffen. ❸ Gartenkomposterde oder Stallmist: reich an Spurenelementen und bodenverbessernden Substanzen; in den Boden einarbeiten oder als Mulch nutzen. ❹ Volldünger: ausgewogener Mineraldünger (NPK); vor Saat oder Bepflanzung einarbeiten oder aufstreuen.

Mulchen

Als Mulch bezeichnet man Materialien, die um die Pflanzen herum auf dem Boden verteilt werden. Sie verbessern den Boden, vermindern Unkrautwachstum, halten Feuchtigkeit und schützen im Winter die Wurzeln. Viele sind zudem sehr dekorativ.

ORGANISCHEN MULCH AUSBRINGEN

Gemulcht wird zu unterschiedlichen Zeiten. Rindenmulch verwendet man nach dem Pflanzen zur Unterdrückung von Unkraut. Für organische Mulche, wie Stallmist, Komposterde, Rinde oder Kakaoschalen, muss der Boden feucht sein, sie werden im Frühling, nach Regen im Herbst oder Winter oder nach dem Wässern verteilt.

Einige Mulche, allen voran Rindenmulch, verbrauchen beim Zerfall zunächst Nährstoffe. Bringen Sie daher zuvor einen Stickstoffdünger, wie Hornspäne, aus. Schichten Sie organische Mulche 10 cm hoch, damit sie möglichst lange den Boden bedecken, während sie sich zersetzen und den Boden düngen. Erneuern Sie die Mulchabdeckung jedes Jahr.

∧ **Feuchter Mulch**
Organischer Mulch hält die Feuchtigkeit, kann aber auch Fäulnis verursachen. Bringen Sie ihn daher immer mit Abstand zu den Pflanzen aus.

PRAKTISCHE LÖSUNGEN

Künstlicher Mulch hat Vorteile. Bodengewebe oder Unkrautvlies sind aus halbdurchlässigem Material, das Wasser durchlässt, aber lichtdicht ist. Es wird vor dem Pflanzen auf pflegeleichten Beeten oder bei starkem Unkrautbefall ausgelegt (S. 76–77) und mit Rinden-, Kies- oder Dekomulch bedeckt. Schwarze Kunststofffolie lässt keine Feuchtigkeit durch und tötet – im Frühjahr über brachliegende Gemüsebeete gespannt – Unkraut ab.

Stroh isoliert den Boden und schützt empfindliche Pflanzen und ihre Wurzeln im Winter vor Frost. Zudem bewahrt es als Unterlage verschiedene Früchte, wie z. B. Erdbeeren, vor dem Faulen und vor Schneckenbefall.

∧ **Nützliche Abdeckungen**
Vor dem Pflanzen ausgelegtes Unkrautvlies verhindert, dass Unkraut wächst (links). Auf Stroh bleiben Erdbeeren trocken und sauber (rechts).

DEKORATIVE MULCHVARIANTEN

Mulch, der sich nicht zersetzt, kann eine dekorative Bodenbedeckung im Garten sein. Er wirkt besonders gut, wenn er auf Unkrautvlies ausgebracht wird, das ebenfalls Unkraut unterdrückt. So mischt er sich nicht mit Erde und bleibt lange attraktiv. Sehr modern wirken bunter Glas- oder Schiefersplitt. Kleine Beete und Kübel lassen sich auch schön mit Glasperlen, zerstoßenen oder ganzen Muschelschalen oder polierten Kieselsteinen bedecken. Findlinge aus Naturgestein wirken schön auf großen Arealen und erinnern, verstreut gelegt, an Strandlandschaften.

❶ Kiesel sind in unterschiedlichen Größen und Farben erhältlich und zeigen ihre ganze Pracht erst, wenn sie nass sind.
❷ Glassplitt ist ein stumpf geschliffenes Recyclingprodukt. Leuchtende Farben wirken als dekoratives Highlight.
❸ Schiefersplitt ist in mehreren Größen und Schattierungen erhältlich. Vorsicht mit Kindern – er hat scharfe Kanten.
❹ Muschelschalensplitt stammt aus der Fischereiindustrie.

Wässern

Alle Pflanzen benötigen Wasser, einige mehr, andere weniger. Besonders wichtig ist das Wässern für Pflanzen im Kübel, da die Erde dort schnell austrocknet, für neu gesetzte Pflanzen, die noch kein starkes Wurzelsystem ausgebildet haben, und für Obst und Gemüse während der Wachstumsphase.

SPARSAMER UMGANG MIT WASSER
Wasser ist ein kostbares Gut, mit dem man sparsam umgehen sollte. Wässern Sie nur die Pflanzen, die es nötig haben, und nur in den kühlen Morgen- und Abendstunden.

Wasser sparen kann man durch die Verwendung von Wasserspeicher-Granulat (Hydrogel-Polymere) und wenn man Beete jedes Jahr nach dem Regen mulcht. Bäume, Sträucher und Stauden müssen in den ersten Jahren weniger gewässert werden, wenn sie im Herbst, Winter oder Frühjahr gepflanzt werden. Ebenso sollte Rasen im Spätwinter verlegt werden. Er wächst so ohne zusätzliche Bewässerung an.

Nach dem Pflanzen das Wurzelwachstum durch kräftiges Wässern anregen und dann erst 7–14 Tage später wieder wässern, statt ständig kleine Mengen zu geben. Das Wasser sinkt tief in die Erde und die Wurzeln folgen ihm. Im Regenschatten sollten nur trockenheitstolerante Pflanzen gesetzt werden.

^ *Regentonnen als Wasserspeicher*
Regentonnen helfen Wasser zu sparen. Am besten stellt man sie unter Ablaufrinnen und Fallrohre vom Dach. Sie sind im Handel in verschiedenen Ausführungen erhältlich. Besonders attraktiv sind Holzfässer.

Vorgehensweise

Nutzen Sie Ihre Wasservorräte mit Bedacht und sparen Sie durch den Einsatz sinnvoller Bewässerungsmethoden Zeit und Energie. Für kleine Areale und gezieltes Wässern ist die Gießkanne ideal. Gartenschläuche sind bei großen Beeten sinnvoll, sollten aber angemessen eingesetzt werden.

VON HAND WÄSSERN
Wenn Sie nur wenige Pflanzen in Kübeln haben, wässern Sie mit der Gießkanne und gießen Sie langsam, damit die Wurzeln Wasser aufnehmen können. Nur junge Pflanzen mit der Brause gießen, ansonsten ohne, da das Wasser die Wurzeln erreichen muss. Die Pflanzen nehmen Wasser nicht durch die Blätter auf, also ist das Besprühen von oben Verschwendung, da nicht alles Wasser den Boden erreicht. Zudem können Blüten und Früchte dadurch faulen. Ein kleiner Erdwall um große Pflanzen bildet ein Wasserreservoir für die Wurzeln.

Beim Wässern mit dem Schlauch das Wasser auf den Boden richten. Lange Gießstäbe sind bei vielen Kübeln und Ampeln praktisch. Bei jedem Positionswechsel von Schlauch oder Brause sollte der Wasserstrom unterbrochen werden.

^ *Verlängerter Arm*
Lange Gießstäbe sind praktisch, da man mit ihnen auch Hängeampeln gießen kann und eine größere Reichweite hat. Das ist auch bei Gemüsebeeten nützlich, da man sie so nicht betreten muss.

AUTOMATISCHE BEWÄSSERUNGSSYSTEME

Automatische Bewässerungssysteme sind recht einfach zu installieren und sparen viel Zeit. An einen Timer angeschlossen, wässern sie die Pflanzen auch in Ihrer Abwesenheit. Die meisten Systeme lassen sich leicht an die Gartengröße anpassen und bestehen zumeist aus einem Hauptrohrsystem, an das End- oder Reihentropfer zur Bewässerung einzelner Pflanzen oder Kübel angeschlossen werden. Die Tropfer liegen auf der Erde, sodass das Wasser direkt zu den Wurzeln gelangt. Das Bewässerungssystem sollte regelmäßig überprüft und bei Bedarf angepasst werden, damit die Pflanzen nicht zu stark oder schwach gewässert werden. Koppeln Sie Tropfer, die nicht mehr genutzt werden, ab.

< Zeitgenaue Bewässerung
Richtig eingesetzt, wässert das System für minimalen Verdunstungsverlust morgens und abends. Bei Wetteränderung wird das Programm umgestellt.

SICKERSCHLÄUCHE

Sickerschläuche sind nicht so ausgeklügelt wie automatische Bewässerungssysteme, sind aber zur gleichzeitigen Bewässerung großer Pflanzenmengen gut geeignet. Durch die perforierten Schläuche sickert das Wasser direkt in den Boden und dringt tief ein. Der Schlauch wird z. B. zwischen durstigen Gemüsepflanzen oder neu gesetzten Sträuchern und Stauden verlegt und dann an eine Wasserleitung oder die Regentonne angeschlossen, die dafür erhöht stehen muss, damit das Wasser läuft.

Tropfenweise Bewässerung >
Sickerschläuche sind bei richtigem Einsatz die effektivste Bewässerung, da sie gezielt dort wässern, wo es nötig ist.

KÜBEL WÄSSERN

Große Kübel müssen zwar nicht so oft gewässert werden wie kleine, brauchen aber im Sommer immer noch täglich Wasser. Poröses Terrakotta trocknet schnell aus und sollte mit Folie ausgelegt werden (S. 409). Verlassen Sie sich nicht auf den Regen, der oft nicht bis zur Erde in den Töpfen vordringt. Lassen Sie beim Bepflanzen einen Abstand von mindestens 2 cm zwischen Erde und Topfrand, damit das Wasser nicht überläuft. Ein Rinden- oder Kiesmulch hält die Feuchtigkeit in der Erde.

< Schutz vor »Erosion«
Richtet man den Strahl auf eine Tonscherbe, wird die Erde nicht von den Wurzeln gespült.

TOP-TIPP: BÄUME WÄSSERN

Bäume etablieren sich besser, wenn man beim Pflanzen ein perforiertes Bewässerungsrohr in Wurzelnähe in den Boden einsetzt. So gelangt das Wasser direkt an die Wurzeln. Mulch oder Baummatten bekämpfen Unkraut und halten Feuchtigkeit im Boden.

Frostschutz

Manche Pflanzen im Garten oder Kübel, die man nicht hereinholen kann, müssen im Winter vor Frost geschützt werden, sobald die Temperaturen unter den Gefrierpunkt sinken.

Alles wird verhüllt

Nicht winterharte Pflanzen müssen im Winter hereingeholt werden, da sie bei Frost absterben. Pflanzen, die leichte Fröste vertragen (mit zwei Sternen gekennzeichnet), können zwar draußen überwintert werden, brauchen aber Schutz.

SCHUTZMASSNAHMEN

Viele bedingt winterharte Pflanzen überleben niedrige Temperaturen, vertragen aber kalte, nasse Erde nicht. Sorgen Sie also für gute Dränage. Andere Pflanzen überleben zwar den Frost, aber ihre Blüten nehmen Schaden. So leiden bei Pfirsichbäumen, Magnolien und Kamelien die gefrorenen Blüten, wenn sie in der warmen Morgensonne zu schnell tauen. Die jungen Blätter vieler winterharter Pflanzen sind ebenfalls frostempfindlich. Die Pflanzen sollten daher im Spätsommer nicht mehr gedüngt werden, denn dies fördert neues Wachstum. Lassen Sie das verwelkte Laub von Stauden an der Pflanze, es bildet eine Isolationsschicht. Schützen Sie empfindliche Stauden zusätzlich mit Mulch.

^ *Frostüberhauchter Ahorn*
Acer-palmatum-*Sorten sind winterhart, man kann also den Glanz der zart mit Frost überhauchten, bunten Herbstblätter beruhigt genießen.*

TOP-TIPP: BANANEN UND BAUMFARNE ÜBERWINTERN

Die in tropischen Gärten beliebte *Musa basjoo* ist eine der robustesten Bananen und kann in wintermilden Regionen draußen überwintern, wenn sie vor Kälte und Nässe geschützt wird. Triebe zurückschneiden und Blätter entfernen, einen Zaun aus Pflanzstäben und Kaninchendraht um die Pflanze ziehen und dicht mit Stroh einhüllen. Baumfarne ebenso einzäunen, die Farnwedel über den Stamm falten und dick in Stroh einpacken.

^ *Strohhaube*
Empfindliche Pflanzen, die trockenen Boden lieben, mit Stroh und Kaninchendraht sichern.

< *Fröstelnde Sternchen*
Frost schädigt die Blüten der Stern-Magnolie, Wintervlies schützt sie davor.

^ *Wasserdichte Haube*
Bananen und Baumfarne leiden in nassen Wintern, daher sollte ihr Zaunkäfig mit einer wasserdichten Folie abgedeckt werden. Die Pflanzen zusätzlich in Wintervlies hüllen. Den Schutz im späten Frühjahr, oder sobald neue Triebe sichtbar werden, entfernen.

Hauben für die Ernte

Einige Gemüse, die im Boden überwintern, profitieren von einer Haube oder einer Strohschicht. Auch früh gesäte Nutzpflanzen wachsen schneller, wenn sie vor Frost geschützt werden. Es gibt Pflanztunnel, Folien, Frühbeetkästen und vieles mehr, oder man nutzt recycelte Materialien.

DIE RICHTIGE ABDECKUNG

Wintergemüse, wie Pastinaken, Karotten und Lauch, lassen sich bei Bodenfrost schwer ernten, weshalb man sie mit einer isolierenden Strohschicht abdeckt. Frühbeetkästen eignen sich gut für frostharte Sämlinge in Anzuchtschalen oder Töpfen, die später ausgepflanzt werden sollen. Pflanztunnel sind ideal für frühe Aussaaten, wie Grüner Salat, Rauke und asiatische Blattgemüse, oder für überwinternde Gemüse wie dicke Bohnen.

Pflanztunnel sind als Fertigware oder Set im Handel erhältlich. Wer nur einige Wochen im Jahr Frostschutz benötigt, dem reicht oft auch die improvisierte Variante aus Plexiglasplatten. Alternativ können Sie einen dauerhaften Tunnel aus Metallbögen errichten und mit Folie überspannen. Ein Ende für die Belüftung offen lassen.

∧ *Frühbeetkasten*
Solche Frühbeetkästen sind eine Investition und sollten lange halten. Man kann zwischen Glas- und Kunststoffvarianten wählen.

< *Praktische Lösungen*
Improvisierte Abdeckung aus zwei mit Wäscheklammern befestigten Plexiglasplatten.

Kübel einpacken

Kübelpflanzen leiden im Winter oft doppelt: Die Wurzeln der Pflanzen sind im Kübel empfindlicher, da sie schlechter isoliert sind als in der Erde im Freiland, und die Kübel selbst können bei längeren Frostperioden reißen.

SCHUTZ FÜR KÜBELPFLANZEN

Manche Kübel sind für Frostschäden anfälliger als andere. Stein-, Metall- und Kunststoffkübel überstehen den Winter unbeschadet, aber Terrakottatöpfe reißen bei Frost leicht. Terrakotta ist anfällig, da sie porös ist und Wasser aufnimmt. Wenn sie gefriert, dehnt sie sich aus und der Topf reißt. Spezielle Terrakottaware wird bei extremen Temperaturen gebrannt, um die Porosität zu verringern.

Alle anderen Töpfe müssen aber vor Frost geschützt werden. Entweder man nimmt Pflanzen und Erde heraus und holt die Kübel ins Haus oder man umwickelt sie mit Jutesäcken oder Luftpolsterfolie. Die Erde sollte ebenfalls abgedeckt werden, damit sie nicht staunass wird. Alternativ kann man den Kübel vor dem Pflanzen mit Luftpolsterfolie ausschlagen. Die Folie bildet dann eine schützende Barriere.

Bedingt winterharte Kübelpflanzen sollten mit Wintervlies umhüllt werden. Ausladende Blattkronen kann man zusammenbinden, um sie vor Schnee und Eis zu schützen.

∧ *Schutz für Kübel*
Luftpolsterfolie verhindert, dass Terrakottakübel Feuchtigkeit aufnehmen. So reißen sie nicht, wenn das Wasser im Winter gefriert.

< *Jutemantel*
Empfindliche Pflanzen und Töpfe im Winter mit Jute oder Luftpolsterfolie warm halten.

Grundlegende Schnitttechniken

Einige Bäume und Sträucher müssen bis auf die Entfernung von totem und krankem Holz wenig geschnitten werden. Bei anderen ist der jährliche Schnitt notwendig. Er kann das Aussehen sowie die Blüten- und Fruchtproduktion verbessern, die Pflanze jung und wüchsig halten und für schöne Blätter sorgen.

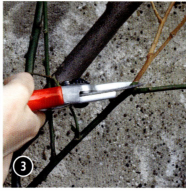

WAS WIRD GESCHNITTEN?

Regelmäßiges Schneiden erhält Gehölze gesund und formschön. Laubwerfende Bäume und Sträucher sollte man daher im späten Winter oder frühen Frühjahr, noch bevor sie neue Blätter treiben, überprüfen: Schneiden Sie aufrechte Triebe, die die Luftbewegung behindern aus, denn sonst werden Krankheiten begünstigt. Entfernen Sie tote und kranke Triebe ganz und schneiden Sie sich kreuzende Äste, die aneinander reiben und sich dabei verletzen, sowie Triebe, die keine Blüten oder Früchte mehr hervorbringen, heraus.

❶ Überkreuzt wachsende Äste und Triebe entfernen, da sie oft aneinander reiben, wodurch Eintrittspforten für Infektionen entstehen. ❷ Auf jungen Wuchs zurückschneiden, der sich meist gut farblich und an der Struktur erkennen lässt. ❸ Abgestorbene oder erkrankte Triebe entfernen, um eine weitere Ausbreitung zu verhindern.

WIE WIRD GESCHNITTEN?

Dünne Triebe werden mit der Gartenschere entfernt, für dickere verwendet man eine Astsäge. Astscheren sind praktisch, um Holzschnitt in handliche Teile zu zerlegen. Immer direkt über einer Knospe schneiden, damit der Stumpf nicht ins gesunde Holz austrocknet. Saubere Schnitte führen, denn sie sind weniger empfänglich für Infektionen. Große Äste schrittweise einkürzen, um ein Reißen und Splittern zu verhindern (gegenüber).

^ Wechselständige Knospen schräg schneiden
Über einer nach außen weisenden Knospe schräg ansetzen, sodass Wasser von ihr weg abläuft.

^ Gegenständige Knospen gerade schneiden
Direkt über Knospen auf gleicher Höhe gerade schneiden. Es bilden sich zwei neue Triebe.

Äste schneiden

Wenn man ungünstig stehende Äste entfernt, wenn sie noch jung sind, heilen die Wunden besser. Die meisten Bäume werden im späten Winter geschnitten, Hainbuche (*Carpinus*), Birne (*Pyrus*), Pflaume und Kirsche (*Prunus*-Arten) erst im Sommer.

1 VON UNTEN BEGINNEN
Zunächst durch Einkürzen etwas Gewicht vom Ast nehmen, damit er nicht reißt. Den Ast im Unterschnitt einsägen und dann leicht versetzt von oben in den Unterschnitt sägen.

2 NAHE AM STAMM SCHNEIDEN
Den restlichen Stumpf nahe am Stamm, aber nicht plan absägen. Den Schnitt kurz hinter der Falte am Astansatz und so ansetzen, dass er vom Stamm schräg nach außen führt.

3 WUNDE HEILEN LASSEN
Das Resultat sollte ein sauberer Schnitt sein, der den Baum nicht beschädigt. Die Wunde kann leicht bluten, sollte aber bald von schützendem Wundgewebe überwallt werden.

TOP-TIPP: SICHER ARBEITEN

Beim Schneiden immer robuste Gartenhandschuhe tragen und gut gepflegtes und geeignetes Werkzeug verwenden. Beim Heckenschneiden eine Schutzbrille und Gehörschutz tragen. Nicht über Kopfhöhe schneiden, sondern Leitern und Podeste nutzen, die sicher und stabil stehen. Kettensägen nur nach Sicherheitstraining und mit Schutzkleidung verwenden.

Zapfenschnitt

Dieser Schnitt fördert bei Rankpflanzen, Mauersträuchern und erzogenen Obstbäumen die Blüten- und Fruchtbildung. Durch das Kürzen der Seitentriebe entwickeln die verbleibenden Knospen wesentlich produktivere Triebe als ohne Schnitt.

1 GESUNDEN TRIEB FINDEN
Kräftige Triebe bis auf zwei oder drei Knospen über dem Haupttrieb kürzen, sodass kurze »Zapfen« stehen bleiben. Den Schnitt nach außen abwinkeln, damit Regenwasser abtropft, um Krankheiten und Absterben zu verhindern.

2 KURZE »ZAPFEN« SCHNEIDEN
Die »Zapfen« dieser Kletterrosen werden in der kommenden Saison je zwei oder drei blühende Triebe ausbilden. Auch gut gepflegte *Chaenomeles*, *Pyracantha* und *Ceanothus* bleiben durch Zapfenschnitt in Form und tragen viele Blüten.

Sträucher schneiden

Wann man laubwerfende Kletterpflanzen und Sträucher schneidet, hängt davon ab, ob sie am diesjährigen oder vorjährigen Trieb blühen. Pflanzen, die erst in der zweiten Sommerhälfte blühen, werden im Frühjahr geschnitten. Winter-, Frühjahrs- und frühe Sommerblüher werden kurz nach der Blüte geschnitten.

FRÜH BLÜHENDE STRÄUCHER

Diese Gruppe umfasst prächtige Frühjahrsblüher, wie Forsythien und blühende Johannisbeeren (*Ribes*), und frühe Sommerblüher, wie *Philadelphus*, *Weigela*, *Deutzia* und *Spiraea* 'Arguta'. Sie alle blühen an vorjährigen Trieben und werden kurz nach der Blüte geschnitten, damit über den Sommer neue Triebe reifen können. Totes und krankes Holz entfernen und abgeblühte Triebe entfernen, damit sich neue bilden können. Ein Fünftel bis ein Drittel der ältesten Triebe bis zum Grund kürzen, um zu dichten Wuchs zu lichten. Langzeitdünger geben, wässern und eine hohe Schicht organischen Mulch legen.

1 DIE BLÜTE FÖRDERN
Früh blühende Pflanzen, wie Geißblatt (*Lonicera × purpusii*), im Frühsommer nach der Blüte schneiden. Ein Drittel der ältesten Triebe auf 30 cm über dem Grund einkürzen. Schrittweise vorgehen, damit die Triebe nicht splittern.

2 WÜCHSIGKEIT ERHALTEN
Hohe Triebe einkürzen, um weiter unten liegende Knospen zum Austrieb zu stimulieren. Die Pflanze wird kompakter, neuer Wuchs hat Raum und Zeit zu reifen und es bleibt genügend Altholz für die Blüte im kommenden Jahr.

SPÄT BLÜHENDE STRÄUCHER

Zu dieser Gruppe gehören Sträucher und Kletterer, die im Spätsommer und Herbst blühen, wie Sommerflieder (*Buddleja*), Malve (*Lavatera*), *Hydrangea paniculata*, *Perovskia* und winterharte Fuchsien, und spät blühende Clematis, wie *C. viticella*. Ein harter Rückschnitt aller Triebe Ende Winter, Anfang Frühjahr fördert üppig blühenden neuen Wuchs.

1 TRIEBE EINKÜRZEN
Die höchsten Triebe schnell wachsender Sträucher, wie Sommerflieder (*Buddleja*), bereits nach der Blüte kürzen, um sie im Herbst vor Sturmschäden zu bewahren. Im Frühjahr normal schneiden.

2 HART ZURÜCKSCHNEIDEN
Im Frühjahr alle überlangen und dünnen Triebe mit der Gartenschere ausschneiden, um den Aufbau der Pflanze zu erhalten. Mit der Astsäge auf einen niedrigen, gesunden Aufbau zurückschneiden.

3 STÄRKERE BLÜTE FÖRDERN
Der Rückschnitt fördert die Blütenbildung und gesundes Wachstum. Er verjüngt alte Sträucher und kann sogar die Lebensdauer kurzlebiger Pflanzen, wie der Malve (*Lavatera*), erhöhen.

IMMERGRÜNE PFLANZEN SCHNEIDEN

Viele immergrüne Sträucher sind nicht so winterhart wie laubwerfende und wachsen langsamer. Man schneidet sie am besten von Frühjahr bis Spätsommer nur leicht zurück, um sie in Form zu halten. Damit man im Sommer blühende Pflanzen nicht ihrer Blüten beraubt, schneidet man sie erst nach der Blüte. Immergrüne Pflanzen nie im Herbst schneiden, da die neuen Triebe bis zum ersten Frost nicht genügend Zeit haben, auszuhärten, und geschädigt werden. Triebe mit Frostschäden am besten über den Winter stehen lassen und erst im nächsten Frühjahr entfernen.

LEICHT ZURÜCKSCHNEIDEN

Sträucher wie *Ceanothus* sollten nach der Blüte leicht zurückgeschnitten werden, da sie bei zu starkem Schnitt teils nicht neu austreiben. Die Sträucher auf eine kompakte Form schneiden und lange Triebe um 25–30 cm einkürzen. Einige kürzere Triebe nicht schneiden, um die Kraft der Pflanze zu erhalten. Immer über einer Blattknospe schneiden, um ein Absterben zu verhindern und neues Wachstum zu fördern (S. 410).

Die Form halten >
Ohne Schnitt wächst der im Frühjahr blühende Ceanothus sehr schnell, füllt den ihm zugedachten Raum aus und wird unordentlich.

< ∧ Größe reduzieren
Die übergroße Mahonie wird zur Verjüngung und für eine kompaktere Form nach der Blüte (Spätwinter bis Frühjahr) hart zurückgeschnitten. Andere Sträucher können ebenso verjüngt werden.

VERJÜNGUNGSSCHNITT

Alte und zu groß gewordene Sträucher können zur Verjüngung radikal zurückgeschnitten werden, was den Wuchs anregt. Bei Sträuchern, die an vorjährigen Trieben blühen, kann es danach ein paar Jahre dauern, bis sie wieder Blüten tragen.

ZU GROSS GEWORDENE MAHONIE ZURÜCKSCHNEIDEN

Die Haupttriebe auf etwa 60 cm über dem Grund einkürzen. Zunächst totes, beschädigtes und krankes Holz entfernen. Dann die ältesten Triebe ausschneiden und etwa fünf oder sechs kräftige junge Triebe stehen lassen, aus denen die Pflanze neu austreibt. Diese auf 30–40 cm kürzen. Die Schnitte schräg ansetzen, damit Regenwasser seitlich abläuft.

SCHNITT FÜR SCHÖNES BLATTWERK

Bei vielen Sträuchern mit farbigem Blattwerk wächst dies an jungen Trieben. Ein radikaler Rückschnitt fördert den kräftigen Wuchs des Laubs. Einige Sträucher, wie Holunder (*Sambucus*) mit farbigem Laub, Spierstrauch (*Spiraea*), Trompetenbaum (*Catalpa bignonioides*) und Perückenstrauch (*Cotinus*), sollten jedes Jahr radikal geschnitten werden. Andere, wie die violette Lambertsnuss (*Corylus maxima* 'Purpurea'), sollten alle zwei Jahre geschnitten werden. Danach gut wässern, düngen und eine dicke Mulchschicht legen.

EINEN PERÜCKENSTRAUCH SCHNEIDEN

Der Strauch wird im Frühjahr, bevor die Blattknospen austreiben, auf ein kompaktes Gerüst aus Ästen zurückgeschnitten. Zunächst die Höhe reduzieren. Kräftige Triebe auf 60 cm stutzen. Der Strauch wird so kräftiger und bleibt in Form.

∧ > Größer und schöner
Der neue Wuchs an diesem radikal geschnittenen Perückenstrauch (Cotinus) trägt größere und im Herbst intensiver gefärbte Blätter.

Clematis schneiden

Clematis zählen zu den beliebtesten blühenden Kletterpflanzen und gedeihen meist prächtig. Dennoch herrscht oft Verwirrung, wann man sie am besten schneidet. Einige müssen nur leicht geschnitten werden, andere benötigen radikalen Rückschnitt. Der Trick ist, zu wissen, zu welcher Gruppe sie gehören.

DIE GRUPPE ERKENNEN

Clematis werden in drei Schnittgruppen unterteilt, die normalerweise auf dem Pflanzenetikett verzeichnet sein sollten. Als grobe Faustregel gilt, wie bei vielen blühenden Sträuchern und Kletterern, dass früh blühende Sorten (Frühjahr bis Frühsommer) nur leicht geschnitten werden müssen und spät blühende Clematis (Spätsommer bis Herbst) im Winter radikal geschnitten werden.

GRUPPE 1

Zu dieser Gruppe zählt die im späten Frühjahr blühende *Clematis montana* und die früher blühende, immergrüne *C. armandii*, die im Spätwinter blühende *C. cirrhosa* und die zarten *C. alpina* und *C. macropetala*, die beide Mitte Frühjahr blühen. Sie müssen nur wenig geschnitten werden: Nur totes und krankes Holz wird entfernt.

^ Leicht schneiden
Nach der Blüte kreuzende Triebe und beschädigtes Holz entfernen. So kommen auch die hübschen Fruchtstände besser zur Geltung.

GRUPPE 2

Zu dieser Gruppe zählen bezaubernde großblütige Sorten, wie 'Nelly Moser'. Das vorjährige Holz trägt im Frühsommer Blüten, die Pflanzen können aber auch erneut im Spätsommer an diesjährigen Trieben blühen. Anfang Frühjahr das alte Holz bis oberhalb der jungen Triebe abschneiden.

Auf frische Triebe zurückschneiden >
Zunächst abgestorbenes und beschädigtes Holz, das braun und trocken ist, entfernen. Dann das alte Holz bis hinunter zu den neuen Trieben abschneiden.

GRUPPE 3

Diese Gruppe umfasst Clematis, die vom Sommer bis in den Herbst hinein blühen. Zu ihr zählen die üppigen, kleinblütigen *C.-viticella*-Hybriden und Sorten von *C. texensis*, aber auch die im Herbst gelb blühenden *C. tangutica* und *C. orientalis*.

1 ALTEN WUCHS ENTFERNEN
Belässt man sie ungeschnitten, tragen diese Clematis nur noch an Spitzen sonst nackter Triebe Blüten. Um dies zu verhindern, im Spätwinter, noch bevor die ersten Knospen durchbrechen, die Clematis von der Stütze lösen und die Triebe kürzen.

2 RADIKAL SCHNEIDEN
Anschließend alle Triebe radikal bis auf 30 cm über dem Boden auf ein Paar gesunder, dicker Knospen zurückschneiden. Diese drastisch wirkende Maßnahme regt die Pflanze zum Austreiben neuer, gesunder Triebe an. Zum Erhalt der Höhe weniger radikal schneiden.

Rosen schneiden

Moderne Floribundarosen und Teehybriden profitieren von einem radikalen Schnitt, der neue Blütentriebe fördert. Strauchrosen werden nur wenig geschnitten. Der Schnitt hilft auch, Sternrußtau zu bekämpfen.

FLORIBUNDAROSEN

Die auch als Büschelblütige Buschrosen bekannten Floribundarosen tragen im Sommer und Frühherbst Büschel herrlicher Blüten. Kompakte zwergwüchsige Floribundas werden auch Patiorosen genannt. Im Frühjahr abgestorbene, kranke und kreuzende Triebe entfernen, die übrigen Triebe auf 20–30 cm kürzen. Schräg über nach außen weisenden Knospen schneiden.

EINIGE FLORIBUNDA- UND PATIOROSEN

'Arthur Bell'
'English Miss'
'Fellowship'
'Fragrant Delight'
'Pretty Lady'
'Princess of Wales'
'Remembrance'
'Sunset Boulevard'
'Sweet Dream'
'Tall Story'
'Trumpeter'

< Niedriges Gerüst
Beim Schneiden etwa acht bis zehn kräftige, gesunde Triebe stehen lassen, die erneut austreiben.

TEEHYBRIDEN

Diese großblütigen Rosen blühen teils auch mehrfach und tragen nur eine Blüte pro Trieb. Man schneidet sie im Frühjahr und entfernt tote, kranke und kreuzende Triebe. Die ältesten Triebe bis zum Boden kürzen und die restlichen bis auf 15 cm über dem Grund zurückschneiden. Im Spätherbst die Höhe um ein Drittel vermindern, um Wurzelschäden durch Windbruch vorzubeugen.

EINIGE TEEHYBRIDEN

'Alexander'
'Blessings'
'Deep Secret'
'Elina'
'Ingrid Bergman'
'Just Joey'
'Lovely Lady'
'Paul Sherville'
'Savoy Hotel'
'Tequila Sunrise'
'Troika'
'Warm Wishes'

< Schräg schneiden
Drei bis fünf kräftige junge Triebe stehen lassen und schräg abschneiden, damit Wasser zur Seite abläuft.

STRAUCH- UND WILDROSEN

Sie tragen meist einmal im Jahr Blüten an vorjährigem Holz und sollten im Frühjahr geschnitten werden. Zu dichten Wuchs lichten, um die Luftzirkulation zu verbessern, und totes, schwaches und krankes Holz entfernen. Ein paar der ältesten Triebe bis zum Boden kürzen. Haupttriebe um ein Viertel und Seitentriebe um ein paar Zentimeter kürzen. Die recht groß wachsenden Rosen profitieren, wenn man ihr Volumen im Spätherbst um ein Drittel verringert, was Wurzelschäden durch Windbruch verhindert.

Leichter Schnitt zur Vorbeugung >
Die Haupttriebe etwa um ein Viertel kürzen, um eine offene Struktur zu erhalten, die Licht und Luft an die Triebe lässt und Pilzbefall vorbeugt.

EINIGE STRAUCH- UND WILDROSEN

'Blanche Double de Coubert'
'Boule de Neige'
'De Resht'
'Fantin-Latour'
'Graham Thomas'
'Louise Odier'
'Madame Isaac Pereire'
'Madame Pierre Oger'
'Maiden's Blush'
Rosa gallica 'Versicolor'
'Souvenir de la Malmaison'
'William Lobb'

Pflanzen vermehren

Zur Vermehrung von Stauden, Sträuchern, Kletterpflanzen und Obstbäumen gibt es viele einfache Techniken. Sie benötigen keine spezielle Ausrüstung, da geteilte Stauden, Ableger, Absenker und Stecklinge meist mit wenig Hilfe wurzeln und anwachsen. Ein Frühbeetkasten ist manchmal hilfreich.

Stauden teilen

Diese einfache Methode kann zur Vermehrung fast aller Stauden genutzt werden oder auch, um große, alte, verholzte Stauden, die nicht mehr blühen, zu verjüngen. Auch junge Neukäufe können, wenn sie groß genug sind, geteilt werden, um sie verstreut zu setzen.

TEILBARE PFLANZEN

Achillea	*Heuchera*	*Phlox*
Aster	*Hosta*	*Polemonium*
Bergenia	*Iris*	*Pulmonaria*
Campanula	*Ligularia*	*Rudbeckia*
Geranium	*Monarda*	*Sedum*
Helenium	*Nepeta*	*Veronica*

Preiswerte Rabatte >
Das Teilen von Stauden wie *Achillea* und *Helenium* zu Beginn des Frühjahrs ist eine einfache und preiswerte Methode, üppig blühende Beete zu bepflanzen. Schnell bilden sie wieder große blühende Horste.

1 PFLANZE AUSGRABEN
Im Frühjahr einen gesunden Horst wählen und gründlich wässern. Langen Wuchs einkürzen. Den Horst mit der Gabel vorsichtig herausheben, damit der Wurzelballen intakt bleibt.

2 MIT GABELN TEILEN
Kompakte Horste mit dem Spaten oder einem alten Brotmesser in Stücke schneiden. Wenn sie sich nicht von Hand weiter teilen lassen, mit zwei Gabeln Rücken an Rücken kleinere Teile abtrennen.

3 NEU EINPFLANZEN
Abgestorbene und zu dicht gewordene Teilstücke entsorgen. Gesunde, handgroße Teile mit kräftigen Knospen wieder einsetzen. Den Boden mit Komposterde verbessern. Gut wässern.

Ableger und Absenker

Die Triebe von einigen Kletterern und Sträuchern wurzeln, wenn sie den Boden berühren. Dies kann man ausnutzen, um sie zu vermehren. Besonders bei Rhododendren (oben), die sich sonst schwer vermehren lassen, ist dies praktisch.

1 SCHRÄG EINSCHNEIDEN
Im Frühjahr am Grund der Pflanze einen flexiblen Trieb wählen, der sich zum Boden neigt. Seitentriebe entfernen und ca. 30 cm unter der Spitze auf der Unterseite leicht schräg einschneiden. Schnitt in Bewurzelungspulver tauchen.

2 TRIEB ABSENKEN
Den Trieb an der Schnittwunde mit Drahtösen oder großen Steinen dicht unter der Erdoberfläche halten. Für eine bessere Bewurzelung in kargeren Böden den Trieb in eine mit Blumenerde gefüllte Furche absenken.

PFLANZEN ZUM ABLEGEN UND ABSENKEN

Aucuba
Chaenomeles (oben)
Cotinus
Erica
Fothergilla
Lonicera
Magnolia
Passiflora
Skimmia
Syringa
Viburnum
Weigela (rechts)
Wisteria

WEITERE METHODEN
Viele Sträucher lassen sich so vermehren und durch leichte Abwandlung der Technik kann man auch Kletterpflanzen und Beerensträucher vermehren.

EFEU UND GEISSBLATT
Kletterer, wie Efeu (*Hedera*, unten), und Geißblatt (*Lonicera*), wurzeln oft, wo ihre Triebe den Boden berühren. Sie können die Triebe selbst im Herbst in den Boden drücken oder im Frühjahr nach bewurzelten Trieben suchen. Bewurzelte Triebe mit der Handgabel anheben und zwischen den Wurzeln in Stücke teilen. Aus ihnen können Sie neue Pflanzen ziehen.

∧ *Kostenlose Kletterpflanzen*
Viele Kletterpflanzen wurzeln überall dort, wo ihre Triebe den Boden berühren. Man vermehrt sie, indem man sie am Boden befestigt.

BROMBEEREN
Brombeeren und ihre Hybriden vermehrt man, indem man im Sommer die Spitzen gesunder junger Triebe (unten) 10 cm tief in die Erde eingräbt. Die neuen Pflanzen werden im nächsten Frühjahr umgesetzt.

Stecklinge nehmen

Unter den richtigen Bedingungen kann man eine Pflanze aus einem im Frühjahr oder Sommer genommenen Steckling vermehren. Verschließen Sie Ihre Stecklinge in Gefrierbeuteln, um sie frisch zu halten.

Von Wurzeln

Mit Ausnahme panaschierter Pflanzen, deren Stecklinge nur reingrün austreiben, lassen sich viele Stauden durch Wurzelstecklinge vermehren. Nehmen Sie immer nur einige wenige Wurzeln und bedecken Sie den Ballen schnell wieder mit Erde. Dünne Stecklinge, wie die des Phlox (*P. paniculata*), legt man zum Bewurzeln flach auf die Erde.

GEEIGNETE PFLANZEN

Anemone × *hybrida*
Bärenklau, *Acanthus*
Campanula
Crambe
Dicentra
Kugeldistel, *Echinops*
Federmohn, *Macleaya*
Türkischer Mohn, *Papaver orientale*
Edeldistel, *Eryngium*
Strauchmohn, *Romneya*
Verbascum

1 WURZELSTÜCKE ABSCHNEIDEN
Die Pflanze im Winter heben oder bei größeren Arten die Wurzeln freilegen. Drei oder vier dicke, gesunde Wurzeln nahe der Basis abschneiden und in einem Gefrierbeutel verschließen. Keine kranken oder spröden Wurzeln nehmen.

2 ZURECHTSTUTZEN
Die Wurzeln in 5–8 cm lange Stücke schneiden. Das obere Ende (näher am Stamm) gerade und das untere schräg abschneiden. Damit weiß man immer, wo bei dem Steckling oben und unten ist. Bei dünnen Wurzeln ist das nicht nötig.

3 EINPFLANZEN
Die Stecklinge mit 5 cm Abstand senkrecht in Töpfe mit Erde stecken (das stumpfe Ende nach oben). Dünnere Wurzeln auf die Erde legen und mit 1 cm grobem Sand bedecken. Die Töpfe mit verdünntem Fungizid wässern und an einen geschützten Ort im Freien stellen.

4 PFLEGE
Die Töpfe mit Vlies abdecken oder in den Frühbeetkasten stellen und die Erde feucht halten. Die Stecklinge sollten binnen sechs Monaten wurzeln. Sie produzieren vielleicht schon früher Triebe, sollten aber erst umgetopft werden, wenn Wurzeln aus den Dränagelöchern wachsen.

Hartholzstecklinge

Diese Stecklinge sind am unkompliziertesten, brauchen aber mitunter ein Jahr zum Bewurzeln. Sie sollten zudem geschützt stehen. Diese Vermehrungstechnik wird für laubwerfende Sträucher, Bäume – auch Obstbäume – und Rosen verwendet.

1 STECKLING NEHMEN
Im Herbst gerade, gesunde, etwa bleistiftdicke Triebe mit vielen Knospen aus dem diesjährigen Wuchs aussuchen und alle Blätter und Seitentriebe entfernen. Ein einzelner Zweig kann mehrere Triebe ergeben.

2 IN STÜCKE SCHNEIDEN
Die einzelnen Stecklinge auf 25 cm ablängen. Am unteren Ende dicht unter einer Knospe gerade, am oberen Ende dicht über einer Knospe schräg abschneiden. Auf diese Weise kann man beim Einpflanzen oben und unten unterscheiden.

3 EINPFLANZEN
Den Spaten in den Boden stechen und eine schmale, etwa 20 cm tiefe Furche aufhebeln. Schweren Boden mit grobem Sand auflockern. Die Stecklinge mit 15 cm Abstand pflanzen, sodass einige Knospen über der Erde liegen und die Zweige des neuen Strauchs bilden können. Andrücken, beschriften und wässern.

4 IM TOPF ZIEHEN
Nicht winterharte Pflanzen, wie *Cistus*, *Perovskia* und *Santolina*, in durchlässige Erde in Töpfe setzen. Die Stecklinge auf 8–10 cm ablängen und mit freiliegender oberster Knospe einsetzen. Die Töpfe bis zum Frühjahr im Frühbeetkasten oder kühlen Gewächshaus vor Frost schützen und im Herbst auspflanzen.

∧ *Lohn der Geduld*
Es kann bis zu drei Jahre dauern, bis ein aus einem Steckling gezogener Strauch blüht, es lohnt sich also, jedes Jahr ein paar Stecklinge zu nehmen. Wenn Sie selbst keinen Platz haben, freuen sich Freunde bestimmt über ein Mitbringsel.

GEEIGNETE PFLANZEN

Buchs, *Buxus*
Schmetterlingsstrauch, *Buddleja*
Deutzie, *Deutzia*
Hartriegel, *Cornus*
Holunder, *Sambucus*
Forsythie, *Forsythia*
Blut-Johannisbeere, *Ribes*
Pfeifenstrauch, *Philadelphus*
Rose (einschließlich Buschrosen)
Spierstrauch, *Spiraea*
Schneeball, *Viburnum*
Weigelie, *Weigela*
Weide, *Salix*

Grünstecklinge

Nicht blühende Triebe vieler nicht winterharter Stauden sowie einiger einziehender Stauden, wie Rittersporn und Lupine, wurzeln im Sommer unter warm-feuchten Bedingungen binnen sechs bis acht Wochen. Die Stecklinge sind krankheitsanfällig, deshalb muss man Messer, Töpfe und Schalen sterilisieren, frische, sterilisierte Erde verwenden und mit Leitungswasser wässern.

GEEIGNETE PFLANZEN

Argyranthemum
Begonia
Chrysanthemum
Delphinium
Dianthus
Erysimum
Felicia
Fuchsia
Hebe
Impatiens
Lantana
Lupinus
Nepeta
Passiflora
Pelargonium
Penstemon
Salvia
Verbena

Das richtige Material >
Blühende Triebe, wie bei dieser Lupine, wurzeln meistens nicht, selbst wenn man die Blüten entfernt. Wählen Sie deshalb lieber junge Blatttriebe aus.

1 GESUNDE STECKLINGE
Im Sommer die Stauden am Vorabend wässern und am nächsten Tag 7–12 cm lange, gesunde beblätterte Triebe auswählen. Die Stecklinge morgens nehmen, wenn die Pflanzen noch nicht durch die Tageshitze gestresst sind, und in Gefrierbeuteln frisch halten.

2 ENTBLÄTTERN
Töpfe mit feuchter Stecklingserde füllen, sodass es später keine Verzögerungen gibt. Die Stecklinge dicht unter einer Blattachsel abschneiden und bis auf zwei oder drei gesunde Blätter am oberen Ende entlauben. Die Schnittflächen in Bewurzelungspulver tauchen.

3 EINPFLANZEN
Die Stecklinge bis zur Hälfte in die Erde stecken. Einzeln in kleinen Töpfen oder zu mehreren in großen Töpfen bewurzeln, sodass die Blätter sich nicht berühren. Leicht andrücken, wässern und mit einem Gefrierbeutel abdecken oder bei 15–21 °C in den Anzuchtkasten stellen.

Halb reife Stecklinge

Diese Stecklinge nimmt man spät im Sommer, wenn die Stängelbasen fester sind. Sie können Seitentriebe mit einem kleinen Stück Rinde abziehen, die binnen zehn Wochen oder im nächsten Frühjahr wurzeln. Die Methode funktioniert bei immergrünen Sträuchern, wie Buchs (*Buxus*), und verholzenden Kräutern, wie Salbei (*Salvia*).

GEEIGNETE PFLANZEN

Abutilon	Erica
Artemisia	Lavandula
Buxus	Mahonia (oben)
Calluna	Rosmarinus
Ceanothus	Salvia
Choisya	Sarcococca
Cytisus	

1 TRIEB AUSSUCHEN
Triebe aussuchen, die an der Basis fest und an der Spitze weich und beblättert sind. Dicht unter einer Blattachsel abschneiden oder einen Seitentrieb mit einem Rissling nach unten abziehen.

2 STECKLING VORBEREITEN
Die Triebspitze mit einem scharfen, sterilisierten Messer dicht über einer Blattachsel abschneiden und wegwerfen. Auf diese Weise verhindert man einen zu starken Feuchtigkeitsverlust.

3 ENTBLÄTTERN
Die Blätter und Seitentriebe der unteren Hälfte der Stecklinge entfernen und besonders lange Risslinge am unteren Ende einkürzen. Hat der Steckling keinen Rissling, schält man ein 2,5 cm langes Stück der Außenhaut ab.

4 EINPFLANZEN
Die Schnittflächen in Bewurzelungspulver tauchen. Entweder bis zu den Blättern in feuchte Stecklingserde im Topf stecken oder winterharte Arten, wie Buchs (oben), mit 8 cm Abstand im Frühbeetkasten in sandige Erde setzen.

5 WARM HALTEN
Töpfe mit Stecklingen bei 18–21 °C in den Anzuchtkasten stellen oder in Gefrierbeutel packen, die mit Pflanzstäben aufrecht gehalten werden. Die Erde feucht halten. Die bewurzelten Pflanzen abhärten und auspflanzen (S. 109).

Rasenpflege

Ein grüner Rasen ist ein schöner Hintergrund für Blumenrabatten und ein lebendiger Blickfang im Winter, wenn tristes Grau vorherrscht. Es gibt verschiedene Rasenarten für unterschiedliche Anwendungen (S. 206), aber sie alle profitieren von regelmäßigem Mähen und Pflege im Frühjahr und Herbst.

MÄHEN UND WÄSSERN

Mähen Sie Gras, solange es wächst und der Boden nicht zu nass ist. Mähen Sie im Frühjahr einmal die Woche mit höchster Einstellung und gehen Sie schrittweise tiefer, wenn das Wachstum zunimmt. Sammeln Sie den Schnitt zum Kompostieren oder verwenden Sie einen Mäher, der das Gras häckselt und auf dem Rasen verteilt. Rechen Sie dicke Lagen Grünschnitt zusammen, da er den Soden schädigt. Im Sommer muss Zierrasen bis zu dreimal in der Woche gemäht werden, aber wenn sich im Herbst das Wachstum verlangsamt, reicht meist ein- oder zweimal die Woche. In Trockenperioden sollten Sie frisch gelegten Soden, neu eingesäte Flächen und Zierrasen wässern, nicht jedoch etablierten Rasen. Mähen Sie die Flächen aber nicht, da das höhere Gras die Wurzeln vor Austrocknung schützt. Braunes Gras erholt sich bei Regen schnell wieder.

< **Wässern**
Wässern Sie neuen Rasen bei Trockenheit jede Woche, bis er etabliert ist. Sprengen Sie früh morgens oder abends, um die Verdunstung zu reduzieren. Versetzen Sie Sickerschläuche jede halbe Stunde um etwa 20 cm.

DÜNGEN

Wieviel Dünger Sie für einen satt grünen Rasen brauchen, hängt davon ab, wie fruchtbar der Unterboden ist, und ob Sie hin und wieder Grünschnitt liegen lassen, der Nährstoffe in den Boden abgibt. Düngen Sie mindestens ein Mal im Jahr mit Rasendünger. Im Frühjahr und Frühsommer düngt man stickstoffreich, um das Blattwachstum zu fördern, im Frühherbst stickstoffarm, aber kaliumreich, um die Wurzeln für den Winter zu stärken. Überdingen Sie aber nicht, da das zu schwachem Wuchs und Pilzbefall führen kann.

∧ *Dünger ausbringen*
Unterteilen Sie den Rasen in Quadratmeter und düngen Sie nach Anleitung des Herstellers. Mieten Sie für große Flächen einen Streuwagen und wässern Sie, wenn es nicht binnen drei Tagen regnet.

TOP-TIPP: RASENERDE

Bringen Sie sandige Rasenerde aus (gegenüber), um den Rasen vor allem auf schwerem Boden zu verjüngen, indem Sie die Dränage verbessern und das kräftige Wurzelwachstum fördern. Legen Sie eine Kunststofffolie neben dem Rasen aus und mischen Sie die Rasenerde mithilfe eines Eimers als Maß aus drei Teilen hochwertigem Mutterboden oder sandigem Lehm, sechs Teilen Gartensand und einem Teil Torfersatz, wie Kokosfaser oder Rindenhäcksel, an. Lassen Sie die Mischung leicht antrocknen, damit sie leichter zu verteilen ist, und arbeiten Sie sie gründlich in den Rasen ein.

Herbstpflege

Am Ende eines Sommers voll eifriger Benutzung sehen viele Rasen ziemlich ramponiert aus. Der Herbstanfang ist eine gute Zeit, um den Schaden zu reparieren und den Rasen für das kommende Jahr in einen guten Zustand zu versetzen.

1 MOOS ENTFERNEN
Alles Moos im Rasen mit einem Herbizid vernichten und das tote Material energisch mit dem Laubbesen aus dem Gras fegen. Große Flächen mit einem motorisierten Vertikutierer bearbeiten. So bleibt der Rasen schön und gesund.

2 BELÜFTEN
Den verdichteten Grassoden alle zwei Jahre in 10-cm-Abständen mit einer Grabgabel einstechen, um ihn mit Luftkanälen zu versehen, oder einen speziellen Hohllöffel verwenden, der dickere Kanäle in den Boden sticht.

3 RASENERDE AUSBRINGEN
Nach dem Rechen und Lüften eine Schicht Rasenerde ausbringen. Man kann fertige Mischungen im Gartencenter kaufen, aber es ist vor allem bei großen Flächen leichter und preiswerter, eine eigene Mischung herzustellen (gegenüber).

TOP-TIPP: UNKRÄUTER

Saurer Boden zieht Moos und Unkraut an. Überprüfen Sie im Winter den pH-Wert und erhöhen Sie ihn mit 50 g Kreide oder Kalk pro Quadratmeter. Bringen Sie im Frühjahr oder Sommer und erneut im Herbst ein Rasenherbizid aus, um alle Unkräuter zu vernichten. Sie können natürlich Hahnenfuß, Gänseblümchen (unten) und Unkräuter mit Pfahlwurzeln, wie Löwenzahn, auch mit einem alten Messer ausgraben.

4 ERDE EINARBEITEN
Die Rasenerde mit einem harten Reisig- oder Straßenbesen gründlich einarbeiten, um die Luftkanäle zu füllen und ein starkes Wurzelwachstum zu fördern. Die Erde gleichmäßig verteilen, damit das Gras nicht unter der Erde erstickt.

5 DÜNGEN UND SÄEN
Einen Herbst-Rasendünger gleichmäßig auf dem abgesteckten Rasen (gegenüber) ausbringen. Wässern, wenn binnen drei Tagen kein Regen fällt. Im Frühherbst ist der Boden auch noch warm und feucht genug zum Säen. Einen zum Rasen passenden Samen in halber vom Hersteller für eine Neusaat empfohlener Menge ausbringen, um alle kahlen Flecken neu zu begrünen.

Schädlingsbekämpfung

Sie können viele Schädlinge fernhalten, indem Sie Nützlinge anlocken, den Garten gut pflegen und die Pflanzen regelmäßig überprüfen. Sorgen Sie für Bedingungen, die ein gesundes Verhältnis zwischen nützlichen Räubern und ihrer Beute fördern, und Sie haben weniger Schaden und benötigen weniger Chemie.

SCHÄDLINGE IM ZAUM HALTEN
Achten Sie schon beim Kauf neuer Pflanzen und bei Geschenken auf Schädlinge. Zudem dringen ungebetene Besucher gerne aus Nachbargärten ein. Halten Sie die Augen offen und handeln Sie schnell.

RISIKO VERRINGERN
Vermeiden Sie Monokulturen, um einem Schädlingsbefall vorzubeugen. Es fällt den Schädlingen schwerer, ihr Ziel zu finden, wenn sie mit einer bunten Mischung aus Einjährigen, Stauden, Sträuchern, Kräutern, Gemüse- und Obstpflanzen konfrontiert sind. Zudem zieht das reiche Nektarangebot Nützlinge an (gegenüber). Düngen Sie nicht zu viel, da die weichen neuen Triebe Blattläuse anlocken.

∧ *Ein Heim für nützliche Räuber*
Dieser von Rabatten mit einer bunten Vielfalt blühender Stauden umgebene Teich ist die perfekte Umgebung für nützliche Insekten, Schnecken fressende Amphibien und Insekten vertilgende Vögel.

WACHSAM BLEIBEN
Untersuchen Sie Blütenknospen, Triebspitzen und Blattunterseiten mit der Lupe auf Milben, Blatt- und Schildläuse. Achten Sie beim Austopfen Ihrer Pflanzen auf Larven und angefressene Wurzeln und suchen Sie auf eingerollten und beschädigten Blättern nach Raupen. Mit der Taschenlampe lassen sich nachtaktive Schädlinge, wie Schnecken, finden, die sich tagsüber unter Töpfen verstecken. Jäten Sie regelmäßig und achten Sie auf mögliche Verstecke.

❶ Potenzielle Schneckenverstecke aufräumen. ❷ Knospen und Triebspitzen auf Blattläuse untersuchen. ❸ Größere Schädlinge, wie Lilienhähnchen, absammeln.

Nützlinge

Es gibt oft eine Verzögerung zwischen dem Auftreten von Schädlingen (z. B. Blattläuse) und ihren Fressfeinden (z. B. Marienkäfer, Florfliegenlarven). Greifen Sie also nicht zu früh zur Chemie, wenn Sie die Nahrung der Räuber töten, verscheuchen Sie die Nützlinge. Pestizide töten Nützlinge ebenso effizient wie Schädlinge.

^ *Blühendes Festmahl*
Nektarreiche Blumen, wie die Korkardenblume (Gaillardia), ziehen Bienen und Schwebfliegen an, die sich hier gerne gütlich tun.

RÄUBER ERKENNEN

Es hilft, die wichtigsten Nützlinge zu kennen. Dabei handelt es sich oft um die Larven von bekannten Insekten, wie Flor- und Schwebfliegen, die sich von den erwachsenen Tieren stark unterscheiden (Marienkäfer, unten). Wenn Sie wissen, wie diese Insekten aussehen, können Sie sie von Schädlingen unterscheiden und sogar auf befallene Pflanzen umsiedeln. Einige Räuber lauern unter Laub und Rindenmulch und kommen nur nachts zum Jagen heraus, wie z. B. Laufkäfer, die Schnecken angreifen. Infos finden Sie in Gartencentern, Büchern und im Internet.

NÜTZLINGE ANLOCKEN

Locken Sie nützliche Insekten in den Garten, indem Sie ihnen einen Platz zum Überwintern und Blumen anbieten, die Nektar liefern. Pflanzen Sie Bodendecker als Schutz für Schnecken fressende Amphibien und legen Sie einen kleinen Teich mit Ufergras an. Erhalten Sie Plätze, die Vögeln im Winter Schutz, Nahrung und Wasser bieten.

❶ Marienkäfer und ihre Larven leben von Blattläusen. Verzichten Sie im Frühjahr auf das Versprühen von Insektiziden und bieten Sie ihnen immergrüne Sträucher, Hecken, zerklüftete Borke und Laubhaufen als Schutz für den Winter. ❷ Frösche und Kröten fressen Schnecken und Fliegen und besiedeln einen Garten auch ohne Teich, wenn sie schattige Bodendecker und Holzstapel oder Steinhaufen vorfinden. ❸ Netze bauende Gartenspinnen fangen und vernichten fliegende Schädlinge, wie Blattläuse und Schnaken, in Scharen. ❹ Schwebfliegen sind sehr vielgestaltig. Größere Arten werden trotz ihres eigentümlichen Flugverhaltens oft mit Wespen verwechselt. Erwachsene Tiere bestäuben Pflanzen und ihre Larven haben großen Appetit auf Blattläuse und andere Schädlinge. ❺ Erwachsene Florfliegen suchen im Herbst oft Schutz im Haus und brauchen den gleichen Schutz wie Marienkäfer. Die grünen Larven ernähren sich von Schädlingen. ❻ Drosseln fressen Schnecken, die meisten anderen Vögel ernähren ihre Jungen mit Insekten und Raupen. Locken Sie sie mit einem ganzjährigen Angebot an Wasser, zusätzlichem Futter und Nistplätzen an.

Schädlinge giftfrei bekämpfen

Nackt- und Gehäuseschnecken sind der Schrecken vieler Gartenliebhaber, dabei kann man sie mit einigen einfachen Vorkehrungen, wie Barrieren, dem Anlocken von Nützlingen und mit biologischen Mitteln leicht in Schach halten. Auch für andere Schädlinge gibt es vergleichbare giftfreie Gegenmittel.

NACKT- UND GEHÄUSESCHNECKEN

Diese Gartenschädlinge sind zwar ärgerlich, aber sie leisten auch viel nützliche Arbeit, indem sie verrottende Vegetation auffressen. Leider können sie nicht zwischen nützlich und schädlich unterscheiden und fressen auch gesunde Pflanzen.

Die nachtaktiven Tiere verfügen über eine Raspelzunge (Radula) und fressen Blätter und Blüten an. Außerdem ziehen sie ganze Streifen von den Stängeln ab, sodass Jungpflanzen abknicken, und beschädigen die Schale von Früchten und Gemüsen. Besonders lieben sie Sämlinge, saftige junge Triebe etablierter Pflanzen, Blüten- und Blattknospen sowie frisches Blattwerk. Gehäuseschnecken kriechen an Wänden und Töpfen empor, während manche Nacktschnecken unterirdisch leben.

< Schneckenfutter
Gehäuseschnecken sind furchtlose Kletterer, für die Hängekörbe, Wandtöpfe und Blumenkästen genauso leicht erreichbar sind wie Beete.

< Verräterische Zeichen
Achten Sie auf Fraßspuren an Blättern, Stängeln und Blüten, die auf die Anwesenheit von Schnecken hinweisen.

BIOLOGISCHE BEKÄMPFUNG

Suchen Sie unter Töpfen und Topfrändern, unter Simsen, in Stein- und Holzstapeln und auf immergrünen Sträuchern nach Schnecken und sammeln Sie sie ab. Stellen Sie über Nacht Bierfallen auf. Daneben helfen auch Kupferbänder, die den Schnecken beim Drüberkriechen einen Stromschlag verpassen, und Glocken aus halbierten PET-Flaschen. Wenn alles andere versagt, streuen Sie ein wenig Schneckenkorn um gefährdete Pflanzen.

❶ Bier lockt Schnecken in die Falle.
❷ Schützen Sie Sämlinge mit einer PET-Glocke. ❸ Umkleben Sie Kübelränder mit Kupferband. ❹ Schützen Sie Funkien mit einem Schneckenzaun aus Kupfer.

BLATTLÄUSE

Diese Schädlinge sind häufig grün, aber es gibt sie auch in anderen Farben und sogar mit einem wolligen Besatz. Es gibt weltweit über 4000 Arten, mit jeweils ganz spezifischen Vorlieben. Sie vermehren sich im Frühjahr und Sommer eifrig.

ANZEICHEN FÜR BEFALL

Welke und missgebildete Triebe, Blätter und Blüten sind die wichtigsten Zeichen eines Blattlausbefalls. Dazu kommt der klebrige Honigtau, ein Exkrement, das den Befall durch Rußtau (S. 433) begünstigt. Achten Sie auch auf die weißen Häute, die die Läuse im Wachstum abstreifen.

Blattläuse übertragen Viruserkrankungen, die sich in gelben Flecken und farbigen Streifen auf Blättern und Blüten zeigen. Die Insekten gebären lebende Junge, die sofort zu fressen beginnen und weiche Triebspitzen befallen. Entfernen Sie befallene Triebe und spülen Sie die Blattläuse mit dem Gartenschlauch ab.

❶ Erwachsene Blattlausweibchen können über 30 Tage fünf Junge pro Tag produzieren. ❷ Blattläuse können unter anderem grün oder schwarz sein, aber sie alle richten erheblichen Schaden an. ❸ Bekämpfen Sie Blattläuse mit Ölsprays und halten Sie immer ein gebrauchsfertiges Spray bereit.

VÖGEL UND KLEINE SÄUGETIERE

Mäuse und andere Nagetiere graben im Frühjahr Samen im Garten aus und fressen im Herbst reifende Früchte und frisch gepflanzte Zwiebeln an. Auch Vögel können zur Last werden, die Blüten abzupfen, Sämlinge ausreißen und Früchte fressen.

SCHADEN VERHINDERN

Kaninchen, Eichhörnchen und Tauben können neu bepflanzte Beete, Rabatten und Kübel verwüsten. Damit es nicht zur Katastrophe (rechts) kommt, errichten Sie Schutznetze oder schützen Sie Sämlinge und Zwiebeln mit Maschendraht. Halten Sie Katzen vom Scharren in frisch gesäten Beeten ab, indem Sie Dornenzweige über die Erde legen oder kurze Bambusstäbe zwischen die Pflanzen stecken. Säen Sie große Samen außer Reichweite von Mäusen in Töpfe und schützen Sie Bäume und Sträucher mit Kaninchenzäunen.

Physikalische Sperren >
Wenn Wildtiere immer wieder Schaden anrichten, schützen Sie die Saat mit Netzkästen.

TOP-TIPP: NATÜRLICHE MITTEL

Schnecken, Dickmaulrüssler, Engerlinge und Schnakenlarven lassen sich mit Nematoden bekämpfen, die die Schädlinge töten, ohne die Umwelt zu schädigen. Mischen Sie die Fadenwürmer mit Wasser und bringen Sie sie nach Anleitung des Herstellers aus. Meist muss mehrfach behandelt werden. Nematoden zur Bekämpfung von Schädlingen erhalten Sie im Internet und in Gartencentern.

Verbreitete Schädlinge

Sie können einen Schädlingsbefall auf zwei Arten feststellen: durch die Tiere selbst und durch den Schaden. Greifen Sie erst ganz zuletzt zur chemischen Keule und halten Sie sich dabei an die Anleitung des Herstellers. Setzen Sie lieber zunächst auf Fallen, Barrieren und natürliche Mittel.

❶ GALLMILBE
Diese winzigen Milben saugen Saft und verursachen Wucherungen, wie Pusteln, Verdickungen und haarigen Besatz auf Blättern oder vergrößerte Knospen. Sie sind meist harmlos und können toleriert werden.

❷ BUCHSBAUMBLATTFLOH
Die flügellosen Larven dieser Schädlinge haben einen wächsernen Überzug und finden sich im Frühjahr in eingerollten Blättern. Die befallenen Triebe ausschneiden und entsorgen oder verbrennen.

❸ APFELWICKLER
Zum Schutz vor »verwurmten« Äpfeln die schlüpfenden Raupen im Sommer mit Methoxyfenozid besprühen. Um den richtigen Termin für die Insektizidspritzung zu ermitteln, Pheromonfallen aufstellen.

❹ KLEINER FROSTSPANNER
Im Frühjahr sind Obstbaum-Blätter eingesponnen oder mit Fraßlöchern übersät, die von den grünen Spanner-Raupen stammen. Die adulten Schmetterlinge im Herbst mit Leimringen an Bäumen fangen.

❺ SCHILDLAUS
Winzige buckelförmige Wachsschilde auf den Blättern verursachen Wuchsschäden. Weitere Symptome sind Honigtau und Schwärzepilze. Pilz abwaschen und Blätter mit Rapsöl oder Thiacloprid besprühen.

❻ GEWÄCHSHAUS-MOTTEN-SCHILDLAUS, WEISSE FLIEGE
Im Gewächshaus gelbe Leimtafeln aufhängen, um die erwachsenen Tiere zu fangen, und die Larven mit Schlupfwespen (*Encarsia*), Rapsöl oder Kaliseife bekämpfen.

❼ SCHNEEBALLBLATTKÄFER
Erwachsene Tiere und Larven fressen Löcher in Blätter, vor allem von *Viburnum tinus* und *V. opulus*, was den Wuchs schädigt und unschön ist. Stark befallene Pflanzen mit Thiacloprid besprühen.

❽ THRIPS
Diese winzigen schwarzen Saftsauger verursachen weiße Flecken auf Blüten und Blättern von Zimmerpflanzen, aber auch Erbsen und Zwiebeln. Mit Acetamiprid, Pyrethrum oder Raubmilben bekämpfen.

❾ GEFURCHTER DICKMAUL-RÜSSLER
Kleine weiße Raupen mit braunem Kopf (oben) fressen Wurzeln vor allem von Kübelpflanzen an. Dadurch brechen die Pflanzen zusammen. Der erwachsene Käfer (unten) ist nachtaktiv und flugunfähig und frisst Blattränder an. Biologisch mit Nematoden bekämpfen.

❿ RAUPEN
Die Larven von Schmetterlingen greifen viele Pflanzen an. Die Raupen des Kohlweißlings (oben) dezimieren Kohl und Kapuzinerkresse, die der Gemüseeule (unten) Obst. Pflanzen abdecken, um die Eiablage zu verhindern, bereits gelegte Eier abwischen und alle Raupen absammeln.

⓫ SÄGEWESPE
Die raupenartigen Larven (oben) fressen das Laub u.a. von Rosen, Stachelbeeren und Salomonssiegel (*Polygonatum*). Auf die ersten Anzeichen für einen Befall, wie eingerollte Blätter (Rosenblattrollwespen, unten), achten. Raupen absammeln oder mit Pyrethrum besprühen.

⓬ BLATTMINIERER
Die Larven diverser Fliegen, Motten, Sägewespen und Käfer fressen sich durch die Blätter und hinterlassen verfärbte Flecken (oben) und Fraßgänge (unten). Die meisten sind relativ harmlos und müssen nicht bekämpft werden. Wenn sie aber stören, die Blätter mit Thiacloprid besprühen.

⓭ GEMEINE SPINNMILBE
Die Milben leben auf Blattunterseiten und verursachen gelbe Flecken und feine Netze. Unter Glas die Feuchtigkeit erhöhen, mit der Raubmilbe *Phytoseiulus persimilis* bekämpfen oder mit Rapsöl besprühen.

⓮ BUCHENBLATTLAUS (WOLLIGE BUCHENLAUS)
Weißwollige Blattläuse saugen im Frühsommer an Trieben und Blattunterseiten. Sie scheiden Honigtau aus, auf dem Schwärzepilze siedeln. Schweren Befall mit Thiacloprid bekämpfen.

⓯ ROSSKASTANIENMINIER-MOTTE
Dieser neue, weitverbreitete Schädling befällt erwachsene Bäume, was die Bekämpfung erschwert. Die Blätter verfärben sich braun, zeigen Wuchsstörungen und welken früh.

⓰ OHRWURM
Die überwiegend nützlichen Ohrwürmer sind nachtaktiv und fressen Dahlien-, Chrysanthemen- und Clematisblüten. In umgedrehte, mit Stroh gefüllte Blumentöpfe auf Stäben locken und umsiedeln.

Pflanzenkrankheiten

Vorbeugen ist besser als Heilen: Sorgen Sie dafür, dass Ihre Pflanzen gesund sind, dann können sie sich gegen Infektionen wehren. Reinigen und sterilisieren Sie alle Utensilien und bekämpfen Sie aufkommende Erkrankungen sofort. Beobachten Sie die Symptome sorgfältig – die Pflanze könnte auch nur gestresst sein.

ERKRANKUNGEN VORBEUGEN
Untersuchen Sie die Pflanze vor dem Kauf und wählen Sie bei anfälligen Arten nach Möglichkeit nur Sorten, die auch krankheitsresistent sind.

Versuchen Sie den Pflanzen ideale Bedingungen mit dem richtigen Typ und Nährstoffgehalt, dem richtigen pH-Wert und der richtigen Durchlässigkeit des Bodens und den idealen Lichtverhältnissen zu bieten. Wässern Sie sie gut, während sie sich etablieren. Schneiden Sie bei den ersten Symptomen die erkrankten Teile aus und verbrennen Sie sie oder bringen Sie sie auf die nächste Deponie.

Entfernen Sie regelmäßig welke Blätter und Blüten und entsorgen Sie kranke und abgefallene Blätter, die gesunde Pflanzen infizieren können. Wenn Sie Platz im Gemüsegarten haben, pflanzen Sie Gemüse im Fruchtwechsel, damit sich Krankheiten nicht festsetzen können.

SAUBERKEIT
Reinigen Sie Schneidewerkzeuge, wie Sägen und Scheren, regelmäßig mit einem Desinfektionsmittel, um keine Erreger zu übertragen. Reinigen und sterilisieren Sie Töpfe, Schalen und andere Utensilien für die Saat, damit die Sämlinge nicht mit der tödlichen Umfallkrankheit infiziert werden. Verwenden Sie beim Säen immer frische Erde und Leitungswasser.

∧ *Regelmäßige Überprüfung*
Entfernen Sie alle welkenden oder verfärbten Blätter, welkenden Blüten und toten Stängel. Achten Sie besonders auf Beetpflanzen (oben) und Gewächshausgemüse.

∧ > *Reinigen und sterilisieren*
Schrubben Sie Schneiden mit warmem Seifenwasser ab und desinfizieren Sie sie anschließend (oben). Dadurch verringern Sie die Gefahr, Infektionen von einer Pflanze zur anderen zu übertragen. Spülen Sie alte Erde aus Saattöpfen und sterilisieren Sie sie mit Gebissreinigertabs (rechts).

STRESS UND VIREN

Es ist manchmal schwierig, das Problem zu bestimmen, aber manche Symptome sind ein Anzeichen dafür, dass die Pflanze unter Stress steht, weil es ihr z. B. an Nährstoffen fehlt oder weil sie verletzt oder vergiftet ist.

DIAGNOSE

Manche Pflanzen verfärben sich, wenn sie nicht richtig abgehärtet (S. 109) oder zu kühl oder zu warm gezogen wurden: Die Blätter werden weiß oder entwickeln eine rote oder violette Tönung. Auch hungrige Pflanzen verfärben und verformen sich.

Viren werden meist durch Insekten übertragen. Typische Symptome sind hell gestreifte oder gesprenkelte, eingerollte oder verformte Blätter. Auch Blütenblätter können Streifen zeigen und die Frucht- und Blütenproduktion leidet. Entfernen Sie befallene Pflanzen und entsorgen oder verbrennen Sie sie.

∧ *Virenbefall*
Gestreifte Blätter, die sich nach dem Düngen nicht erholen, deuten auf einen Virus hin. Töten Sie alle saftsaugenden Schädlinge und entfernen Sie kranke Pflanzen.

∧ *Frostschaden*
Braune oder schwarze Triebspitzen sind im Frühjahr ein Anzeichen für Frostschäden. Lassen Sie die Pflanze austreiben und entfernen Sie totes Material.

Stress-Symptome >
Manche Pflanzen, wie Buchs (rechts), zeigen nach einem heißen, trockenen Sommer sowie nach Wurzelschäden durch Staunässe eine ungewöhnliche Blattfärbung.

BEHANDLUNG

Die richtige Pflege ist der Schlüssel zur Genesung des Pflanzenpatienten. Dazu gehört das Besprühen oder Entfernen befallener Bereiche, aber die kranke Pflanze muss auch gedüngt und gewässert werden, um sich von der Erkrankung zu erholen. Achten Sie auf Schädlinge, die die Pflanze in der Rekonvaleszenz befallen und zusätzlichen Schaden anrichten.

CHEMISCHE HILFE

Setzen Sie Fungizide sparsam und nur nach Anleitung des Herstellers ein und tragen Sie Schutzkleidung. Bei kleinen und an einer Mauer erzogenen Obstbäumen, die leicht zu besprühen sind, kann eine präventive Behandlung gegen eine Vielzahl von Krankheiten (S. 432–433) vorbeugen. Pflanzen Sie außerdem möglichst resistente Sorten und bieten Sie ihnen ideale Bedingungen, um nicht sprühen zu müssen. Wenn frühe Saaten umfallen, tränken Sie Ihre Erde vorbeugend mit einem kupferhaltigen Fungizid.

∧ *Fungizid sprühen*
Wenn biologische Methoden versagen, besprühen Sie kranke Pflanzen mit einem empfohlenen Fungizid. Beachten Sie immer die Hinweise des Herstellers.

∧ *Ausschneiden*
Schneiden Sie krankes Holz aus, sobald Sie es bemerken, damit sich die Infektion nicht ausbreiten kann.

DAS PROBLEM ENTFERNEN

Achten Sie auf tote und beschädigte Zweige und schneiden Sie bis ins gesunde Holz zurück. Schneiden Sie über einem Knoten, um das Infektionsrisiko zu senken. Desinfizieren Sie Ihre Werkzeuge und waschen Sie sich gründlich die Hände, nachdem Sie infizierte Pflanzen berührt haben. Überprüfen Sie gelagertes Obst und Gemüse, Blumenzwiebeln und Knollen regelmäßig auf Fäule und Krankheiten.

Häufige Krankheiten

Manche Pflanzen sind anfälliger für bestimmte Krankheiten als andere. Kaufen Sie daher möglichst resistente Sorten. Sie können die Resistenz der Pflanzen aber auch steigern, indem Sie ihnen ideale Bedingungen bieten und infiziertes Material und überwinternde Unkräuter, die Krankheiten tragen können, entfernen.

❶ CLEMATIS-WELKE
Der Pilz verursacht welkes und schwarzes Laub an großblütigen Sorten. Die Clematis 5–7 cm tiefer als im Topf pflanzen und die Triebe der befallenen Pflanze bis zur Basis zurückschneiden.

❷ APFELSCHORF
Symptome sind braune Blattflecken, welke und schorfige, rissige Früchte. Schorfige Triebe ausschneiden, totes Laub entsorgen und ein geeignetes Fungizid einsetzen.

❸ OBSTBAUMKREBS
Die Rinde springt auf und in den Wunden wächst im Sommer ein weißer Pilz. Staunässe vermeiden. Erkranktes Holz ausschneiden und im Herbst mit einem Fungizid besprühen.

❹ BLÜTENENDFÄULE
Dunkle Flecken auf Tomaten sind ein Symptom für Kalziummangel durch unzureichendes Wässern. Öfter gießen und nach der Blüte wöchentlich mit Tomatendünger düngen.

❺ KOHLHERNIE
Der Schleimpilz befällt Kohlpflanzen und verursacht verdickte Wurzeln, welkes Laub und Ernteausfall. Kranke Pflanzen sind Sporenträger. Beet mit anderem Gemüse bepflanzen oder Kohl im Kübel ziehen.

❻ SCHOKOLADENFLECKEN-KRANKHEIT
Pilzerkrankung bei dicken Bohnen. Blätter, Stiele und Früchte zeigen braune Flecken und die Ernte ist mager. Infizierte Triebe entfernen. Dränage und Luftzirkulation verbessern.

❼ STERNRUSSTAU
Anzeichen sind welke, schwarzfleckige Blätter und rissige Zweige. Infizierte Blätter entfernen. Im späten Winter hart zurückschneiden und mit einem Fungizid besprühen. Resistente Rosen pflanzen.

❽ BLEIGLANZ
Silbriger Belag auf Pflaumen-, Kirschen-, Rhododendron- und Rosenblättern und absterbende Zweige. Im Sommer zurückschneiden. Befallenes Holz ausschneiden. Düngen, um die Pflanze zu kräftigen.

❾ HALLIMASCH

Im Herbst erscheinen an der Basis von Bäumen und Sträuchern giftige Pilze (oben) und unter der Rinde wächst weißes, nach Pilzen riechendes Myzel. Im Boden wachsen schwarze Rhizomorphen. Es gibt keine Heilung, die Pflanze muss mit Wurzeln entfernt werden, um eine Ausbreitung zu verhindern.

❿ GRAUSCHIMMELFÄULE (BOTRYTIS CINEREA)

Diese Pilzerkrankung tritt bei feuchtem Wetter, vor allem im Frühjahr und Herbst, und unter Glas auf. Blüten (oben) und Blätter (unten) werden gelb oder braun und entwickeln einen grauen Pilzrasen. Beeren und Tomaten verfaulen. Befallenes Material sofort entfernen.

⓫ ECHTER MEHLTAU

Ein weißer Pilzbelag erscheint auf Blättern und Zweigen von Nutz- und Zierpflanzen, vor allem bei solchen in Töpfen und an Hecken und Mauern. Die Anfälligkeit nimmt bei Wassermangel und schlechten Wachstumsbedingungen zu. Gut wässern, düngen und mulchen, um die Resistenz zu stärken.

⓬ KARTOFFELSCHORF/ KRAUT- UND KNOLLENFÄULE

Schorf (oben) bildet sich auf Knollen in zu trockener Erde. Komposterde einarbeiten und wässern. Fäule (unten) ist ernster. Das Laub welkt und die Knollen faulen. Erkrankte Pflanzen entfernen und drei Jahre keine Kartoffeln im Beet pflanzen.

⓭ ROST

Eine Pilzerkrankung mit braunen, orangen oder gelben Pusteln auf den Blattoberseiten. Die Sporen vermehren sich bei feuchtem Wetter. Befallene Teile entfernen und vernichten. Resistente Sorten pflanzen.

⓮ RUSSTAU

Der schwarze Pilz findet sich oft auf den Blättern immergrüner Sträucher. Er gedeiht auf dem klebrigen Honigtau saftsaugender Insekten. Schädlinge abtöten und den Pilz mit mildem Seifenwasser abwaschen.

⓯ ROTPUSTELKRANKHEIT

Die korallenroten Pilzpusteln wachsen auf totem Holz, befallen aber auch lebendes Gewebe geschwächter Pflanzen. Befallenes Holz ausschneiden. Die Pflanzen düngen und wässern, um ihre Resistenz zu stärken.

⓰ RHODODENDRON-KNOSPENSTERBEN

Die Knospen bleiben geschlossen, sind silbrig und entwickeln im späten Frühjahr schwarze Borsten. Knospen entfernen und entsorgen. Es gibt kein wirksames Fungizid.

A

Abhärten 64, 109, 229, 251, 277, 280, 421
Abies (Tanne)
    A. balsamea 'Nana' 243
    A. concolor 'Wintergold' 244–245
    A. fraseri 158
    A. koreana 243
    A. nordmanniana 158
    A. n. 'Golden Spreader' 243
Ableger 13, 417
Abutilon (Schönmalve) 421
Acanthus (Bärenklau) 418
Acer (Ahorn) 241
    A. campestre 193
    A. davidii 182
    A. palmatum 44
    A. p. dissectum 'Garnet' 44–45
    A. p. 'Sango-kaku' 184
Achillea (Schafgarbe) 28, 29, 66, 67, 73, 416
    A. filipendula 'Gold Plate' 66, 67
    A. 'Moonshine' 350–351
    A. Summer-Pastels-Gruppe 46–47
    A. 'Walther Funcke' 94–95
Aconitum carmichaelii Arendsii-Gruppe 68
Acorus calamus 'Argenteostriatus' 329
Actaea simplex 'Brunette' 92–93
Adiantum (Frauenhaarfarn) 368
    A. capillus-veneris 140, 141, 386–387
Aeonium arboreum 140
Aeschynanthus (Sinnblume) 370–371
Agapanthus (Schmucklilie) 154–155
Ageratum houstonianum 'Hawaii White' 132
Ahorn *siehe Acer*
Ajuga reptans 56–57
Akebia quinata 224
Alcea (Stockrose) 68
    A. rosea 'Chater's Double Group' 69
Alchemilla alpina 204
    A. mollis 77, 80, 92–93, 186–187
Alfalfa-Sprossen 267
allergische Reaktionen 269
Allium (Lauch) 38, 40, 41, 43, 72, 187
    A. hollandicum 'Purple Sensation' 38, 42–43
Alnus incana 236
Aloe aristata 391
Alpinpflanzen 136–137, 169, 203
Alstroemeria (Inkalilie) 72
    A.-ligtu-Hybriden 66, 67
Alyssum (Steinkraut) 77
    A. wulfenianum 205
Amaranthus caudatus 113
Amaryllis (*Hippeastrum*) 366–367
Amelanchier lamarckii 176
Ampfer 289
Anchusa (Ochsenzunge)

    A. azurea 66, 67
    A. a. 'Loddon Royalist' 269, 350–351
Androsace sarmentosa 205
Anemone 68
    A. hupehensis 'Hadspen Abundance' 69
    A. × *hybrida* 80, 418
Angelica archangelica 74–75
Anthemis (Färberkamille) 68
    A. punctata subsp. *cupaniana* 79
    A. tinctoria 'E.C. Buxton' 68
Anthurium andraeanum 383, 399
Antirrhinum (Löwenmaul) 72, 77, 121
    A. majus 166–167
Apfelbäume 297, 299, 320, 346
Apfelbeere 294
Apfelschorf 432
Apfelwickler 428
Aquilegia (Aklei) 43, 77
    A. formosa 68
    A. 'Nora Barlow' 42–43
    A. vulgaris 'Nivea' 59
Arabis caucasica 'Variegata' 204
Arbutus unedo 185
Argyranthemum (Strauchmargerite) 420
Aronia melanocarpa (Apfelbeere) 294
Artemisia (Absinth, Beifuß) 421
Asia-Salate 286
asiatische Kräuter und Gewürze 302–303
asiatisches Blattgemüse 263, 409
Asparagus (Spargel als Zierpflanze)
    A. densiflorus 'Myersii' 128–129, 387
    A. setaceus 'Nanus' 387
Asperula (Meier) 189
Asplenium (Streifenfarn)
    A. nidus 386–387
    A. scolopendrium 57, 164
Äste schneiden 411
Aster 352, 416
    A. amellus-Sorten 353
    A. dumosus 148–149
    A. × *frikartii* 94–95
Astilbe (Prachtspiere) 182–183
Astilboides tabularis 84–85
Astrantia major 69
Aubrieta (Blaukissen) 203
    A. 'Argenteovariegata' 204
Aucuba (Aukube) 417
Aurinia saxatilis 203
Ausbreitung von Pflanzen 20
Auskneifen 87, 228, 273, 280, 283, 309, 315, 393
Ausputzen 51, 77, 199
    Kübel 107, 110, 114, 125, 126, 131, 140, 167, 312
Ausrichtung 15
Aussaaterde 108–109, 115, 228, 276, 280, 302
Azaleen 44

B

Bachlauf anlegen 336–337
Bacopa cordata 138–139
Bambus 62–63, 144–145, 242
    siehe auch Fargesia, Indocalamus, Phyllostachys, Pleioblastus
Banane *siehe Ensete ventricosum, Musa basjoo*
Bärenklau *siehe Acanthus*
Basilikum 90–91, 310, 312–313
Baumfarn 180, 408
Bäume 11, 176–177, 184–185, 191, 419
    aus Samen ziehen 188–189
    für Tiere 346–347
    im Kübel 188
    mehrstämmig 182–183
    pflanzen 178–179, 190–191, 320
    schneiden 182, 187, 347, 411
    stützen 179, 182, 189, 191, 320
    Unterpflanzung 187
    wässern 406, 407
    siehe auch Obstbäume
Beeren 96–97, 164, 176, 179, 194, 347
    Mauersträucher 234–235
Beerenfrüchte (Beerenobst) 290–293, 298, 301
Begonia 122, 420
    B. 'Benitochiba' 396
    B. 'Bettina Rothschild' 371
    B. elatior 399
    B. 'Illumination Rose' 121
    B. 'Martin Johnson' 396
    B. rex 370–371
    B.-r.-Hybriden 396–397
    B. 'Tiny Bright' 396
    winterblühend 399
begrünte Dächer 16, 356–357
bepflanzte Mauer 203
Berberis (Berberitze, Sauerdorn)
    B. darwinii 193
    B. thunbergii fo. *atropurpurea* 'Golden Ring' 194
Bergenia 19, 416
    B. × *schmidtii* 81
Besenginster *siehe Cytisus*
Besprühen (mit Wasser) 203, 249, 305, 374, 376, 382, 384
Bestäubung 13, 352, 425
Betula (Birke) 177
    B. alleghaniensis 177
    B. nana 236
    B. papyrifera 237
    B. pendula 236
    B. utilis var. *jacquemontii* 84–85, 182–183
Beutel für Gemüsepflanzen 251, 253, 276–277
Bewurzelungspulver 417, 420, 421
Bidens (Zweizahn) 108, 111

Bienen 13, 68, 198, 310, 350–351, 355, 362
Bienenhotel 362
biologische Schädlingsbekämpfung 426, 427, 428, 429
biologisches Gärtnern 362, 426, 427
Birke *siehe Betula*
Birnen 297, 299, 320, 346, 411
Blähton 376
Blattfahne *siehe Spathiphyllum*
Blattläuse 249, 304, 424, 425, 427
    als Krankheitsüberträger 427, 429, 431
Blattsalate 90–91, 283, 284–285, 286–287, 288, 409
    Sorten 288
Blattsenf 288, 289
Blechnum gibbum 382, 387
Bleiglanz 306, 321, 432
Blickfänge 98–99, 177, 180–181, 238, 243, 370, 380–381
Blumen
    essbare Blüten 268–269
    Schnittblumen 72, 86
    Trockenblumen 72, 73
Blumenkästen 64, 110, 125, 132–133, 162–163, 284–285, 291
Blumenzwiebeln 35, 40–41, 124–125, 169, 187, 191
    ansiedeln 210–211
    Frühlingsblumenzwiebeln 34–35, 38–41, 106–107
    Zimmerpflanzen 367, 378–379
Blut-, Fisch- und Knochenmehl 404
Blut-Ampfer 289
Blut-Johannisbeere *siehe Ribes sanguineum*
Bocksdornbeeren 295
Bockshornklee-Sprossen 267
Boden 12, 14–15, 176, 404
    verbessern 12, 15, 29
    vorbereiten 12, 21
Bodendecker 65
Bohnen *siehe* dicke Bohnen, Gartenbohnen, Grüne Bohnen
Bohnensprossen 266, 267
Bokashi-Komposter 359
Borke, Rinde 176, 182–183
Brachyglottis (Jakobskraut)
    Dunedin-Gruppe 'Sunshine' 82
Brachyscome (Blaues Gänseblümchen) 134–135
    B. 'Blue Mist' 133
Brassica oleracea (Kohl) 164
Briza (Zittergras) 73
    B. maxima 115
Brokkoli 91, 267
Brombeeren 13, 293, 417
Bromelien 384, 395
bronzeblättriger Fenchel 50–51

Brugmansia (Engelstrompete)
　　B. aurea 129
　　B. × *candida* 385
Brunnenkresse *siehe* Tropaeolum
Brunnera macrophylla 'Dawson's White' 58
Bubiköpfchen *siehe* Soleirolia soleirolii
Buche *siehe* Fagus
Buchs 90–91, 98–99, 142, 146–147, 194, 197, 241, 308–309
　　siehe auch Buxus sempervirens
Buddleja (Sommerflieder, Schmetterlingsstrauch) 412, 419
bunte Hecken 194
Buntnessel siehe Solenostemon scutellarioides
Butomus umbellatus 329
Butternut-Kürbis 279
Buxus (Buchs) 419, 421, 431
　　B. sempervirens 90–91, 98–99, 146–147, 170–171, 308–309
　　B. s. 'Elegantissima' 194
　　siehe auch Buchs

C

Caladium (Kaladie) 368
Calamagrostis × *acutifolia* 170–171
Calathea (Korbmarante)
　　C. rufibarba 'Blue Grass' 381
　　C. zebrina 382
Calendula (Ringelblume) 250–251
　　C. officinalis 112, 268
Calibrachoa 'Million Bells Purple' 134–135
Callicarpa dichotoma 97
Callistephus chinensis 'Pompon' 113
Calluna (Heidekraut) 421
Caltha palustris 326, 329, 338–339
Camellia 37, 44, 408
Campanula (Glockenblume) 416, 418
　　C. carpatica var. *turbinata* 'Jewel' 205
　　C. poscharskyana 81, 203
Canna (Blumenrohr) 87, 143
　　C. indica 336–337
Carex (Segge) 332, 337
　　C. comans 336–337
　　C. conica 'Snowline' 148–149
　　C. elata 'Aurea' 332
　　C. 'Ice Dance' 127
　　C. morrowii 125
　　C. oshimensis 'Evergold' 123, 154, 155, 162–163
Carpinus (Hainbuche) 81, 197, 411
　　C. betulus 81, 195, 197, 411
Catalpa bignonioides 177, 413
Cattleya 374, 375
Ceanothus (Säckelblume) 411, 413, 421
　　C. 'Concha' 235
Cedrus atlantica 'Glauca Pendula' 242
Celmisia walkeri 204

Centaurea cyanus (Kornblume) 72, 73, 112, 348
Cephalotaxus harringtonii 'Fastigiata' 243
Ceratophyllum demersum 327
Cercis canadensis 'Forest Pansy' 45
　　C. siliquastrum 185
Chaenomeles (Scheinquitte, Zierquitte) 411, 417
　　C. × *superba* 235
Chamaecyparis (Scheinzypresse)
　　C. lawsoniana 'Golden Pot' 243
　　C. l. 'Minima Aurea' 243
　　C. obtusa 242
　　C. o. 'Opaal' 242
Chamaedorea elegans (Mexikanische Bergpalme) 382
Chamaemelum (Kamille) 202
　　C. nobile 'Treneague' 209
Champignons 281
Chicoree 288, 289
Chilis 90–91, 280
Chinesische Jungfernrebe *siehe* Parthenocissus henryana
Chlorophytum comosum 'Variegatum' 371
Choisya (Orangenblume) 164, 421
　　C. × *dewitteana* 'Aztec Pearl' 82
　　C. ternata 'Sundance' 157, 165
Chrysanthemum 72, 420, 429
Cirsium (Kratzdistel) 68
　　C. rivulare 80
　　C. r. 'Atropurpureum' 68
Cistus (Zistrose) 78, 345, 419
　　C. × *dansereani* 'Decumbens' 78
× *Citrofortunella microcarpa* 305
Citrus 304–305
　　C. aurantifolia 305
　　C. hystrix 305
Cleistocactus straussii 388–389
Clematis (Waldrebe) 118, 119, 213, 214–219, 239, 429
　　C. alpina 119, 414
　　C. 'Arabella' 119
　　C. armandii 214, 215, 222–223, 239, 414
　　C. 'Ascotiensis' 215
　　C. 'Barbara Jackman' 119
　　C. 'Bees' Jubilee' 119, 214, 215
　　C. 'Bill MacKenzie' 214
　　C. cirrhosa 414
　　C. c. var. *purpurascens* 'Freckles' 239
　　C. 'Comtesse de Bouchaud' 119
　　C. 'Daniel Deronda' 119
　　C. × *diversifolia* 46–47, 215
　　C. 'Etoile Rose' 214
　　C. florida 119
　　C. f. var. *flore-pleno* 119
　　C. f. var. *sieboldiana* 119
　　C. 'Henryi' 214

　　C. 'H.F. Young' 119
　　C. 'Ice Blue' 119
　　C. 'Kingfisher' 119
　　C. macropetala 119, 414
　　C. 'Miss Bateman' 119
　　C. montana 214, 414
　　C. m. var. *rubens* 'Tetrarose' 214
　　C. 'Nelly Moser' 414
　　C. 'Niobe' 119
　　C. 'Ooh La la' 119
　　C. orientalis 414
　　C. 'Perle d'Azur' 119
　　C. 'Prince Charles' 119
　　C. 'Purpurea Plena Elegans' 215
　　C. 'Royalty' 119
　　C. tangutica 414
　　C. texensis 414
　　C. 'Ville de Lyon' 214
　　C. viticella 412, 414
　　C. 'Vyvyan Pennell' 214
　　schneiden 119, 412, 414
Clematis-Welke 219, 239, 432
Cleome (Spinnenpflanze) 72
Clerodendron (Losbaum, Losstrauch)
　　C. thomsoniae 128–129
　　C. trichotomum var. *fargesii* 96
Clethra (Scheineller, Zimterle) 45
Clivia (Clivie, Riemenblatt) 395, 398
　　C. miniata 398
Coelogyne nitida 372
Colmanara 'Massai Red' 376–377
Convallaria majalis 169
Convolvulus cneorum 133
Cordyline (Keulenlilie) 116, 409
　　C. australis 116, 140, 141
Coreopsis verticillata 'Moonbeam' 68, 154–155
Cornus (Hartriegel) 231, 419
　　C. alba 'Sibirica' 100–101
　　C. amomum 'Blue Cloud' 97
　　C. florida 44–45
　　C. kousa 'Miss Satomi' 184
　　C. mas 184
　　C. sericea 'Flaviramea' 100–101
Cortaderia (Pampasgras)
　　C. selloana 'Aureolineata' 52–53
　　C. s. 'Pumila' 52–53
Corylus (Hasel) 179, 182, 192
　　C. avellana 192, 193
　　C. maxima 'Purpurea' 413
Cosmos (Schmuckkörbchen) 72, 349
　　C. atrosanguineus 48
　　C. bipinnatus 65
　　C. b. 'Purity' 166–167
　　C. b. 'Sonata White' 112
Cotinus (Perückenstrauch) 413, 417
　　C. 'Grace' 243
Cottage-Gärten 17, 66–69, 104, 233
Crambe (Meerkohl) 418
Crassula arborescens 391

Crataegus (Weißdorn) 179, 192, 193, 346, 347
　　C. laevigata 'Paul's Scarlet' 346
　　C. l. 'Rosea' 185
Crocosmia (Montbretie)
　　C. 'Bressingham Blaze' 82–83
　　C. 'Lucifer' 46–47
　　C. masoniorum 28, 29
Crocus 35, 210–211
　　C. corsicus 38
　　C. tommasinianus 34–35
Cryptomeria (Sicheltanne) 141
Cucurbita maxima (Kürbis) 277, 278–279, 283
Cupressus macrocarpa 'Goldcrest' 162–163
　　C. sempervirens 243
Cycas revoluta 381
Cyclamen (Alpenveilchen) 156
　　C. coum Pewter-Gruppe 59
　　C. persicum 'Sierra White' 398
Cymbidium (Kahnorchis) 374, 375
　　C. kanran 375
　　C. lowianum 372
　　C. 'Minuet' 373
　　C. 'Showgirl' 398
Cynara cardunculus (Wilde Artischocke) 79
Cytisus (Besenginster) 421

D

Dächer begrünen 16, 356–357
Dachgarten 170–171
Dahlia 72, 86–87, 88–89, 121, 429
　　D. 'Arabian Night' 88
　　D. 'Bishop of Llandaff' 46–47
　　D. 'David Howard' 46–47
　　D. 'Easter Sunday' 88
　　D. 'Gay Princess' 88
　　D. 'Kathryn's Cupid' 88
　　D. 'Moonfire' 89
　　D. 'Pink Giraffe' 89
　　D. 'Polar Sight' 89
　　D. 'Preston Park' 89
　　D. 'Ragged Robin' 88
　　D. 'Yellow Hammer' 88
　　D. 'Zorro' 89
　　einjährige 108, 111
Daphne (Seidelbast)
　　D. × *burkwoodii* 'Somerset' 48
　　D. laureola subsp. *philippi* 37
Darmera peltata 332
dekorative Einfassungen 32–33
Delosperma harazianum 137
Delphinium (Rittersporn) 67, 73, 420
　　D. Black-Knight-Gruppe 66, 67
　　D. grandiflorum 127
Dendrobium 374, 375
　　D. 'Sweet Dawn' 372

Deschampsia cespitosa 70–71
Desinfizieren 23, 98, 99, 199, 430, 431
Deutzia 412, 419
Dianthus (Nelke) 420
    D. barbatus (Bartnelke) 72
    D. 'Bovey Belle' 49
    D. 'Devon Flores' 168–169
    D. 'Little Jock' 205
    D. 'Super Trooper' 50–51
Diascia (Doppelhörnchen) 125, 408
    D. 'Flying Colours Coral' 130, 131
Dicentra (Herzblume) 418
    D. spectabilis (Tränendes Herz) 80, 179
    D. s. 'Alba' 68
    D. s. 'Gold Heart' 37
Dichondra argentea 'Silver Falls' 130–131
Dicke Bohnen (*Vicia faba*) 282, 283, 409
Dicksonia antarctica (Australischer Taschenfarn) 180–181
Dieffenbachia seguine 'Saturn' 381
Digitalis (Fingerhut) 72, 80
    D. purpurea 77
    D. p. f. *albiflora* 42–43
Doldige Schleifenblume *siehe Iberis umbellata*
× *Doritaenopsis* 'Taida Pearl' 372
Draba hispanica 137
Dränage 15, 76, 77, 331
    Gemüse 257
    Hochbeete 155, 189, 255
    Kübel 106, 110, 124, 125, 370
    trockenheitstolerante Pflanzen 76, 198
Drehfrucht *siehe Streptocarpus*
Dreilappige Jungfernrebe *siehe Parthenocissus tricuspidata*
Dryopteris filix-mas 57, 123, 189, 336–337
duftende Blumen 48–51, 124–125, 239, 305
    duftende Blätter 78, 305
    Zimmerpflanzen 385, 398
duftende Rabatte 50–51
Duft-Wicken 72, 228–229
Düngen 29, 31, 404
    Bäume 182, 187, 296, 297, 316
    Hecken 196, 199
    Kübel 124, 125, 152, 161, 169
    Obstbäume 296, 297
    Rabatten 31, 51, 67, 82, 155, 245
    Rasen 422, 423
    Rosen 93, 139
    Sträucher 36
    Zimmerpflanzen 367, 374, 394, 395, 396
    siehe auch Dünger
Dünger 13, 404
Dypsis lutescens (Syn. *Chrysalidocarpus lutescens*) 381

E

Eberesche *siehe Sorbus*
Eccremocarpus scaber (Schönranke) 224
Echeveria pulvinata 390
Echinacea purpurea 'Rubinstern' 70–71
Echinocereus pulchellus 390
Echinops (Kugeldistel) 73, 418
Echinopsis multiplex 390
Echium vulgare 'Blue Bedder' 78, 352
Echter Mehltau 274, 433
Edeldistel *siehe Eryngium*
Efeu *siehe Hedera*
Eibe *siehe Taxus baccata*
Eiche *siehe Quercus*
Einfassungen 32–33
Einjährige
    aus Samen 64, 65, 72, 73, 108–113, 167
    Gräser 115
    Gartenblumen 64–65, 108–113, 126, 167
    im Hängekorb 312–313
    Schnitt- und Trockenblumen 72, 73
    winterharte Einjährige 73
Eisen 13, 44
Eisenhut *siehe Aconitum*
Endive 'Pancalieri' 289
Enkianthus deflexus 45
Ensete ventricosum 'Maurelii' 128–129
Epidendrum 374, 375
    E. prismatocarpum 373
Epimedium × *versicolor* 81
Equisetum (Schachtelhalm) 337
    E. hyemale var. *affine* 336–337
Eragrostis 'Totnes Burgundy' 142
Eranthis hyemalis (Kleiner Winterling) 34–35
Erbsen (*Pisum sativum*) 274–275
Erbsenreiser 229, 251, 275, 307
Erdbeeren 290–291, 405
Erde
    Komposterde als Mulch 196, 317, 320, 404
    Aussaaterde 108–109, 115, 228, 276, 280, 302
    Blühpflanzenerde 396
    Blumenerde 149, 157
    für Kakteen und Sukkulenten 389
    für Zimmerpflanzen 387, 396
    Grünpflanzenerde 387
    Lauberde 34, 35, 36, 360, 361
    Moorbeeterde 258, 301
    Pilzkompost 15
    Rhododendronerde 44, 162
    Rosenerde 422
    Stecklingserde 420, 421
    Teicherde 324, 327, 328, 339, 341
erhaben pflanzen 31, 171, 178, 199

Erica (Heide) 156, 417, 421
    E. arborea var. *alpina* 'Albert's Gold' 150–151
    E. carnea 45, 100–101
    E. c. fo. *aureifolia* 'Foxhollow' 244–245
Erigeron (Berufkraut, Feinstrahl)
    E. compositus var. *discoideus* 137
    E. karvinskianus 204, 205
Eriobotrya japonica (Japanische Wollmispel) 60–61, 78, 177
Eryngium (Edeldistel) 73, 418
    E. giganteum 77
    E. × *tripartitum* 78
Erysimum (Goldlack) 19, 114, 420
    E. 'Bowles' Mauve' 42–43
    E. cheiri 114
    E. c. 'Fire King' 48
Erythronium 56–57
Erziehen 235, 238–239, 317, 318–319, 321, 411
Eschscholzia (Goldmohn) 77
    E. californica 113
essbare Blüten 268–269
Eucalyptus 182
Eucomis bicolor 140, 141
Euonymus (Pfaffenhütchen, Spindelstrauch) 164, 238
    E. fortunei 241
    E. f. 'Emerald Gaiety' 154–155
    E. f. 'Emerald 'n' Gold' 59, 164
    E. planipes 96
Eupatorium (Wasserdost) 70–71
    E. purpureum 333
Euphorbia (Wolfsmilch) 345
    E. characias 'Silver Swan' 154–155
    E. myrsinites 78
    E. pulcherrima (Weihnachtsstern) 367, 392–393
    E. p. 'Freedom White' 393
    E. p. 'Red Fox Infinity Red' 393
    E. p. 'Sonora' 393
    E. p. 'Spotlight Pink' 393
Exacum affine 385
Exoten 17, 128–129

F

Fackellilie *siehe Kniphofia*
Fagus (Buche) 81, 197
Familiengärten 17, 54–55
Fargesia murielae (Muriels Schirmbambus) 144–145
Farne 56–57, 179, 180–181, 182–183, 187
    als Zimmerpflanzen 368, 386–387
    in Kübeln 16, 123, 143
    siehe auch Adiantum, Asplenium, Dryopteris, Nephrolepis, Osmunda, Pellaea, Platycerium, Polystichum, Pteris, Dicksonia

Fatsia japonica 152, 154–155, 368–369
Feinsplitt
    als Dränage (in Töpfen) 124, 125 201, 370, 371
    als Mulch 161
    für schwere Böden 15, 29 198, 199, 206, 208, 209, 308, 309, 314, 315
Feldsalat 287
Felicia (Kapaster) 420
Fenchel 50–51, 311, 314–315
Festuca (Schwingel) 132
    F. glauca 132
    F. g. 'Elijah Blue' 134–135
    F. g. 'Golden Toupee' 134–135
Fetthenne *siehe* Schöne Fetthenne
Feuchtigkeit liebende Pflanzen 31, 84–85, 330–337
Feuerbohne 229
Feuerdorn *siehe Pyracantha*
feurig rote Rabatte 46–47
Fichte *siehe Picea*
Ficus (Feige) 316
    F. carica 90–91
    F. pumila 368–369
Filipendula purpurea 333
Findlinge 76–77
Fingerhut *siehe Digitalis*
Fischteiche 328–329
Fittonia albivensis Verschaffeltii-Gruppe 382
Fleißiges Lieschen *siehe Impatiens walleriana*
Flieder *siehe Syringa*
Flohkäfer 287
Floribundarosen 415
Flügelerbse 250–251
Flüssigdünger 128, 139, 229, 303, 359, 384, 404
Fontinalis antipyretica 327
Formschnitt 22, 98–99, 142, 146–147, 172, 241
Forsythia 412, 419
    F. × *intermedia* 194
Fortpflanzung 13
Fortunella japonica 304
Fothergilla (Federbuschstrauch) 417
Fotosynthese 12, 374
Frankenia thymifolia 168–169
Fremontodendron californicum 235
Fritillaria (Schachblume)
    F. raddeana 39
Frösche 55, 338–339, 355, 424, 425
Frostschaden 431
Frostschutz *siehe* Winterschutz
Früchte 54
    für kleine Gärten 296–299, 318–319
    mediterrane Früchte 316–317
    siehe auch Obstbäume, Beerenfrüchte, Superfrüchte

Frühbeetkasten 264, 409, 416, 418, 419, 421
Frühjahrskohl 262
frühlingsblühende Pflanzen 34-35, 38-41, 106-107
Frühlingszwiebeln 287
Fuchsia 121, 122, 412, 420
    F. 'Autumnale' 122
    F. 'Genii' 121
Fungizide 418, 431, 432, 433
Funkie *siehe Hosta*

G

Gabione 84-85
Galanthus (Schneeglöckchen) 38, 40, 41, 211, 230-231
    G. nivalis 34-35, 39
Gänseblümchen 345, 349
Gardenia jasminoides 385
Garrya elliptica 195, 235
Gartenbohnen, Stangenbohnen, Buschbohnen (*Phaseolus vulgaris*) 229, 248-249
Gartendesign (Gartenstile) 16-17, 33, 176, 177, 243
Gartenkompost herstellen 358-359, 361
Gartenfolie 76-77, 405
Garten-Fuchsschwanz *siehe Amaranthus caudatus*
Gartenkies
    als Dränage in Töpfen 106, 130, 137, 139, 168, 169, 201
    als Abdeckung (Deko oder Mulch) 76-77, 82-83, 107, 119, 130, 171, 296
    für Lilien 124, 125
    für Rasen 206, 208, 209
Garten-Margerite *siehe Leucanthemum × superbum*
Garten-Ringelblume *siehe Calendula officinalis*
Gartensand 136, 137, 206, 209, 349, 422
Gartenschuppen 16, 22
Gartenstile 16-17, 176-177
Gaultheria (Scheinbeere, Rebhuhnbeere) 164
    G. mucronata 162-163
    G. m. 'Wintertime' 96
    G. procumbens 157, 164
    G. tasmanica 96
Gazania 65
    G. Chansonette-Serie 121
Gefurchter Dickmaulrüssler 429
Gehölzdünger 182, 187, 220, 235, 239, 317
Geißblatt *siehe Lonicera*
Gemeine Spinnmilbe 305, 429
Gemüse 16, 54, 90-91, 250-251, 260-261, 312-313
Geranie der Gärtner *siehe Pelargonium*
Geranium (Storchschnabel) 92-93, 416

G. phaeum 80
G. pratense 'Mrs. Kendall Clark' 69
Geum rivale 80
Gießkannen 22, 137, 406
Gladiolus 428
Glechoma (Gundermann) 132, 250-251
    G. hederacea 'Variegata' 132
Gloriosa superba (Ruhmeskrone) 129
Glyceria maxima 'Variegata' 328-329
Goldlack *siehe Erysimum*
Goldmohn *siehe Eschscholzia californica*
Goldregen-Bogen 186-187
Gräser 11, 115, 242, 348-349
    in Kübeln 114, 134
    in Rabatten 52-53, 70-71, 94-95, 244-245
    siehe auch Briza, Calamagrostis, Carex, Cortaderia, Deschampsia, Eragrostis, Festuca, Helictotrichon, Lagurus, Miscanthus, Panicum, Pennisetum, Setaria, Sorghum, Stipa
Grasrabatte 52-53
Grevillea rosmarinifolia 45
grober Sand *siehe* Feinsplitt
Grüne Bohnen 248-249, 261
Grünkohl 91
Grünlilie *siehe Chlorophytum comosum*
Gundelrebe *siehe Glechoma*
Gunnera manicata 84-85, 332, 333, 335
Guzmania dissitiflora 384
Gynura aurantiaca 371

H

Hainbuche *siehe Carpinus*
Hänge-Birke *siehe Betula pendula*
Hängepflanzen 130-133, 156-157, 312-313
    im Haus 370-371, 387
Hartriegel *siehe Cornus*
Hasel 306, 307
    siehe auch Corylus
Haselnüsse 307
Haustiere 55, 187, 427
Hauswurz *siehe Sempervivum*
Haworthia attenuata fo. *clariperla* 390
Hebe 352, 420
    H. × franciscana 'Silver Queen' 152
    H. 'Great Orme' 352
Hecken 11, 80, 81, 192-199, 295
    Buchs 90-91, 194, 197, 308-309
    unterpflanzen 80-81
Hecken für Wildtiere 192-193, 194
Hecken schneiden 192, 193, 199
Hedera (Efeu) 56-57, 100-101, 156-157, 212, 213, 370-371, 417
    H. colchica 238
    H. helix 189, 238, 370
    H. h. 'Cavendishii' 238
    H. h. 'Eva' 165

H. h. 'Glacier' 238
H. h. 'Little Diamond' 122
H. h. 'Oro di Bogliasco' 238
Heide *siehe* Calluna, Erica
Heidelbeeren 258, 301
Heiligenkraut *siehe Santolina*
Helenium (Sonnenbraut) 416
    H. 'Moerheim Beauty' 46-47
Helianthemum (Sonnenröschen)
    H. apenninum 152
Helianthus (Sonnenblume) 12, 54, 64-65, 72
    H. annuus 'Dwarf Yellow Spray' 64-65
    H. a. 'Teddy Bear' 64-65
Helictotrichon sempervirens 53, 164
Heliopsis helianthoides 'Loraine Sunshine' 82-83
Helleborus (Christrose) 35
    H. × hybridus 34-35
Hemerocallis (Taglilie) 90-91
Herbizide 21, 209, 402, 403, 423
Herbstfarben 96, 176, 220, 221, 234, 413
Herbstrabatte 94-95
Herzblume *siehe Dicentra*
Heuchera (Purpurglöckchen) 122, 140, 416
    H. 'Amber Waves' 148-149
    H. 'Beauty Colour' 74-75
    H. 'Plum Pudding' 122
Hibiscus (Roseneibisch) 78
    H. rosa-sinensis 129, 385
    H. syriacus 'Boule de Feu' 79
Himbeeren 292
Himmelsleiter *siehe Polemonium*
Hippeastrum (Ritterstern) 366-367
    H. 'Apple Blossom' 367
    H. 'Giraffe' 367
    H. 'Lucky Strike' 367
    H. 'Prelude' 367
Hochbeete 16, 54, 55, 154-155, 189, 254-259
Hochstämme 240-241
Holunder *siehe Sambucus*
Holzscheite 85
Holzstapel 355, 356, 425
Holztrog 338-339
Hopfen *siehe Humulus*
Hosta (Funkie) 31, 56, 122, 160-161, 181, 328-329, 416, 426
    H. 'August Moon' 160-161
    H. fortunei fo. *aurea* 160-161
    H. 'Francee' 160-161
    H. 'Great Expectations' 335
    H. 'Krossa Regal' 160-161
    H. sieboldiana 123
    H. undulata var. *albomarginata* 84-85
    H. u. var. *undulata* 340-341
Howea belmoreana 381

Hoya (Porzellanblume)
    H. carnosa 385
    H. lanceolata subsp. *bella* 385
Hummeln 13
Humulus (Hopfen)
    H. lupulus 'Aureus' 222-223, 224
Hunde 55
Hunds-Rose *siehe Rosa canina*
Hyacinthus 378, 379
    H. orientalis 'Blue Jacket' 39
Hydrangea (Hortensie) 45
    H. paniculata 412
    H. serrata 'Bluebird' 153
    H. villosa 37
Hydrogel-Polymer 110, 406
Hypericum calycinum 81
Hypoestes phyllostachya 371

I

Iberis umbellata 65
Ilex (Stechpalme) 189, 192, 347
    I. × altaclerensis 'Golden King' 240-241
    I. aquifolium 192, 193
    I. a. 'Madame Briot' 195
Immergrüne 156-157, 204, 205, 235, 413, 421
    Hecken 194, 195
Impatiens (Fleißiges Lieschen, Springkraut) 420
    I. walleriana (Fleißiges Lieschen) 122, 123, 132
Imperata cylindrica 'Rubra' 244-245
Indocalamus tessellatus 144-145
Ingwer 302, 303
Insekten 352-353
    Bestäubung 13, 346, 362, 425
    Nützlinge 324, 352, 355, 357, 362, 424, 425
    siehe auch Bienen, Schmetterlinge, Schädlinge
Insektizide 425, 428, 429
Ipomoea (Prunkwinde) 126
    I. purpurea 224
Iris (Schwertlilie9 31, 416
    Bart-Iris 170-171
    I. chrysographes 'Black Knight' 74-75
    I. laevigata 329, 338-339
    I. l. var. *alba* 340-341
    I. l. 'Variegata' 340-341
    I. sibirica 332
    I. s. 'Shirley Pope' 332
Itea ilicifolia 236
    I. virginica 236

J

Jahresplaner 24-25
Japanische Herbst-Anemone *siehe Anemone × hybrida*

Japanische Wollmispel *siehe Eriobotrya japonica*
Japanischer Ahorn *siehe Acer*
Jasminum (Jasmin) 118, 239, 398
    J. nudiflorum 239
    J. polyanthum 385, 399
Jäten 21, 23, 192, 206, 351, 402–403
    Rasen 423
    Werkzeug 22, 23
Johannisbeeren 295, 298
Jostabeeren 295
Judasbaum *siehe Cercis siliquastrum*
Juniperus (Wacholder) 142
    J. communis 'Compressa' 243
    J. c. 'Sentinel' 243
    J. 'Grey Owl' 150–151
    J. × *pfitzeriana* 'Gold Sovereign' 243
    J. procumbens 'Nana' 243
    J. scopulorum 'Blue Arrow' 243

K

Kakteen 17, 368, 381, 388–391
Kakteenschale 388–389
Kalanchoe 385
    K. blossfeldiana 391, 398
Kalidünger 316
Kalium 273, 316, 404, 422
Kalk 361, 423
Kalla *siehe Zantedeschia aethiopica*
Kalmia latifolia 45
Kamelie 44
Kamillenrasen 209
Kappen 100, 307
Kartoffeln 252–253, 433
Kätzchen 236–237
Katzen 55, 427
Katzenminze *siehe Nepeta*
Keimsprossen 266–267
Keimung 188, 276
Kerria japonica 'Golden Guinea' 58
Kichererbsen-Sprossen 267
Kies *siehe Gartenkies*
Kieselsteine 85, 166, 167, 328, 337, 344, 345, 368–369, 388
Kiesgärten 76–77, 344
Kinder 17, 54–55, 187, 266–267, 274
Kirsche *siehe Prunus*
Kirschen (Obstbäume) 297, 298, 321, 411, 432
Kleiner Winterling *siehe Eranthis hyemalis*
Kletternde Gartenbohnen 248–249
Kletterpflanzen 11, 13, 126, 212–213, 219, 251, 411, 417
    für den Winter 238–239
    in Kübeln 118–119, 126, 251
    Wilder Wein 220–221
    siehe auch Pergolen, Obelisken

Kletterrosen 212, 213, 224, 225, 411
Kniphofia (Fackellilie)
    K. 'Bees' Sunset' 46–47
    K. 'Percy's Pride' 244–245
Knoblauch 270, 271
Knollensellerie 257
Kohl 91, 262
Komposter 358–359
Komposterde 12, 13, 14, 15, 21
Kompostieren 358–359, 361
Koniferen 45, 242–243, 244–245
    Zwergkoniferen 100–101, 142, 150–151, 242, 243
Koriander 302, 311
Kornblume *siehe Centaurea cyanus*
Kornrade 349
Krankheiten 20, 410, 430–433
    vorbeugen 265, 410, 430, 431, 432–433
    siehe auch Sternrußtau, Triebsterben, Clematis-Welke, Echter Mehltau, Bleiglanz, Rußtau
Kräuter 90–91, 104, 169, 202, 250–251, 284–285, 308–315, 421
    asiatische Kräuter 302–303
Kräuterrondell 314–315
krautige Stauden *siehe* Stauden
Kresse 266
Kröten 55, 338, 355, 424, 425
Kübel 44, 110–111, 134–135, 405, 407
    als Tischdeko 168–169, 204
    Auswahl 104–105, 142–143, 161, 169, 171, 368, 387, 396
    bepflanzen 110
    Bäume 135, 188, 189
    Düngen 124, 125, 152, 161, 169
    Erde erneuern 124, 127, 139, 151, 171, 298, 335
    Frostschutz 128, 335, 409
    Gemüse 250–251, 253, 260–261, 312–313
    gruppieren 104, 142, 368
    Obstbäume 290–291, 293, 296–299
    Sträucher 135, 150–153, 164, 165
    siehe auch Hängekörbe, Töpfe, Blumenkästen
Kugeldistel *siehe Echinops*
Kumquat *siehe Fortunella japonica*
Kupferbänder 110, 161, 285, 426
Kürbis 276–279
    'Hasta la Pasta' 278
    'Hooligan' F1-Hybride 279
    'Little Gem Rollet' 279
    'Red Kuri' 278
    'Sunburst'-Hybride 250–251
    'Sweet Dumpling' 278
    'Trombocino' 251, 279
    'Turk's Turban' 278

L

Laburnum × *watereri* 185
Lagarosiphon major 327
Lage 176, 239
Lagerung 253, 257, 270, 271, 277, 278, 431
Lagurus (Hasenschwanzgras) 73
    L. ovatus 115
Lamium (Taubnessel) 122
    L. galeobdolon 122, 148–149
    L. maculatum 'Aureum' 157
    L. m. 'White Nancy' 58
Langzeitdünger 404
Lantana (Wandelröschen) 385, 420
    L. camara 129, 385
Lathyrus odoratus (Duft-Wicke) 72, 228–229
Lauberde 34, 35, 36, 360–361
Lauch 91, 264, 409, 428
Laurus nobilis (Lorbeer) 152, 172–173, 238, 241, 308, 309
Lavandula (Lavendel) 73, 80, 197, 308–309, 344, 345, 352, 421
    Hecken 194, 198–199
    L. angustifolia 268
    L. a. 'Blue Cushion' 82–83
    L. a. 'Hidcote' 352
    L. a. 'Munstead' 49
    L. a. 'Nana Alba' 79
    L. a. 'Twickel Purple' 194
    L. stoechas 50–51
    L. s. 'Willow Vale' 153
Lavatera (Malve) 412
Lavendel *siehe Lavandula*
Lehmboden 14
Leiter als Pflanzgestell 166–167
Leucanthemum (Margerite)
    L. × *superbum* 352
Leucothoe 'Scarletta' 162–163
Leycesteria formosa 97
Licht 12, 15, 394, 395
Ligularia (Goldkolben, Ligularie) 416
    L. stenocephala 'The Rocket' 333
Liguster *siehe Ligustrum*
Ligustrum (Liguster) 197
    L. obtusifolium 194
    L. ovalifolium 'Aureum' 81
Lilienhähnchen 124, 424
Lilium (Lilie) 124–125
    L. auratum 124
    L. candidum 124
    L. hansonii 124
    L. longiflorum 50–51
    L. 'Muscadet' 125
    L. Orienthybride 'Arabian Red' 124
    L. Orienthybride 'Star Gazer' 124
    L. Orienthybride 'Tiger Woods' 124
    L. regale 124
    L. 'Reinesse' 125

    L. speciosum var. *rubrum* 124
Limonium (Strandflieder) 73
    L. bellidifolium 137
Linsensprossen 267
Lithops pseudotruncatella subsp. *dentritica* 390
Lobelia (Lobelie) 130, 131
    L. erinus 166–167
    L. 'Hadspen Purple' 328–329
Lobularia maritima 'Snow Crystals' 352
Lonicera (Geißblatt) 212–213, 213, 345, 352, 412, 417
    L. kamtschatica 295
    L. nitida 'Baggesen's Gold' 81
    L. periclymenum 212–213, 353
    L. p. 'Serotina' 224
    L. × *purpusii* 412
Lorbeer *siehe Laurus nobilis*
Lorbeerbaum flechten 172–173
Lotus berthelotii 130, 131
Löwenmaul *siehe Antirrhinum*
Luftfeuchtigkeit 368, 374, 375, 376, 384, 385, 387
Lunja 267
Lupinus (Lupine) 68, 420
    L. 'Inverewe Red' 69
    L. 'The Governor' 350–351
Lychnis flos-cuculi 338–339
Lycium chinense (Bocksdorn) 295
Lysimachia nummularia 'Aurea' 121, 340–341
Lythrum virgatum 70–71

M

Macleaya (Federmohn) 418
Magnolia 408, 417
    M. liliiflora 'Nigra' 184
    M. stellata 408
Mähen 203, 208, 422
Mähkante 32–33
Mahonia (Mahonie) 48, 413, 421
    M. × *media*-Sorte 48
    M. × *wagneri* 82
Maianthemum racemosum 81
Maibeeren 295
Maiglöckchen *siehe Convallaria majalis*
Majoran 90–91
Malope trifida (Trichtermalve) 268, 269
Malus (Apfel) *siehe* Apfelbaum
Malus (Zierapfel)
    M. 'John Downie' 184
    M. × *magdeburgensis* 177
    M. × *moerlandsii* 'Liset' 176
Malve *siehe Lavatera, Malope*
Mammillaria blossfeldiana 391
    M. hahniana 388–389
Mandeln 306
Mangan 13
Mangold 250–251, 260

REGISTER 439

Maranta leuconeura 383
Margerite *siehe Anthemis, Leucanthemum*
Marienkäfer 352, 355, 425
Markerbsen 274, 275
Mauern 203, 219, 220, 234–235
  Obstbäume an Mauern 316–317, 321
Mauern für Wildtiere 354–355
Mauerspalten 204–205
Mauersträucher 234–235, 239, 411
Maulbeerbaum *siehe Morus*
Mäuse 290, 427
Meconopsis cambrica 77
Medinilla magnifica 128–129
mediterranes Obst 316–317
mediterrane Pflanzen 78–79, 345
Mehlbeere *siehe Sorbus aria*
mehrstämmige Bäume 182–183
Mentha (Minze) 310, 314–315
  M. cervina 327
  M. requienii 202
Mexikanische Bergpalme *siehe Chamaedorea elegans*
Miltoniopsis-Hybride (Stiefmütterchenorchidee) 372
Mineralien 13, 44, 273
Miniaturrosen 138–139, 415
Miniaturwald 189
Minze *siehe Mentha*
Miscanthus (Chinaschilf)
  M. sinensis 52–53, 94–95
  M. s. 'Morning Light' 52–53
  M. s. 'Zebrinus' 52–53,
Mist *siehe Stallmist*
moderne Gärten 17, 19, 84–85, 90–93, 154–155, 170–171, 242
Mohn *siehe Papaver*
Möhren 257, 409
Monarda (Indianernessel) 416
  M. didyma (Scharlach-Indianernessel) 268
  M. 'Mahogany' 353
Monstera deliciosa 381
Montbretie *siehe Crocosmia*
Moorbeeterde 258, 301
Morus nigra (Schwarzer Maulbeerbaum) 347
Mulche 309, 405, 407
Mulchen 327, 402, 405
Multitopf-Anzuchtplatten 109, 115, 120, 262, 302
Musa basjoo (Japanische Faser-Banane) 17, 60–61, 408
Muscari (Traubenhyazinthe) 41, 106–107, 163
  M. armeniacum 38
Muscheln 136, 405
Mutterboden 56, 206, 207, 255, 349, 427
Mutterkraut (*Tanacetum*) 77
Mykorrhizapilze 93, 139

Myosotis (Vergissmeinnicht) 19
  M. scorpioides 'Alba' 338–339
Myriophyllum aquaticum 327

N

Nachsäen 287
nachwachsender Blattsalat 286, 287
Nacktschnecken 290, 424, 425, 426
  fernhalten 110, 161, 285, 290, 300, 405, 424, 426
Nährstoffe 12, 13, 14, 176, 404, 431
Nährstoffmangel 13, 44, 431
Nahrung für Blätter 13
Narcissus (Narzisse)
  N. 'Bartley' 107
  N. 'Canaliculatus' 38
  N. 'Dove Wings' 107
  N. 'Soleil d'Or' 379
  N. 'Tahiti' 107
  N. 'Tête-à-Tête' 39, 379
  N. 'Topolino' 163
  siehe auch Osterglocke
Nasturtium (Brunnenkresse) 77
Narzissen 72, 106–107, 156, 187, 211, 379
  pflanzen 41, 211
  vortreiben 378, 379
  siehe auch Narcissus
Nelke *siehe Dianthus*
Nematoden 110, 427, 429
Nemesia (Nemesie) 133
  N. strumosa 'KLM' 121, 133
Nepeta (Katzenminze) 55, 416, 420
Nephrolepis exaltata 368
Nerium oleander (Oleander) 79
Nester für Bienen 362
Netze 208, 275, 295, 321, 427
Neuseelandflachs *siehe Phormium*
Nicotiana (Tabakpflanze, Zier-Tabak) 80
  N. 'Lime Green' 112, 140, 141
  N. 'Nicki' 121
Nigella (Schwarzkümmel) 73, 112
  N. damascena Persian-Jewel-Gruppe 77, 113
Nistkästen für Vögel 363
Nordfenster 382–383
Nüsse 306–307
Nymphaea (Seerose) 11, 326, 327, 328, 340–341, 342
  N. 'Alba' 340–341
  N. 'Albida' 328–329
  N. 'Escarboucle' 342
  N. 'Froebelii' 343
  N. 'Gonnère' 342
  N. 'Lemon Chiffon' 342
  N. 'Marliacea Chromatella' 343
  N. 'Odorata Sulphurea' 343
  N. 'Pygmaea Rubra' 340–341
  N. 'René Gérard' 342

N. 'Rose Arey' 342
N. tetragona 342
N. 'Virginalis' 343

O

Obelisken 216–218, 229
Obstbäume 297, 316–321, 346, 431, 432
  düngen 297
  schneiden 316, 317, 318, 321, 411
  Unterlagen 296, 297, 298, 299, 320
Ocimum (Basilikum)
  O. basilicum (Basilikum) 90–91, 310
  O. b. 'Magic Mountain' 312–313
Oncidium 374, 375
  O. 'Jungle Monarch' 373
Ophiopogon planiscapus 'Nigrescens' 96, 166–167
Opuntia tuna 388–389
Orangenblume *siehe Choisya*
Orchideen 372–377, 398
Oregano 310, 314–315
Orontium aquaticum 328–329
Osmanthus heterophyllus 'Goshiki' 150–151
Osmunda regalis 57
Osteospermum-Sorte 132
Osterglocke *siehe Narcissus*
Oxalis (Sauerklee) 402, 403

P

Paeonia (Pfingstrose) 72
  P. cambessedesii 97
  P. delavayi var. *lutea* 37
Palmen 104, 380, 382
Pampasgras *siehe Cortaderia*
Panicum virgatum 170–171
Papaver (Mohn) 77
  P. orientale 418
  P. rhoeas Shirley-Gruppe 112
Paphiopedilum (Venusschuh) 374, 375
  P. callosum-Hybride 373
Parodia
  P. magnifica 390
  P. pencillata 390
Parterre anlegen 308–309
Parthenocissus (Jungfernrebe, Wilder Wein)
  P. henryana 213, 221
  P. tricuspidata 213, 221
  P. t. 'Lowii' 221
Passiflora (Passionsblume) 213, 417, 420
pastellfarbene Rabatte 42–43
Pastinaken 265, 409
Pelargonium (Geranie der Gärtner, Pelargonie) 64–65, 121, 200–201, 420
  P. 'Horizon Series' 121
Pellaea (Klippenfarn) 387
  P. rotundifolia 387

Pennisetum (Lampenputzergras, Federborstengras)
  P. alopecuroides 52–53
  P. a. 'Little Bunny' 244–245
Penstemon (Bartfaden) 420
Pentas lanceolata (Stern von Ägypten) 398
Peperomia (Peperomie, Zwergpfeffer)
  P. caperata 'Luna' 382
  P. c. 'Luna Red' 368–369
Pergolen 220–211, 222–225, 238
Perovskia (Perowskie) 412, 419
Persicaria microcephala 'Red Dragon' 74–75, 336–337
Perückenstrauch *siehe Cotinus*
Pestizide 425, 428, 429
Petersilie 90, 91, 310, 312–313, 314–315
Petunia (Petunie) 132, 133
  P. Shockwave Series Pink 133
Pfahlwurzel-Jäter 23
Pfeifenstrauch *siehe Philadelphus*
Pfennigkraut *siehe Lysimachia nummularia*
Pfingstrose *siehe Paeonia*
Pfirsiche (*Prunus persica*) 298, 316, 317, 408
Pflanzbeutel für Tomaten 272–273
Pflanzbogen 187
Pflanzen 10–13
  Ansprüche 12–13
  Auswahl 12, 20, 29
  Gruppieren 19, 20, 315
  Lagern 21
Pflanzen (Einpflanzen) 18–19, 21, 22
  Bäume 178–179, 182, 190–191, 320
  Beerenfrüchte 291, 292, 293, 298
  Blumenzwiebeln 35, 40–41, 43, 107, 211
  Kletterpflanzen 118–119, 212–213, 239
  Mauersträucher 234–235
  Obstbäume 296, 318–319, 320, 321
  Stauden 30–31
  Sträucher 36, 235
  Taschenfarn 180–181
Pflanzen teilen 41, 127, 144, 291, 416
Pflanzenkrankheiten 430, 433
Pflanzenroller 128
Pflanzplan 18, 24, 25
Pflanztiefe 30, 31, 63, 119, 219, 252
  Bäume 178, 191, 320
  Blumenzwiebeln 41, 124
  Heckensträucher 193, 196, 197
  Rosen 93, 139, 193
  Sträucher 31, 36, 199, 234, 238
Pflaumen 297, 321, 411, 432
pflegeleichte Rabatte 82–83
Phalaenopsis (Malayenblume, Schmetterlingsorchidee) 372, 374, 375
Philadelphus (Pfeifenstrauch) 412, 419

P. 'Burfordensis' 48
P. microphyllus 153
Philodendron bipinnatifidum (Baum-Philodendron) 383
Phlox (Flammenblume, Phlox) 416
  P. nana 204
  P. paniculata 418
  P. stolonifera 56-57
Phormium (Neuseelandflachs) 117
  P. 'Bronze Baby' 117
  P. cookianum subsp. *hookeri* 'Tricolor' 60, 61, 117
  P. 'Jester' 117
  P. 'Sundowner' 78, 117
  P. tenax 'Variegatum' 117, 140
Phosphor 273, 404
Photinia (Glanzmispel) 241
  P. × fraseri 'Red Robin' 241
pH-Test für den Boden 14, 423
Phyllostachys bambusoides 'Holochrysa' 144-145
Picea (Fichte)
  P. abies 158
  P. pungens 243
  P. p. 'Koster' 242
Pieris japonica 'Flamingo' 152
Pilea depressa 396-397
Pilzerkrankungen 405, 415, 431, 432-433
Pilzkompost 15
Pinus (Kiefer) 242
  P. aristata 'Sherwood Compact' 242
  P. heldreichii 'Smidtii' 243, 244-245
  P. mugo 'Ophir' 244-245
Pittosporum (Klebsame)
  P. tenuifolium 'Silver Queen' 350-351
Plastikflaschen als Glocken 287, 426
Platycerium bifurcatum 387
Pleioblastus
  P. variegatus 144-145
  P. v. 'Tsuboii' 144-145
Plumbago (Bleiwurz) 385
  P. auriculata 385
Polemonium (Himmelsleiter) 416
  P. caeruleum 59
  P. viscosum 137
Polygonatum (Salomonssiegel) 31, 429
Polystichum (Schildfarn)
  P. polyblepharum 163
  P. setiferum 60-61
Pontederia cordata 328-329
Porzellanblume *siehe Hoya*
Potentilla fruticosa 'Goldfinger' 195
Prärieplanzen 28, 30, 70-71
Primula 164, 335, 337, 398
  P. Gold-laced-Gruppe 123
  P. japonica 332
  P. j. 'Miller's Crimson' 332
  P. obconica 399
  P. Polyanthus-Gruppe, Crescendo-Serie 165

P. pulverulenta Bartley-Hybriden 336-337
Prunkwinde *siehe Ipomoea*
Prunus (Kirsche, Pflaume, Mandel, Pfirsich, Schlehe) 177, 190-191, 297, 298, 306, 347, 411
  P. avium (Süß-Kirsche) 90-91
  P. incisa 191
  P. persica (Pfirsich) 317
  P. serrula 176, 182
  P. 'Shizuka' 191
  P. spinosa (Schlehe) 192, 193, 347
  P. 'Spire' 191
  P. × subhirtella 191
  P. × s. 'Autumnalis Rosea' 184
Pteris (Saumfarn) 387
  P. ensiformis 'Evergemiensis' 387
Pulmonaria (Lungenkraut) 416
  P. 'Lewis Palmer' 58
Pumpen 337, 344, 345
Punica granatum var. *nana* 385
Pyracantha (Feuerdorn) 234-235, 411
  P. 'Mohave' 195

Q

Quercus (Eiche) 189, 241

R

Rabatten 28-31, 64-65, 67, 416
  Cottage-Garten 66-67
  duftend 50-51
  feurig rot 46-47
  für Bienen 350-351
  Grasrabatte 52-53
  Herbstrabatte 94-95
  Pastelltöne 42-43
  pflegeleicht 82-83
  Prärierabatte 70-71
  schattig 36-37, 80-81
  vor Hecken 80-81
  Winterrabatte 100-101
Radicchio 289
Radieschen 261
Rankbogen 238
Rankgerüst 238
Rasen 17, 202, 203, 206-207, 208, 209, 422-423
  entfernen 29, 32, 255
  Kamille 209
  Rollrasen 206-207
  säen 208, 423
Rasenerde 422, 423
Räuber 424, 425, 426
Rauke 267, 287, 288, 289, 409
Rebutia 388-389
Recycling 29, 134-135, 405
Regentonnen 406
Regenwasser 22, 304, 305, 374, 376, 384, 406

Regenwürmer, Kompostwürmer 12, 361
Reifen 54, 135
Rhabarber 300
Rhodochiton atrosanguineus 224
Rhododendron 44, 417, 432, 433
  R. 'Hydon Dawn' 152
  R. luteum 49
  R. mucronulatum 44-45
Ribes (Johannisbeere, Stachelbeere) 412, 419
  R. × nidigrolaria (Jostabeeren) 295
  R. sanguineum (Blut-Johannisbeere) 37
Rindenmulch *siehe Mulche*
Ringelblume *siehe Calendula*
Rippenfarne (*Blechnum gibbum*) 383, 387
Ritterstern (*Hippeastrum*) 366-367
Rodgersia (Bronzeblatt, Rodgersie, Schaublatt) 332
  R. sambucifolia 332
romantische Kübel 104, 105, 126-127, 241
Romneya (Strauchmohn) 418
Rosa (Rose)
  R. canina 192, 193, 352
  R. 'Compassion' 225
  R. 'Escapade' 48
  R. 'Gertrude Jekyll' 50-51
  R. glauca 193
  R. 'Golden Shower' 235
  R. 'Regensburg' 138-139
  R. 'Rose of Picardy' 90-91, 350-351
  R. rugosa 'Rubra' 37
  R. 'Seagull' 222-223
  R. 'Summer Wine' 268
  R. 'Winchester Cathedral' 92-93
Rosen 73, 80, 139, 268, 345, 352, 429
  Alte Rosen 51
  düngen 93, 139
  Hecken 193
  Hochstämme 241
  Kletterrosen 212, 213, 224, 225
  Krankheiten 415, 432
  Miniaturrosen 138-139, 415
  pflanzen 51, 93, 193
  schneiden 351, 411, 415
  Sorten 415
  Stecklinge 419
  Wildrosen 193
  siehe auch Rosa, Rosenbögen, Rosengärten
Rosenbögen 222-223, 238
Rosendünger 93, 139
Rosengärten, moderne 92-93
Rosenkohl 265
Rosmarin *siehe Rosmarinus officinalis*
Rosmarinus officinalis (Rosmarin) 241, 308, 309, 311, 421
Rosskastanie 188, 429

Rote Bete 256, 267
Rote Johannisbeere 298
Rucola *siehe Rauke*
Rudbeckia (Sonnenhut) 72, 416
  R. hirta 'Prairie Sun' 154-155
Rundblättrige Minze (*Mentha suaveolens*) 310
Rußtau 427, 433

S

Säckelblume *siehe Ceanothus*
Saintpaulia (Usambaraveilchen) 398
Salbei *siehe Salvia*
Salix (Weide) 182, 230-231, 419
  S. alba 232
  S. a. var. *vitellina* 'Britzensis' 100-101
  S. caprea 'Kilmarnock' 237
  S. hastata 237
  S. h. 'Wehrhahnii' 236
  S. lanata 236
  S. reticulata 237
Salomonssiegel *siehe Polygonatum*
Salvia (Salbei) 311, 420, 421
  S. farinacea 166-167
  S. f. 'Strata' 64-65
  S. officinalis 'Tricolor' 148-149
  S. sclarea var. *turkestanica* 66, 67
  S. × sylvestris 'Mainacht' 74-75
Sambucus (Holunder) 346, 347, 413, 419
Samen 13, 108-109, 112-113, 115, 266, 283
  Bäume 188-189
  Keimung 12, 188, 276, 349
  säen 108, 228, 249, 261, 430
  Sprossen 266, 267
  Wildblumen 349
Sämlinge 64, 109, 251, 302, 409, 430
  auspflanzen 64, 229, 249, 262, 264
  umtopfen 109-111, 280
Sand 136, 137, 202, 206, 207, 209, 349, 388, 389
  siehe auch Gartensand
  grober Sand *siehe* Feinsplitt
sandiger Boden 14, 15, 78, 317
Sandkästen 54
Sansevieria trifasciata 383
Santolina (Heiligenkraut) 308-309, 419
Sarcococca (Fleischbeere, Schleimbeere) 421
  S. confusa (Schleimbeere) 49
Sauerklee *siehe Oxalis*
Sauerstofferzeuger 326, 327, 328, 339, 341
saure Böden 14, 423
säureliebende Pflanzen 44-45, 162, 258, 294, 295, 301
Saxifraga (Steinbrech) 203
  S. juniperifolia 137
  S. stolonifera 'Tricolor' 58

Scabiosa lucida 357
Schachbrettmuster 202–203
Schachtelhalm (Unkraut) 403
Schachtelhalm siehe Equisetum
Schädlinge 20, 257, 259, 290, 424–429, 431,
  nützliche Räuber 352, 355, 424, 425, 426
  siehe auch Tiere, Flohkäfer, Lilienhähnchen, Schmierläuse, Tauben, Spinnmilben, Schildläuse, Nacktschnecken, Gefurchter Dickmaulrüssler
Schafgarbe siehe Achillea
Schalotten 270, 271
Scharlach-Indianernessel siehe Monarda didyma
Schatten 15, 18, 80, 81, 176, 177, 219, 328
schattenliebende Pflanzen 12, 36–37, 56–57, 81, 122–123, 187, 382–383
schattige Flächen 34–37, 56–57, 80
Schaukeln 54
Schiefer 33, 85, 137, 151, 309, 355, 405
Schiefersplitt 33, 309
Schiefertrog 137
Schildläuse 304, 428
Schlehe siehe Prunus spinosa
Schleimbeere siehe Sarcococca confusa
Schlumbergera (Weihnachtskaktus) 395
Schmetterlinge 17, 54, 198, 265, 310, 347, 353, 357
Schmetterlingsstrauch siehe Buddleja
Schmierläuse 304
Schnecken 110, 161, 284, 285, 339, 424, 425, 426
Schneeball siehe Viburnum opulus
Schneeglöckchen siehe Galanthus
Schnitt 22, 23, 410–415
  Bäume 182, 187, 191, 306, 307, 347, 411
  Beerensträucher 292, 293, 295, 298
  Blauregen 226–227
  Clematis 119, 239, 412, 414
  Formschnitt (etablierte Pflanzen) 98
  für bunte Zweige 230–231
  Hochstämme 240–241
  krankes Material 410, 412, 413, 415, 430, 431, 432, 433
  Kräuter 315
  Mauersträucher 235
  Obstbäume 316, 317, 318, 319, 321, 411
  Rosen 351, 411, 415
  Sträucher 44, 82, 235, 238, 412–413
  siehe auch Hecken schneiden
Schnittblumen 72–73, 86
Schnittlauch 166–167, 288, 289, 311, 312–313, 314–315
Schöne Fetthenne siehe Sedum spectabile

Schuffelhacke 23, 402
Schüttkörbe (Gabione) 84–85
Schutznetz 258, 259, 265, 287
Schwarzkümmel siehe Nigella damascena
Schwarzäugige Susanne siehe Thunbergia alata
Schwebfliegen 352, 425
schwere Böden 14, 15
Schwiegermutterzunge siehe Sansevieria trifasciata
Scilla siberica 38
Scirpus cernuus 381
Sedum (Fetthenne, Mauerpfeffer) 31, 40
  S. acre 84, 85, 357
  S. 'Herbstfreude' 94–95
  S. 'Lemon Coral' 148–149
  S. spathulifolium 'Cape Blanco' 204
  S. s. 'Purpureum' 137
  S. spectabile 70–71, 353
  S. telephium 'Bressingham Purple' 82–83
Seerose siehe Nymphaea
Seerosenteich 340–341
Segge siehe Carex
selbstaussäende Pflanzen 11, 43, 77, 115
Sempervivum (Hauswurz) 136, 169, 203
Senecio (Greiskraut, Kreuzkraut)
  S. cineraria 65
  S. c. 'Silver Dust' 165
  S. rowleyanus 381
Setaria italica 115
Setzlinge 64, 120–121, 251
Sicherheit 54, 55, 187, 344, 345, 405, 411
Sichtschutz 62–63, 171, 194
Sickerschläuche 80, 233, 331, 407, 422
Silene acaulis 137
Sisyrinchium (Grasschwertel) 31
Sitzbereiche 15, 16, 48, 177, 238, 341
Skimmia ((Skimmie) 417
  S. japonica 'Rubella' 150–151, 156, 165
Solanum crispum 'Glasnevin' 225
Soleirolia soleirolii 16, 84–85, 169, 202, 368–369
Solenostemon scutellarioides 132
Sommerrabatte 82–83
Sonnenblume siehe Helianthus
sonneliebende Pflanzen 12, 35, 66–69
sonnige Flächen 46–47, 52, 74–75, 170–171, 200–201
Sorbus
  S. aria (Gewöhnliche Mehlbeere) 347
  S. vilmorinii (Rosafrüchtige Eberesche, Vilmorins Eberesche) 176
Sorghum nigrum 115
Spaliere 118–119, 213, 220, 229, 293, 298
Spargelerbse 250–251
Spathiphyllum (Blattfahne) 394
  S. 'Mauna Loa' 382

  S. wallisii 380
Spielbereiche 17, 54, 202, 233
Spinat 263
Spinnmilbe siehe Gemeine Spinnmilbe
Spiraea (Spierstrauch) 419
  S. 'Arguta' 412
Splitt 15, 29
Spritzen (Insektizid, Fungizid) 428, 429, 431, 432
Sprossen 266–267
Sprudelbrunnen 344–345
Spurenelemente (Mikronährstoffe) 13, 404
Stachelbeeren 295, 298, 429
Stachys officinalis 'Hummelo' 127
Stadtgärten 90–91
Stallmist 12, 13, 15, 21, 29, 249, 404
Stauden 11, 19, 20, 30–31
  Cottage-Gärten 66–69, 126
  schneiden 52, 67, 71, 96, 351
  Schnitt- und Trockenblumen 72, 73
  stützen 67, 95, 351
  vermehren 127, 416, 418, 420, 421
Stechpalme siehe Ilex
Stecklinge 418–421
Steingarten im Schatten 56–57
Stephanotis floribunda 385
Sternrußtau 415, 432
Stickstoff 273, 275, 404, 422
Stipa (Federgras, Pfriemgras, Espartogras)
  S. calamagrostis 52–53
  S. gigantea 244–245
  S. splendens 52–53
  S. tenuissima 46–47, 74–75, 77, 94–95, 114, 163, 170–171
Stockausschlag 100, 230–231
Stockrose siehe Alcea
Storchschnabel siehe Geranium
Strandflieder siehe Limonium
Strand-Silberkraut siehe Lobularia maritima
Sträucher 11, 18, 20, 36–37, 82, 240–241, 352
  im Kübel 135, 150–153, 164, 165
  pflanzen 36, 235
  vermehren 417, 419, 421
  schneiden 235, 412–413
  Mauersträucher 234–235, 239, 411
Strauchrosen 415
Streptocarpus (Drehfrucht) 365, 385
  S. 'Bethan' 368–369
Stresssymptome 431
Stroh 87, 253, 257, 265, 277, 291, 355, 405, 408, 409
Strohblume 73
Stromquellen 337, 345
Struktur in der Rabatte 74–75
strukturale, architektonische Pflanzen 116–117, 180–181, 380–381

Studentenblume siehe Tagetes
Stützen 47, 64, 86, 280, 296
  Bäume 179, 182, 189, 191, 306, 307, 320
  Stauden 67, 95, 351
  Tomaten 272, 273
Styrax obassia 177
Sukkulenten 17, 31, 104, 136–137, 169, 368, 390–391
Sumpf-Dotterblume siehe Caltha palustris
Sumpfbeet 330–331
Sumpfpflanzen 326, 332–335
Superfrüchte 294–295
Sutera cordata 138–139
Syringa (Flieder) 417

T

Tabak siehe Nicotiana
Tagetes (Studentenblume) 108, 111, 135, 142, 268
  T. Gem-Serie 'Tangerine Gem' 269
Taglilie siehe Hemerocallis
Tanne siehe Abies
Taschenfarn 180–181, 408
Tauben 265, 427
Taxus baccata (Eibe) 80, 81, 194, 197
Teehybriden 415
Teiche 55, 324–329, 340–341, 424, 425
Teiche für Wildtiere 324–327
Teicherde 324, 327, 328, 339, 341
Teichfolie 324, 326, 330–331, 337, 339
Teichpflanzen 324, 325, 326, 327, 338–339
Tellima grandiflora 59
Terrakottatöpfe siehe Tontöpfe
Terrassen 16, 18, 140–143, 148–149, 154–155, 170–171
  Gemüse 250–251, 253, 280
  Obst 298–299, 304
Thuja (Lebensbaum, Thuja)
  T. occidentalis 'Caespitosa' 243
  T. o. 'Smaragd' 243
Thunbergia alata 64–65
Thymus (Thymian) 169, 202, 308, 309, 310, 312–313, 314–315
  silberblättriger Thymian 50–51
  T. 'Doone Valley' 357
  T. pulegioides 'Archer's Gold' 162–163
Tiere 41, 55, 187, 290, 324, 347, 427
Tillandsia (Greisenbart, Luftnelke, Tillandsie) 384
  T. cyanea 384
Tischdekoration 168–169
Tolmiea menziesii 371
Tomate 90–91, 251, 272–273, 312–313, 429, 432, 433
  'Costoluto Fiorentino' 250–251
  'Gardeners' Delight' 250–251

'Tumbling Tom' 250–251
Tomatendünger 124, 125, 167, 251, 273, 290, 313, 404
    für Obst und Gemüse 277, 280, 290, 291, 293, 297, 298, 313
Tonböden 14
    verbessern 15, 29, 41, 51, 67, 71, 82, 91
    siehe auch schwere Böden
Tontöpfe, Terrakottatöpfe 104, 105, 110, 150–151, 407, 409
Töpfe 64, 200–201, 229
    frostsicher 105, 143, 150–151, 161, 162, 344–345, 409
    Ton 104, 105, 110, 150–151, 407, 409
    siehe auch Kübel
Townsendia jonesii 137
Trachelospermum jasminoides 225
Tradescantia fluminensis 'Variegata' 371
Traubenhyazinthe *siehe Muscari*
Tricyrtis formosana 81
Trifolium repens 'Purpurascens Quadrifolium' 92–93
Trockenblumen 72, 73
trockener Schatten 57, 58–59
trockenheitstolerante Pflanzen 80, 82, 116, 136–137, 169, 171, 199, 406
    Kiesgärten 76–77
Trockenmauern 203, 204–205
Trollblume *siehe Trollius europaeus*
Trollius europaeus 333
Tropaeolum (Brunnenkresse) 54, 64–65, 77, 108, 111, 268, 312–313, 429
    T. majus 269
    T. speciosum 225
Tropen-Flair 17, 60–61, 128–129
Tsuga canadensis 'Cole's Prostrate' 243
Tulipa (Tulpe) 19, 40, 41, 72, 106–107, 187
    T. 'Diana' 107
    T. 'Madame Lefeber' 107
    T. 'Oriental Splendour' 107
    T. 'Prinses Irene' 38
    T. sprengeri 39

U

Überwintern 61, 87, 124, 128, 129, 181, 408
Uferpflanzen 326, 328, 338, 339, 340, 341
Umfallkrankheit 430, 431
Umgraben 21, 22, 23, 29
Umtopfen 104, 108, 127, 144, 151, 159, 327, 367, 370
    Zimmerpflanzen 394, 395
Universalerde 159
Unkräuter 12, 21, 23, 77, 91, 192, 356, 402–403, 423, 423
    jäten 21, 23
    unterdrücken 56, 76–77, 179, 309, 319, 337, 405

Unkrautvernichter 21, 209, 402, 403, 423
Unkrautvlies 405
Unterlagen, zwergwüchsige 296, 297, 298, 299, 320
Unterpflanzung 36, 37, 181, 182–183, 186–187, 191
Unterwasserpflanzen 11, 326
    siehe auch Sauerstofferzeuger
Usambaraveilchen *siehe Saintpaulia*

V

Vegetationsmatten für Dächer 356–357
Veilchen *siehe Viola*
Verbascum (Königskerze) 31, 418
    V. 'Gainsborough' 350–351
    V. olympicum 66, 67
Verbena (Eisenkraut, Verbene) 420
    V. bonariensis 28, 29, 77
    V. 'Derby' 130, 131
    V. 'Peaches 'n' Cream' 130, 131
Vergissmeinnicht *siehe Myosotis*
Vermehrung 13, 416–421
Vermiculit 114
Veronica (Ehrenpreis) 416
    V. spicata 'Alba' 92–93
    V. s. 'Rosenrot' 127
Viburnum (Schneeball) 417, 419
    V. carlesii 'Aurora' 49
    V. davidii 58
    V. opulus 193, 428
    V. sieboldii 82
    V. tinus 96, 428
    V. t. 'Variegatum' 153
Viola (Veilchen) 56–57, 92–93, 122, 163, 312–313, 314–315
    V. Princess-Serie 122
    V. tricolor 268
    V. × *wittrockiana*-Sorte 164
    winterblühend 114, 156, 157, 163
Viren 427, 431
Vitis (Weinrebe)
    V. coignetiae 220
    V. vinifera 'Purpurea' 220
Vlies 61, 298, 316, 317, 408, 409, 418
Vögel 55, 324, 328, 362, 424, 427
    Futter 70, 96, 179, 234, 346, 347, 425
    Nistplätze 346, 347, 363, 425
    Schutz 208, 265, 294, 295, 321, 349, 427
Vortreiben
    Blumenzwiebeln 378–379
    Rhabarber 300
Vriesea 381, 384

W

Wachstum 12–13
Waldpflanzen 34–35, 36, 80, 189
Wasser 12, 55, 406

Besprühen 374, 376, 384, 428, 429, 431, 432
Wasserlinse 327, 339
Wässern 12, 23, 406–407
Wasserpflanzen, Teichpflanzen 11, 324, 325, 326, 327, 338–339
Wasserspeicher-Granulat 110, 406
Wege, Pflanzen für 204–205
Wegplatten legen 202–203
Weide 230–233, 259, 355
    siehe auch Salix
Weidenhecke 232–233
Weigela (Weigelie) 412, 417, 419
Weihnachten, Pflanzen für 366–367, 378–379, 392–393
Weihnachtsbäume umtopfen 158–159
Weihnachtskaktus *siehe Schlumbergera*
Weihnachtsstern *siehe Euphorbia pulcherrima*
Weinrebe *siehe Vitis*
Weißdorn *siehe Crataegus*
Weiße Johannisbeeren 298
Weizen-Sprossen 267
Werkzeug 22–23, 98, 99, 410, 411
    Pflege 23, 99, 430, 431
Westlicher Erdbeerbaum *siehe Arbutus unedo*
Wiesen 348–349
Wiesen-Kerbel 349
Wildblumenwiesen 348–349
Wilde Artischocke *siehe Cynara cardunculus*
Wilder Wein 220–221
Wildrosen 193, 415
Wildtiere 70, 96, 356–357, 362–363
    Bäume 346–347
    Hecken 80, 192–193, 194, 347, 355
    Teiche und Tröge 55, 324–327, 338–339
    Wiesen 348–349
    siehe auch Bienen, Vögel, Insekten
Winterblühende Begonie 399
winterblühende Stiefmütterchen 163
winterblühende Veilchen (Winterveilchen) 114, 156, 157, 163
winterblühende Zimmerpflanzen 398–399
winterlicher Blumenkasten 162–163
Winterrabatte 100–101
Winterschmuck, Herbstschmuck 70–71, 94–95, 100–101, 238–239, 245
    Kübel 156–157, 162–165
Winterschutz (Frostschutz) 61, 87, 116, 117, 128, 140, 180–181, 252, 257, 265, 316, 317, 408, 409, 413
Wirsing 262
Wisteria (Blauregen, Glyzine, Wisterie) 226–227, 241, 417
Wolfsmilch *siehe Euphorbia*
Wollläuse 304

Wurmfarmen 361, 404
Wüstenbeet 17
Wurzelgemüse 256–257
Wurzeln 12, 13, 20, 318, 374
    ausdauernde Unkräuter 402
    verfilzte Wurzeln 20, 31, 178, 394, 395
    Wurzelsperren 63, 316
wurzelnackte Pflanzen 21, 62–63, 196, 307, 320

X

Xerochrysum (Strohblume) 73

Y

Yucca (Palmlilie) 17, 116

Z

Zantedeschia (Kalla, Zimmerkalla)
    Z. aethiopica 60–61, 328–329, 332, 340–341
    Z. a. 'Crowborough' 335
Zierapfel *siehe Malus*
Zierbanane (*Ensete*) 128–129
Zierquitte *siehe Chaenomeles*
Zimmerpflanzen
    Blätter reinigen 381
    düngen 367, 374, 393, 394, 395
    erneute Blüte 393, 394–395
    Kübel für 368, 380, 381, 384, 387, 396
    umtopfen 394, 395
    Urlaubspflege 385
    wässern 384, 385, 387, 393, 395, 396
Zinnia (Zinnie) 72
    Z. elegans 'Peppermint Stick' 112
Zistrose *siehe Cistus*
Zitronenbäume aus Kernen 304
Zitronengras 302, 303
Zitronen-Melisse (*Melissa officinalis*) 310, 314–315
Zucchini 251, 268, 276–277, 279
Zucchini 'Badger Cross' F1 279
Zuckererbse 274, 275
Zuckermais 282–283
Zweijährige 11, 114
Zwergkoniferen 100–101, 142, 150–151, 242, 243
Zwergnarzissen 379
zwergwüchsige Unterlagen 296, 297, 298, 299, 320
Zwiebeln 270, 428

Bildnachweis

Der Verlag dankt den folgenden Personen und Institutionen für die Erlaubnis zum Abdruck ihrer Fotografien:

(Schlüssel: o-oben; u-unten; M-Mitte; a-außen; l-links; r-rechts; go-ganz oben)

2-3 Photolibrary: Friedrich Strauss. **4 Marianne Majerus Garden Images:** Marianne Majerus/Elton Hall, Herefordshire. **5 GAP Photos:** Richard Bloom (r). **Photolibrary:** Michele Lamontagne (l). **6 GAP Photos:** Victoria Firmston (l). **Photolibrary:** John Glover (r). **7 Photolibrary:** Flora Press (l); Friedrich Strauss (r). **8-9 Photolibrary:** Francesca Yorke. **10 Dorling Kindersley:** Design: Mike Harvey & Arun Landscapes, The Unwind Garden, RHS Hampton Court 2007. **11** Caroline Reed (ur). **12 Getty Images:** picturegarden (Mr). **13 GAP Photos:** Brian North (uM). **Photolibrary:** Nicholas Rigg (gol). **16 Dorling Kindersley:** Design: Mark Gregory, The Children's Society Garden, RHS Chelsea 2008 (alle u). **The Garden Collection:** Nicola Stocken Tomkins (Mo). **17 Dorling Kindersley:** Design: Mike Harvey & Arun Landscapes, The Unwind Garden, RHS Hampton Court 2007 (Mro). **Getty Images:** Ron Evans (Mlo). **Marianne Majerus Garden Images:** Steven Gunther (ul); David Matzdorf (gor); Bennet Smith/Design: Hazeldean, Beard and Hazeldean, On the Square, RHS Hampton Court 2008 (Mlu). **18 Getty Images:** Jules Frazier Photography (Mro); Mark Turner (uM). **19 Getty Images:** Chris Mellor (ul). **20 Getty Images:** Jules Frazier Photography (gor). **22 Getty Images:** FhF Greenmedia (oMl); Victoria Firmston (Ml); Zara Napier (Mlo). **26-27 Marianne Majerus Garden Images:** Marianne Majerus/RHS Garden, Wisley. **28 Marianne Majerus Garden Images:** Marianne Majerus/RHS Floral Celebration 2008, Inner Temple. **31 Dorling Kindersley:** Design: Cleve West, The Bupa Garden, RHS Chelsea 2008 (gor). **Marianne Majerus Garden Images:** Marianne Majerus/RHS Floral Celebration 2008, Inner Temple (Ml). **33 Dorling Kindersley:** Design: James Mason & Chloe Gazzard, The Path Not Taken, RHS Hampton Court 2007 (gor). **GAP Photos:** Jonathan Buckley, Design: Simon Hopkinson, Location: Hollington Herb Nursery (Mro). **34-35 Photolibrary:** Garden Pix Ltd. **37 Marianne Majerus Garden Images:** Marianne Majerus/Longacre, Kent (l). **40 Getty Images:** Mark Bolton. **42-43 Dorling Kindersley:** Design: Denise Preston, The Largest Room In The House, RHS Chelsea 2008. **44 Dorling Kindersley:** Design: Tomoko Osonoe, The Modern Rock Garden, RHS Chelsea 2009. **44-45 GAP Photos:** Anne Green-Armytage, Design: Kay Yamada. **46-47 Dorling Kindersley:** Design: Kari Beardsell, Benecol's Prism Garden, RHS Hampton Court 2008; www.bluebridge-gardendesign.co.uk. **48 Alamy Images:** Photofrenetic (Mr). **49 GAP Photos:** FhF Greenmedia (ur). **50-51 Dorling Kindersley:** Design: Laurie Chetwood & Patrick Collins, Perfume Garden, RHS Chelsea 2009; www.chetwoods.com. **52-53 GAP Photos:** S & O. **54 Dorling Kindersley:** Design: Jon Wheatley, Mary Payne & Terry Porter, The Growing Tastes Allotment Garden, RHS Hampton Court 2009 (ul). **Getty Images:** JGI/Jamie Grill (ur). **55 Dorling Kindersley:** Design: Amanda Yorwerth (gor). **59 Getty Images:** Richard Bloom (l). **60-61 Dorling Kindersley:** Design: Annie Guilfoyle; www.annieguilfoyle.com. **62 Dorling Kindersley:** Design: Koji Ninomiya & Takumi Awai, A Japanese Tranquil Retreat Garden, RHS Chelsea 2009. **63** Caroline Reed (ur). **66-67 Harpur Garden Library. 70 GAP Photos:** Neil Holmes, Design: Piet Oudolf (ul). **Marianne Majerus Garden Images:** Marianne Majerus/Piet Oudolf (ur). **70-71 GAP Photos:** Neil Holmes, Design: Piet Oudolf. **71 GAP Photos:** Neil Holmes, Design: Piet Oudolf. **72 Marianne Majerus Garden Images:** Marianne Majerus (Mu). **73 Getty Images:** Christina Bollen (go). **74-75 Dorling Kindersley:** Design: Ian Dexter, Marshalls Garden That Kids Really Want, RHS Chelsea 2008. **76 GAP Photos:** Clive Nichols, Design: Clare Matthews (Mr). **77 GAP Photos:** Juliette Wade (gor). **81 Getty Images:** Geoff du Feu (uM); Travel Ink (Mro). **82 GAP Photos:** Richard Bloom (Mo). **Getty Images:** Lee Avison (Mro); Richard Bloom (uM). **83 GAP Photos:** Richard Bloom. **84 Dorling Kindersley:** Design: Alan Burns & Philip Dugdale, Cubed3, RHS Tatton Park 2009; tel:07921860092. **86 Getty Images:** Mark Turner (l). **89** Caroline Reed (gor). **90-91 Dorling Kindersley:** Design: Adam Frost, Back To Work, RHS Hampton Court 2009; www.adamfrost.com (alle). **92 Dorling Kindersley:** Design: Jeff Hewitt, Jacob's Ladder, RHS Chelsea 2009; www.hewittlandscapes.co.uk. **94-95 Clive Nichols:** Pettifers Garden, Oxfordshire. **96 GAP Photos:** Pernilla Bergdahl (l); Elke Borkowski (Mr); Graham Strong (ur); John Glover (gor). **97 GAP Photos:** Rob Whitworth (l). **Marianne Majerus Garden Images:** Andrew Lawson (Mr). **99 Dorling Kindersley:** Design: Lynda Baguley, Angela Bell & Robert Walker, Let Knowledge Grow, RHS Tatton Park 2009. **100-101 GAP Photos:** Elke Borkowski. **102-103 Marianne Majerus Garden Images:** Andrew Lawson/Bourton House, Glos. **104 Getty Images:** GAP Photos (u).

112 Alamy Images: John Glover (gor). **125 GAP Photos:** Friedrich Strauss. **127 GAP Photos:** Friedrich Strauss (go). **128 GAP Photos:** Jerry Harpur, Design Richard Hartlage (Ml). **128-129 GAP Photos:** Jerry Harpur, Design Richard Hartlage. **129 Getty Images:** Dave Zubraski (ur). **135 Dorling Kindersley:** Design: St John the Divine Church of England Primary School, I Promise, RHS Hampton Court 2009 (ur). **Getty Images:** Mark Bolton (uM). **137 Dorling Kindersley:** D'Arcy & Everest (u). **140 GAP Photos:** FhF Greenmedia (ur). **142 Dorling Kindersley:** Design: Knoll Gardens (gor); Design: Carole Dixon, London Gardens Society, RHS Hampton Court 2009 (ur). **Photolibrary:** J S Sira (l). **143 Getty Images:** Jason Lowe (Mr). **144-145 Getty Images:** GAP Photos. **146 Dorling Kindersley:** Design: Lloyd Christie. **148-149 GAP Photos:** Friedrich Strauss. **150 GAP Photos:** Graham Strong. **154-155 Photolibrary:** J S Sira; Design: Phillippa Probert, Revolution Garden, RHS Tatton Park 2009; www.outerspaces.org.uk. **158 Corbis:** Gary Braasch (Mlu). **159 Getty Images:** Pernilla Bergdahl (ur). **167 Getty Images:** Tim Gainey (ul). **169 GAP Photos:** Friedrich Strauss (Mru). **Getty Images:** GAP Photos (Mro). **170-171 GAP Photos:** Jerry Harpur/Design: Christopher Bradley-Hole for Gail Thoreson and Tim Macklem. **173 Dorling Kindersley:** Design: Yvonne Matthews, Catherine Parr Garden, RHS Hampton Court 2009. **174-175 Marianne Majerus Garden Images:** Marianne Majerus/The Manor House, Stevington, Bedfordshire/Kathy Brown. **177 GAP Photos:** Elke Borkowski (gol); Juliette Wade (Mr). **182-183 Dorling Kindersley:** Design: Niki Palmer Garden Designs, Enchanting Escape, RHS Hampton Court 2009. **184 Caroline Reed** (Mro). **186-187 GAP Photos:** Clive Nichols. **187 Dorling Kindersley:** Steven Wooster (ur). **189 Dorling Kindersley:** Design: Ivan Hicks, Future Gardens; www.futuregardens.org (go). **190 Photolibrary:** Brigitte Thomas. **191 Getty Images:** Christina Bollen (ur); Nancy Nehring (Mro). **193 Getty Images:** Rob Whitworth (r). **197 Dorling Kindersley:** Design: Luciano Giubbilei, Laurent-Perrier Garden, RHS Chelsea 2009 (go). **200-201 GAP Photos:** Jo Whitworth. **202 GAP Photos:** J S Sira (go). **206-207 Dorling Kindersley:** Design: Nigel Boardman & Stephen Gelly, Hope Begins at Home, RHS Hampton Court 2009. **208 Alamy Images:** The Garden Picture Library. **Dorling Kindersley:** Design: Mike Harvey & Arun Landscapes, The Unwind Garden, RHS Hampton Court 2007 (Mro). **209 Dorling Kindersley:** Design: Robert Myers, The Cancer Research Garden, RHS Chelsea 2008 (go). **212 Getty Images:** Richard Bloom (go). **213 Photolibrary:** Rex Butcher (Mro). **220-221 Dorling Kindersley:** Design: Fran Coulter; frances.coulter@btinternet.com. **226 Caroline Reed** (Mro). **227 The Garden Collection:** Jonathan Buckley – Design Judy Pearce (go). **229 Getty Images:** Howard Rice (ul). **233 Getty Images:** GAP Photos (ur). **235 Getty Images:** Maddie Thornhill (gor); Mark Turner (ur). **238 GAP Photos:** S & O. **239 GAP Photos:** Howard Rice (gor); Richard Bloom (Mlu). **Getty Images:** Jonathan Buckley (Mlo). **241 Getty Images:** GAP Photos (Mr) (oMr). **Marianne Majerus Garden Images:** Marianne Majerus (ur). **242 Dorling Kindersley:** Design: Graham Bodle, A Shared Space, RHS Tatton Park 2009 (u); Richard Bloom (gor). **243 Getty Images:** Adrian Bloom (Mlu); DEA/RANDOM (Mo). **244-245 GAP Photos:** Adrian Bloom. **246-247 Photolibrary:** Kate Gadsby. **250 Dorling Kindersley:** Design: Hugh Thomas Gardens and Landscapes, The Dark Horse Venture Garden, RHS Tatton Park 2009; www.hughthomas.co.uk. **253 The Garden Collection:** Torie Chugg – Design: John Marshall - RHS Hampton Court 2008 (Mro). **254 Photolibrary:** Gary K Smith. **256 Getty Images:** Will Heap (ul). **257 Getty Images:** Pernilla Bergdahl (Mr); Keith Burdett (u); Clinton Friedman (go). **258 GAP Photos:** Friedrich Strauss (Mr). harrodhorticultural.com: (ur). **264 GAP Photos:** Howard Rice (go). **270 Getty Images:** Christina Bollen (go). **272 The Garden Collection:** Andrew Lawson (r). **275 Getty Images:** FhF Greenmedia (Mro). **279 GAP Photos:** Jonathan Buckley (ur). **286 Getty Images:** Will Heap (Mro). **287 Getty Images:** Foodcollection RF (uM) (Mu); Michael Grimm (gol); Gregor Schuster (gor). **289 Alamy Images:** Rob Walls (gor). **290 Brian T. North:** (l) (r). **291 Brian T. North:** (gol) (Ml) (gor). **294 Getty Images:** Richard Bloom (ur). www.dtbrownseeds.co.uk: (go). **295 Alamy Images:** Lou-Foto (gor). **Getty Images:** Influx Productions (Mro). www.dtbrownseeds.co.uk: (ul) (Mro). **297 GAP Photos:** Paul Debois (gol). **298 GAP Photos:** Friedrich Strauss (ur). **Getty Images:** Daan Kloeg (Ml). **299 Getty Images:** Gary Holscher (ul). **Marianne Majerus Garden Images:** Andrew Lawson (go). **301 Caroline Reed** (Mlu) (Mu) (Mro). **304-305 Photolibrary:** Nilsson Steven. **305 Getty Images:** Clive Nichols (Mo); DEA/C.DANI-I.JESKE (Mu); Tim Hawley (Mro); Linda Lewis (Mro). **306 Getty Images:** Pernilla Bergdahl (ul); Angela Wyant (ur). **Photolibrary:** Francois De Heel (go). **317 GAP Photos:** Rob Whitworth (M). **The Garden Collection:** Derek St Romaine (gor). **320 Getty Images:** Jan Tove Johansson (ul); Susan Seubert (Mr). **321 Getty Images:** Christina Bollen (gor); Stefano Stefani (Ml). **322-323 Marianne Majerus Garden Images:** Marianne Majerus/Woodhouse Natural Pools. **328-329 Dorling Kindersley:** Design: Brett Clarbour (Mgo). **333 Dorling Kindersley:** Courtesy of the Royal Botanic Gardens, Kew (l). **334 Clive Nichols:** Fran Forster (Mro). **340-341 Harpur Garden Library:** Jerry Harpur, Design: Ian & Morag Hughes. **342 GAP Photos:** Friedrich Strauss (l). **343 GAP**

Photos: Marg Cousens (Mr). **344** Marianne Majerus Garden Images: Marianne Majerus/Susanne Blair (go). **348** Getty Images: Christina Bollen. **350-351** Marianne Majerus Garden Images: Yvonne Inne & Olivia Harrison/From Life to Life: A garden for George, Chelsea Flower Show 2008. **352** Getty Images: Pernilla Bergdahl (l). **356-357** Dorling Kindersley: Design: Ness Botanic Gardens, A Garden For Bees, RHS Tatton Park 2008. **363** Getty Images: Richard Bloom (Ml). **364-365** GAP Photos: Flora Press. **367** Getty Images: Clive Nichols (Mo); Polina Plotnikova (Mu) (Mro). **372** Getty Images: Evan Sklar (gor). **373** Getty Images: Mark Bolton (Mr); Kelly Kalhoefer (ur); Martin Page (l). **378** Getty Images: Mark Bolton (r). Photolibrary: James Guilliam (l). **379** Getty Images: GAP Photos (ur); Rice/Buckland (Mr). **381** GAP Photos: (Mro); Visions (Mro) (Mu). **383** Alamy Images: Glenn Harper (Mr). **384** GAP Photos: Friedrich Strauss. **385** Getty Images: Lee Avison (go). **387** Getty Images: De Agostini (*B. gibbum*); DEA/C.DANI (*P. bifurcatum*). **391** Getty Images: De Agostini (Mro) (ur). **392-393** Marianne Majerus Garden Images: Marianne Majerus. **393** GAP Photos: Jonathan Need (ur) S & O (Mro); J S Sira (Mu). Photolibrary: John W Warden (uM). **394** Caroline Reed (l). **396** Getty Images: DEA/C.DANI (ur). **399** Alamy Images: John Glover (Mro). GAP Photos: John Glover (Mr); Friedrich Strauss (ur). **400-401** Getty Images: Richard Bloom. **405** Getty Images: Hugh Palmer (Kiesel). **408** Getty Images: Clive Nichols (go). **409** Getty Images: Nicola Browne (Mro). **422** Getty Images: Nigel Cattlin (Mlo). **424** Dorling Kindersley: Design: Martin Walker, The HESCO Garden, RHS Chelsea 2009 (Mro). Getty Images: Mark Turner (Mu). **425** Alamy: Igor Zhorov (ro). Getty Images: Ben Hall (Mlu); Dirk Heuer – www.dheuer.net (Mr); Elliott Neep (Mro); ZenShui/Odilon Dimier (Mu). **426** Getty Images: Steve Hopkin (Mo). **427** Getty Images: FhF Greenmedia (ur) (gor); Charles Krebs (goM). **429** GAP Photos: Andrea Jones (oMlo). Getty Images: Nigel Cattlin (Mlo) (gor); National Geographic (ur). **432** Alamy Images: Dr. Ian B Oldham (oMlo). Getty Images: Nigel Cattlin (Mlu) (oMlu). **433** Getty Images: Nigel Cattlin (oMro) (ogor); Christopher Fairweather (ul/sooty mould); Mark Turner (Mro). Royal Horticultural Society, Wisley: (ogol)

Cover vorn
Marianne Majerus Garden Images: Marianne Majerus/The Manor House, Stevington, Bedfordshire/Kathy Brown (oben); Alamy/Igor Zhorov (unten Mitte); GAP Photos/Richard Bloom, Design: Nick Williams-Ellis (unten rechts)

hinten
Dorling Kindersley/Brian North (ganz links), GAP Photos/Friedrich Strauss (ganz rechts)

Buchrücken
Marianne Majerus Garden Images: Marianne Majerus/The Manor House, Stevington, Bedfordshire/Kathy Brown

Alle weiteren Abbildungen © Dorling Kindersley
Weitere Informationen unter www.dkimages.com

Dorling Kindersley dankt ebenfalls:
Andrew Halstead und Beatrice Henricot von RHS Wisley Gardens für ihre Hilfe beim Kapitel über Schädlinge und Krankheiten.

Register: Jane Coulter
Korrektorat: Monica Byles
Assistenz Styling: Alison Shackleton

Die Autorinnen
Zia Allaway studierte Gartenbau und ist heute renommierte Journalistin, Autorin und Herausgeberin. Sie hat bereits zahlreiche Artikel rund um den Garten für Garten- und Frauenzeitschriften sowie Bücher für die RHS und Dorling Kindersley verfasst.

Lia Leendertz studierte Gartenbau in Edinburgh. Sie schreibt regelmäßig Beiträge für Gartenzeitschriften und beantwortet Leseranfragen zu Gartenthemen. Im Dorling Kindersley Verlag war sie bereits als Autorin für den Ratgeber *Unser Familiengarten* tätig.

Nützliche Adressen

Produkte in guter Qualität machen das Gärtnern einfacher, preiswerter und angenehmer. Die folgende Adressliste bietet einen Ausgangspunkt. Doch nichts geht über eigene, über die Zeit aufgebaute Kontakte.

BÄUME & PFLANZEN

Ahrens+Sieberz GmbH & Co KG
Hauptstraße 440
D- 53721 Siegburg
www.as-garten.de

Baldur-Garten GmbH
Albert-Einstein-Allee 4-6
D-64625 Bensheim
Tel.: 01805-103555
Fax: 01805-1035-99
www.baldur-garten.de

Dieter Biermann & Sohn Markenbaumschulen
Im Felde 53-55
D-25499 Tangstedt
Tel.: +49 (0)4191 812369-0
Fax: +49 (0)4191 204661
www.baumschulen-biermann.de

Flora Toskana
Schillerstr. 25,
D-89278 Nersingen
Tel.: +49 (0)7308 9283387,
Fax: +49 (0)7308 9283389
www.flora-toskana.de
Großpflanzen, Blütenpflanzen, Fruchtpflanzen, Zitruspflanzen, Duftpflanzen etc.

Pflanzenversand Gaissmayer
Jungviehweide 3
D-89257 Illertissen
Tel.: +49 (0)7303 7258
Fax: +49 (0)7303 42181
www.pflanzenversand-gaissmayer.de

Pflanzmich GmbH
Elbchaussee 136
D-22763 Hamburg
Tel.: +49 (0)4101 3780-0
Fax: +49 (0)4101 3780-20
www.pflanzmich.de

Rühlemann's Kräuter & Duftpflanzen
Auf dem Berg 2
D-27367 Horstedt
Tel.: +49 (0)4288 928558
Fax: +49 (0)4288 928559
www.kraeuter-und-duftpflanzen.de

Baumschule Ing. Wolf
Gartengestaltung Ing. M. Wolf
Mühlgasse 3
A-7322 Lackenbach
Tel.: +43 (0) 2619 8682
Fax: +43 (0) 2619 8682 6
www.baumschulewolf.at

Mayer Pflanzen GmbH
Baumschulen
Oberer Bonauweg 6b
A-5020 Salzburg
Tel.+ 43 (0)662/430671
Fax:+43 (0)662/430671-14
www.mayer-pflanzen.at

Anderegg Baumschulen AG
Lotzwilfeldweg 24A
CH-4900 Langenthal
Tel.: +41 (0)62 9221314
Fax: +41 (0)62 9228003
www.anderegg-baumschulen.ch

Gartenpflanzen Daepp
Bärenstutz 7
CH-3110 Münsingen
Tel: +41 (0)31 720 14 44
Fax: +41 (0)31 720 14 40
www.daepp.ch

BLUMENZWIEBELN

Bakker Holland
D-22922 Ahrensburg
Tel.: +49 (0)4102 499111
Fax: +49 (0)4102 499122
www.bakker-holland.de
www.bakker.at

Bruno Nebelung GmbH & Co.
Freckenhorster Str. 32
D-48351 Everswinkel
Tel.: +49 (0)2582 670-0
Fax: +49 (0)2582 670-270
www.kiepenkerl.de

Dr. Andreas Vogler & Margarete Vogler GbR
Dr. Andreas Vogler & Margarete Vogler
Mahdenholzweg 10
D-82205 Gilching
Tel.: +49 (0)8105 8195
Fax: +49 (0)8105 377769
www.blumenzwiebeln-online.de

Starkl Pflanzenversand GmbH
Neubrunn 1
A-3361 Aschbach
Tel.: +43 (0)7476 76565
Fax: +43 (0)7476 76590
www.starkl.at

SAMEN & NUTZPFLANZEN

ARIES Umweltprodukte
Stapeler Dorfstraße 23
D-27367 Horstedt
Tel.: +49 (0)4288 9301-0
Fax: +49 (0)4288 9301-20
www.aries-online.de

Ellenberg's Kartoffelvielfalt GbR
Ebstorfer Str. 1
D-29576 Barum
Tel.: +49 (0)5806 304
Fax: +49 (0)5806 1250
www.kartoffelvielfalt.de

Kiepenkerl-Samenfachversand Röben
Kirchdorfer Str. 177
D-26605 Aurich
Tel.: +49 (0)4941 972546
Fax: +49 (0)4941 998934
www.samenshop24.de

Magic Garden Seeds
Regerstr. 3
D-93053 Regensburg
Tel.: +49 (0)941 56955438
Fax: +49 (0)941 9455815
www. magicgardenseeds.de

Samen Schwarzenberger
Rasen, Wildblumen, Kräuter
Bahnhofstr. 32
A-6176 Völs
Tel.: +43 (0)512 303333
www.samen-schwarzenberger.com

Verein Arche Noah
Obere Straße 40
A-3553 Schiltern
Tel.: +43 (0)2734 8626
www.arche-noah.at

BOTANIK Sämereien
Aemtlerstraße 48
CH-8003 Zürich
www.saemereien.ch

Dieffenbach Beerenkulturen
CH-4414 Füllinsdorf / Schweiz
Tel.: +41 (0)61 9012508
Fax. +41 (0)61 9012503
www.swissberryworld.ch

WASSERGÄRTEN

Teichonline24
Internetshop für Teichzubehör
Carl-Lauterbach-Str. 25
D-51399 Burscheid
Tel.: +49 (0)2174 499560
www.teichonline24.de

Gerhard Kuttner
Garten & Teichbau
Birnhoffeld 8
A-6382 Kirchdorf in Tirol
Tel.: +43 (0)664 1611820
www.garten-teichbau-kuttner.at

Lehnert Erb AG
Wasser Pflanzen Gärten
Alte Stockstraße 8
CH-5022 Rombach bei Aarau
Tel.: +41 (0)62 8272525
Fax: +41 (0)62 8272527
www.gartenzentrum.ch

GARTENPRODUKTE

Gamoni.de Versandhandel
Inh. Heiner Niehoff
Lehderstraße 61
D-13086 Berlin
Tel.: +49 (0)30 42803231
Fax: +49 (0)30 42802605
www.gamoni.de
Gewächshäuser, Gartenhäuser, Gerätehäuser, Gartendekoration etc.

Online-Growshop
Scherzer KG
Peter Scherzer
Bundesstraße 35
A-6063 Rum
www.growshop.in

Jardina-Park AG
Gewächshäuser, Wintergärten, Car-Ports
Kriesbachstr. 3
CH-8304 Walisellen
Tel.: +41 (0)44 8306020
www.jardina.ch

ZÄUNE, MAUERN, WEGE ETC.

Arbeitsgemeinschaft Pflasterklinker e.V.
Pflasterklinker
Schaumburg-Lippe-Str. 4
D-53113 Bonn
Tel.: +49 (0)228 9149316
www.pflasterklinker.de
(mit Händler- und Lieferantensuche)

Optigrün international AG
Am Birkenstock 19
D-72505 Krauchenwies-Göggingen
Tel.: +49 (0)7576 772-0
Fax: +49 (0)7576 772-299
www.optigruen.de
www.dachbegruenung24.de (Internet Shop)

Woodline
Gartenzäune und Terrassenböden
Gewerbestr. 19
D-79219 Staufen
Tel.: +49 (0)7633 953681
www.woodline.de

zaunteam.com
Zäune aus Holz und Metall, Standorte in Deutschland und in der Schweiz;
Gratis-Hotline: 0800 8486888
www.zaunteam.com

NÜTZLINGE

AMW Nützlinge GmbH
Außerhalb 54
D-64319 Pfungstadt
Tel.: +49 (0)6157 990595
Fax: +49 (0)6157 990597
www. amw-nuetzlinge.de

Hatto & Patrick Welte GbR
Maurershorn 18b
D-78479 Reichenau
Tel.: +49 (0)7534 7190
Fax: +49 (0)7534 1458
www.welte-nuetzlinge.de

Katz Biotech AG
An der Birkenpfuhlheide 10
D-15837 Baruth
Tel.: +49 (0)3 37 04 675-10
Fax: +49 (0)3 37 04 675-79
www.katzbiotech.de

prime factory GmbH & Co. KG
Itzehoer Str. 10
D-25581 Hennstedt
Tel.: 01805 - 724 632
Fax: 01805 - 724 639
www.schneckenprofi.de

www.wurmhandel.de
Eichamtstraße 1
D-14776 Brandenburg an der Havel
Tel.: +49 (0)3381 347247
www.wurmhandel.de

Biohelp GmbH
Kapleigasse 16
A-1110 Wien
Tel.: +43 (0)1 7699769-0
Fax: +43 (0)1 7699769-16
www.biohelp.at

Andermatt Biocontrol AG
Stahlermatten 6
CH-6146 Grossdietwil
Tel.: +41 (0)62 9175005
Fax: +41 (0)62 9175006
www.biocontrol.ch

GARTENACCESSOIRES & ZUBEHÖR

Fa. Gartenbedarf-Versand
Günztalstr. 22
87733 Markt Rettenbach (D)
Tel.: +49 (0)8392 1646,
Fax: + 49 (0)8392 1205
www.gartenbedarf-versand.de

Orangerie-Shop Braunschweig
Carl-Miele-Straße 4
D-38112 Braunschweig
Tel.: +49 (0)531 2089311
www.orangerie-shop.de

The Gardener
Exklusive Gartenmöbel und -accessoires
Aisenthal 9
A-4061 Pasching bei Linz
Tel.: +43 (0)7221 64450
www.gardener.at

Conma GmbH
Design im Garten
Metzgerstr. 1b
CH-9451 Kriessern
www.conma.ch

NATURNAHE GÄRTEN/ ÖKO-GÄRTEN

Bioland Hof Jeebel
Biogartenversand GbR
Jeebel 17
D-29410 Salzwedel
Tel.: +49 (0)39037 781
Fax: +49 (0)39037 955115
www.biogartenversand.de

re-natur GmbH
Charles-Roß-Weg 24
D-24601 Ruhwinkel
eMail: info@re-natur.de
Tel.: +49 (0)4323 9010-0
Fax: +49 (0)4323 9010-33
Dachbegrünung, Gartenteiche,
Schwimmteiche, Sumpfbeetklärstufen
etc.

Vivara Naturschutzprodukte
Deutschland
Vivara Naturschutzprodukte
Kaiserswerther Straße 115
40880 Düsseldorf-Ratingen
Tel.: 01805-84 85 71
Fax: 01805-84 85 70
www.vivara.de
Österreich
Postfach 4
A-6961 Wolfurt Bahnhof
Tel.: +43 (0)810 300480
Fax: +43 (0)810 300481
Email: info@vivara.at
www.vivara.at

Beteiligte Designer

Folgende Garten- und Landschaftsarchitekten haben uns bei Bepflanzung und Designplänen unterstützt:

Laurie Chetwood und Patrick Collins
020 7490 2400
chetwoods.com

Fran Coulter
01582 794019
frances.coulter@btinternet.com

Cubed3
Alan Burns 07921 860092
Philip Dugdale 0770 216 2317

Adam Frost
01780 762748
adamfrost.co.uk

Annie Guilfoyle
01730 812943
annieguilfoyle.com

Jeff Hewitt
0208 547 2452
hewittlandscapes.co.uk

Phillippa Probert
07734 157976
outerspaces.org.uk

Hugh Thomas Gardens & Landscapes
01625 531513
hughthomas.co.uk